フィリピン近現代史のなかの日本人

植民地社会の形成と移民・商品

早瀬晋三

東京大学出版会

Japanese in the Philippine Modern History:
Immigrants and Imported Goods in a Colonial Society
Shinzo HAYASE
University of Tokyo Press, 2012
ISBN978-4-13-021076-8

序

フィリピンから世界、そして日本がみえてくる

本書を通じて問いつづけていることが、ふたつある。ひとつは、フィリピンは、なぜ近代を代表する大国アメリカ合衆国の植民地であったにもかかわらず、けっして「自由と民主主義」を謳歌し、物質文化に恵まれた「豊か」で、政治的に安定した国家にならなかったのかである。もうひとつは、日本とフィリピンとの交流が長く、密接であるにもかかわらず、なぜ広がりをもつ蓄積あるものにならなかったのかである。

これらのふたつの問いは、たんにフィリピン史や日本・フィリピン交流史研究にとどまらない、大きくて深い問題を投げかけている。今日、そしてこれからの世界を考えるにあたって、前者は大国主導ではない世界秩序の構築を、後者は多文化共生が重視されるなかでの交流のあり方を問うているからである。

フィリピン史を学ぶことの意義、近現代日本・フィリピン関係史を学ぶことの意味については、すでに述べたことがある［早瀬二〇〇九a］。フィリピンは、一六―一七世紀に世界最強の国家スペインの植民地となり、一九世紀末にはアメリカ合衆国の植民地となった。それぞれ当時の最強国を取り巻く世界が、フィリピンを通して、また違った角度からみえてくるのである。日本とのかかわりもまた、朱印船貿易時代から深く、明治以降については本書からその

密接な関係がわかるだろう。東京の日比谷公園にフィリピン第一の国民的英雄リサール José Rizal（一八六一―一九六）の記念碑があり、横浜の山下公園にはフィリピン革命の志士リカルテ将軍 Artemio Ricarte（一八六六―一九四五）の記念碑がある。大阪を代表する情景のひとつである道頓堀のネオンサインのひとつは、フィリピン人陸上選手をモデルにしたともいわれている。フィリピンを通して視野が広がり、世界、そして日本がみえてくるのである。

フィリピン近現代史は、アメリカとの関係を中心に語られてきた。ここに日本からの視点を加えることによって、フィリピン近現代史も従来とは違った姿をあらわす可能性がある。外国人研究者として、フィリピン史研究に貢献できることを考えたとき、フィリピン史の核心に触れるテーマを、フィリピン人とともに考えることも大切であるが、フィリピン人にはない視点を提供することも大いに意義あることである。日本は、アメリカと並ぶとはいえないまでも、フィリピンの近現代において大きなかかわりがあった。日本からの視点を加えることで、フィリピン近現代史はより豊かにより深く考察することが可能になる。その点で、池端雪浦のフィリピン革命史研究［一九八七］、永野善子のフィリピン経済史研究［一九八六、一九九〇、二〇〇三b］、中野聡のアメリカ・フィリピン関係史研究［一九九七、二〇〇七］などは、特筆に値する優れた貢献をしている。筆者も、南部イスラーム地域を海域東南アジア東部のなかに位置づけたもの［早瀬二〇〇三c、英語版二〇〇七］や東南アジア各国の対日戦争観［二〇〇七a、英語版二〇一〇］をともに英語版も出版し、フィリピンのナショナル・ヒストリーにはないより広い視野のなかでフィリピンの歴史を描いた。また、フィリピンの植民地化の過程で起こった「アメリカ化」が、第一次世界大戦後、世界中で起こっていたことに、フィリピン人は気がつかなかったのではないかと指摘した［二〇一二］。

そして、日本人とフィリピン人との歴史的交流が、グローバル化や多文化共生社会の尊重といった今日の現象のなかで、これからの交流のあり方を考える知恵を与えてくれる。それは、人びとが意図することなく、国家や人びとに影響を与えることが、現実にいま起こっているからである。フィリピンにかかわった普通の日本人のなかで、自分たちの存在がフィリピンの歴史や社会に影響を与えたと思っていた人は、ひとりもいなかっただろう。本書では、そういった普通の日本人や日用雑貨のようなとるにたらないと考えられがちな日本製の商品（以下、日本商品と略す）が、いかにフィリピンという国家やフィリピン人ひとりひとりの生活・人生に影響を与えたかを考えながら、考察をすすめていく。そうすることによって、日本人ひとりひとりが歴史や社会を創っていく構成員として自覚する一例を示すことができるだろう。いっぽう、フィリピン人は、歴史的に大国に翻弄されながら、自分たちを主体とした歴史と社会を創り保ったことに、誇りと自信をもつだろう。

ここで忘れてはならないのは、日本人や日本商品を受け入れたフィリピン社会が海域に属していたことである。流動性が激しく、安定していない海域世界では、ヒトやモノの移動が日常的で、「よそ者」は新たな知識や技術などをもたらしてくれる歓迎すべき存在だった。自分たちの生活を豊かにしてくれるヒトやモノを拒む理由はなかった。これまで「棄民」ということばで象徴的にあらわされてきたネガティブな移民像から脱却し、「よそ者」をポジティブに受け入れてきたフィリピン社会を念頭に日本人移民を考察していくことも必要だろう。そして、今日、グローバル化のなかでさまざまな影響が歓迎／危惧されるなかで、自分たちも気がつかないうちにほかの人びと・社会に影響を与えるかもしれないことを自覚しなければならないだろう。

「だれのため、なんのための近現代日本・フィリピン関係史研究か」という問いにたいして、「われわれひとりひとりが、歴史や社会を創っていく構成員として、誇りと自信をもって生きていくため」と答えたいのだが、それが本書を通じて伝わるかどうか、読者の審判に委ねることにしたい。

近現代日本・フィリピン関係史の研究史

まず、本書の意義について述べたが、近現代日本・フィリピン関係史が簡単に書けるわけではない。書けないのは、南部のイスラーム王国を除いて王国らしい王国が成立しなかったフィリピンでは、成文化した制度が発達しなかったうえに、スペインとアメリカの植民地となったために、フィリピン人を主体とした日本／日本人との関係史／交流史が書きにくいからである。とくにアメリカの植民地になった一八九八年からは、制度史としてはフィリピン・アメリカ関係や日本・アメリカ関係が基本となり、日本・フィリピン関係はなかなか表にあらわれなかった。そのため、実証的文献史学では、曖昧さを残しながら記述せざるをえない、なんとも歯切れの悪いものになってしまう。文献史料を基本とした二国間関係史は、日本・フィリピン関係史の場合、書きにくいのである。だからこそ、日本・フィリピン関係史を書く意味がある。近代文献史学で充分に語ることのできなかった日本・フィリピン関係史を語ることによって、文献が乏しく軽視されるか無視されてきたテーマの歴史を叙述するきっかけを与えることができるからである。

近現代日本・フィリピン関係史研究の基礎は、グッドマン Grant K. Goodman によってつくられた。アメリカ、日本、フィリピンの史料を使った研究［一九六七bなど］は、後進の研究者の指針となった。フィリピン人ではサニエル Josefa M. Saniel［一九六九］、そして日本語史料を読むことができる数少ないフィリピン人研究者のひとりであるユー-ホセ Lydia N. Yu-Jose の研究［一九九二など］が、フィリピン人に日本・フィリピン関係史研究の重要さを示した。長年マニラを拠点に日本・フィリピン関係史の研究をつづけた寺見元恵 Motoe Terami-Wada は、タガログ語文学にも精通し、フィリピン人の庶民感覚を研究に持ち込んだ成果を、英語と日本語で発表しつづけている［Terami-Wada 2010 など］。武田尚子、小林茂子は、それぞれ専門の社会学、教育学をいかした広島からの漁業移民［武田二〇〇二］、沖縄からの移民［小林茂子二〇一〇］の歴史を扱った。日本占領期のフィリピンの研究は、「日本のフィリピン占領期に関する史料調査フォーラム」の成果が大きく、論文集［池端編一九九六、英語版 Ikehata & Jose 1999］などとしてまとめられた。さらに、「日比交流史研究フォーラム」で二国間関係を越えた視点で国際共同研究をおこない、その成果は論文集［池端、ユー-ホセ編二〇〇四、英語版 Ikehata & Yu Jose 2003］にまとめられた。また、吉川洋子が日比賠償交渉［一九九一b］、永井均が対日戦犯裁判［二〇一〇］の過程を丁寧に追った。

なお、日本の近現代日本・フィリピン関係史研究は、より広い東南アジアとの関係史研究のなかで発展したということができる。矢野暢の二冊の新書［一九七五、一九七九］をきっかけに発展し、矢野暢編［一九九一］や吉川利治編［一九九二］で概略が示され、個々の東南アジアの国ぐにと日本との二国間関係史の個別研究が進展した。インドネシアでは後藤乾一、倉沢愛子、マレーシアでは原不二夫、タイでは吉川利治、村嶋英治、ベトナムでは白石昌也、ビルマ（ミャンマー）では根本敬などによる優れた研究書が出版された。これらの研究は、本書で直接参考にされることはないが、大いに影響を受けたことは確かである。

近代文献史学を超えるための現代の歴史学

本書の特徴を、一言でいえば、「近代文献史学を超えるための現代の歴史学」ということになるだろう。その試みについては、フィリピン史研究のための手引き書である『歴史研究と地域研究のはざまで――フィリピン史で論文を書くとき』［早瀬二〇〇四b］でその重要性を説き、『戦争の記憶を歩く　東南アジアのいま』［早瀬二〇〇七a］で実践して「臨床の知」としての歴史研究のあり方を示した。また、『歴史空間としての海域を歩く』［早瀬二〇〇八a］でフィールドノートを公開して地域研究の重要性を示すととも、『未来と対話する歴史』［早瀬二〇〇八b］で紀伊國屋書店「書評空間」に連載している書評から文献史学の重要性を示した。

文献史学にもとづく制度史では、充分に語ることのできない日本・フィリピン関係史は、従来、体験者の言説などにもとづいて語られることがままあった。しかし、日本・フィリピン関係史にかぎらず、社会史的手法は、充分な根拠のないまま、言説に振りまわされるという危険性がある。そこで、本書では、まず戦前にフィリピンに渡航した日本人の名簿や在住日本人の職業別人口表から得られるデータを分析した。つぎに日本・フィリピン・アメリカ貿易統計資料を整理し、その特色を明らかにした。これらは、それぞれ研究工具として刊行した［早瀬一九九五、同二〇〇〇］。このほか、フィリピン在住の日本人商社の名簿などのデータ分析をおこなった。在フィリピンの日本領事館から本国日本に送られた「領事報告」は、その全体像を把握するために目録を作成し、索引を付して刊行した［早瀬二〇〇三a］。また、昭和一〇年代の日本とフィリピンとの交流を知るための基本資料となる『比律賓情報』の復刻にさいしては、本書の第六章となった「解説」だけでなく、総目録を付し、記事のタイトルから索引を作成して、附巻として刊行した［早瀬二〇〇三b］。「フィリピン関係文献目録（戦前・戦中期）」や「フィリピン「戦記もの」文献目録」なども解題を付して刊行した［早瀬二〇〇九b］。これらの作業は、意図的であるかないかを問わず、恣意的な資料の「つまみ食い」という弊害を避け、資料の全体像を明らかにしたうえで、分析・考察するために必要なことだった。本書に収録した個々の論文（各章）は、このような資料の整理、研究工具の作成・刊行と同時並行して書いたものである。

近代に支配的であった文献史学では、近代に「先進国」となった国家を中心とした歴史観でしか描けなかった。この「温帯の陸域、定着農耕民、成人男性エリート中心の中央集権的な近代の歴史観」から解放すべく、文献以外の史料がさかんに使われるようになってきている。準文献史料としての絵画、映画などの画像・映像・図像史料、非文献史料としての景観・風景・建造物・用具機器・記憶・伝承・言語・身体などを使った学際・学融合的研究からは、文献史学にも影響を与える優れた成果が出てきている。しかし、いっぽうでこれらの準文献史料・非文献史料を有効に利用するために、文献史料から得られた成果が、たとえ反面教師としての役割であったとしても、大いに役に立っていることも事実である。したがって、基礎研究としての文献史学を中心に研究する者は、文献史学からなにがわかり、どこまでが限界かを明らかにする務めがある。準文献史料・非文献史料による成果から、文献史料を読み直し、新たな発見をすることも珍しくない。それぞれの研究の発展による相乗効果で歴史学を発展させ、グローバル化・多文化共生社会にふさわしい世界史像を提供することが、現代の歴史学の役割である。

本書の構成・概観

本書は、三部八章からなる。おおむね時代順に第I部は明治期、第II部はふたつの世界大戦の戦間期、第III部はアジア太平洋戦争を挟む昭和期を扱っている。本来、日本の元号が外国史（フィリピン史）において実質的な時代区分になることはないが、フィリピンにおける日本人については日本の元号で示される年代であるまとまりがあるため、本書では日本の元号を使うことがある。

第I部「フィリピンで汗を流した日本人」は第一―三章からなり、とくに日本が「貧しいアジア」と軍事大国化の二面性をもっていた明治期に焦点をあてる。第一―二章では、フィリピンに永住目的で渡航したわけではない日本人が、明治期の「南進論」のなかでどのように位置づけられたのかを考察しながら、フィリピン社会への影響を考える。第三章では、この明治期の活動が「大東亜共栄圏」とどのように結びついていったのか、連続性という視点で考察する。

第一章「アメリカ植民統治下初期の日本人労働」では、渡航者名簿などの分析から、人数においても職種においても明治期フィリピンの日本人は、アメリカ植民地政府の注意を喚起するような存在ではなかったことを明らかにする。それは、渡航した日本人自身もその日本人を雇用した側も双方が長期的な雇用を望まず、日本人もフィリピン人も互いにほとんど関心がなかったからである。

第二章「アメリカ植民統治下初期マニラ湾の日本人漁民」では、同じく渡航者名簿などからわかるマニラ湾で操業する日本人漁民像を描く。アメリカ植民地政府やフィリピン人の漁業開発の関心の薄さから日本人漁民がマニラ湾に進出したが、組織だったものでも永続性のあるものでもなかった。これらの日本人漁民は、一八九九年に勃発したフィリピン・アメリカ戦争（比米戦争）以来、軍事的に利用されることがあったが、一時的なものにすぎなかった。定着が期待された農業移民などとは違う漁民について考える。

第三章「南方「移民」と「南進」——フィリピンにおける「移民」、外交官、軍事工作」では、在フィリピンの日本人移民を外交戦略、軍事工作のなかに位置づけて考察する。日本人移民は国策移民ではなく、フィリピンが世界最強の軍事大国になりつつあったアメリカの植民地であったために、大きな成果をあげることはなかった。

第I部でとりあげる明治期にフィリピンに渡航した日本人は、日清・日露戦争を経て華々しく国際舞台に登場したアジアの新興国の国民としての自負から、単純肉体労働者でさえ高い賃金を要求し、またその後の日本の経済的優位のなかで独自の日本人社会を形成したため、一般フィリピン人との交流はかぎられていた。しかし、日本人は、確実にフィリピンの近代植民地の形成にかかわっていたことが第I部を通して明らかになるだろう。

第II部「フィリピンの生活必需品となった日本商品」は第四—五章からなり、第一次世界大戦を契機としてヨーロッパ製商品にかわって東南アジア市場に進出した日本商品が、まずどのような状況下で進出が可能になったのかを、ついでフィリピン社会に与えた影響について考察する。また、国家間の貿易だけでなく地域や港の特色、貿易額の多寡だけでなく商品のもつ社会への影響力についても注目する。

第四章「アメリカ・フィリピン自由貿易体制下の日本商品とその取扱商」では、日本・フィリピン・アメリカ三国のそれぞれの貿易統計を基に、対アジア貿易を中心に分析する。その結果、イギリスをフィリピン市場から排除することに成功したアメリカは、銀本位制のアジア市場に容易に進出することができず、また中国は政情が不安定なこともあって、日本商品がフィリピンに進出する余地があったことを明らかにする。日本商品は種々雑多な日用雑貨類が多く、金融制度の整備がなくても小資本で商品を流通させることができた。また、日本側の製造・貿易は、大阪・神戸が中心であったために、東京・横浜中心史観の日本の対外関係史では軽視されてきたことを指摘する。

第五章「近代大衆消費社会出現の一考察——アメリカ植民支配下のフィリピンと日本商店・商品」では、日用雑貨類を中心とする日本商品が、都市の下町や地方社会で普及した様子を明らかにする。日本からの輸入額は、フィリピンへの全輸入額の一割にも満たなかったが、安価な日本商品は現金収入の少ないフィリピン人にとって消費社会への第一歩として重要な意味をもった。輸入額の多寡だけでは考察できない人びとへの影響を指摘する。

第II部では、日本商人・商品のフィリピンでの存在が、統計資料の数値以上に大きかったことを明らかにする。このことは、従来考えられていた「アメリカ植民統治下フィリピンのアメリカ化」だけでは充分でなく、フィリピンの近代植民地国家・国民国家の形成に日本人が無視できない影響を及ぼしていたことを示唆する。

第III部「フィリピンと戦争を挟んで交流した日本人」は第六—八章からなり、「大東亜戦争」が現実味を帯びてきた昭和一〇年代から戦争を挟んでフィリピンと交流した日本人の諸相を追う。戦争を挟んだ日本とフィリピンとの交流史は、両国にいったいなにを残したのかを考え、今後の日本・フィリピン関係を展望する。

第六章「『比律賓情報』を担った日本人」では、比律賓協会が発行した月刊誌『比律賓情報』を分析する。比律賓協会は、一九三五年にフィリピン・コモンウェルス（独立準備政府）が成立したことを契機として設立された財団法人で、フィリピンの政財界との交流が期待された。しかし、従来いわれてきた「比律賓協会の目的は文化や親善を隠れ蓑にした経済進出」とは違い、かたちだけの文化工作や親善がおこなわれ、本格的に交流するだけの人材に欠けていたことを明らかにする。その原因のひとつは、比律賓協会の活動が東京を中心におこなわれ、実際に交流にあたっていた阪神やマニラの関係者があまり関与しなかったためであるとする。

第七章「戦時下「ダバオ国」の在住日本人」では、まず日本占領下のマニラとダバオで発行された日本語新聞の記事を分析することによって、在住日本人の戦争協力の実態を明らかにし、ついで戦争裁判記録のフィリピン人の証言からダバオの日本人像を描こうと試みる。その結果、戦前友好的にフィリピン人と接していた在住日本人が積極的に日本軍に協力し、フィリピン人に危害を加えたことから、戦後のフィリピン人の対日不信感に大きな影響を与えたことを導き出す。

第八章「元在住日本人の戦後の慰霊」では、戦後ダバオから引き揚げた日本人の慰霊活動から、戦後の日本の民間人とフィリピンとの交流の復活を追う。ダバオからの引揚者は、戦後早期の交流の復活を願ったが、具体化したのは一九七〇年代になってからであった。この日本が戦後の経済復興を成し遂げた時期の復活は、経済的に日本人が優位な状況下でのものであったために、対等な関係ではなかった。そして、日本人がダバオに建立した慰霊碑や記念碑が、九〇年代になって破壊される事件があいついだ。このことは、戦後の交流がけっして成功ではなかったことを示唆している。

第Ⅲ部では、戦前・戦中・戦後と劇的な変化があったにもかかわらず、日本人とフィリピン人とのあいだに新たな交流が生まれなかったことを明らかにする。そのおもな原因は、戦後日本が経済復興を遂げた時期に交流が復活し、日本人が戦前同様、優越感をもってフィリピンと交流したことであろう。そして、一九八〇年代から急増したフィリピン人が日本に渡航してくる新たな現象も、日本とフィリピンとの交流を好ましい方向に向けることはできなかった。

そして、「結」では、「序」の冒頭で問いかけたふたつの問いにこたえる。

各部のタイトルは、学術書としてはふさわしくないかもしれない。しかし、本書で描きたかったのは、熱帯の地で汗まみれになった人びと、はじめて手にとった雑貨に微笑む人びと、戦争に巻き込まれ引揚後の交流の復活がままならないもどかしさを感じた人びとなど、日本・フィリピン両国の普通の人びとの姿、表情である。換言すれば、近代科学で充分に描ききれなかった人びとのいとなみを、すこしでも表現できればと考えたということである。そのため、本書の索引では種々雑多な職種、商品名が並ぶことになった。索引も本書の特徴を示し、重要な一部になっている。このことを念頭において本書を読むと、また違った学術書の読み方、楽しみ方ができるだろう。

フィリピン近現代史のなかの日本人——目次

序　i

第Ⅰ部　フィリピンで汗を流した日本人

第一章　アメリカ植民統治下初期の日本人労働 …… 3
はじめに　3
1　アメリカ植民統治下初期の労働力不足　4
2　日本人労働者の統計史料分析　9
3　日本人労働者にたいする評価と展望　17
むすびにかえて　28

第二章　アメリカ植民統治下初期マニラ湾の日本人漁民 …… 45
はじめに　45
1　フィリピン行き渡航者名簿にみえる漁業関係者　45
2　フィリピン在住日本人職業別人口表にみえる漁業関係者　48
3　広島県に残るマニラ湾出漁関係の四つの石碑　51
4　マニラ湾内での日本人の漁業活動　55
5　フィリピン漁業　64
むすびにかえて　66

第三章　南方「移民」と「南進」……69
——フィリピンにおける「移民」、外交官、軍事工作
はじめに　69
1　南方「移民」の諸相　70
2　外交官　75
3　軍事工作　77
4　日本・アメリカ関係のなかのフィリピン史　82
むすびにかえて　84

第Ⅱ部　フィリピンの生活必需品となった日本商品

第四章　アメリカ・フィリピン自由貿易体制下の日本商品とその取扱商……89
はじめに　89
1　日本、アメリカ、フィリピンの貿易構造——とくにアジア貿易との関連で　90
2　日本商品とその取扱商　99
むすびにかえて　112

第五章　近代大衆消費社会出現の一考察……117
――アメリカ植民支配下のフィリピンと日本商店・商品
はじめに　117
1　大衆消費社会の出現　119
2　地方商業の担い手　126
3　日本商品のフィリピン社会への浸透　134
むすびにかえて　149

第Ⅲ部　フィリピンと戦争を挟んで交流した日本人

第六章　『比律賓情報』を担った日本人……155
はじめに　155
1　比律賓協会　155
2　『比律賓情報』　170
むすびにかえて　178

第七章　戦時下「ダバオ国」の在住日本人……183
はじめに　183
1　フィリピンへの日本人移民・植民　184

2　ダバオ在住日本人の戦争協力　191
3　ダバオ在住フィリピン人のみた日本人像　207
むすびにかえて　216

第八章　元在住日本人の戦後の慰霊……221
はじめに　221
1　戦後のダバオ引揚者の活動　222
2　戦後史のなかでの元ダバオ在住日本人の活動　234
むすびにかえて　238

結　241
註　249
史料と参照文献　261
あとがき　279
近現代日本・フィリピン関係史略年表　*22*
索引　*1*

図表一覧

地図1　比島交通路
表1-1　フィリピン行き日本人渡航者数（一八九九―一九四一年）
表1-2　フィリピン在住日本人人口（一八八九―一九四三年）
表1-3　フィリピン在住日本人職業別人口表（一九〇二―一二年）
表2-1　フィリピン在住日本人漁業関係者人口表（一九〇二―一二年）
表2-2　マニラの日本人所有漁船一覧表（一九一二年現在）
図3-1　日本人海外渡航者数（一八八八―一九四一年）
表3-1　「からゆきさん」人口（一九一六年　調査領事館別）
図3-2　在フィリピン日本人人口（一八九六―一九四〇年）
図3-3　在フィリピン日本人女性比率（一九〇七―三八年）
図4-1　横浜、大阪、神戸港別世界貿易―輸出額
図4-2　横浜、大阪、神戸港別世界貿易―輸入額
図4-3　横浜、大阪、神戸港別世界貿易―輸出額比率
図4-4　横浜、大阪、神戸港別世界貿易―輸入額比率
図4-5　横浜、大阪、神戸港別アジア貿易―輸出額比率
図4-6　横浜、大阪、神戸港別アジア貿易―輸入額比率
図4-7　横浜、大阪、神戸港別フィリピン貿易―輸出額比率
図4-8　横浜、大阪、神戸港別フィリピン貿易―輸入額比率
図4-9　アメリカのアジア貿易―輸出額比率
図4-10　アメリカのアジア貿易―輸入額比率
図4-11　横浜、大阪、神戸港別アメリカ貿易―輸出額比率

図4-12　横浜、大阪、神戸港別アメリカ貿易―輸入額比率
図4-13　フィリピン全港のうちマニラ港の占める輸出入貿易額比率
表4-1　所有者国籍別小売商・卸売商数
表4-2　所有者国籍別雑貨店・食料品店（一九三八年一二月三一日現在）
図4-14　在フィリピン日本人商業人口（一九二七―三八年）
表5-1　輸入国別免税・課税比率（一九四〇年度、ペソ）
表5-2　児童・生徒数の増加率（一九一八年と一九三九年国勢調査の比較）
表5-3　識字者数・識字率（一九一九年）
表5-4　新聞とそのほかの出版物の発行状況（一九〇三―三六年）
表5-5　国内船入出港数と荷揚げ・荷積みトン数（一八九九―一九三八年）
表5-6　商業投資見積高（一九三七年度末、ペソ）
表5-7　国籍別人口分布（一九一八年と一九三九年国勢調査）
表5-8　州別商業勢力（一九三七年）
表6-1　比律賓協会収支決算（予算）（一九三五―四五年）
地図2　ダバオ在住日本人集住地域

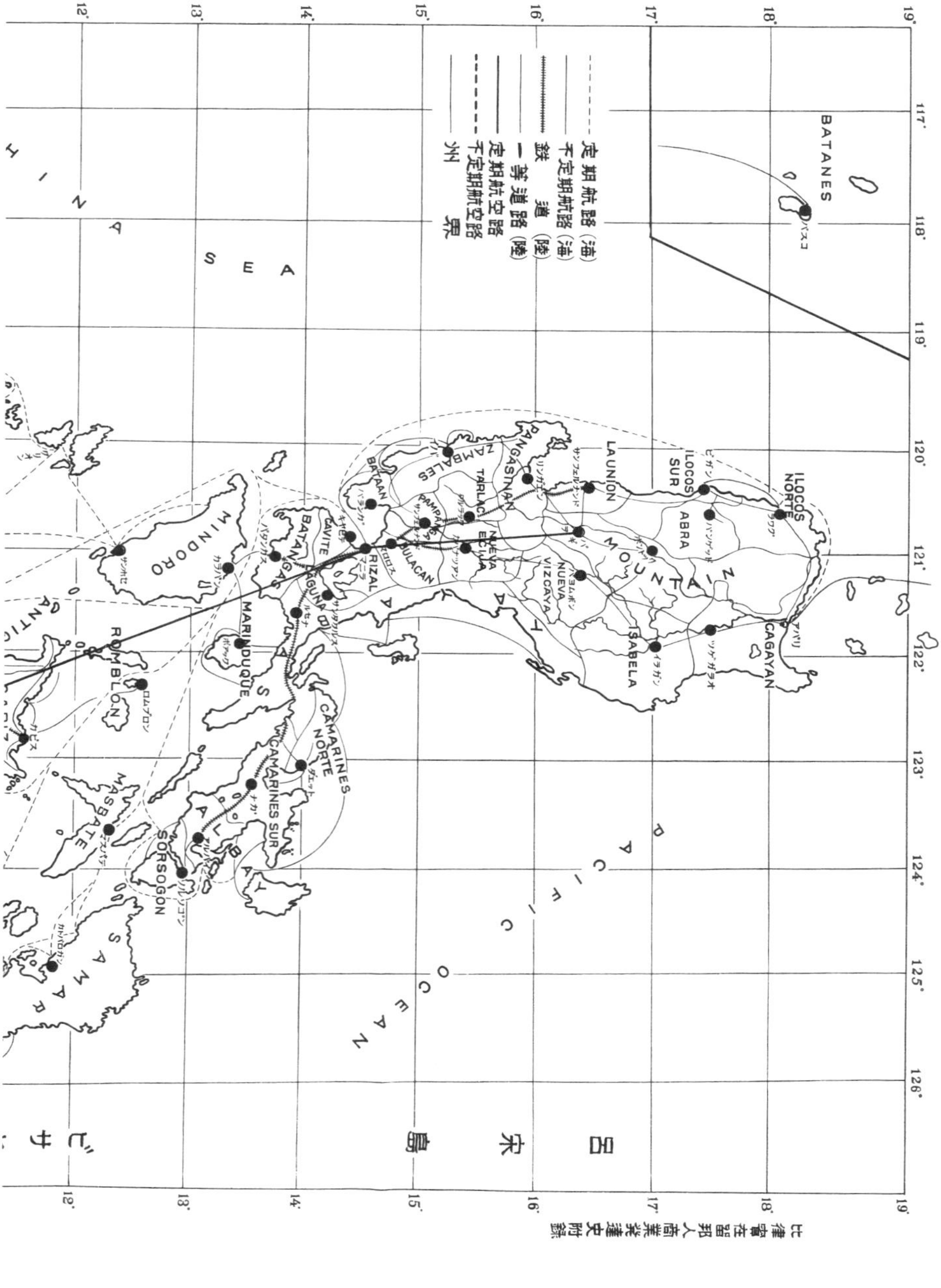

比律賓在留邦人商業発達史附録

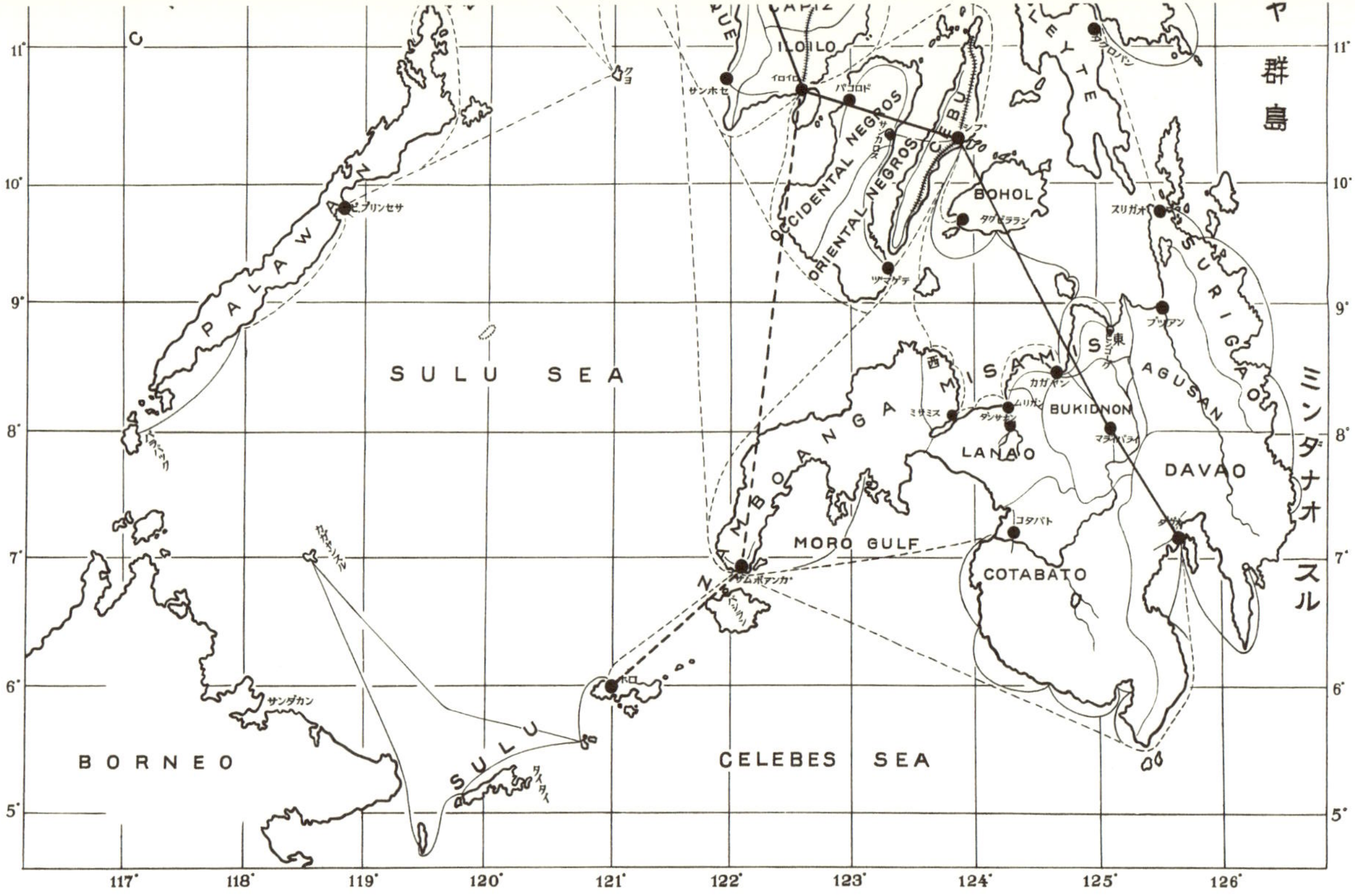

比島交通路

地図 1　出典：[渡辺 1936]

第I部　フィリピンで汗を流した日本人

ベンゲット道路工事現場の日本人労働者
出典：外務省通商局『通商彙纂』36号（1905年6月28日）

第一章　アメリカ植民統治下初期の日本人労働

はじめに

アメリカ合衆国がスペインからフィリピン諸島を譲渡された一八九八（明治三一）年以後数年間、フィリピン諸島の日本人人口は顕著な増加を示した（章末表1-1、1-2）。これらの日本人は、技術を要しない単純労働者（人夫）として、また技術に優れた大工として、各地で植民事業・開発のために雇用された。本章の目的は、アメリカの植民地となったフィリピン諸島で、日本人労働者が雇用された意味と役割を考察することにある。本章では日本人男子労働者を中心に考察し、女子については寺見元恵の研究に譲る［寺見一九八九］。また、時代は明治期にかぎり、一九〇三—〇五年にルソン島北部山岳地帯「夏の首都」バギオに通じるベンゲット道路（ケノン道路）工事に従事した「ベンゲット移民」の詳細については、［早瀬一九八九］を参照されたい。なお、本章では「移民」という用語の使用は避けた。その理由は、一八九六年六月一日施行の「移民保護法」第一条で「本法ニ於テ移民ト称スルハ労働ニ従事スルノ目的ヲ以テ外国ニ渡航スル者及其ノ家族ニシテ之ト同行シ又ハ其ノ所在地ニ渡航スル者ヲ謂フ」と定義されたように、当時「移民」という用語は、現在意味する永住または半永住を目的とした海外渡航者と違い、海外出稼ぎ労働者の意味で使用されたためである。そして、具体的に当時の「移民」とは、「耕作、栽培、牧畜、漁業、鉱業、製造、土木、運搬、建築等ニ従事シ労力ヲ供スル者」および「炊事、洗濯、裁縫、給仕、看病等ノ為メ家事ニ使役セラル、者」を指すものと定義された〔『日本外交文書』第二九巻、九七八―八一頁〕。

1　アメリカ植民統治下初期の労働力不足

フィリピン諸島を植民地としたアメリカは、低賃金または無賃金によるフィリピン人の単純労働によって、道路、鉄道、港、兵舎、電気・通信、上下水道施設などのインフラストラクチャーを整備し、鉱山・森林開発をおしすすめ、商品作物栽培の普及をはかることを期待していた。しかし、アメリカ人植民地行政官は、すぐにフィリピン人が予想以上に働かないことに気づいた。そして、その理由はフィリピン人の体力の貧弱さと雇用主の待遇の問題にあるとした〔Forbes 1928: I, 517〕。しかし、フィリピン社会あるいは歴史を考えると、それだけではないことがわかる。

フィリピン人は、三世紀以上にわたるスペイン植民支配下のもと、スペイン人がフィリピン人の面前で肉体労働を見せることがなかったため、肉体労働を蔑視するようになった。フィリピン人にとって、他人のためにする肉体労働は強制労働と同じ意味をもっていた。この強制労働は、首長とその長男を除く一六歳から六〇歳までの男子に課せられ、一五八〇年の制定以来年間四〇日間（一八八四年から一五日間に軽減）強要され、住民を苦しめてきた。このほか修道士が住民に労働を強要することもあった。フィリピン人にとって、肉体労働とは憎むべきものであり、たとえ賃金が得られようとも、従事することに積極的な意味はなかった。むしろ、労働のサボタージュこそが、植民地権力にたいするささやかな抵抗であったともいえる。そもそもフィリピン人にとって他人のためにする労働とは、レシプロシティにもとづいておこなわれるという認識があり、賃金による労働習慣は発達していなかった。このレシプロシティにもとづく労働は、依頼の有無、報酬の有無にかかわらず、日ごろの人間関係によっておこなわれる労働提供で、見知らぬ人とのあいだにその関係は存在しなかった。

このようなフィリピンの労働慣行を知らないアメリカ人植民地行政官は、フィリピン人の「怠惰」に業をにやした。なかには、アーサー・マッカーサー将軍 Arthur MacArthur（一八四五—一九一二、陸軍中将、フィリピン軍政長官一九〇〇—〇一）のように、「正当な賃金さえ払えば、フィリピン人は働く」と現実の雇用主側の問題を指摘する者もいれば、フィリピン人若年層を教育を通して低賃金労働者に育成することを期待する者もいた［早瀬一九八六c、七五—七六頁］。事実、教育にかんしては、フィリピン・アメリカ戦争中の一九〇一年一月二一日に早くも無償・義務制の初等教育制度が制定され、同年八月二三日には、一般にトーマス号派遣教師 Thomasites として知られるアメリカ人教師とその家族六〇〇人がマニラに到着し、全土津々浦々に派遣された。教育はスペイン植民支配期に受ける機会を制限されたフィリピン人に歓迎されたが、直ちにアメリカ人の望む低賃金労働者になるわけではなかった。実際に植民地の現場でフィリピン人労働者に接していた行政官の立場に立てば、教育効果を待つような悠長なことはいっておれなかった。工事や開発は遅々としてすすまず、したがって植民地利権に与ることもできなかった。

フィリピン人が思うような労働力とならないとわかるやいなや、外国から労働力を導入する解決手段が検討された。まず、中国人労働者の導入が考えられた。中国人は、スペイン期の一八五〇年にそれまでの移民制限が廃止され、商人としてだけでなく各地でクーリー労働として雇用されるようになった。また、イギリス領マラヤの中国人・インド人クーリー労働の例がしばしば引き合いに出され、積極的に中国人移民労働者を誘致する動きがあった。たとえば、マニラのアメリカ商業会議所 The American Chamber of Commerce は、一九〇二年一月三日の会合で、アメリカ議会に一定の条件のもとにクーリー労働移民を許可するよう強く要求し、同年二月七日フィリピン委員会 The Philippine Commission でも承認された［*The Manila Times*, September 4, 1902: 4、『通商彙纂』二三〇号（一九〇二年九月二五日）、三八—三九頁］。アメリカ本土での経験から、中国人や日本人労働者は高い評価——高い賃金を求めず、労働賃金に固執し、丈夫である――を得ていた［早瀬一九八六c、七九頁］。しかし、アメリカ合衆国本土で「黄禍」といって恐れられていた中国人や日本人を安易に雇用することは問題であった。結局、アメリカ植民統治下のフィリピン諸島では、〇二年七月一日制定の法令二三五号によって本国の「中国人入国禁止条例」の適用が明確になり、アメリカ領有直後に急激に増加した中国人労働者の入国は全面的に禁止された。中国人はたんなる労働者に留まらず、やがては経済力をもつことが恐れられた。「中国人入国禁止条例」が守られたことは、〇三年の国勢調査での中国人人口四万一〇三五が、一八年になっても四万三八〇二とあまり増加しなかったことからも明らかである。〇一年以降中国人の出入国者数は、日本人をはるかに超える数千から一万以上で、そのほとんどは再渡航者および呼び寄せ家族であった［*Statistical Bulletin* 1919: 12、『通商彙纂』二五三号（一九〇三年二月一九日）、四九―五二頁、改四二号（一九〇三年一〇月一三日）、三七―四〇頁、五六号（一九〇四年一〇月一五日）、四四頁、六三号（一九〇五年一一月三日）、六―七頁］。したがって、イギリス領マラヤをはじめほかの東南アジア諸国のように、大量の中国人クーリー労働がフィリピンに導入されることはなかった。

日本人労働者についても、一九〇三年三月三日発布のアメリカ本国の移民法 Anticontract Labor Law（もともとは一八八五年二月二六日制定「外国契約労働者ノ輸入及移住禁止法 Alien Contract Laber Law」）が、六月二六日にフィリピン諸島でも施行され、契約移民労働者として雇用することはできなかった。なお、この移民法は〇七年二月二〇日に改正された（An Act to regulate the immigration of aliens in to the United States）［『日本外交文書』第四〇巻、七六二―六六頁］。

フィリピンの植民地開発のためには、まずアメリカ本国の資本とフィリピンの安価な労働力を利用したインフラストラクチャーの整備が必要であった。しかし、アメリカ本土ではその安価な労働力にたいして不安をもつ者がいた。砂糖トラストは、フィリピンから安価な労働力を利用した安価な砂糖が大量に本国に輸入されることを恐れ、活発なロビー活動をおこない、既得権益を守ろうとした。その結果、フィリピンでは合理的機械農法に必要な大規模な土地所有は認められず、一九〇二年に成立した「フィリピン組織法 Philippine Bill」で、公有地払い下げは一〇二四ヘクタールに制限された。さらに〇九年フィリピンに入国する外国人の許否にかんする権限をフィリピンに譲渡する決議案が、アメリカ上院で否決された。安価な労働力が必要以上にフィリピンに入ることを本国では警戒し、植民地の現場の行政官の思惑と対立することになった〔早瀬一九八六b、七〇頁、『日本外交文書』第四二巻、八三一—三二頁〕。

その植民地行政官にも別の不安があった。フィリピン人の労働組合による中国人・日本人労働者導入の強い反対である。フィリピン・アメリカ戦争中およびその直後の不安定なときに、フィリピン革命の一翼を担った労働者の存在を無視することはできなかった。フィリピンの労働組合は、一九〇一年一二月三〇日結成のフィリピン印刷職工同盟 Unión de Impresores de Filipinas を嚆矢とする。委員長デ・ロス・レイエス Isabelo de los Reyes は、さらに〇二年二月二日複数の業種にまたがるフィリピン初の連合労働組合、民主労働同盟 Unión Obrera Democrática Filipino を結成し、同年六月二日以降ストライキが続発した。民主労働同盟は初期の三五単組から一五〇に増加し、一〇万人の動員力をもつようになった。そして、〇三年にはアメリカ労働総同盟 The American Federation of Labor の後援のもと、フィリピン労働組合 La Unión del Trabajo de Filipinas（委員長サントス Lope K. Santos）が結成された〔Rosca 1978: 2368–73、『通商彙纂』二三〇号（一九〇二年九月二五日）、三一—四〇頁〕。

フィリピンの労働組合は、アメリカの労働組合の指導のもとアジア人移民労働者導入に反対の立場をとった。民主労働同盟は、総督代理に提出した三ヶ条の建言の第一に「支那人移住禁止ノ法律ハ之ヲ維持スルコト」を掲げ、中国人労働者の導入に強く反対した〔『通商彙纂』二三〇号（一九〇二年九月二五日）、三三、三五頁〕。日本人労働者の導入についても、一九〇三年一〇月一一日にベンゲット道路工事用労働者など一一四人、一六日に一九〇人がマニラに相ついで到着すると、一〇月一八日付英字新聞『ケーブルニュース *The Cablenews*』で世論の喚起を促した。また、同年一一月一六日には、新たにフィリピン労働組合委員長に就任したサントスがタフト総督 William Howard Taft（一八五七―一九三〇、任一九〇一―〇四、アメリカ大統領一九〇九―一三）と会見し、日本人移民にたいする制限を要請した［早瀬一九八六c、八六頁］。労働組合は、安い賃金で重労働するアジア人クーリー労働の導入によってフィリピン人労働者の生活が脅かされるだけでなく、労働の質が低下することによって奴隷的労働を強いられることを懸念した。先の三ヶ条の建言の第三条では、「人力車ヲ禁止スルコト或ハ仮設之ヲ許可スルモ比律賓人ノ車夫トナルヲ禁シ彼等ヲシテ牛馬ノ伍伴ニ入ラシメサルコト」とし、人力車の導入に強く反対した。その結果、〇二年一月三〇日に営業許可されたルソン人力車会社 Luzon Jinrikisha Company（カーロス・リバース社長）は、労働組合および中国人の強い反対にあって日本人・中国人車夫の雇用に失敗し、人力車会社そのものが営業中止に追いこまれた［『通商彙纂』二〇九号（一九〇二年二月二五日）、一二一頁、二二三号（一九〇二年八月七日）、六四―六五頁、二三〇号（一九〇二年九月二五日）、三二頁、二四三号（一九〇二年一二月四日）、三二頁］。シンガポールはじめ東南アジア各地で普及した人力車が、フィリピンに導入されなかった理由は以上のようなことからであった。このようなフィリピンの労働組合の動きをアメリカの労働組合は支援し、たとえば〇三年にタフト総督が条件付きで中国人クーリー労働導入を許可する意向であると知ると、組合指導者ローゼンバーグ Rosenberg は視察のためサンフランシスコからフィリピンを訪れ、その動きを牽制した［*The Manila Times*, November 24, 1903: 4］。

いっぽう、フィリピン諸島で「働かない」といわれたフィリピン人は、ハワイのサトウキビ・プランテーションで、入国禁止あるいは制限された中国人・日本人労働者にかわって雇用され、かなりの評判を得た。また、フィリピン諸島内でも雇用主次第、すなわち、待遇次第で効果ある労働力になる例がしばしば紹介された[1]［Forbes 1928: I, 518-22］。早々に創設されたフィリピンの初等教育では、英語のつぎに職業教育、体育に力を入れ、「労働の尊厳」が教えられた。しかし、フィリピン人の労働とくに肉体労働軽視の風潮は変わらず、アメリカ人植民地行政官の満足するところとならなかった。現実に、公共事業であるインフラストラクチャーの整備は遅れ、鉱山・森林開発ははかどらず、プランテーション栽培は資本と労働力不足で伸び悩んだ。そのため、中国人移民や契約移民労働者の導入が禁止された後も、帰国を前提とした一時的なものやフィリピンで不足しているかぎられた職種の熟練職工の導入がしばしば話題となり、限定的に入国許可が与えられた。このような状況のなかで雇用された日本人労働者は、どのような人で、どのような経緯で雇用されたのであろうか。

2　日本人労働者の統計史料分析

近代日本とフィリピンとの公式な交流は、一八八八（明治二一）年一二月二九日に開設された在マニラ帝国領事館にはじまる。開設の目的は、通商拡大、貿易促進で、フィリピンへの移民も考えられた。同年外務大臣大隈重信は、在東京スペイン公使代理ペドロ・カレーレ・イ・レニベイに、その可能性について問い合わせし〔外交史料館文書三・八・二・一四〕、さらに一八八一年領事館書記生鈴木成章はパンパンガ州で日本人移民受け入れのための調査をおこなった〔『日本外交文書』第二四巻、四三五―四一頁〕。民間ではすでに八五年に横尾東作、翌年杉浦重剛《じゅうごう》がフィリピンへの移民の構想を発表し、菅沼貞風《ただかぜ》は八九年にマニラに渡り、スペインに「預け置いた領土」であるフィリピン諸島に農業出稼ぎ移民を送るための調査をはじめた。また、九一年には東邦協会、九三年には殖民協会が創立され、内地植民論にかわって海外植民論が唱えられ、海外各地の移民地事情が報告された(2)。しかし、現実には人的・物的交流は発展せず、九三年九月一三日から九六年一〇月二六日までの約三年間、領事館は一時閉鎖に追いこまれた。日本とフィリピンとの交流が本格化するのは、フィリピン諸島がアメリカ領になることが決まった九八年以降である。

ここでは、アメリカ植民統治下初期（明治期）フィリピンの日本人労働を考察するため、二種類の統計史料を用いる。ひとつは外務省外交史料館文書三門二類八項三八目「移民取扱人ヲ経由セル海外渡航者名簿」（以下「名簿」と略す）をデータ処理したもので、渡航前のフィリピン行き日本人労働者の状況が考察できる。(3) いまひとつは、外務省外交史料館文書七門一類五項四目および『通商彙纂』掲載の在住日本人職業別人口表で〔章末表1-3出典〕、実際にフィリピンで従事した職業がわかる。このふたつの史料を比較、検討することによって、日本人労働者に期待された、あるいは日本人労働者が渡航目的とした仕事と、実際のフィリピンでの雇用状況が明らかにでき、期待と現実の一致と相違を考察することができる。

外交史料館に残されている「名簿」は、一八九四年四月一二日公布の勅令第四二号「移民保護規則」にともなう「移民保護規則施行細則」（外務省令第六号、一八九四年四月一八日）第七条にもとづいて、翌月五日までに主たる営業所を置く地方の長官（知事、東京府は警視総監）に届け出を義務づけられたものである。その記載内容は、「旅券番号、旅券下付ノ年月日、姓名、族籍及職業、本籍及寄留地、年齢、渡航ノ目的、移住地、渡航ノ年月日、約契《ママ》〔契約〕期限」であった。この「移民保護規則」および「移民保護規則施行細則」は、九六年六月一日施行の「移民保護法」および「移民保護法施行細則」にとってかわられ、「名簿」の記載内容は、「旅券番号、渡航許可ノ官庁及年月日、氏名、族籍及職業、年齢、渡航ノ目的、渡航地、渡航ノ年月日、契約期限、渡航者総数」に変更された。(4) この「名簿」のデータ分析についての詳細は、〔早瀬一九九五〕を参照。

この「名簿」のフィリピン行きの記録は、一九〇三年にはじまる。第Ⅰ期（一九〇三―〇五年）として分類したもののうち〇三年一〇月から〇四年末までのいわゆる「ベンゲット移民」期は、顕著な特徴を示す。(5)「ベンゲット移民」期以前の渡航者は〇三年最初の九ヶ月間で二四〇人（一七・八％）と少なく、そのうえもっとも多い三月の渡航者一二四人中半数以上の六八人が契約上の問題からすぐ帰国している〔『日本外交文書』第三六巻、四一八―二六頁〕。この「名簿」の分析からわかる「ベンゲット移民」像は、福岡、広島、熊本、和歌山、山口県出身の手に職のない農村出身の農民が、おもに肉体労働に従事することを目的に、三年間の「契約期限」、単身でフィリピンに渡っていったことである。これらの各県では、ハワイはじめ世界各地へ渡航する者が多く、フィリピンへは地理的に近いことから、短期の出稼ぎを目的として渡航した。年齢的にも高い者が少なくなく、妻子を故郷に残しての渡航者もかなりおり、家長や後継ぎが少なくなかったことから一家の命運をかけての渡航者もいたことが想像される。渡航手続き等は一切移民取り扱い会社に任せ、ベンゲット道路工事などの労働状況を詳しく知ることなく、契約後一ヶ月ほどで慌ただしく出国し、約一〇日間かけてマニラに到着した。なかには正規の旅券を取ることなく「密航」した者もいたらしく、「名簿」には別人同一旅券番号が〇三年に一五件、〇四年に二一件ある。また、出発前の船待ちの港や寄港地で、渡航を取り止めたり、行き先を変更する者もいたと考えられる。フィリピン渡航後の労働は予想以上に厳しく、生活環境の変化、病気、望郷の念などが重なりあい、三年間の「契約期限」を守ることなく帰国する者が少なくなかった。「ベンゲット移民」後の〇五年の渡航者の大半は大工を渡航目的としているが、数において〇三、〇四年に比べ二割に満たない。そして、〇五年八月以降〇七年一〇月まで二年間以上、「名簿」にフィリピン行き渡航者の記録はない。

一九〇七年一一月から再び「名簿」にフィリピン行き渡航者の名があらわれ、毎年徐々に増加したが、一二年になっても六〇三人と「ベンゲット移民」期の半数にも満たない。第Ⅰ期に多数を占めた出身県のうち福岡、熊本、和歌山、山口、新潟は激減しており、第Ⅰ期、第Ⅱ期（一九〇七—一二年）ともに一〇〇人以上を送り出した県は、広島県（第Ⅰ期四八二人、一五・六％、第Ⅱ期三〇六人、一七・九％）一県にすぎない。出身県はじめ各種データ項目から、第Ⅰ期と第Ⅱ期の関連性が乏しいことがわかる。第Ⅱ期の特徴は、本来フィリピンで禁じられていた契約移民として、日本人労働者が渡航していたことである。労働の目的は大工、木挽《こびき》・杣《そま》職、農業の三つに大別でき、それぞれ行き先が具体的に明記されている。移民取り扱い会社は、第Ⅰ期の競争激化のなかでの募集と違い、第Ⅱ期では東洋移民合資会社がほぼ独占した。

第Ⅰ期、第Ⅱ期で共通している点は、女性および携帯家族の人数が極端に少ないことである。女性の人数は第Ⅰ期で三〇人（一・〇%）、第II期で三五人（二・〇%）にすぎない。第II期では不定の期間で農業を目的とする者の渡航が増加したが、短期の出稼ぎ型渡航であることに変わりはない。とくに大工、木挽などの熟練を要する労働を目的とする者は、年齢が比較的高く、短期間の契約で渡航する傾向があった。

在住日本人職業別人口表を、章末に表1-3としてまとめた。原則として三〇人以上の項目、五〇人以上の地方を抜き出した。項目設定の基準、調査方法に曖昧さがあるため、必ずしも正確であるとはいえないが、一応の目安になる。一九〇三年以来一貫して目立つのは、酌婦、特種業者、雑業などの名称で記載されている娼婦「からゆきさん」と大工である。「からゆきさん」は、時代が下るにしたがってフィリピン各地に広がり、とくにアメリカ軍基地・駐屯地、開発のために単身男子労働者が集まるところに集中した。大工も、同じく植民地開発がおこなわれているところで集団で雇われた。大工はその需要によって居所をたびたび変更したため、外交史料館文書の〇七―〇九年の表の最後に、正確な実数はつかめないと注意書きが添えられた。このほかで目立つのは、〇三年六月三〇日の調査以来、ミンダナオ島ダバオに麻耕作農夫が多少の増減をみながらも毎回記載されていることで、定着性が感じられる。また、「マニラ市及付近」の漁夫も一二年末現在で一七〇人とけっして多くはないが、定着している印象を受ける。

つぎにこのふたつの史料、「名簿」と在住日本人職業別人口表とを比較、検討することによって、フィリピンでの日本人労働者の足跡を追ってみることにする。一九〇三―〇四年に労働、道路工事、土木工事などを渡航目的とした未熟練・単純労働者は、一四二三人にのぼる。しかし、〇五年八月一七日の報告をみると、この種の職業は「マニラ市及付近」に普通労働者八〇人と記載されている者以外にいない。職業未詳の合計二一一〇人を考慮しても、日本人未熟練労働者が激減したことがわかる。日本人未熟練労働者は、「ベンゲット移民」以前にもなかなか職をみつけることができず、そのためその後あらかじめ雇用主と予約してから渡航する「契約移民」が一般的になった事情がある［『日本外交文書』第三六巻、四一〇―一一頁］。したがって、日本人未熟練労働者は、わずか一―二年間のベンゲット道路工事はじめ植民事業が集中した時期に雇われ、その一連の事業の終了とともに職を失ったといえる。それ以外の時期では、たとえ未熟練労働者の需要があったとしても、フィリピン人労働で充分賄える程度でしかなく、植民地政府も労働の価値を教えるためできるだけフィリピン人労働者を雇用する方針をとった。たとえばアルバイ州の道路工事では、はじめ一〇〇人程の日本人労働者が雇用されたが、フィリピン人の日給〇・二五ドルにたいし、日本人は食糧付き一ヶ月二〇ドルのため請負人の不始末を契機に全員解雇された〔『日本外交文書』第三九巻、三二四頁〕。パナイ島でも日本人鉄道工夫の雇用は、低賃金で比較的よく働くビサヤ人労働者のために不成功に終わった〔岩谷一九一一、一一五頁〕。さらに囚人労働の活用、および、〇五年五月発布の道路法によって、一五歳以上五五歳以下の男子に年五日間道路橋梁建設のための労働提供の義務が生じると、ますます日本人労働者の雇用機会は狭められた〔『日本外交文書』第三九巻、三二四頁〕。また、クーリー的日本人出稼ぎ労働者を多数海外に送り出すことは、欧米列強の仲間入りを目指していた当時の日本にとっても得策ではなかった。そのためにも日本政府は一八九四年に「移民保護規則」、九六年に「移民保護法」を制定して、「移民」の質を取り締まろうとした。「ベンゲット移民」期にフィリピンに渡航したこれらの未熟練労働者は、その後職を失い、帰国するか、残留してほかの職に就くかの選択を迫られることになった。いっぽう、熟練職工は、「ベンゲット移民」期以前から、「大工、石工、理髪職、鍛冶職、蹄鉄工職、泥工、煉化積」などが求められた(6)〔『日本外交文書』第三六巻、四一四頁〕。

大工を渡航目的とした者は、一九〇三—〇五年に三四六人、〇九—一二年に三一八人いた。フィリピンの日本人大工人口は、〇五年八月一七日報告で合計五八五人、〇六年一一月一九日報告三九八人、〇七年七月二〇日報告四四九人、〇七年末現在六八四人、〇八年末現在六七八人、〇九年末現在七三〇人、一〇年末現在六四一人、一二年末現在一〇四四人であった。〇八年の報告では七三〇人中六〇〇人が仕事を追ってフィリピン諸島各地を転々としていたが、フィリピン国内には定着していたかのような印象を与えた。しかし、先の失業した未熟練労働者のなかに、大工の需要と高給からにわか大工になった者が続出したことを考えると、必ずしも数字だけで判断できない。赤塚正助領事は素人大工の割合を六割とした。正規の大工の帰国と素人大工の増加で、ある一定の数値を保っていたと考えられる(7)［岩谷一九一一、一一三頁、赤塚一九〇八、一〇―一一頁］。そして、一一年末現在の大工人口一〇四四人中、女性はわずかに六一人（五・八％）で、妻帯者が少ないことを考えても、定着を目的としていなかったことがわかる。

木挽は、一九〇九年ミンダナオ島バガーン（比律賓行き木挽もバガーン行きと推測される）、一二年ミンダナオ島リマオンにまとまった人数が渡航している。バガーン行きは、〇七年八月赤塚正助領事がサンボアンガに立ち寄ったときに依頼されたもので、従来労働者の人選に問題ありとされた移民取り扱い会社を通さず、ダバオなどに労働者を送りミンダナオに詳しい須田良輔に直接日本で募集するよう要請した。募集人員五〇人以上、契約期限一年間でおもに和歌山県から募集する予定であった。須田は翌年六月福井、熊本両県から約三〇人の渡航者を獲得し、さらに八月沖縄県から防長移民合資会社経由で四〇人が到着した。これら沖縄県人は木挽にかんしまったくの素人であったにもかかわらず、しだいに熟練し、雇用主の満足するところとなった。そのため、〇九年一月新たに一〇〇人の募集をおこなった。しかし、同年一二月バガーンにおける枕木切り出し事業中止のため、東洋移民合資会社取り扱い二五人は、契約期限の二年間をまっとうすることなくバガーンを離れ、バギオに移った［『日本外交文書』第四〇巻、七六七―六八頁、第四一巻、七二三―二三頁、第四二巻、八二八―三一、八三六頁］。これらの木挽は、赤塚領事が移民取り扱い会社を通さず自由移民として渡航するよう指示したにもかかわらず、名目上であれ移民取り扱い会社経由でフィリピンに渡航し、会社を経由せずに渡航した者は少なかったと思われる。また、一二年に七十余人が新たにミンダナオ島リマオンに渡航したが、同年末現在「ザムボアンガ」在住の木挽が七十人しかいないことから、〇九年から引きつづきサンボアンガ付近に在留した者は少なかったと考えられる。

炭坑夫は、一時注目を浴び、外交史料館文書のなかにその記録をみることができる［三・八・二・一九二など］。しかし、レガスピ沖のバタン島やマスバテ島で需要があったものの、一九〇八年末現在の四五人が最高で、それ以上のびることはなかった。バタン島では、〇二年五月にバタン炭鉱会社 Batan Coal Mines Company が設立され〔『通商彙纂』二四三号（一九〇二年一二月四日）、三八頁〕、〇三年六月六日日本人坑夫七〇人、医師一人、技師一人および鉱業技術者若干名を募集し、フィリピン中央税関長は熟練職工として入国を許可した(8)。また、バタン島政府所有炭坑でも日本人坑夫二〇人、大工一〇人、鍛冶工一人、通弁一人を募集した。炭坑夫の募集は福岡県でおこなわれ、坑夫四三人（うち女三人）、医師一人、技師一人が〇三年一一月二八日にマニラに到着、同三〇日から採鉱に従事した。そして、〇四年一月二日にも九人が到着した。しかし、雇用主が採炭事業に無経験で採掘設備不充分なうえ、辺鄙な遠隔地のため給与支払いがつねに延び延びになり、ついに〇四年六月二日坑夫一同四九人は就業を中止し、うち三五人が七月二二日帰国の途についた。さらに、バタン島行き坑夫を一手に取り扱っていた大陸殖民合資会社の不正が明らかになった〔『日本外交文書』第三七巻、三四五―六六頁〕。その後、バタン島炭鉱は経営が改善され、日本人坑夫も若干名雇用された。また、ベンゲット金鉱でも日本人が四〇―五〇人雇用された〔『日本外交文書』第三九巻、三三一頁、『通商彙纂』七五号（一九一一年一二月二〇日）、五四―五五頁〕。

このほか熟練を要する各種職工が職業別人口表のなかに散見されるが、フィリピン社会、経済に影響を与えるほどの規模には成長していない。

農業を渡航目的とした者は、一九〇三―〇五年三八六人、〇七―一二年に一一二〇人いた。〇五年八月一七日報告で農夫は合計五〇〇人になるが、このうち四〇〇人は失業した未熟練労働者などがダバオに移動したもので、農業を渡航目的とした者で残留している者はわずかであった。なお、この五〇〇人のうち女性はひとりも含まれていない。一〇―一二年の三年間に、農業を渡航目的とした者は一〇三二人で、その大半がミンドロ島に渡航した。しかし、ミンドロ島の農夫人口は一〇年末現在一二二人（うち女性二人）、一二年末現在三一人（うち女性〇人）で、明らかに入植に失敗した様子がうかがえる。ダバオのアバカ（マニラ麻）・プランテーション労働者もその人口推移からみると、〇五年八月一七日報告の四〇〇人以来その増加はみられず、本格的に定着したとはいい難い状態がつづいている。

漁業は、マニラの消費市場を狙い、日本人漁民の優れた技術と日本から輸入した漁船を利用して、一九〇〇年ころから操業する者がいた。〇九年、おもに広島県出身者が約一〇〇人、漁船二六―二七隻で打瀬網漁をおこなっていたが、女性の数は少なく、本格的な定着に至っていない〔『通商彙纂』六五号（一九〇九年一一月二五日）、四七頁〕。スールー諸島では、真珠採取業者などが〇九年ころから増加したが、大工、木挽・杣職同様、日本人の優れた技術力を利用した出稼ぎ型進出であった。詳しくは、本書第二章で述べる。

商業は、マニラ市中心に発展し、雑貨商（バザー bazar）およびその店員人口が徐々に増加した。しかし、その増加は緩やかで、一九一二年末現在で会社員人口一八人と少なく、大資本の進出はあまりおこなわれていない。この時期の特徴としていえることは、地方各地に雑貨商の進出がみられたことである。このほか氷水屋など、資本をほとんど必要としない小商いをする者が増加した。未熟練労働者で、失業し、帰国できなかった者がはじめたが、小規模で一時しのぎのものであった。「ボーイ」も同じ性質のものと想像される。詳しくは、本書第四章および第五章で述べる。

明治期フィリピンの日本人労働者を概観すると、定着性のない出稼ぎ型で、農業、漁業、商業に一部定着の兆しがみえるが、本格的段階に達していないことがわかる。また、規模においても「ベンゲット移民」期の一時期を除いて、フィリピン社会に影響を与えるような存在には思えない。フィリピン行き日本人渡航者は、いわゆる「移民県」出身者が多数を占める。アメリカ本土へ転航することを期待する者が少なくなかったことから、しだいに入国が厳しくなったアメリカ本土あるいはハワイ諸島への代替地として、アメリカ領フィリピン諸島が人びとの注目を集めるようになったと考えられる。フィリピンの日本人労働者の定着性のなさの原因のひとつは、フィリピンが本来の渡航目的地でなかったことも関係しているかもしれない。そして、一時的出稼ぎ労働を目的としたため、戸主や長男など家系

「相続者」の渡航が多くなったと考えられる。また、妻子を故郷に残しての渡航者が多かったことから、ある一定金額の貯蓄ができ、在留の必要がなくなると一気に望郷の念が募り、帰国したものと想像される。

3　日本人労働者にたいする評価と展望

もともと日本政府は、フィリピン行き渡航者にたいして積極的でなかった。一九〇二年フィリピン在住のアメリカ人リーバールが横浜に来て、試験的に一〇〇人の大工、石工、瓦職を移民取り扱い会社に依頼したときも、日本政府はその許可を与えなかった〔『殖民時報』九六号（一九〇二年六月二五日）、五〇頁〕。また、「ベンゲット移民」も、「熱帯地ノ工事ハ本邦人ニテハ困難ト認ムルモ試験ノ為メ許可シテモ可ナラン但シ万一放還ノ場合ヲ慮リ移民会社ニ保証金ヲ積マシムベシ」とあまり乗り気でなかった様子がうかがえる。そして、その技術を要しない単純労働者を主とする「ベンゲット移民」を雇用したアメリカ人は、白人、黒人労働者のつぎに日本人を評価し、とくに大工や石工といった技術を要する作業に高い評価を与えた。しかし、長く工事現場に留まる者が少なく、ストライキを起こすなど問題点もあった。総合的にみて、アメリカ人雇用者がとくに日本人労働者に注意を払った様子はうかがえない。難工事を早く終わらせるために、不足していた単純労働者を補充した程度に考えられていたと推測できる。実際にベンゲット道路工事に従事した日本人労働者は、「土をたゞ運んだりするやうな仕事は、実際支那人なんかの方が適して居ました」「アメリカ人など、未だ支那人並に考へて居たやうですね。兎も角我々の生活はひどかつたんですから、比律賓人だつて特に尊敬を払つてゐたとは思へません」と語っている。一九〇四年一一月工事現場を視察した成田五郎領事は、日本人労働者の雇い入れによって工事は進捗したと評価し、将来の日本人労働者の需要を期待した。しかし、このほかの当時の領事館員の評価はかなり手厳しいものになっている。〇四年二月三日付岩谷譲吉書記生の報告では、

「支那人及比律賓土人ニ比シ何等軒輊無クシテ寧ロ劣ルコトアルモ勝レルコト無ク」と評価され、工事終了後の〇六年六月六日付伊藤敬一書記生の報告では、「吾ガ日本労働者ハ彼ノ〔ベンゲット〕道路工事ニ由リテ有ユル悪習慣ニ馴致セラレ到ル処ニ不成効ノ結果其信用全ク地ニ墜チシ」「格外ノ高労銀ヲ払ヘル事業ガ最初ニ起リシコトハ比律賓島ニ於ケル本邦移民ガ健穏ナル発達ヲ阻害セル」と結論づけた。当時は、アメリカ植民統治下開始期の一連の植民事業が一段落した時期で、職を失った未熟練労働者が職を求めてマニラの街を徘徊していた時期でもあった。かれらの労働評価が、そのままかれらの失業へと結びついていったとはいい難い労働力市場の状況があったとはいえ、日本人未熟練労働者がフィリピンでそれほど高い評価を得ていなかったことは事実である(9)〔早瀬一九八六c、九三―九四頁、同一九八九、一七九―八三頁〕。

「ベンゲット移民」の評価は、フィリピンでよりむしろ日本で顕著にあらわれた。「ベンゲット移民」を送り出した移民取り扱い会社は、「ベンゲット道路工事ニ輸入シタル本邦移民ノ成蹟不良ニシテ損失ヲ蒙リタルヲ以テ其後マニラニ移民ヲ送ルコトハ断念シ」、政府においても「マニラ行旅券下附ヲ出願スル時ハ地方庁ニ於テ多クハ拒絶セラレ或ハ幸ヒ之レヲ得ルモ二三ヶ月ヲ要スル」という状況であった〔外交史料館文書六・一・六・五九、赤塚〕。このような状況に陥ったのは、フィリピン諸島でも同様に施行されるはずのアメリカ移民法が、具体的にどう施行されるのか曖昧なまま、雇用主が移民取り扱い会社に依頼し、事実上契約のないまま日本人渡航者を無秩序に募集したことと関連する。手数料欲しさの内地募集人は、フィリピンでの労働環境を正確に伝えることなく、都合のいいことだけを吹聴し、渡航熱を煽り、移民取り扱い会社も労働者の質を吟味することなく送り出した(10)。その結果、「ベンゲット移民」はフィリピンの労働現場に到着後、その条件の違いにひどく失望し、「往々事実ヲ枉ゲテ悪口シ罵詈シ取扱移民会社ヲ怨ンデ却テ意外ノ禍ヲ惹起」することさえあった〔外交史料館文書六・一・六・五九、岩谷〕。そして、多くの日本人労働者が赤痢、チフス、マラリア、脚気にかかり、落命した。移民取り扱い会社がフィリピン行き渡航者を扱わなくなったのも、フィリピンを「病魔ノ巣窟」と解したためであった〔赤塚一九〇八、五九頁〕。第Ⅰ期（一九〇三―〇五年）と第Ⅱ期（一九〇七―一二年）の連続性のなさは、まさに「ベンゲット移民」が日本政府、移民取り扱い会社という送り手によって「失敗」と評価されたからにほかならなかった〔早瀬一九八九、一八三―八四頁〕。

「ベンゲット移民」を含め、明治期フィリピンの日本人労働者の評価は、今日まで一般に岩谷譲吉報告「比律賓群島移民事情」『移民調査報告　第六』（明治四四年編纂）にもとづいている。このことは、岩谷報告を直接参考史料としたということではない。今日もっとも権威ある文献とされている入江寅次『邦人海外発展史』（一九三八年）が、この岩谷報告をおもな史料として執筆されたという事情による。岩谷副領事は、前述の通り日本人労働者にたいしかなり手厳しい評価を下した人物である。にもかかわらず、この報告書ではその矛先がかなり鈍っている。実は、この報告書の印刷される前のものが、外交史料館文書六門一類六項五九目にある。一九一〇年三月付在マニラ副領事岩谷譲吉のこの原報告書は、「比律賓内部ノ事情軍事其他移民政策ニ亘リタル」ため機密信とされ、印刷にあたって大幅に削除された。削除された部分は、軍事関係の記述のほか「からゆきさん」「労働者の欠点」など日本の体面を穢し、将来の移民送り出しに不都合と思われた箇所である。このほか目次をみると、「日米戦争論ト移民ノ輸入」「比律賓人ノ自尊心ト排日思想」などが削除されている。これら削除された箇所こそ、当時の日本人労働者の状況を具に語る史料となる。ここでは、印刷部分は「岩谷一九一一」、削除部分は「外交史料館文書六・一・六・五九、岩谷」と表記し、引用文中の削除箇所は〈　〉内に入れた。

岩谷譲吉がこの報告書のなかで取りあげた「(イ) 日本労働者ノ優点」は七点、以下見出しのみ列挙する〔岩谷一九一一、一二八―三〇頁、外交史料館文書六・一・六・五九、岩谷〕。

一、日本労働者ハ比律賓労働者ニ比シ技術遥カニ勝レ〈タ〉リ

二、日本労働者ハ一気呵成ニ事ヲ成就シ又比較的此勇気ヲ続クルノ風アリ
三、日本人〈労働者〉ハ冒険的労働ヲ敢テス
四、日本労働者ハ規律ヲ守ルコト割合ニ正シ
五、〈日本労働者ハ清潔ヲ好ミ自制力アリ〉
六、日本人ハ保姆、「ボーイ」ノ如キ家庭労働ニ〈頗ル〉適ス
七、日本人ハ漁業ノ如キ職業ニハ約ンド専有ノ傾キアリ

「(ロ)日本労働者ノ欠点」はすべて削除されており、印刷されたものは(イ)の優点だけで(ロ)のない妙な記述となっている。(ロ)では以下の四点の欠点が記述されている［外交史料館文書六・一・六・五九、岩谷］。

一、日本労働者ノ通弊ハ一時ノ快楽ヲ追フモノ多シ
二、日本労働者ハ朋党相閲グノ風アリ
三、日本労働者ハ其土地ノ風俗習慣ニ応ゼズシテ常ニ独歩的態度ヲ有ス
四、日本労働者ハ将来ノ発展進歩ヲ考フルモノ甚ダ稀ナリ

いっぽう、アメリカ人、フィリピン人の日本人労働者にたいする評価は、あまり見あたらない。日本人労働者人口が、中国人に比べたいして多くなかったことから、あまり注目されなかったためと考えられる。先の岩谷副領事の原報告では、フィリピン人の対日本人観をつぎのように記述している(11)［外交史料館文書六・一・六・五九、岩谷］。

日本人ハ風俗野鄙ニシテ文明ノ思想遥カニ比律賓人ヨリ遅レ低廉ナル給料ニ安ンジ経済状態ヲ乱シ生活ノ程度ヲ低フシ殊ニ一夫多妻主義ニシテ宗教異ナリ其一等強国ナルハ皮相ノ観ニシテ吾人比律賓人ノ欧米ノ風俗習慣ヲ有スルモノト決シテ相容レザル所ナリ

長期的展望において、日本人外交官が期待したフィリピンでの日本人の労働は農業だった。一九〇八年二月一四日付在マニラ赤塚正助領事報告書は、『移民調査報告　第二』（一九〇八年編纂）および『通商彙纂』三九号（一九〇八年七月一八日）に掲載されているが、この印刷されたもの以外に「号外」として、同年二月一八日付の報告がある［外交史料館文書六・一・六・五九］。そのなかで赤塚領事は、農業は「極メテ有望」であり、土地を購入または租借して米作に従事することを奨励している。当時、フィリピンはサイゴン米の輸入国で、赤塚領事はフィリピン各地を視察後その便宜を計ってもらったお礼にフィリピン総督を訪ね、「本島農業特ニ米作ノ旧式乱暴ニシテ荒地ノ面積多ク殆ンド適当ニ農業ト称ス可カラザル」「本邦ノ百姓ヲ輸入シ本邦ノ進歩シタル稲耕法ニ依リテ米作ニ従事セシムル時ハ一方ニハ本島人ニ進歩シタル農業上ノ智識ヲ与ヘ同時ニ米耕ヲ改良奨励スルコト、ナリ」と語り、総督も強く賛成の意を表したと述べている。一一年の岩谷報告でも同様に「将来ノ発展ヲ望〈求〉ムヘキ移民ハ〈右将来ノ企業ニ応ズベキモノ〉即チ定住的労働ニ属スルモノニシテ土地ト人トノ密接ノ関係ヲ有シ且ツ〈将来〉地主トナリ得ベキ便宜ヲ有スル農業移民ニアリト信ズ」と報告している［岩谷一九一一、一四一頁］。しかし、赤塚領事、岩谷副領事の奨励する農業は、国家的事業、大資本をともなう事業を意味していない。「始メヨリ大資本ヲ投ジテ大規模ノ設計ヲ立ツルヨリモ先ヅ小規模ニ事業ヲ初メ本島諸般ノ事情ニ通暁シ」「事業ハ自然ノ発達ニ任シ年月ヲ待ツテ其成果ヲ収ムルノ方法」をとることを得策とし、具体的展望のないまま文字通り「自由に」農民がフィリピンに渡航してくることを期待していた［赤塚一九〇八、六四頁、外交史料館文書六・一・六・五九、赤塚］。

日本人農業労働者は、「ベンゲット移民」のはじまる以前からダバオやアルバイで雇用された。一九〇三年三月二九日マニラ到着のダバオ行き農業出稼ぎ人五七人は、契約上の問題から三四人が四月二日に帰国し、このとき実際にダバオで就業した二三人ほかも一年間の契約期限が終わるやいなやダバオを離れた[12]。当時のフィリピンの農業一般の事情、すなわちフィリピン・アメリカ戦争後の農地の荒廃および牛疫の流行から考えて、日本人農業出稼ぎ労働者の需要はあまり期待できなかったと考えられる［『日本外交文書』第三六巻、四一九—二六頁］。

太田恭三郎（一八七六—一九一七）仲介のダバオ行き農業労働者の渡航は、その後ベンゲット道路工事で不満をもった者や失業者を一九〇四年八月ころから漸次送ったもので、前年のものと直接的なかかわりはない。初期のダバオの日本人は、もっぱら麻挽き労働に従事し、外人耕地を転々とした。日本人の挽く麻は色白く、高く売れたため好評であったが、なかには賭博に耽り、休業する者がいたため信用を損なうこともあった。その後太田の指導のもとで払い下げ公有地一〇〇〇ヘクタール余りを獲得し、〇七年五月三日太田興業株式会社を設立、日本人社会の礎を築いた。しかし、麻価の下落、資金難、労働力不足などで明治期に大きな発展はなかった［Hayase 1984: 132-41、赤塚一九〇八、一二頁、『日本外交文書』第三九巻、三三七—三八頁］。とくに労働者雇用にかんしては、〇七年に副社長を日本に派遣し労働者募集に務めたが、先に述べた通り移民取り扱い会社が拒絶し、なかなか募集に応じなかった。結局、「東洋移民会社ニ泣キ付キ移民ニ対スル全責任ヲ太田会社ニ於テ負担ストノ条件ノ下ニ」ようやく募集することができた。太田興業は、さらに〇八年末四〇〇人の夫婦移民を希望し、岩谷副領事も一〇年に三〇〇人の需要を見込んだが、「名簿」および表1-3をみるかぎり思うような人数が集まらなかったことがわかる[13]［外交史料館文書六・一・六・五九、赤塚、同、岩谷、『日本外交文書』第四一巻、七三一頁］。

一九一〇年から増加するミンドロ島行き農民は、ミンドロ興業会社などが募集したもので、ミンドロ興業会社だけでまず一〇〇家族を募集し、成績次第で一五〇〇人が見込めるとされた。しかし、少なくとも「名簿」のデータ処理によって得た数値および表1-3から、この計画が成功したとは思えない。また、マニラ市付近のヘルミナル烟草会社農園に、利益折半で日本人労働者が少数雇用され、さらにアメリカ資本による甘蔗（サトウキビ）農園開発が計画され、日本人労働者の雇用が期待された［外交史料館文書六・一・六・五九、岩谷、『日本外交文書』第三九巻、三二八頁］。しかし、明治期において、フィリピン諸島の農業開発が飛躍的に発展したとはいえず、したがって日本人農業労働者の需要も飛躍的に増加しなかった。また、日本人資本による農業開発も、日本本国からの資本と労働力が充分に得られず、遅々としてすすまない状態だった。農業移民は植民的な意味があり期待されたが、そのわりには現実がともなわなかった。

日本人労働者のなかでもっとも人数の多かった大工は、フィリピンで重宝された。フィリピン人は日本人ほどの技術力がなく、なり手も少なかった。中国人大工は、日本人大工渡来以前は重要な工事を独占し、日本人大工の給料より二—五割方安かったが、入国禁止条例により人数がかぎられていた。いっぽう、アメリカ人大工・技術者は給料は高かったが、一時的な雇用のためにわざわざフィリピンに渡航してくる者はいなかった。したがって、日本人大工は植民事業に必要な存在であったということができる。そして、その需要からベンゲット道路工事終了後に失業した日本人未熟練労働者のなかに、にわか大工になる者が多数輩出し、一時的に信用をなくすこともあった。しかし、これら不熟練大工も補助大工として雇われ、やがては一人前の大工になっていった。日本人大工の需要がフィリピン諸島各地にあり、賃金も比較的高かったのは、たんに技術力だけでなく、責任をもってひとつの仕事を短期間に計画的にすすめることにあった。日本人大工は一ヶ所に長く留まらないが、在比年数は比較的長期になる傾向となり、マニラの陸軍製材会社や電気会社に一定の年限、一定の賃金の契約で雇われた者のなかには、家族を呼び寄せる者もいた［岩谷一九一一、一三二頁、外交史料館文書六・一・六・五九、岩谷、赤塚一九〇八、一〇、一一九頁、『通商彙纂』一二六号（一九〇二年八月二八日）、五六—五七頁］。赤塚領事は一九〇八年の報告書号外で、視察中サンボアンガで約一三〇人の日本人大工を雇用し、モロ州Moro Province庁舎を建設していた州知事ブリスTasker H. Blissにも、日本人大工は好評であったと報告している。しかし、赤塚はブリスにたいし、日本人労働者を評してつぎのように語っている［外交史料館文書六・一・六・五九、赤塚］。

本邦人ハ大工ト言ハズ左官ト言ハズ一般ノ労働者皆金ヲ作ルコトヲ知リ居レドモ同時ニ散財ノ途ニ長ジ貯蓄ノ心少ナキヲ以テ折角儲タル金銭ハ皆飲食、遊興、賭博ニ消費シ貯金又ハ送金ヲ為スモノ少ナシ従テ彼等ノ多クハ常ニ貧窮ナリ故ニ彼等ハ自己ノ為メニ働クト云フヨリモ寧ロ比律賓島ノ為メ換言スレバ米国ノ為メニ働ク米国ノ忠民ナリ

岩谷副領事も、「匠工ノ如キ土木夫ノ如キ、労働ハ世界的ナリ需用ハ一時的ナリ即チ仕事ヲ追テ転居スルモノ多ク財ヲ得レバ帰国シ日本人勢力ヲ外国ニ扶植スルノ移民ニアラズ」とし、景気に左右される流動的労働者は一時的な出稼ぎに留まり、将来多くを望めないと結論した［外交史料館文書六・一・六・五九、岩谷］。

赤塚領事、岩谷副領事がこのような判断を下した背景には、たとえば一九〇五年の日本人大工の失業があった。〇四年末に日本人大工人口は七〇〇—八〇〇人に達したが、一時四〇〇人の日本人大工を雇用していたリサール州マッキンレー兵舎の建築工事が〇五年四月に一段落し、一〇〇人程に減員された。また、アメリカ陸軍輜重部に雇われていた日本人大工は、七月経費削減のため過半が解雇された。そのためマニラの街を徘徊する失業大工合計二〇〇人が発生し、成田五郎領事は〇五年九月「比島出稼大工渡航一時差止方上申」をすることになった(14)［『日本外交文書』第三八巻、四四〇—四一頁］。〇五年から〇七年にかけて二年間余の日本人渡航者の空白は、このことにも影響されたものと思われる。長期的にみれば、堅牢なフィリピン産木材を扱い馴れているフィリピン人大工や、根気よく低賃金で長時間働く中国人大工に期待するものが大きかった。日本人大工は短期間に完成する建築工事にフィリピン人、中国人

大工を補充する意味で雇用され、需要が減少すると解雇されたと考えられる［『日本外交文書』第三九巻、三二九―三〇頁］。

木挽・杣職は、建築材、鉄道用枕木の需要から日本人も雇用されたが、事業主が小資本で安定した雇用は望めなかった。また、作業地が人里離れた森林のため熱病が流行し、ひとりが病気になると労働意欲を喪失し、期待された成果をあげる前に分散、帰国した。いっぽう、炭焼きに従事した日本人は、小資本で相当の利益をあげ、フィリピン人にもその技術を伝えた［『日本外交文書』第三九巻、三三〇頁、外交史料館文書六・一・六・五九、岩谷］。

熟練職工は、フィリピンで不足していた職種であれば歓迎されたが、人数は制限された。たとえば一九〇三年四月二三日付フィリピン中央税関長よりガラス職工移入の許可があったが、フィリピン人職工養成を目的とし、人数は六―一〇人とされた［『通商彙纂』改二一号（一九〇三年七月八日）、四〇―四一頁、『日本外交文書』第三六巻、四二七―二八頁］。「名簿」のデータ処理からわかる通り、〇四、〇五年両年にガラス職工を目的にフィリピンに渡航した者はわずか一三人にすぎなかった。機械鍛冶職、石工については、フィリピン人がかなりの技能をもち、低賃金で働いていたため、日本人の需要はなかった。また、たとえ好成績で需要があったとしても、荷造業のように、フィリピン人の職を奪う者としてフィリピン人の反感をかい、仕事に就けない場合もあった［『日本外交文書』第三九巻、三三一九頁］。

マニラのトンドを中心とする日本人漁民は、マニラ湾内の漁船の多数を所有し、フィリピン人による「〈簗ヲ作リ労ヲ逸シテ功ヲ得ツモノ〉」を圧倒した。漁具、漁業技術が優れているうえ、日本人漁民の多くは単身者で、漁船に寝泊まりして生活費がかからず、価格でも有利で成績良好と評価された。しかし、六―一〇月の雨季には、網の腐敗および乾魚を製造することが困難なため、休業を余儀なくされ、休業中の帰国者で再渡航する者は少なかった。また健康を害する者が多く、朴訥ではあるが気質が荒く、酒に溺れる者もいた。いっぽう、マニラ以外では魚価が安く多くを望めなかった。そして、これらの漁業は、自業がほとんどで大資本による漁業会社の進出はなく、一九一一年一〇月三〇日日比合同資本南洋スティーム＝トローラー漁業株式会社 Nanyo Steam Trawler Fisheries Co. が設立を許可されたのが嚆矢である。フィリピンの法律における外国船による漁業の禁止や一五トン以下の制限は、個人あるいは小規模漁業者に不安を感じさせた。スールー諸島の真珠採取業も、〇四年六月より一時期を除き外国船による採貝が禁止され、大きな発展は望めなかった[15]。

日本人保姆は、親切にして、慈愛に富み、従順で、主従関係をよくわきまえ、賃金に固執しない点などで駐比アメリカ人家庭で好まれ、アメリカ人雇用者にともなって渡米する者も少なくなかった。しかし、在比日本人女性の大半が「からゆきさん」に属し、保姆に適する女性は甚だ少なかった。そして、このような状況下にあって、新たに日本人女性が保姆としてフィリピンに渡航してくることを期待することはできず、需要はあってもそれに応えられない状況がつづいた。いっぽう、「ボーイ」も正直、清潔で評判は良かったが、労働者あがりの教育のない者が多かったため、外国人家庭の風俗習慣になじめず長つづきしなかった［外交史料館文書六・一・六・五九、岩谷］。

以上のような日本人労働者の印象を悪くし、堕落させた原因に、「からゆきさん」にともなう無頼の徒の存在があった。一九〇二年末に香港から渡航してきた「からゆきさん」は、駐比アメリカ軍兵士にたいする必要上から黙認され、マニラ市サンパロック区 Sampaloc の一郭に日本人紅灯街を形成し、〇三年初には三六戸、一四〇人に達し、漸次増加していった。無頼の徒は酒場、賭博場を開いて労働者を誘惑し、その風体や行動から日本人の体面を穢した。かれらは日本人街の生活に埋没し、日本人同士の利害関係のみに汲々とし、「嫉妬、憤怒、怨嗟、猜忌」のなかで日々の生活を送った。また、日本人女性人口の大半を「からゆきさん」が占めていたため、ほかの日本人女性も同業とみなされた。日本人労働者一般が、フィリピン人に尊敬されなかった一因は、ここにあったということができる［外交史料館文書六・一・六・五九、岩谷］。

これにたいし、小規模ではあるが、マニラ市エスコルタ街 Escolta に店舗を構えた田川商店、井上商店を中心とする雑貨商は、ほかの日本人と違い、フィリピン人、アメリカ人などの「外人」相手に取り引きし、中国商人とも競争し、フィリピン社会のなかで事業をすすめた。フィリピン語、スペイン語、英語にも通じ、各地に支店を出して経営を広げていった。当時の日本人のなかでは、例外的にフィリピン社会に根を張った活動をしていたということができる〔外交史料館文書六・一・六・五九、岩谷、『通商彙纂』二二六号（一九〇二年八月二八日）、五二―五三頁〕。

明治期フィリピンの日本人労働者にたいする評価を総合すると、その二面性に気づかされる。とくにこの傾向は、在フィリピン日本人外交官の評価に目立つ。かれらは一面において、日本人はフィリピン人より優れ、フィリピンの開発に日本人労働者は不可欠であると強調した。しかし、実際にかれらが見たフィリピンで働く日本人は、かれらの理想とする労働者ではなかった。このフィリピン人にたいする日本人の優越感と現実の日本人労働者の二面性は、外交官だけでなく、一般日本人労働者のかれら自身の評価にもみられた。日本人個々人の誇りと優越感、それらはかれらが日本出発前からもっていたものであろうが、フィリピンでの日本人労働者の本来あるべき姿を生み、それが日本人による日本人労働者の希望的評価につながっていったものと考えられる。このことは、日清・日露戦争に勝利し、富国強兵を推進していた近代国家としての明治日本の姿と無縁ではないだろう。しかし、現実のフィリピンの日本人労働者は、フィリピン諸島を植民地とし、植民地開発をすすめていたアメリカ人に雇用された一介の労働者にすぎなく、アメリカ人にたいする劣等感さえあった。その裏返しとして、フィリピン人にたいする優越感がより強くなったと考えられるが、そのフィリピン人からも尊敬されなかった。日本という「国家」の力強さと日本人労働者「個人」の無力さとの矛盾のなかで、評価の二面性が生じたものと考えられる。

むすびにかえて

アメリカ植民統治下初期（明治期）フィリピンの日本人人口は、多少の増減はあったものの、表1-2の通り二〇〇〇人前後を保っていた。日本人渡航者数も「ベンゲット移民」期を除き、大幅に増加することはなかった。そのため数においてそれほど脅威を感じなかったフィリピンの植民地政府は、日本人労働者の入国にたいし寛大な処置をとり、書類・書式さえ整っていれば入国を拒むようなことはなかった。しかし、いっぽうでアメリカ合衆国の移民法が適用されているかぎり、いつ上陸を拒否されても不思議でない状況にあり、そのため渡航者数の自主規制が必要であるとされた。また、急激な日本人労働者の増加にたいする、フィリピン人の反応にも敏感に対処しなければならなかった。

長期的なフィリピン行き日本人移民計画を成す者は、日本資本の進出および家族移民を奨励した。しかし、フィリピンでの開発が遅々としてすすまず、アメリカ人資本家でさえその進出を躊躇しているなかで、日本資本の進出を積極的に促すことはできなかった。いっぽう、家族移民は、フィリピンにおいて大量に外国人移民を受け入れる設備がなかったことから、はじめ男子が単身就労し、のち家族を呼び寄せるということが考えられた。しかし、「名簿」のデータ分析から、日本人渡航者の多くがはじめから一時的な出稼ぎ労働を目的とし、定住を目的とした者も家族を呼び寄せるまでに至っていないことがわかる。このような長期的な展望は、実際に具体的な計画とはならなかった。フィリピン行き日本人渡航者は、一九一〇年の岩谷副領事原報告書の要旨結論で述べられている通り、「自然ニ本島ニ渡来シ且ツ同島生活ニ慣レ得ヘクシテ敢テ移住ヲ奨励セサルモ此ニ南下スヘキ嚮向アルヲ認ム」状態であった。つまり、フィリピンは地理的条件から一時的な出稼ぎ地として渡航する者が多く、大々的に募集するほどの大事業は一時期を除いてなかった。また、アメリカ本土での排日運動、日米開戦の風説が流れるなかで、あえてアメリカをさしおいて日本側から積極的に事業を興し、資本と労働力を投入するほどの緊要な土地でもなかった。結局、日本側のとる態度は、「〈内外諸般ノ形勢ヲ察知シ将来発展ノ見込アル移民ヲ適当ニ送リ置キ他日ノ資ニ供スル〉」ということで落ち着いた〔赤塚一九〇八、六三―六四頁、外交史料館文書六・一・六・五九、岩谷〕。

他方、募集があってもそれに応じるか否かの個人の意思があった。日本において「ベンゲット移民」の「失敗」から政府、移民取り扱い会社が積極的に取り扱わなかったことは、先に述べた通りである。このほかフィリピンで労働に従事した日本人労働者の故郷への手紙、帰国後の噂話も無視できない要因であったと考えられる。ベンゲット道路工事の悲惨さが誇張され、死者七〇〇人が定説になった過程は〔早瀬一九八九〕に詳しく述べたが、「ベンゲット移民」以前の死亡者数も多い。一九〇一年渡航者二一五人にたいし死亡者数三二人（一四・九％）、〇二年三七五人にたいし五三人（一四・一％）はひじょうに多い。これを男子だけにかぎると一七五人中三〇人（一七・一％）、三〇〇人中五〇人（一六・七％）とさらに高い数値となる〔岩谷一九一一、九九頁〕。当時の日本人労働者の様子を具体的に語る史料はほとんどないが、ダバオで病気のため日本に救助を求めた大形栄喜の例が外交史料館文書のなかに見出せる。

「名簿」から「帝国殖民合名会社取り扱い、大形栄喜、二四歳〇ヶ月六日、平民、農、熊本県より明治三六（一九〇三）年一〇月一三日渡航許可、旅券番号七二八七五、同年一〇月三〇日渡航、渡航目的土工業、渡航地比律賓馬尼拉、契約期限三ヶ年」ということがわかる。土工業を目的としたことから、ベンゲット道路工事に従事したことが想像されるが、一九〇四年八月にダバオで「ブイショピール、キャッピタン」と二年間の労働契約を結ぶまでの具体的な足取りはつかめない。ダバオでは病弱なため人並みに麻挽き労働をすることができず、炊事に従事し、食糧ほか小使い銭を得ていた。しかし、〇五年五月ころ流行性マラリアにかかり二週間入院した。退院後沖縄県人の炊事に従事したが、六月下旬腸チフスにかかり、再度入院した。このとき主治医橋本音治などが帰国するよう説得し、それまで「ボーイ」をすることを勧めた。しかし、雇主に四〇円の借金があるため契約解除ができず、またダバオ―マニラ間の船賃二五円、マニラから熊本までの旅費がないため、本人にはどうすることもできなかった。結局、熊本の親元に手紙を書き救助を求めたが、八月六日退院後、無理をしてキャンプで労働し、同一三日に倒れ、一五日に「再起チフス性の肥性チフス」で死亡した。この間、ダバオ、日本双方で移民監督人、医師、実父、保証人、熊本県知事などが、在マニラ日本領事館、外務省を通して帰国の途を探ったが、当時、ダバオには移民取り扱い会社業務代理人はおらず、マニラからの便船も月一、二回であったことから、救助を求められてもすぐに応じることができなかった。そして、契約と借金のために無理して働く者も少なくなかった。大形栄喜のような例は特殊な例ではなかったと考えられる［『日本外交文書』第三七巻、四三五—三九頁］。

フィリピンの植民地政府は安価な農産物を求め、農業開発に関心を示した。しかし、アメリカ人が考えた農業開発は、プランテーション型の大農営法によるアバカ（マニラ麻）、甘蔗、椰子、タバコなどの商品作物栽培であり、日本型の米作を中心とする農法によってではなかった。したがって、アメリカ人が経営するプランテーションに日本人が雇われたとしても、たんなる雇用農業労働者で、農地の所有に固執する日本人農民の満足するところにはならなかったと推測される。いっぽう、日本人熟練職工の需要は多少一時的にあったものの、長つづきしなかったのは、アメリカ人資本家が、フィリピンでの工業の発展よりむしろアメリカで生産された工業製品をフィリピンで売ることを考えていたためであろう。たとえ、フィリピンで工業化が計られたとしても、日本型職人的家内工業で、多少技術的に優れていたとしても高給を要求する日本人労働者がどこまで雇用されたか疑問である。また、フィリピン労働組合のなかでも製造所職工の勢力がもっとも強く、大量の日本人労働者の導入には反対の声があがったと想像される。

フィリピンの日本人労働者は、一般にフィリピン人より技術的に優れ、賃金労働に馴れていたため、フィリピン人の倍の給料を得ていたと信じられた［岩谷一九一二、一二七頁］。とくにフィリピン人労働者の不足していたある種の熟練職工は、フィリピン人に技術を伝えることもできるとして歓迎された［*The Manila Times*, September 4, 1902: 4］。

大工、木挽・杣職などの熟練労働者も、つねに需要があった。しかし、これらのことは同時に日本人労働者の優秀さを示すことにはならない。日本人のフィリピン人にたいする優越感が倍の賃金を要求し、そのためかぎられた範囲の需要しかなかったと考えることもできる。そして、これらの日本人労働者はできるだけ短期間にまとまった金を稼ぎ、帰国する出稼ぎ労働が目的であったため、倍の賃金に見合うだけ勤勉に働いたということもできる。日本人の優越感が、逆に日本人労働者の需要を狭め、フィリピン人社会に同化していくことを妨げることになったと考えられる。

いっぽう、植民地政府側も短期間にまとまった成果が期待でき、フィリピン人とも親しくならない日本人に、長期的な脅威を感じず、日本人労働者を適時雇用した。双方の思惑が一致したため、とくに日本人労働者を排斥する理由はなかった。ほかの外国人労働者は、中国人のほかイタリア人、ユダヤ人、「黒人アメリカ人」などが検討されたが、実現しなかった。したがって、すすまない植民地開発のためにも日本人労働者を拒絶する必要はなかった［Hayase 1984: 79-80］。このような状況下にあって、日本人は当座の間にあわせとして、フィリピン人労働者の不足を補うという意味で雇用された。そして、植民地開発のための大事業が起こらないあいだは、あえて大量の外国人労働者を雇用する必要はなかった。すなわち、日本人労働者の大量雇用は、すべてアメリカ本国の資本による大規模な植民地開発待ちという状態であった。換言すれば、当時のフィリピンにアメリカ資本が大量に投入されず、外国人労働者の大量導入がなかったために、フィリピンはイギリス領マラヤのような多民族社会にならなかったということができる。

アメリカ植民統治下初期フィリピンの日本人労働は、注意を喚起するほどの規模、内容ではなかったと結論づけることができる。そのため大規模な排日運動は起こらず、渡航希望者もさほど多くなかったことから、日本政府もあえて渡航者を制限する必要はなかった。日本人労働者で、将来定着が望めたのは、土地を購入し、日本人資本・経営のもとでアバカ栽培をはじめていたダバオの日本人と、フィリピン社会のなかで商業活動をおこなっていた雑貨商だけであった[16]。前者は第一次世界大戦を契機として飛躍的な発展を遂げ、日米開戦前に日本人人口二万のマニラ麻産業の町を形成した。後者は日本からの大資本の進出後も、独自のフィリピン社会の人脈を通して活動をつづけた。このほかの日本人労働者は、地理的に近いことから自然流入した出稼ぎ者で、景気に敏感に反応し、長くフィリピンに留まることはなかった。そして、フィリピン人が直接目にした当時の日本人は、農村出身者で衛生概念に乏しく、とくにフィリピン人が尊敬するような職に就いておらず、明らかにアメリカ人、スペイン人に比べ見劣りしたため、フィリピン人から尊敬される存在にならなかった。雇用者、被雇用者双方が長期的な雇用を望まず、日本人、フィリピン人双方が互いに尊敬しない状況でかぎられた人数の日本人労働者が雇用されたため、フィリピン社会への影響もかぎられたものにとどまった。

しかし、このような明治期のフィリピンの日本人労働者の活動にもかかわらず、日米開戦前フィリピン在住日本人人口三万という東南アジア随一の人口を誇ったのはなぜか。明治期の活動となんらかかわりがなかったのか。そして、このことは明治期フィリピンの日本人労働者の実際の成功・失敗にかかわらず、のちに明治期の日本人労働者がどう位置づけられていったかとも関連する問題となろう。すでに、明治期にみられる日本人のフィリピン人にたいする優越感とのちに増幅される優越感が、明治期の日本人労働者の評価につながっていくことも考えねばならない。

表 1-1　フィリピン行き日本人渡航者数（1899-1941 年）

年	移民取扱会社経由＋自由渡航者	渡航者総数	「名簿」総数／渡航者総数	在比日本人人口	累積渡航者数	在比日本人／累積
1899		12 人		92 人		
1900		5		167	17 人	
1901	＋11 人	8	137.5％	396	25	
1902	＋76	77	98.7	900	102	
1903	1,370＋119	2,215	67.2	1,215	2,317	52.4％
1904	1,493＋250	2,923	59.6	2,096	5,240	40.0
1905	246＋42	427	67.4	2,435	5,667	43.0
1906	0＋26	71	36.6	2,085	5,738	36.3
1907	27＋44	176	40.3	1,892	5,914	32.0
1908	81＋6	143	60.8	1,919	6,057	31.7
1909	134	170	78.8	2,158	6,227	34.7
1910	336	396	84.8	2,555	6,623	38.6
1911	528＋3	596	89.1	2,951	7,219	40.9
1912	603	689	87.5	3,654	7,908	46.2
1913	821	930	88.3	4,775	8,838	54.0
1914	653	782	83.5	5,179	9,620	53.8
1915	330	468	70.5	5,631	10,088	55.8
1916	890	1,029	86.5	6,203	11,117	55.8
1917	2,822	3,170	89.0	7,301	14,287	51.1
1918	2,710	3,046	89.0	10,881	17,333	62.8
1919	682	938	72.7	9,643	18,271	52.8
1920	193	411	47.0	9,207	18,682	49.3
1921	246	415	59.3	8,391	19,097	43.9
1922	0	189	0.0	7,339	19,286	38.1
1923	0	449	0.0	6,791	19,735	34.4
1924	0	548	0.0	8,067	20,283	39.8
1925	0	1,635	0.0	8,622	21,918	39.3
1926	268	2,197	12.2	9,607	24,115	39.8
1927	1,920	2,660	72.2	10,987	26,775	41.0
1928	1,283	2,077	61.8	13,938	28,852	48.3
1929	1,777	4,535	39.2	15,487	33,387	46.4
1930	1,454	2,685	54.2	19,628	36,072	54.4
1931	420	1,109	37.9	19,411	37,181	52.2
1932	168	747	22.5	19,993	37,928	52.7
1933	177	941	18.8	20,049	38,869	51.6
1934	384	1,544	24.9	20,558	40,413	50.9
1935	476	1,802	26.4	21,468	42,215	50.9

年	移民取扱会社経由 ＋自由渡航者	渡航者総数	「名簿」総数 ／渡航者総数	在比日本人人口	累積渡航者数	在比日本人 ／累積
1936	837	2,809	29.8%	21,087	45,024	46.8%
1937	1,227	3,876	31.7	23,934	48,900	48.9
1938	744	2,388	31.2	25,776	51,288	50.3
1939	89	854	10.4	25,269	52,142	48.5
1940	0	626	0.0	28,731	52,768	54.4
1941	0	347	0.0		53,115	
合　計	25,389＋577 人	53,115 人	48.9%			

出典：外務省外交史料館文書 3.8.2.38「移民取扱人ヲ経由セル海外渡航者名簿」；同 3.8.2.90「移民取扱人ニ依ラザル移民ニ対シ渡航許可ヲ与ヘタル者ノ姓名月表警視庁府県ヨリ報告一件」；同 J.1.2.0.J3-1-1「本邦移民取扱人関係雑件 海外興業株式会社 海外渡航者名簿」；国際協力事業団編『海外移住統計』1988 年，109 頁．

表 1-2　フィリピン在住日本人人口（1889-1943 年）

年　月　日	フィリピン			マニラ及其付近			ダバオ及其付近		
	男	女	合計	男	女	合計	男	女	合計
1889.12.31	2 人	0 人	2 人	2 人	0 人	2 人	-	-	-
（明治 22 年）	100.0%		100.0%	100.0%		100.0%			
1891.12.31	5	0	5	4	0	4	-	-	-
（明治 24 年）	100.0%			100.0%		80.0%			
1896.12.31	7	0	7	7	0	7	-	-	-
（明治 29 年）	100.0%			100.0%		100.0%			
1897.12.31	13	3	16	13	2	15	-	-	-
（明治 30 年）	81.3%	18.7%		86.7%	13.3%	93.8%			
1898.12.31 *	18	6	24	-	-	-	-	-	-
（明治 31 年）	16	8	24						
1899.12.31	82	10	92	-	-	-	-	-	-
（明治 32 年）	89.1%	10.9%							
1900.3.31	78	6	84	-	-	-	-	-	-
（明治 33 年）	92.9%	7.1%							
1900.12.31	103	64	167	-	-	-	-	-	-
（明治 33 年）	61.7%	38.3%							
1901.12.31 *	226	170	396	-	-	-	-	-	-
（明治 34 年）	57.1%	42.9%							
1902.7.23 *	約 590	約 310	900	-	-	-	-	-	-
（明治 35 年）	65.6%	34.4%							
1903.6.9 *	-	-	-	-	-	711	-	-	-
（明治 36 年）									
1903.6.30	773	442	1,215	630	361	991	22	0	22
（明治 36 年）	63.6%	36.4%		63.6%	36.4%	81.6%	100.0%		1.8%
1904.7.15 *	1,622	474	2,096	-	-	-	-	-	-
（明治 37 年）	77.4%	22.6%							
1905.8.17 *	1,687	455	2,142	-	-	-	-	-	-
（明治 38 年）	78.8%	21.2%							
1905.12.31	1,802	633	2,435	-	-	-	-	-	-
（明治 38 年）	74.0%	26.0%							
1906.11.19 *	1,476	609	2,085	-	-	-	-	-	-
（明治 39 年）	70.8%	29.2%							
1907.7.20 *	1,500	680	2,180	-	-	-	-	-	-
（明治 40 年）	68.8%	31.2%							
1907.12.31	1,461	431	1,892	415	212	627	311	1	312
（明治 40 年）	77.2%	22.8%		66.2%	33.8%	33.1%	99.7%	0.3%	16.5%
1908.12.31	1,520	399	1,919	499	222	721	319	6	325
（明治 41 年）	79.2%	20.8%		69.2%	30.8%	37.6%	98.2%	1.8%	16.9%
1909.12.31	1,688	470	2,158	537	242	779	330	12	342
（明治 42 年）	78.2%	21.8%		68.9%	31.1%	36.1%	96.5%	3.5%	15.8%
1910.12.31	1,902	653	2,555	517	276	793	348	13	361
（明治 43 年）	74.4%	25.6%		65.2%	34.8%	31.0%	96.4%	3.6%	14.1%

年　月　日	フィリピン			マニラ及其付近			ダバオ及其付近		
	男	女	合計	男	女	合計	男	女	合計
1911.12.31	2,268	683	2,951	774	304	1,078	290	14	304
(明治 44 年)	76.9%	23.1%		71.8%	28.2%	36.5%	95.4%	4.6%	10.3%
1912.6.30	2,536	694	3,233	794	308	1,102	351	11	362
(明治 45 年)	78.4%	21.6%		72.1%	27.9%	34.1%	97.0%	3.0%	11.2%
1912.12.31	2,863	791	3,654	955	363	1,318	415	14	429
(大正元年)	78.4%	21.6%		72.5%	27.5%	36.1%	96.7%	3.3%	11.7%
1913.6.30	3,431	846	4,277	-	-	-	-	-	-
(大正 2 年)	80.2%	19.8%							
1913.12.31	3,935	840	4,775	1,282	410	1,692	573	31	604
(大正 2 年)	82.4%	17.6%		75.8%	24.2%	35.4%	94.9%	5.1%	12.6%
1914.6.30	4,315	864	5,179	1,349	423	1,772	675	35	710
(大正 3 年)	83.3%	16.7%		76.1%	23.9%	34.2%	95.1%	4.9%	13.7%
1915.6.30	4,689	942	5,631	1,381	439	1,820	984	43	1,027
(大正 4 年)	83.3%	16.7%		75.9%	24.1%	32.3%	95.8%	4.2%	18.2%
1916.6.30	5,193	1,010	6,203	1,475	501	1,976	1,383	59	1,442
(大正 5 年)	83.7%	16.3%		74.6%	25.4%	31.9%	95.9%	4.1%	23.2%
1917.6.30	6,290	1,011	7,301	1,634	552	2,186	2,746	112	2,858
(大正 6 年)	86.2%	13.8%		74.7%	25.3%	29.9%	96.1%	3.9%	39.1%
1918.6.30	9,812	1,069	10,881	1,801	535	2,336	6,149	219	6,368
(大正 7 年)	90.2%	9.8%		77.1%	22.9%	21.5%	96.6%	3.4%	58.5%
1919.6.30	8,731	912	9,643	1,690	378	2,068	5,413	208	5,621
(大正 8 年)	90.5%	9.5%		81.7%	18.3%	21.4%	96.3%	3.7%	58.3%
1920.6.30	8,091	1,116	9,207	1,582	439	2,021	5,168	384	5,552
(大正 9 年)	87.9%	12.1%		78.3%	21.7%	22.0%	93.1%	6.9%	60.3%
1921.6.30	7,255	1,136	8,391	1,899	429	2,328	3,856	408	4,264
(大正 10 年)	86.5%	13.5%		81.6%	18.4%	27.7%	90.4%	9.6%	50.8%
1922.6.30	6,158	1,181	7,339	1,770	505	2,275	2,847	349	3,196
(大正 11 年)	83.9%	16.1%		77.8%	22.2%	31.0%	89.1%	10.9%	43.5%
1923.6.30	5,729	1,062	6,791	1,667	501	2,168	2,436	248	2,684
(大正 12 年)	84.4%	15.6%		76.9%	23.1%	31.9%	90.8%	9.2%	39.5%
1924.6.30	6,629	1,438	8,067	1,692	625	2,317	3,253	480	3,733
(大正 13 年)	82.2%	17.8%		73.0%	27.0%	28.7%	87.1%	12.9%	46.3%
1925.10.1	7,069	1,553	8,622	1,571	606	2,177	3,917	598	4,515
(大正 14 年)	82.0%	18.0%		72.2%	27.8%	25.2%	86.8%	13.2%	52.4%
1926.6.30	7,772	1,835	9,607	1,687	654	2,341	4,585	822	5,407
(大正 15 年)	80.9%	19.1%		72.1%	27.9%	24.4%	84.8%	15.2%	56.3%
1927.10.1	8,927	2,060	10,987	1,648	571	2,219	5,806	1,141	6,947
(昭和 2 年)	81.3%	18.7%		74.3%	25.7%	20.2%	83.6%	16.4%	63.2%
1928.10.1	10,920	3,018	13,938	1,931	798	2,729	7,141	1,771	8,912
(昭和 3 年)	78.3%	21.7%		70.8%	29.2%	19.6%	80.1%	19.9%	63.9%
1929.10.1	11,926	3,561	15,487	2,302	929	3,231	7,885	2,140	10,025
(昭和 4 年)	77.0%	23.0%		71.2%	28.8%	20.9%	78.7%	21.3%	64.7%
1930.10.1	14,624	5,004	19,628	2,756	1,228	3,984	9,716	2,821	12,537
(昭和 5 年)	74.5%	25.5%		69.2%	30.8%	20.3%	77.5%	22.5%	63.9%

年　月　日	フィリピン			マニラ及其付近			ダバオ及其付近		
	男	女	合計	男	女	合計	男	女	合計
1931.10.1	14,432	4,979	19,411	2,886	1,296	4,182	9,599	3,157	12,756
(昭和 6 年)	74.3%	25.7%		69.0%	31.0%	21.5%	75.3%	24.7%	65.7%
1932.10.1	14,572	5,421	19,993	2,899	1,280	4,179	9,557	3,435	12,992
(昭和 7 年)	72.9%	27.1%		69.4%	30.6%	20.9%	73.6%	26.4%	65.0%
1933.10.1	14,363	5,686	20,049	3,052	1,345	4,397	9,129	3,601	12,730
(昭和 8 年)	71.6%	28.4%		69.4%	30.6%	21.9%	71.7%	28.3%	63.5%
1934.10.1	14,425	6,133	20,558	2,744	1,332	4,076	9,128	3,930	13,058
(昭和 9 年)	70.2%	29.8%		67.3%	32.7%	19.8%	69.9%	30.1%	63.5%
1935.10.1	14,822	6,646	21,468	2,828	1,309	4,137	9,249	4,279	13,528
(昭和 10 年)	69.0%	31.0%		68.4%	31.6%	19.3%	68.4%	31.6%	63.0%
1936.10.1	14,339	6,748	21,087	2,570	1,276	3,846	9,270	4,759	14,029
(昭和 11 年)	68.0%	32.0%		66.8%	33.2%	18.2%	66.1%	33.9%	66.5%
1937.10.1	16,074	7,860	23,934	3,043	1,431	4,474	9,879	5,271	15,150
(昭和 12 年)	67.2%	32.8%		68.0%	32.0%	18.7%	65.2%	34.8%	63.3%
1938.10.1	17,211	8,565	25,776	3,110	1,424	4,534	10,770	5,985	16,755
(昭和 13 年)	66.8%	33.2%		68.6%	31.4%	17.6%	64.3%	35.7%	65.0%
1939.10.1	16,575	8,694	25,269	2,304	1,109	3,413	11,118	6,549	17,667
(昭和 14 年)	65.6%	34.4%		67.5%	32.5%	13.5%	62.9%	37.1%	69.9%
1940.10.1 +	18,896	9,835	28,731	3,145	1,465	4,610	12,088	7,179	19,267
(昭和 15 年)	65.8%	34.2%		68.2%	31.8%	16.0%	62.7%	37.3%	67.1%
1941.12.10	-	-	-	-	-	-	-	-	17,674
(昭和 16 年)									
1943.1.23 #	-	-	-	-	-	-	11,758	7,331	19,089
(昭和 18 年)							61.6%	38.4%	
1943.7. ※	-	-	-	5,575	1,761	7,376	-	-	-
(昭和 18 年)				75.6%	23.9%				

＊年月日報告，＃年月日発表，ほかは年月日現在.

※男女の合計と「合計」が一致しない.

＋在マニラ総領事館管内および在ダバオ領事館管内の合計データしかないため，マニラのデータは 1939 年のデータからの推計（下線部），ダバオについては 1939 年の数値で管内合計の 96.7%がダバオであることから，管内合計の数値を掲載した.

男・女の下の数値は男女比率，合計の下の数値はフィリピン全体に対する比率.

出典：外務省外交史料館文書 7.1.5.4「海外在留本邦人職業別人口調査一件」；同 K3.7.0.7「在外本邦人職業別人口表一件」；外務省通商局編『海外各地在留本邦人職業別人口表』，外務省調査部編『海外各地在留本邦人人口表』；『通商彙纂』；『マニラ新聞』.

表 1-3　フィリピン在住日本人職業別人口表（1902-12 年）

「マニラ市ニ於ケル本邦人職業表」（1902 年 7 月 23 日報告）				
	大工	73 人		
	職人	25		
	銘酒小売店	25		
	漁夫	15	合計	211 人
「マニラ市在留本邦人職業別」（1903 年 6 月 9 日報告）				
	酌婦	270 人		
	大工職	230		
	漁夫	50		
	銘酒小売店	33	合計	711 人
「在留本邦人員表」（1903 年 6 月 30 日調査）				
マニラ市	酌婦	280 人		
	大工職及其家族	265		
	漁夫	50		
	銘酒小売営業	33		
	料理人及給仕	30	小計	991 人
カビテ市			小計	39 人
ミンダナオ　ダバオ島《ママ》	農夫	22 人	小計	22 人
ベンゲー	工夫	45 人	小計	45 人
バタン	坑夫	25 人	小計	28 人
ホロ及サンボアンガ			小計	34 人
其他群島各地ニ散在セルモノ	銘酒小売営業	30 人	小計	56 人
			合計	1,215 人
「海外在留本邦人職業別表：米領マニラ市及付近」（1904 年 7 月 15 日報告）				
マニラ市及付近	大工	320 人		
	酒類小売店酌婦	240		
	各種職工	70		
	漁夫	60		
	書生及傭人	50		
	酒類小売店	34		
	普通労働者	30	小計	1,048 人
カビテ州			小計	55 人
ベンゲット州	土木工夫	750 人	小計	778 人
バタン島	炭坑々夫	30 人	小計	33 人
其他ノ諸州	麻耕作農夫	50 人		

	酒類小売店酌婦	40	
	大工	30	小計　182 人
			合計　2,096 人
「海外在留本邦人職業別表：米領マニラ及其付近」(1905 年 8 月 17 日報告)			
マニラ市及付近	大工	375 人	
	酒類小売店酌婦	160	
	職工	80	
	普通労働者	80	
	漁夫	50	
	書生及雇人	45	小計　1,014 人
カビテ州	酒類小売店酌婦	40 人	小計　96 人
ミンダナヲ島ダバヲ	麻耕作農夫	400 人	小計　403 人
其他ノ諸地	大工	210 人	
	農夫	100	
	酒類小売店酌婦	90	
	傭人	50	小計　629 人
			合計　2,142 人
「海外在留本邦人職業別表：マニラ帝国領事館管轄区域内」(1906 年 11 月 19 日報告)			
マニラ市及付近	大工	158 人	
	酒類小売店酌婦	140	
	漁夫	123	
	普通労働者	95	
	給仕人	69	
	下婢	36	
	職工	34	小計　920 人
カビテ州	酒類小売店酌婦	35 人	小計　95 人
ミンダナオ島ダバオ市及付近	麻耕作農夫	210 人	小計　221 人
同島サンボアンガ及付近	大工	130 人	
	酒類小売店酌婦	120	小計　281 人
其他ノ諸地	酒類小売店酌婦	115 人	
	大工	102	
	農夫	80	
	傭人	60	小計　568 人
			合計　2,085 人
「海外各地在留本邦人職業別表：比律賓群島」(1907 年 7 月 20 日報告)			
マニラ及付近	大工	165 人	

	酒類小売店酌婦	140	
	普通労働者	90	
	漁夫	80	
	下婢	60	
	「ボーイ」	54	小計　835人
カビテ州	酒類小売店酌婦	35人	小計　89人
オロンガポ付近	大工	61人	
	酒類小売店酌婦	32	
	「ボーイ」	31	小計　189人
イロイロ市及付近			小計　46人
ミンダナオ島	麻耕作農夫	190人	
	大工	130	
	酒類小売店酌婦	120	
	酒類小売店	36	小計　521人
アルバイ州付近	漁夫	40人	小計　67人
其他諸地	酒類小売店酌婦	100人	
	農夫	72	
	大工	70	
	「ボーイ」	40	小計　433人
			合計　2,180人

「比律賓群島在留本邦人員及職業別」(1907年12月31日現在)

マニラ市及付近	漁夫	125人	
	大工	110	
	娼婦	100	
	「ボーイ」	54	
	外人《ア》下婢《マ》	50	
	雑貨店及店員	41	小計　627人
バギオ市	大工	300人	小計　315人
カビテ市			小計　61人
オロンガポ市	大工	60人	
	娼婦	30	小計　149人
イロイロ市			小計　53人
セブー市			小計　16人
ダバオ市	麻耕作業農夫	300人	小計　312人
ザムボアンガ市	大工	50人	小計　111人
マラウエ市	大工	80人	小計　98人

其他ノ諸地	大工	50 人	
	坑夫	40	
	ボーイ・アマ	30	小計　150 人
			合計　1,892 人
「比律賓群島在留本邦人員及職業別表」(1908 年 12 月 31 日現在)			
マニラ市及其付近	大工	190 人	
	漁夫	125	
	酒小売業酌婦	110	
	ボーイ	48	
	アマ　保母	43	
	雑貨店及店員	43	小計　721 人
カビテ市			小計　61 人
バギオ付近	大工	170 人	小計　186 人
オロンガポ市及付近	大工	55 人	
	酒類小売店酌婦	34	小計　143 人
イロイロ市及付近	大工	80 人	小計　111 人
セブー市及付近			小計　24 人
ダバオ市及付近	麻耕作農夫	315 人	小計　325 人
ザムボアンガ市及付近	大工	50 人	小計　136 人
マラウェ市	大工	70 人	小計　87 人
其他ノ地方	大工	50 人	
	坑夫	45	
	ボーイ及保母	30	小計　125 人
			合計　1,919 人
「比律賓群島在留本邦人職業別表」(1909 年 12 月 31 日現在)			
マニラ市及其付近	大工	185 人	
	漁夫	131	
	雑業	114	
	雑貨店及店員	46	
	ボーイ	41	
	ガラス其他職工	33	
	保母	32	小計　779 人
カビテ市			小計　79 人
バギオ付近	大工	260 人	
	木挽	41	小計　323 人
オロンガポ市及付近	大工	40 人	

	雑業	32	小計	118人
イロイロ市及付近	大工	60人	小計	84人
セブー市及付近			小計	29人
ダバオ市及付近	農夫兼雑貨商	320人	小計	342人
ザムボアンガ市及付近	大工	42人		
	木挽	37	小計	158人
マラウェ市及付近	大工	55人	小計	73人
ホーロ市			小計	63人
其他ノ地方	大工	50人		
	坑夫	30人	小計	110人
			合計	2,158人

「比律賓群島在留本邦人職業別表」（1910年12月31日現在）

マニラ及其付近	大工	168人		
	特種業者	122		
	漁夫	104		
	雑貨店及店員	56		
	ボーイ	45		
	保母	35		
	雑業	34	小計	793人
キヤビテ	酒小売店及特種業者	37	小計	75人
バギオ	大工	152人		
	木挽	32	小計	242人
オロンガポ	大工	59人		
	酒小売店及特種業者	46	小計	175人
ミンドロ島	農夫	122人		
	大工	30	小計	152人
イロイロ	大工	46人	小計	89人
キャンプケースレー	大工	44人	小計	48人
マラウェー	酒小売店及特種業者	33人	小計	63人
ザンボアンガ	大工	40人	小計	145人
パラン	特種業者	32人	小計	44人
ダバオ	農夫兼雑貨商	340人	小計	361人
ホーロー	真珠採取業	30人	小計	62人
			合計	2,555人

「比律賓群島在留本邦人職業別表」（1912年12月31日現在）

マニラ及其付近	大工	323人		

	漁夫	170	〈← 160?〉
	特種業者	148	
	氷水屋	100	
	雑貨商及其店員	90	
	ボーイ	60	
	雑業	59	
	保母	40	
	料理人	40	小計　1,318 人
バギオ及其付近	大工	194 人	
	木挽	38	小計　289 人
オロンガポ	特種業者	43 人	
	ボーイ及コック	40	小計　178 人
キヤンプ，ストッエンブルグ	大工	90 人	小計　92 人
ロスバニオス，カランバ及其付近	農業	48 人	小計　78 人
イロイロ			小計　56 人
ダンサラン，キヤンプケースレー及其付近			
	大工	65 人	
	特種業者	42	小計　151 人
ザムボアンガ	木挽	70 人	
	大工	44	
	雑貨商及氷水店	42	小計　237 人
ダバオ	農業	164 人	
	麻挽業	85	
	漁業	56	
	商店員	55	
	雑貨商	50	小計　429 人
ホーロー及付近	潜水夫及採貝船員	89 人	小計　204 人
ミンドロ島	大工	134 人	
	農夫	31	小計　182 人
			合計　3,654 人

出典：外務省外交史料館文書 7.1.5.4「海外在留本邦人職業別人口調査一件」，『通商彙纂』226（1902 年 8 月 28 日）57 頁，改 20（1903 年 7 月 3 日）46-47 頁，26（1905 年 5 月 13 日）47-48 頁，66（1905 年 11 月 18 日）40-42 頁，7（1907 年 2 月 3 日）34-36 頁，59（1907 年 10 月 18 日）40-43 頁．

注：地名，職業名は原文のまま．

第二章　アメリカ植民統治下初期マニラ湾の日本人漁民

はじめに

本章では、まず前章で用いた基礎的データに加えて、広島県に残るマニラ湾出漁にかんする四つの石碑からわかる漁民および漁業を目的とした渡航者の状況を概観し、さらにマニラ湾内での漁業活動を考察、最後にフィリピン漁業のコンテクストのなかで日本人の漁業活動の意味を問いたい。

1　フィリピン行き渡航者名簿にみえる漁業関係者

外交史料館文書の海外渡航者名簿は、移民取り扱い会社を経た者と経なかった者（自由渡航者）に大別されている。一九〇三―一二年の一〇年間に、移民取り扱い会社を経てフィリピンに渡航した漁業関係者はわずかに一三人で、全体四八一八人の〇・三%にすぎない。すべて和歌山県出身者で、〇三年一月二〇日（一〇人）または二月一七日（三人）に出発している。渡航先は「比律賓」としか記載されていない。一月出発の一〇人はすべて西牟婁郡江住村大字江住（現すさみ町）の住人で、「平民」、職業「農」となっている。「平民・農」は印刷済みのものであり、江住が海に面した半農半漁の村であることから、たとえ農業に従事していたにせよ、漁業とまったく無縁の者ではなかったと考えられる。江住村以外の三人もそれぞれ沿岸の村の出身者である。和歌山県出身者は、当時オーストラリア北部の木曜島などの真珠採取者として有名であったことから、これらの渡航者もフィリピン南部スールー諸島への真珠採取者であったかもしれない。自由渡航の漁業関係者の年毎の平均年齢が三〇歳代半ばになることが多いのにたいし、四二歳の一人を除いて全員が二〇歳代で、平均年齢が二〇・八歳であることからも、同じ漁業関係者でも別の集団の印象を受ける。

一九〇一―一一年の一一年間の自由渡航者で、職業欄に記載のある者三七六人のうち「漁業」と記載された者の延べ人数は、一二一人（重複者一人を除く）でもっとも多く、全体の三二・二％を占める。また、渡航目的では「漁業」四六人、「漁業出稼」五二人、「漁業再渡航」二人、「遠洋漁業」一人、「漁業再渡航・漁業出稼」一人、延べ一〇二人（三六・六％）で、これももっとも多い数値となっている。したがって、漁業関係者は移民取り扱い会社を経ずに、文字通り自由にフィリピンに渡航していたことがわかる。出身地をみると三つのグループに大別することができる。第一のグループは岡山県和気郡日生《ひなせ》村大字日生（現備前市）の住人で、職業、渡航目的ともに〇二年に三人、〇三年五人、〇四年三三人、〇五年一二人、延べ五三人で職業で四三・八％、渡航目的で五〇・四％を占める。第二のグループは、広島県沼隈郡百島《ももしま》村（現尾道市）の住人で、〇四年のみの記載だが、職業で四五人（うち重複者三人）の名がある。第三のグループは岡山県赤磐郡瀬戸（現岡山市）を中心とした地域の住人で、職業では〇二年の一人のみであるが、渡航目的では〇二年に二四人の名が記載されている。

岡山県和気郡日生村の住人は、「漁業出稼」を目的としていた。一九〇五年の渡航者は渡航地マニラで「湾頭出稼」を目的としていることから、マニラ湾での沿岸漁業に従事したものと思われる。兵庫県境に近い日生の漁民は、江戸時代に岡山藩領となってから急速に発展し、打瀬網、流瀬網、壺網などの漁法を生みだし、江戸後期から明治にかけて瀬戸内海一帯、徳島、和歌山、伊勢湾に進出した。しかし、〇二年施行の漁業法により他府県の漁場の使用が制限され、朝鮮海峡、さらに台湾、シンガポールへと進出していった［『岡山県大百科事典』一九八〇］。フィリピンへの進出も〇二年の漁業法施行と明治三〇（一八九七）年代の遠洋漁業の奨励と軌を一にしている。『日生町誌』によると、〇四年に有吉関松が打瀬網をもって渡航したのをはじめとして、翌年岸本好太郎、有吉金吉、安良田嘉弥治らが出漁して、一時は日生の漁船が一二、三隻操業していたという。一ヶ月六〇〇―七〇〇円の収入になったが、あまりに遠かったため、日露戦争後の日本の好景気を知って帰国する者が多く、もっとも長く滞在した川口亀吉も一五年目に帰国し、その後の渡航者はいなかった［『日生町誌』一九七二、一六一―六二頁］。渡航者名簿でみるかぎり、日生からはすでに〇二年に三人、〇三年に五人が漁業を目的として渡航している。いずれにせよ、のちに日生出身者のマニラ湾での漁業活動があまり報告されていないことから、日生漁民のマニラ湾への出漁は一時的であったと考えられる。

広島県沼隈郡百島は、尾道の南東にある面積三・一平方キロの小島で、現在尾道から高速船で二〇分あまりのところにある。『沼隈郡誌』では、朝鮮、台湾へ出漁し、マニラ湾へも一九〇三年に出漁したのを機に多くの漁民が渡っていったと記されている［『沼隈郡誌』一九二三、三二四頁］。

岡山県赤磐郡およびその周辺地域からの渡航者については、よくわからない。一人を除いて全員の職業が「農業」である。この職業欄は前もって印刷されたものではなく、手書きのものである。現在の岡山市東区瀬戸付近が、吉井川と旭川からともに数キロ離れ、河口からは十数キロ入った内陸にあることから、農業従事者が漁業に従事することを目的にフィリピンに渡航したものと考えられる。はじめは補助漁夫として雇われたものと思われるが、その動機は不明である。この地域で、当時年貢の金納化、賭博の流行などのために、土地を手放し、小作になる者が多かったことと関係しているかもしれない［『瀬戸町誌』一九八五、九五八―五九頁］。

これらの自由渡航者の多くは渡航地をマニラとしていることから、マニラ湾での漁業活動を目的として渡航したものと思われる。また、渡航目的を「漁業出稼」と明記している者が多く、たんに「漁業」と記載された者も実際には出稼ぎであったと考えられる。この名簿には二度以上名前が記載されている者が一〇人（三人は三度）にのぼり、そのうちの一人は三度のうちの二度の許可年月日が一ヶ月ほどしか離れていない。そのため、実際に三度渡航したかどうか疑わしいが、ほかの者は実際に許可の回数だけフィリピンに渡航したものと考えられる。たとえば、日生出身の坂脇伊之吉の渡航許可は一九〇二年九月六日、〇四年一月一八日、同年一〇月二四日の三度、同じく日生出身の奥橋和三吉は〇四年一月一八日、同年一〇月二四日、〇五年九月一八日の三度である。また、渡航目的に「漁業再渡航」とした者が三人おり、そのうちの一人は以前の渡航記録がない。このことからもこの名簿は不完全で、このほかにもフィリピンと日本を往復していた漁民がいたことが想像される。とくに、表2-1「フィリピン在住日本人漁業関係者人口表」との比較から、〇六年以降の記録がまったくないのではないかという疑念が浮かぶ。この自由渡航者名簿の一一歳以上五六三人のうち二八四人（五〇・四％）は、渡航目的が記載されていない。この記載漏れのなかに漁業を目的とした者がいる可能性がある。しかし、〇六年以降それ以前に漁民の大半を占めた岡山、広島両県出身者や漁業を目的として渡航する者が一人もいなくなったことから、〇六年以降漁業を目的とした渡航者の記録が、少なくとも現在外交史料館に残されていないことが想像される。もし当時においてもその記録がないのであれば、〇六年以降多くの漁民が渡航許可を得ることなく「密航」して、フィリピンで漁業活動をおこなったことになる。

2　フィリピン在住日本人職業別人口表にみえる漁業関係者

フィリピン在住日本人職業別人口表は、漁業関係では一九〇二年七月二三日報告のものから利用でき、漁業関係者の人口を表2-1としてまとめた。最初の報告ではマニラ市の日本人人口は二一一人で、そのうち一五人が漁夫、二

表 2-1　フィリピン在住日本人漁業関係者人口表（1902-12 年）（　）内女性人口

	地名	漁業関係者職業	人数	比率	地域合計	フィリピン合計
1902 年 7 月 23 日報告	マニラ市	漁夫	15 人	7.1%	211 人	
		水夫	2	0.9		
	合計		17	8.1		211 人
1903 年 6 月 9 日報告	マニラ市	漁夫	50	7.0	711	
		漁業家	4	0.6		
	合計		54	7.6		711
1903 年 6 月 30 日調査	マニラ市	漁夫	50	5.5	911	
		漁業	2	0.2		
		沿岸貿易業	1	0.1		
	其他群島各地	潜水夫	1	1.8	56	
	合計		54	4.4		1,215
1904 年 7 月 15 日報告	マニラ市及付近	漁夫	60	5.7	1,048	
		漁業者	7（3）	0.7		
	合計		67（3）	3.2		2,096
1905 年 8 月 17 日報告	マニラ市及其付近	漁夫	50	4.9	1,014	
		漁業会社	11（4）	1.1		
	合計		61（4）	2.8		2,142
1906 年 11 月 19 日報告	マニラ市及付近	漁夫	123（3）	13.4	920	
		漁業会社	7（1）	0.8		
	合計		130（4）	6.2		2,085
1907 年 7 月 20 日報告	マニラ及付近	漁夫	80（10）	9.6	835	
		漁業会社	7（1）	0.8		
	オロンガポ付近	漁夫	20	10.6	189	
	ミンダナオ島	漁夫	15	2.9	521	
	アルバイ州付近	漁夫	40	59.7	67	
	合計		162（11）	7.4		2,180
1907 年 12 月 31 日現在	マニラ市及付近	漁夫	125（5）	19.9	627	
		漁業会社	4（1）	0.6		
	ダバオ市	真珠採取業	3	1.0	312	
	ザムボアンガ市	真珠採取業	24	21.6	111	
	合計		156（6）	8.2		1,892
1908 年 12 月 31 日現在	マニラ市及其付近	漁夫	125（5）	17.3	721	
	ダバオ市及付近	真珠採取業	3	0.9	325	
	ザムボアンガ市及付近	漁業会社	4（1）	2.9	136	
	合計		132（6）	6.9		1,919
1909 年 12 月 31 日現在	マニラ市及其付近	漁夫	131（6）	16.8	779	
	ザムボアンガ市及付近	漁業会社	4（1）	2.5	158	
		真珠採取業	20	12.7		
	ホーロ市	真珠採取業	18	28.6	63	
	合計		173（7）	8.0		2,158

	地名	漁業関係者職業	人数	比率	地域合計	フィリピン合計
1910年12月31日現在	マニラ市及其付近	漁夫	104（4）	13.1	793	
	マラウェー	渡船業	3（1）	4.8	63	
	ザンボアンガ	真珠採取業　本	4（1）	2.8	145	
		兼	6（2）	4.1		
		採貝船乗込人	8	5.5		
	ホーロー	真珠採取業	30	48.4	62	
	合計		155（8）	6.1		2,555
1911年12月31日現在	マニラ市及其付近	漁夫	115（5）	10.7	1,078	
	ザムボアンガ	漁業兼農業	3	2.0	149	
	ホロ及其付近	採貝業	8（2）	6.2	129	
		潜水夫	18（1）	14.0		
		採貝船員	25	19.4		
	ダバオ	漁業	48	15.8	304	
		回漕業	3	1.0		
	合計		220（8）	7.5		2,951
1912年6月30日現在	マニラ及其付近	漁夫	135（5）	12.3	1,102	
	アルバイ及其付近	漁夫	1	4.8	21	
	ダバオ	漁業	85	23.5	362	
		回漕業	3	0.8		
	ホーロ及其付近	採貝業	8（2）	6.2	129	
		潜水夫	18（1）	14.0		
		採貝船員	25	19.4		
	合計		275	8.8		3,110
1912年12月31日現在	マニラ及其付近	漁夫	160（10）	12.1	1,318	
	キヤビテ及其付近	船乗	1	2.3	44	
	ダンサラン，キヤンプケースレー及其付近	漁業	9	6.0	151	
	ザムボアンガ	採貝船乗込員	13	5.5	237	
	ダバオ	漁業	56	13.1	429	
		回漕業	3	0.7		
	ホーロー及其付近	潜水夫及採貝船員	89	43.6	204	
		採貝業	15（4）	7.4		
	合計		346（14）	9.5		3,654

出典：外務省外交史料館文書 7.1.5.4「海外在留本邦人職業別人口調査一件」，『通商彙纂』226（1902年8月28日）57頁，改20（1903年7月3日）46-47頁，26（1905年5月13日）47-48頁，66（1905年11月18日）40-42頁，7（1907年2月3日）34-36頁，59（1907年10月18日）40-43頁．

注：地名，職業名は原文のまま．

人が水夫と記載されている。自由渡航者名簿に「漁業」を目的として渡航した者が、三三人記載された年である。その後〇三―〇五年のマニラの漁夫の人数は五〇―六〇人で大きな変動はなかった。自由渡航者名簿の〇四年の「職業・漁業」九五人の存在が、これらの人口表にはあらわれていないことになる。名簿のなかの重複者が示す通り、数ヶ月の漁期のあいだだけの出稼ぎで帰国する者が多く、人口表にあらわれなかったのであろうか。ところが、名簿に漁業関係者があらわれなくなる〇六年から、逆に在住日本人漁民は多くなる。以後一〇〇人を超える日本人漁民が、マニラ湾で操業していた様子が、これらの人口表からうかがえる。

そして、漁夫はもっぱらマニラに集中していた。一九〇七年にオロンガポ、ミンダナオ島、アルバイ州付近に漁夫がいたと記載されているが、その後の記載がないことから、成功しなかったようである。ただ、ダバオでは一一年から数十人規模で漁業活動がはじまった様子がうかがえる。漁夫以外では、〇七年からスールー諸島で真珠を採取していた者がいたことがわかる。以上のことから、明治期フィリピンにおける日本人漁業関係者は、マニラ湾で沿岸漁業に従事していた者と、スールー諸島で真珠を採取していた者のふたつに大別することができ、大半は前者に属し、後者より安定していたことがわかる。

3　広島県に残るマニラ湾出漁関係の四つの石碑

広島県内にマニラ湾への日本人出漁関係の石碑が四つある。ひとつは竹原市忠海地区二窓の小丸居神社前にある山根與三兵衛《よそうべい》尚徳碑、ふたつは尾道市百島町本村《ほんむら》（旧郷）にある赤松常三郎頌徳碑と同じく本村（旧坂上《さこじょう》）にある村上要賀君紀恩碑である。残るひとつは百島の東隣りにある面積八・五平方キロの島、福山市田島《たしま》の旧内海町役場裏門前にある中井萬蔵報徳碑である。山根は実際にマニラに渡航し、マニラ湾の漁業活動に関係した人物であるが、ほかの三人はマニラ湾での出漁に投資し、漁民に渡航を奨励した村の有力者で、みずからマニラに渡航したことはなかったと思われる。中井碑は一九一四年五月、赤松碑一四年一〇月、村上碑一八年七月、山根碑二三年一二月の建立である。これらの碑の文面からマニラ湾に出漁した当時の様子がわかるだけでなく、建立にさいして寄付した人びとの名が出身地名とともに刻まれていることから、碑の主との関係がうかがえる。

山根與三兵衛は、マニラ湾における日本人漁業の先駆者のひとりである。碑文から、五四歳の一九〇〇年仲秋のころ七〇日間かけてマニラに渡航し、トンドを根拠地として漁業活動を開始したことがわかる。しかし、準備不足と当地での経験不足のため、あるいはフィリピン人の危害にあったために失敗し、山根は翌年四月に一旦帰国し、家財を投じて一五人の仲間と三隻の船と漁具を整え、再渡航した。そして、数度にわたって日本とフィリピンを往復し、しだいに装備を充実していき、経験を積むにしたがって成功していったが、〇六年一〇月一六日享年五九歳でマニラで没した。この碑は、山根を追慕し、八県一二郡一市二町一四村の一八二名の関係者が寄付し、建立したとある。

山根のマニラ行きの動機については、孫の與一郎夫人ササエさんが興味深いことを語ってくれた(1)。ササエさん自身一九二九年にマニラに渡り、フィリピンで生活している。山根は、マニラ鉄道会社の人夫集めに広島県庁を訪れていた田川という人から、マニラ湾の漁業の有望性を聞いたのがきっかけでマニラに渡航することになったという(2)。一説には、山根はこのとき陸軍関係者と会い、陸軍の嘱託としてマニラ湾での調査を依頼された。当時のフィリピンは一八九六年にフィリピン革命が起こり、九八年一二月にスペインからアメリカ合衆国にフィリピン諸島の植民統治権が移ってからも、フィリピン革命軍は相手をアメリカにかえてフィリピン・アメリカ戦争を戦っていた。このフィリピン革命軍のなかには日本の協力を期待する者もおり、日本もこれを機会にフィリピンに侵出しようとする動きがあった［池端一九八九］。そして、田川とは、明治以後フィリピンでの日本人商業活動の先駆者となり、マニラの日本人商業界の中心人物となった田川森太郎のことであろう。この田川森太郎は、日本の軍部とフィリピン革命軍との仲介役を果たした人物としても知られる。日本人労働者のフィリピンでの雇用にも一役かった人物である〔吉川一九八〇、四〇一―〇二頁〕。山根が最初に渡航してからマニラで没するまでの六年間に、数度日本とフィリピンを往復したにもかかわらず、渡航者名簿に一度もあらわれないことも気にかかる。(3) 以上のことから考えて、陸軍と山根の結びつきは現実性のあることとして考えていいだろう。そして、そのことはこの碑の「尚徳碑」という文字の左に陸軍大将福田雅太郎（台湾軍司令官、任一九二一―二三年）書とあることによって、さらに現実味を帯びてくる。この山根碑は、四つの石碑のなかでもっとも遅く建立されており、ほかの三つの碑と違って台湾総督府という日本の南進に直接かかわった政府機関の名が刻まれている。

山根碑の裏面、両側面合計三面には、碑文に書かれている通り一八二人の寄付者名が刻まれている。忠海町一三人合計二六二円、百島村六八人二四七円、田島村六二人二八二円、横島村六人二〇円、仁保島村六人二八円、大野村三人一七円、地御前《じごぜん》一人三円、向島一人三円、星村一人五円、日生村二人一三円、宝伝村二人八円、岡山四人一二円、下関一人五円、大島郡一人三円、魚島村一人三円、松前村一人三円、三ヶ浜一人三円、東村一人五円、福岡県人二人五円、西向村一人三円、福井県人四人一一円である。このなかには少なくとも二〇人（ほかに同一人物と思われるが、音は同じで漢字の違うものがいくつかある）が渡航者名簿に名を連ねており、多くの者が実際にマニラ湾に出漁した者と思われ、漁民の中心が百島、田島出身者であったことがわかる。田島の漁民は、渡航者名簿には一九〇四年渡航許可のわずか九人しかあらわれない。この寄付者名一覧から、田島の漁民は名簿で漁業を目的とする者がいなくなる〇六年以降に渡航し、日生出身の漁民にとってかわったことがうかがえる。また、田島出身者の一人あたりの平均寄付金額は四・五円で、百島出身者の平均三・六円より一円近く多い。このほか瀬戸内沿岸の広島、岡山県の地名がみえ、山根の人間関係が推測される。

田島の中井萬蔵報徳碑、百島の赤松常三郎頌徳碑は山根與三兵衛尚徳碑より九年、百島の村上要賀君紀恩碑は五年早く建立されている。中井碑では、漁具などに投資し漁民にマニラ湾での遠洋漁業を奨励した結果、わずか六年で一七〇余人の漁民がマニラ湾で漁業活動に従事するまでに発展したと伝えている(4)。田島の漁民は、早くから集団でマニラ湾に出稼ぎに出て成功していた百島の漁民に追随したとみていいだろう。寄付者七八人の出身地の明記はないが、すべて田島出身者と思われる。そのうち渡航者名簿に記載された者はわずか五人しかいないが、山根碑寄付者名との共通は少なくとも三一人にのぼり、山根との関係をうかがわせる。

百島の赤松常三郎頌徳碑では、マニラより帰国した山根與三兵衛からマニラ湾での漁業の有望性を聞き、一九〇三年に二隻ではじめたのが、成績良好のため百島や他県の漁業者が追随し、一〇年後には四〇余隻、二〇〇人に増加した様子を伝えている。山根の名があることから、山根が百島の漁民を連れて渡航した様子がうかがえ、初期のころから百島の漁民がマニラ湾で活動していたことがわかる。頌徳建碑者七二人の内訳は百島村六二人、田島村五人、横島村二人、愛媛県人一人、岡山県人一人、三重県人一人であり、渡航者名簿と山根碑の寄付者名で共通する二〇人のうち一七人がこの建碑者名と一致することからも、山根と赤松との初期からの密接な関係がうかがわれる。

村上要賀君紀恩碑でも一九〇三年にマニラ湾に百島の漁民が出漁したことが伝えられており、村上は遠洋漁業を奨励し、財を投じてそれを後援したとある。寄付者六三人の内訳は百島村五九人、田島村二人、横島村一人、御調郡東村一人であるが、渡航者名簿に四人しか記載されていない。このことから百島でも後発組の印象を受ける。山根碑との共通名は少なくとも三三人で半数を超え、その密接な関係がうかがえる。

これら三人は、それぞれ村長など村の要職に就いた人びとである。山根との関係も個人的な関係というよりは、むしろ県から村への紹介で山根が忠海から目と鼻の先というほどでもない百島、田島の漁民を連れていったようにも思える。明治期の日本の遠洋漁業の奨励は、たんに水産業の海外への発展というだけでなく、海外扶植への先兵としての意味合いを含んでいたのではないかと思えてくる。そして、マニラ湾の出漁には山根與三兵衛が大きな役割を果たしたことが、これらの石碑からうかがえる。

4　マニラ湾内での日本人の漁業活動

一九〇六年のマニラ帝国領事館報告によると、マニラ湾内での日本人の漁業活動は、広島県人山根與三兵衛および福岡県人故笠井享三が、一九〇〇年以来年々漁船漁夫を送ってはじまったとしている(5)。ともに渡航者名簿にはない名前である。その具体的な活動の様子は、〇二年の報告にはじめてあらわれる。このとき、一五人の日本人漁夫は二組に分かれ、そのうちの一組は山根をリーダーとする一二人であった。山根組はフィリピン人名義の日本製漁船四隻で、帆曳網一〇帳を曳いて、マニラ港沿岸よりコレヒドール島にかけて漁業活動に従事していた。しかし、蒸気船でないため、雨季以外の一〇月から翌年五月までのあいだでさえ、風雨の激しいときは漁場に出ることができなかった。捕獲魚類は、「海老、グチ、桜鯛、エイ、鰈、ラ、バル、章魚、烏賊、源魚、鱵、カヘ鱵、鯔、鯰ノ類白魚、鰯、アヂ」などで、毎日市場で販売していた。山根組一二人の報告によれば、〇一年一二月より翌年五月までの売上高は、〇一年一二月七九ドル一七セント（メキシコ銀〔墨銀〕、一米ドル約二墨銀、一墨銀一ペソ）、〇二年一月九八ドル六一セント、二月三八五ドル五五セント、三月一八五三ドル一九セント、四月一〇七〇ドル〇九セント、五月四二二ドル二〇セント、合計三九〇八ドル八一セントであった(6)。

その後『通商彙纂』にはマニラ領事館報告として、漁業関係の法律およびマニラ湾内での日本人の漁業活動の様子が毎年のように掲載され、『大日本水産会報』にも転載された。一九〇三年の報告では、日本人の漁業家六人、漁船一七隻、使役漁夫三九人（日本人）になり、〇六年には漁船五〇隻余、漁夫六〇人余、補助漁夫五〇人余と報告された(7)。補助漁夫はベンゲット道路工事終了後の失業者などであった。しかし、〇八年の報告では約三五隻、一二〇人の漁夫と、増加がみられなくなった。そして、その報告の最後に、マニラ湾における漁船、漁夫の数ともにこれ以上増加する余地は少ないと記述され、事実翌年の報告では漁船二六、七隻、漁夫約一〇〇人、一二年には漁船三一隻、漁夫一五〇人となって大きな発展はなかった。漁夫は、〇九年の報告でおもに広島県人が従事し少数の岡山県人が加わっていたとされ、和歌山県西牟婁郡田辺町（現田辺市）で設立された比律賓漁業会社が、〇六年一一月二二日に県知事を通して外務省通商局にフィリピンでの漁業、採貝業について問いあわせているところからみても、和歌山県人はフィリピンで漁業に従事していなかった［外務省外交史料館文書三・五・八・一〇九］。この和歌山県の漁業会社は、のちにサンボアンガで採貝業に従事していたという報告書があるが、マニラ湾での漁業活動についての報告はない［赤塚一九〇八、一一二頁］。マニラ湾の日本人小型漁船による零細漁業の発展と限界はどこにあったのだろうか。

一九〇三年のフィリピンの国勢調査によるマニラ市の人口は二一万九九二八人で、畜肉より魚肉を好むフィリピン人の性向から、マニラ市は一大魚肉消費地であった。にもかかわらず、マニラのみならずフィリピン全域の漁業があまり発展しなかったのは、熱帯の地での鮮魚の保存方法に問題があった。冷凍・冷蔵設備がなく、干魚は安く、大粒の荒塩で文字通り塩梅が悪く、さかんではなかった(8)。そのうえ、六―九月の雨季には暴風雨のために出漁できない日があり、また高温多湿で漁網が腐り魚もいっそう腐りやすかった。漁業は年間を通して安定した職業ではなかった。それでも一九世紀後半からの貨幣経済の浸透にともなうマニラの都市化によって、消費市場が急激に拡大したため、漁業の発展の余地はあった。しかし、その発展は沿岸の零細漁業ではなく、蒸気船を使用した会社組織による漁業に奪われ、地元の水産加工の発展はアメリカ、オーストラリアなどからの輸入缶詰・燻製、冷蔵鮮魚の増加によって、その機会を失った。フィリピンの海産物輸入額は、〇六年会計年度の二六万二九一六ドルから〇九年度三三万二七一〇ドル、一〇年度六一万二七六五ドルに急上昇し、そのうちアメリカからのものは〇九年の輸入税撤廃の恩恵を受けて二五万一六四四ドルに達した。日本からは干魚、缶詰などで一〇年度に一万七一二九ドルであった(9)。このような状況のなかで、マニラ湾の日本人零細漁業は、フィリピン漁業より技量で勝り、商品経済に長けたことによって、マニラの一般庶民が日々の食卓に必要な鮮魚を供給することで発展していった。

一九〇三年の報告によれば、マニラ近海で漁業に従事していたのは、フィリピン漁船五〇〇隻、漁夫五〇〇〇人、イギリス漁船一隻、漁夫四人（フィリピン人）、日本漁船一七隻、漁夫三九人であった。フィリピン人による漁法は、日本人のものと大差なく、「手繰網、足繰網、流セ網、刺網、敷網、四手網、地曳網、カンドリ網、押網、配縄、一本釣、投網、梁」などであったが、技量、漁具に劣り、漁船は独木舟であった。また、フィリピン製の漁網は牛血を塗り、約三年間使用できたが、緩みが生じ伸長力が充分でなかったため多くの漁獲を望めなかった。妻子を養い生計を立てるフィリピン人漁民にとって、漁業で一ヶ月の生活費墨銀六〇ドルを稼ぐことは容易なことではなかった。

いっぽう、日本人による漁法は、「鰮地曳網、ワチ流網、鰆流網、打セ網、建網及配縄」で、漁船は〇三年当時日本から運賃約八〇円（一米ドル約二円）、従価税一割五分で輸入していた。漁網は漆を塗った日本製が一〇ヶ月しか使用できず、十数回ごとに塗りかえる必要があったが、水弾きがよく柔軟性に優れていたため漁獲高は高かった。この漁網は中国商店で購入するのが便利で安かったが、日本製で一〇ヶ月使用できるのにたいし、中国製では八ヶ月しか使用できず、従価税二割で広島県下の農家や漁夫の副業として製作していた打瀬網を輸入していた。日本人漁民はフィリピン人三人に匹敵する働きをしたうえ、単身で漁船内で寝起きしていたため生活費も一ヶ月わずか墨銀六ドルしかかからなかった。日本人による漁業は、コストの面でもフィリピン人による漁業をはるかにしのいでいた、と報告された(10)。

日本漁船はトンドに停泊し、夜半に出漁して未明に帰港した。収入は少なくなく故郷に送金する者も多く、成績は良好であったが、健康を害する者が多く、コレラ流行の初期には必ず三、四人の患者を出した。また、海上生活のため一般には朴訥とした性質もときには荒くなり、大酒を飲んで喧嘩をすることもあった［岩谷一九一一、一一二―一一三頁。広島県水産試験場一九〇四、二三—二四頁〕。当時、フィリピンの日本人が溺れがちだった賭博に耽る者もおり、とくに岡山県日生村出身者がひどく、フィリピンの警察による逮捕と二〇ドルの罰金の支払い・保釈を繰り返した者もいた。

日本人漁船による漁獲高は一隻一日五—四〇貫目で平均約一〇貫目（一貫目三・七五キログラム）、一隻一ヶ月の収入は平均墨銀約三五〇ドル、雨季の休漁中を含め年平均墨銀約二五〇〇ドルになった。これらの魚獲物は、沖合でフィリピン人仲買商人に売り渡すか売上高の一割の手数料でフィリピン人小売商に売るかして、青果、乾物、日用品などを販売するマニラ市中の四ヶ所の大市場で売られた。鮮魚の価格は一貫目につき墨銀一—五ドルで、その販売高は一日平均墨銀八〇〇〇ドルを下らなかった〔『通商彙纂』改二〇号（一九〇三年七月三日）、三一—三二頁〕。日本人漁夫は三—五人乗りの漁船ごとに組合をつくり、それぞれ独立して漁業を営み、二一〇〇円と比較的漁獲高の少なかった一九〇七年の収支試算で、一人一ヶ月三四円の収入になった〔『通商彙纂』三九号（一九〇八年七月一八日）、六八頁〕。なかには漁船一隻でわずか二ヶ月半で二八〇〇円を稼いだ話もあった〔『通商彙纂』五一号（一九〇六年八月二八日）、四一頁〕。当時、日本での日雇い労働者の平均賃金が四九銭であったことを考えると、倍以上の収入があったことになる。日本人漁夫一人の送金額は年平均約二〇〇円、合計で毎年二万円に達したと推計された。一般にマニラの日本人漁夫の生活は、地方の労働者より上等であったといわれている〔赤塚一九〇八、一一九—一二〇頁〕。

日本人漁業家にとって最大の問題は、風雨、網の腐敗、干魚のできない四—五ヶ月に及ぶ雨季の休漁中の漁夫の扱いであった。漁期が違い、比較的魚価の高い（一貫目につき約三〇セント）アルバイ州タバコやレガスピで試験的に操業したが、充分な成果をあげられなかった。また、雨季に帰国した者で再渡航してくる者が少なかったため、素人を補助として雇わざるをえない状態だった。通常漁夫は食住付き月給三〇—三五円か、漁獲高折半の利益配分によって雇われた。フィリピン人は食糧としての米付きで約一五円、雨季に解雇することも容易であった。いまひとつ漁業家のあいだで問題となったのが、漁船の入手であった。フィリピンでフィリピン産の木材を使い、日本人船大工によって製造することも試みられたが、船大工の賃金がひじょうに高かったため、運賃、輸入税を支払っても日本から輸入するほうが安上がりであった［『通商彙纂』三九号（一九〇八年七月一八日）、六八頁］。

これらの日本人による漁業活動は、フィリピンの植民地政府によってとくに制限されることはなかった。漁業にかんする制限のひとつは、一九〇二年一二月九日付マニラ税関告示第二五号（Manila Custom House General Order No.25、一九〇三年三月五日付 No.31で一部改定）によって発布された梁設置にかんするもので、航路の妨害にならないよう特別許可と免許料を支払う必要があった。また、〇六年五月二九日発布の法令（フィリピン委員会令一四九九号、以下PC Act No.1499などと略す。一九〇七年八月一四日付 No.1685で緩和）によって、爆薬・毒薬による魚獲が禁じられた。販売関係では、〇四年七月発布の収税法により魚獲売り上げ高の三〇〇分の一に相当する営業税を支払わねばならなかったが、[11] とくに外国人に不利益になるような制限はなかった。

問題となったのは、基本的政策をもたないフィリピンの植民地政府がたびたび法令を発布・改定して、日本人漁民を当惑させたことである。しかも、当時漁業水産関係を扱う官庁はなく、税関の管轄下におかれていたため事情はいっそう複雑であった。当時のフィリピンの法律において、漁業は沿岸貿易と同様に扱われ、一九〇二年二月六日発布の「比律賓群島税関行政法第一〇章沿岸貿易ニ関スル条項」（PC Act No.355）により、所有者および船長がフィリピン人またはフィリピンに居住するアメリカ人以外の漁船を使用することができず、日本人所有の漁船が税関に没収されるということもあった。そのため、日本人はフィリピン人名義によって営業鑑札を受け、これを借りていることにして操業していた。しかし、〇二年一一月一七日発布の特別沿岸貿易法（PC Act No.520）により、〇四年七月一日まで登簿トン数一トンにつき一ヶ年一ドルの営業税を納付することで、一般外国船が漁業を含む沿岸貿易に従事できるようになった［『通商彙纂』改二〇号（一九〇三年七月三日）、二八―二九頁］。ところが、〇三年九月二日発布の法律（PC

Act No.863）によって改定され、沿岸貿易に従事する外国船舶は五〇トン以上にかぎることになった。先の法にしたがって登録した船舶は〇四年七月一日まで営業することができたが、それまでに登録した日本漁船はすべて五トン以下であったことから有効期限後は鑑札を更新することができなくなり、旧に復してフィリピン人名義による鑑札を必要とすることになった[12]。しかし、これには面倒な手続きが必要でそのままにしていたため、税関に一時漁船多数が没収された。そこで、日本商人および漁業者は〇四年九月二二日発布の法律（PC Act No.1235）に従って、〇五年一月一六日比律賓沿岸貿易株式会社 Philippine Coastwise Trading Company を設立し、同月二七日営業許可を得て、即日開業した[13]。この会社はマニラ市「トンド」区にあり、役員として専務取締役、太田作太郎、取締役、田川森太郎、中蔵九郎三郎、監査役、北村謙太郎、井上直太郎が就任した。資本金は比貨五万ペソ、一年間の漁獲高は約一万八〇〇〇ペソ、漁船数は四〇艘、トン数は一九一トン九二であった［外務省外交史料館文書三・三・七・二五］。これによって大多数の日本人漁船はこの会社所有の形態をとり、そのほかの少数の漁船はアメリカ人ランフォルドの名義を借り、漁期間毎月一五—三〇円の名義料を支払って操業した。そして、〇五年六月一五日の法律（PC Act No.1354）により同年七月一日以降総トン数一五トン以下の船舶は鑑札を受ける必要がなくなり、無税となったが、同年九月五日発布の法律（PC Act No.1387）により改定され、蒸気船などの機械を動力とする船舶は一トンにつき一・五ペソ、それ以外は一トンにつき一ペソの鑑札税を納付することとなった[14]。このようにわずか三年半あまりのあいだに目まぐるしく法律が変わり、ここにいたって鑑札を受ければ一五トン以下の船舶の所有者、船長はフィリピンに居住する日本人個人でも可能となり、一五トン以上の船舶を使用する場合のみ会社所有にする必要があることになった。

しかしながら、日本人漁民はこの度重なる変更についていけず、一九〇五年七月一日の改定によって日本人名義で漁船を所有できるようになったにもかかわらず、アメリカ人ランフォルドに翌年九月まで名義料を支払いつづけていた。この事実を知った領事館員がランフォルドに談判し、一〇〇〇円の手切金で名義変更の承諾を得ると、それまで支払っていた月三三〇円、漁期七ヶ月の合計年二三一〇円を貯金し、帰国時以外は引き出さないことを取り決めた[赤塚一九〇八、二二〇頁]。また、日本人漁民は〇五年九月五日の改定で鑑札税を支払わねばならなくなったことを知らず、一二年三月フィリピン税関長に指摘されるまで、無鑑札で操業をつづけていた。当時マニラには三一隻の日本人所有の漁船があったが、そのうち三隻は破損船で鑑札を受ける必要はなく、残る二八隻のうち九隻はフィリピンで製造した船で、日本人個人の所有でも鑑札を受けることができた。そして、日本製の一九隻はそれぞれ二―四名でフィリピンの法律にもとづく組合を組織することによって、鑑札を受けることができた。この件にかんして、マニラ領事代理杉村恒造の交渉・努力にも一方ならぬものがあり、漁民はそれ以前の課税の追及を逃れ、申請中も操業をつづけることができた。また、当時外国船の輸入には従価税五割が課せられていたが、これら一九隻の日本製漁船は、造船材料を日本から取り寄せフィリピンで製造したものの体裁をとって登録された。日本人所有の漁船の一覧は表2-2の通りである。(15)

この表2-2からわかることは、まず操業中の二八隻の平均トン数が八・九六、もっとも大きなものでも一二・四二で、一九〇三年当時の五トン以下に比べ大型化したとはいえ、すべて小型漁船であったことである。マニラで造船されたものは、〇六年二隻、〇七年一隻、〇八年一隻、一一年四隻、一二年一隻、平均トン数九・七七で、日本製の平均八・五七よりやや大きく、すべて日本人個人名義で「艀舟及湾内」の免状を得ている。いっぽう日本製漁船はすべて組合名義で「沿岸貿易」の免状を得ている。日本人所有者で姓名ともに記載された者は一四人で、そのうち六人しか渡航者名簿(すべて自由渡航者名簿)に記載されていない。このことからも渡航者名簿が不完全であることが再確認できる。記載された者のうち三人は広島県百島村、二人は同県田島村、一人は岡山県邑久郡朝日村(現岡山市東区)東片岡出身である。百島村出身の多田京之助は〇四年五月三一日渡航許可を受け許可当時三七歳、藤本彦三郎は同年六月三〇日許可で同じく三七歳、赤松大吉は同年八月一日許可で弱冠一七歳であった。田島村出身の村上岩太郎は〇

表 2-2　マニラの日本人所有漁船一覧表（1912 年現在）

船名	噸数	造船地	造船期	免状種類	所有者氏名
1 号	11.59	日本	1910 年	沿岸貿易	多田，村上，藤本組合 代表者　多田京之助
2 号	10.39	日本	1910 年	沿岸貿易	仝　上
3 号	12.42	馬尼剌	1912 年	艀舟及湾内	吉永廉太
4 号	7.81	日本	1906 年	沿岸貿易	浮田，吉永，川口組合 代表者　浮田房太郎
5 号	7.41	日本	1906 年	沿岸貿易	赤松，村上，大城，藤本組合 代表者　赤松大吉
6 号	8.16	日本	1912 年	沿岸貿易	仝　上
7 号	6.28	日本	1906 年	沿岸貿易	仝　上
8 号	6.32	馬尼剌	1908 年	艀舟及湾内	藤本彦三郎
9 号	（破損）				
10 号	8.34	馬尼剌	1911 年	艀舟及湾内	竹田常市
11 号	7.23	日本	1911 年	沿岸貿易	赤松，村上，大城，藤本組合 代表者　赤松大吉
12 号	9.77	馬尼剌	1911 年	艀舟及湾内	吉本浅次郎
13 号	9.77	馬尼剌	1911 年	艀舟及湾内	黒田亀一
14 号	11.46	馬尼剌	1911 年	艀舟及湾内	松浦信太郎
15 号	（破損）				
16 号	6.71	日本	1906 年	沿岸貿易	多田，村上，藤本組合 代表者　多田京之助
17 号	7.24	日本	1907 年	沿岸貿易	浮田，吉永，川口組合 代表者　浮田房太郎
18 号	7.74	日本	1904 年	沿岸貿易	仝　上
19 号	11.69	日本	1911 年	沿岸貿易	多田，村上，藤本組合 代表者　多田京之助
20 号	10.59	日本	1911 年	沿岸貿易	神原，中村組合　代表者　神原貞吉
21 号	8.46	日本	1906 年	沿岸貿易	中村，永沢，浦上，西浦組合 代表者　中村儀平
22 号	（破損）				
23 号	9.22	馬尼剌	1907 年	艀舟及湾内	溝口清吉
24 号	12.03	日本	1911 年	沿岸貿易	神原，中村組合　代表者　神原貞吉
25 号	6.61	日本	1904 年	沿岸貿易	中村，永沢，浦上，西浦組合 代表者　中村儀平
26 号	10.04	馬尼剌	1906 年	艀舟及湾内	村上岩太郎
27 号	7.42	日本	1906 年	沿岸貿易	中村，永沢，浦上，西浦組合 代表者　中村儀平
28 号	8.27	日本	1906 年	沿岸貿易	神原，中村組合　代表者　神原貞吉
29 号	6.99	日本	1909 年	沿岸貿易	中村，永沢，浦上，西浦組合 代表者　中村儀平
30 号	10.29	日本	1911 年	沿岸貿易	神原，中村組合　代表者　神原貞吉
31 号	10.61	馬尼剌	1906 年	艀舟及湾内	宮本作之丞
外ニ目下本邦ヨリ新タニ漁船ヲ輸入シ鑑札下付申請手続中ノモノ二隻アリ					

出典：外交史料館文書 3.5.8.133「比律賓沿岸漁業関係雑件」1912 年 11 月 15 日付在マニラ領事代理副領事杉村恒造より外務大臣子爵内田康成「馬尼剌湾内ニ於テ営業ノ本邦漁船ニ対シ鑑札下附方ノ件」.

四年七月八日許可で当時二六歳、溝口清吉は同年一〇月八日許可で二八歳であった。岡山県邑久郡朝日村東片岡は吉井川河口付近の瀬戸内に面した集落で、同出身の浮田房太郎は渡航許可〇三年一月一九日、許可当時一八歳で漁業を目的として「米領比律賓摩尼剌」に渡航しているが、職業は「商」と記載されている。六人とも渡航許可年月日から一〇年近くが経過していた。さらに石碑の寄付者名から神原貞吉、中村儀平が田島村、宮本作之丞が忠海町出身であることがわかる。また、もし竹田常一が石碑にある武田常一と同一人物であるなら、百島村出身ということになる。ほかの四人の姓、吉永、吉本、黒田、松浦は四つの石碑のある地域の寄付者名にないものであることから、広島県や山根の関係者ではないことが想像される。これらの四人は、それぞれ一隻、マニラで建造した船を所有していた。浮田他組合も広島県東部のグループとは違うが、浮田の名は山根尚徳碑にみえる。また、マニラ製漁船を所有する九人はすべて別人で、組合では多田他組合が四隻、浮田他組合三隻、赤松他組合四隻、神原他組合四隻、中村他組合四隻を所有し、一人一—二隻平均となる。これらの所有者は個人名義、組合名義ともに重複しているものがあり、実際には一人一—三隻の個人所有であったと考えられる。出身別では田島が一〇隻、百島が九隻（竹田常一が百島出身なら一〇隻）、岡山県が三隻となる。いずれにせよ、少数の小型漁船の所有からみて零細漁業家の集まりで、広島県の百島、田島出身者を中心に、岡山県出身者などが加わっていた様子がわかる。

このように、明治期において日本人零細漁民の活動舞台としてのマニラ湾があった。蒸気船所有のトロール漁業の試みは明治末年になっておこなわれたが、技術、漁場、市場条件から失敗に終わり、零細漁業の動力化は昭和に入ってからであった。零細漁民はあくまでもフィリピン人一般庶民が求める鮮魚を食卓に供給することによって、その活動が支えられていた。そして、先の比律賓沿岸貿易会社の一九〇六年の役員名簿から、漁業関係者で強いリーダーシップを発揮した者がいなかったことがわかる。専務取締役太田作太郎とは、兄作太郎名義の旅券を使用し、のちにマニラ麻で成功した「ダバオの父」太田恭三郎のことである。取締役田川森太郎は先に述べた通り、マニラ日本人商業の先駆者で、田川商店店主である。もうひとりの取締役中蔵九郎三郎と監査役のひとり北村謙太郎の名は、ともに渡航者名簿になく、その後役員名簿から消えている。もうひとりの監査役の井上直太郎は、太田、田川と並ぶ当時のマニラの日本人商業界の重鎮である。したがって、明治期のマニラ湾の日本人漁民は、組織をもって渡航してきたわけでも、操業していたわけでもなく、村の資産家の後援を受けた同郷の零細漁民の集まりであったことになる。そして、明治期マニラ湾の日本人による漁業活動は、マニラ市場をほとんど支配していたと評価されながらも、マニラの領事館報告ではもっぱら農業に期待を寄せ、漁業とくに零細漁民によるものにはあまり関心が払われていなかった。しかし、いっぽうで日本人漁民の既得権益を守るために領事館員は奔走し、軍事目的に漁民を利用することも忘れなかった。

5　フィリピン漁業

一九〇三年のフィリピンの国勢調査によると、フィリピンの漁業にかんする統計資料はなにもなく、推計で二万八〇〇〇隻、一一万九〇〇〇人が漁業に従事していると記している [Census 1903: Ⅳ, 534]。したがって、つぎの国勢調査がおこなわれた一八年では、より詳細な漁業にかんする統計資料が求められた。それによると、全国にフィリピン人三六五〇と外国人漁業家一一八がおり、年間八六九万二四〇一・二九ペソの漁獲高があった。そのうちマニラにはフィリピン人一八、外国人六七の漁業家がおり、おもに海上で船、網を用いて漁業をおこなっていた。外国人の半数以上がマニラに集中していたことが特徴で、その大部分は日本人であったと考えられる。マニラの漁業資本金は一〇万四六七五・〇〇ペソ（全国の一・一％）、労働者月平均三三二人を三一・三ペソ（全国平均二二・三ペソ）で雇用し、二〇万四八四九・九五ペソ（全国の二・四％）の漁獲高があった。この統計資料をみるかぎり、マニラの漁業的地位はそれほど高くなく、漁獲高ではブラカン州（全国の一〇・四％）やバタアン州（同九・一％）、資本金ではブラカン州が全国の四八・八％と抜きんでていた。しかし、この一八年の国勢調査では、養殖漁業、真珠貝採取、魚類分類などについての記述が大部分を占め、具体的な漁業活動についての記述はなく、ましてや日本人漁業にかんする記述はなにもなかった［Census 1918: Ⅳ, Ⅰ, 588–99, 766–73］。

これらの国勢調査の報告からみて、フィリピンの漁業は国内消費用の小規模なもので、大規模な外国資本による漁業はおこなわれていなかったことがわかる。しかし、フィリピン諸島を領有したアメリカ合衆国が、フィリピンの漁業資源にまったく無関心であったわけではなかった。一九〇七年から〇九年にかけてアメリカは漁業委員会の調査船「アルバトロス」を派遣し、深海漁業、真珠・海綿漁業の調査をおこなった。その調査結果は、『フィリピン科学雑誌 *The Philippine Journal of Science*』などで報告されたが、その内容はおもに魚類分類などで、現実に漁業活動をおこなっている者に役立つものではなかった。調査報告を受けてフィリピンの内務長官ウースター Dean C. Worcester（一八六六―一九二四）は、アメリカ大統領への手紙で「深海漁業は徒労」と述べ、漁業の発展に悲観的であった[16]。したがって、「アルバトロス」派遣までアメリカ人のフィリピン海域での漁業活動はなかったし、調査後も発展はみられなかった。

いっぽう、海産物の輸入についてはすでに略述したが、一九〇三年から〇九年に六二・八％の増加をみ、米を除く食糧輸入全体の増加率五一・七％を上まわっていた[17]。そして、翌一〇年にはさらに前年より四八・四％増加した。なかでも缶詰の輸入の増加が著しく、鮭缶は〇三年から一〇年のあいだに量で一二・四倍、額で八・七倍に増加した[18]。このことは、フィリピンで鮮魚や干魚だけでなく、魚の缶詰が一般庶民の食卓にのぼるようになったことを意味した。一八年の国勢調査では、フィリピン海域で一六〇〇の魚種がおり、そのうちわずか一〇〇種のみが市場に出まわっているにすぎないと述べている［Census 1918: Ⅳ, Ⅰ, 590］。熱帯の地では、確かに魚の種類は多いが、北洋の鮭や鰊のような大量の漁獲は望めなかった。漁業において、アメリカの関心は北太平洋・北大西洋の近代漁業にあり、フィリピンへの関心は薄かったといえよう。

むすびにかえて

アメリカ植民統治下初期マニラ湾の日本人による漁業活動は、アメリカによるフィリピンの漁業開発への関心の薄さ、フィリピン人による漁業の近代化への取り組みの遅さのために、ある一定の成果をみた。しかし、日本人による漁業活動も、国家的支援の乏しい出稼ぎ型の不安定なものであり、一時的な高収入を求めてのものであった。漁民の多くは、瀬戸内沿岸の出身であったが、必ずしもつねに漁業に従事していたわけではなかった。これらの漁民は、好条件が揃えば、いつでも海へ出た人びとと理解したほうがいいだろう。したがって、逆に考えれば、マニラでも陸上に好条件をみつければ、いつでも海を離れた人びとであった。

このような漁民は、権力によって利用されやすい人びとでもあった。山根と陸軍の関係は偶然ではなく、フィリピンを将来の植民地とみた一部の日本軍人にとって、マニラ湾の地勢調査は不可欠のものであった。当時、フィリピン警察軍 Philippine Constabulary が、かなり警戒心をもってフィリピン在住日本人の活動を注視していたことの詳細は本書第三章に譲るが、一部のアメリカ人はすでに台湾を領有していた日本のフィリピン侵攻を現実性のあることとして考えていた。そして、首都マニラの喉元マニラ湾で漁業活動する日本人は、潜在的スパイと思われても不思議ではなかった。そのような状況のなかで、マニラ湾の日本人の活動がとくに制限されることがなかったのは、アメリカのフィリピン軽視のあらわれであり、同時に漁民自身が警戒を抱かれるような存在ではなかったといえる。日本側も漁民を利用しながら、その活動を重視していたわけではなかった。いいかえれば、漁民は組織のなかの一部として永続的な活動が期待されていたわけではなく、その時どきに利用される性質のものであったということができるかもしれない[19]。

第三章　南方「移民」と「南進」
――フィリピンにおける「移民」、外交官、軍事工作

はじめに

近代日本と周辺諸国との関係史は、「大東亜戦争」の結果、著しく部分的で不連続なものとして記述されるようになった。戦後、日本においては、大東亜共栄圏構想に含まれていた東アジアや東南アジアの国や地域のことがほとんど語られなくなり、欧米を中心とした歴史観・価値観が支配的になっていった。いっぽう、東・東南アジアでは、それまでの日本との関係を全面的に否定し、語ることさえタブー視する風潮が生まれた。そして、それらの国ぐにの歴史のなかに登場する日本は、「大東亜戦争」時の侵略者か、近年の経済大国として記述されるようになった。しかし、各国の近現代史において、それぞれの国の植民宗主国を除いて、もっとも影響を及ぼした外国のひとつが日本であったことは、間違いないことである。にもかかわらず、これらの国ぐにと日本との関係史が、連続性をもって語られないことは、両者の関係史の理解のみならず、それぞれの国の近現代史の理解の妨げになっているといえよう。

歴史叙述は、歴史的結果によって変わることは避け難いことである。しかし、結果のみに目が奪われることによって、歴史的文脈を見失うことも事実である。本章の目的は、第一―二章で確認された事実を踏まえ、明治以降「大東亜戦争」勃発までの、日本と周辺諸国との関係史の連続性を考察することにある。その一事例として、フィリピンを

取りあげ、「移民」、外交官、そして「南進」の前兆となった軍事的工作活動について考察する。とくに、従来、日本・フィリピン関係の空白時期として語られることのなかった、日露戦争後の数年間に焦点をあてる。

1　南方「移民」の諸相

国際協力事業団編『海外移住統計』（一九八八年）によると、一八六八年から一九四一年までの国外移住者数（ただし朝鮮、満洲、南洋群島など日本の支配下にあった地域を除く）は、七七万六三〇四人にのぼる。そのなかで「南方方面」と分類された者は、九万二三二一人、全体の一一・九％を占める[1]。これらの国・地域のほとんどは、当時欧米の植民支配下にあり、日本人移住者の大半は、奴隷制廃止にともなう労働力市場を補足する労働者として植民地開発のために雇われるか、植民地支配者と現地人の間隙を縫って商業活動に従事した。しかし、これらの日本人移住者の実態については、移住者を受け入れた現地社会を無視した、個人の成功・苦労談にもとづく伝記的要素の強い歴史が語られるだけであった。その日本人移住者のみの歴史にしても、従来包括的に日本人移住者の全体像、とくに日本出国前の状況について分析した研究はほとんどなかった。本節では、フィリピン行き日本人渡航者の実態とフィリピンでの職業分布について概観する（明治期については、本書第一―二章と重なる部分がある）。なお、当時これらの移住者は「移民」とよばれたが、今日意味する永住または半永住を目的とした海外渡航者とは違い、海外出稼ぎ労働者を意味した。

フィリピン行き移住者数は、「南方方面」のなかでももっとも多く、五万三一一五人、五七・五％を占めた[2]。しかもいくつかのピークとピークの谷間でも、つねに毎年数百人が渡航していた（図3-1）。そして、一九四〇年のフィリピン在住日本人人口二万八七三一人から、約半数の者がフィリピンに定着している様子がうかがえる。これらの渡航者のデータや渡航後の職業については、外務省外交史料館（東京）に残る文書から知ることができる［外務省外交史

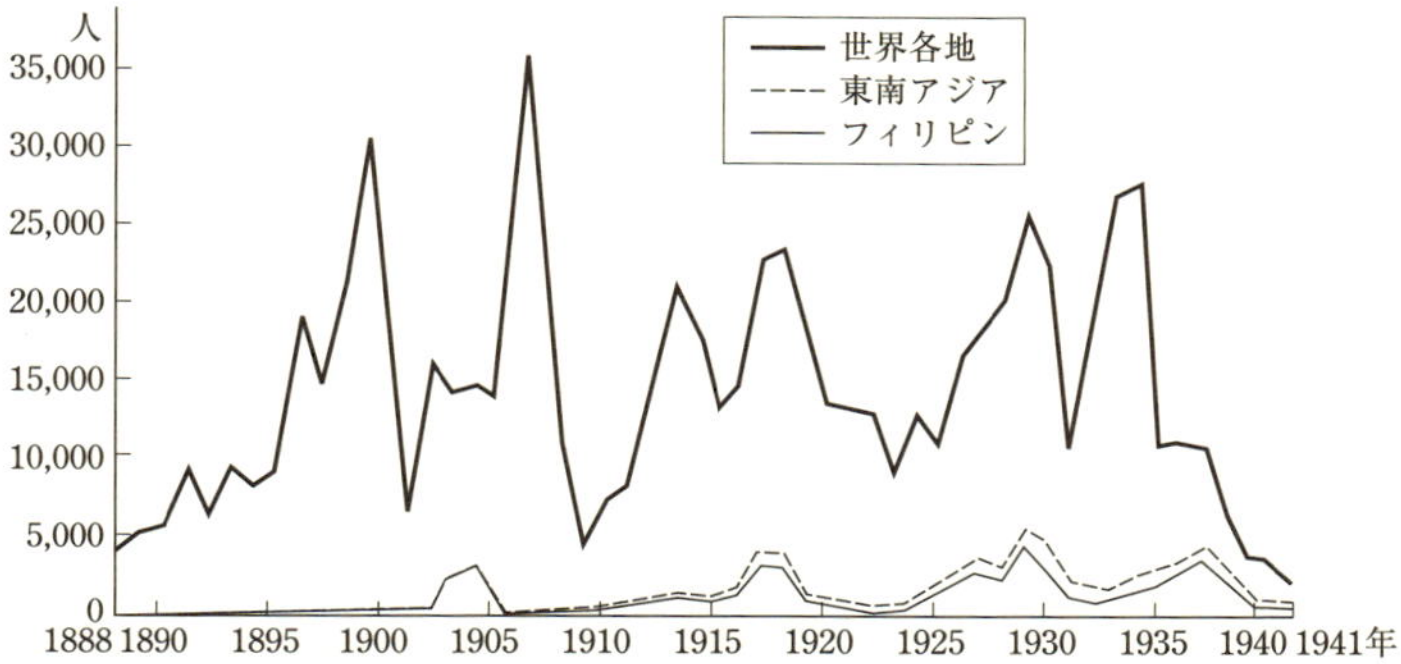

図 3-1　日本人海外渡航者数（1888-1941 年）
出典：国際協力事業団『海外移住統計』1988 年 9 月，108-109 頁.

料館文書三・八・二・三八、同三・八・二・九〇、同J一-二・一・〇・J三・一・一、同七・一・五・四、同K三・七・〇・七」。渡航者名簿は、少なくとも移民会社取り扱いの二万五三八九人と自由渡航者五七七人のものが残されている。これらの名簿から、氏名、性別、年齢、住所、族籍、身分、職業、契約年月日、渡航許可（旅券下付）年月日、渡航年月日、旅券番号、渡航許可官庁、取り次ぎ移民会社、渡航目的、渡航地、契約期限などの不完全なデータが得られる。なかでも一九〇九年から一九年までの一一年間は、移住者総数のうち八六・一%の渡航者の名簿が残っており、かなり実態に近いデータが得られる[3]［早瀬一九九五］。そして、職業別人口表から、フィリピンでのおもな職業は、娼婦「からゆきさん」、道路工夫、農夫、大工、木挽・杣職、漁民、商人であったことがわかる［早瀬一九八九、同一九九二、橋谷一九八五］。

「からゆきさん」は、一九世紀後半から急増したアジア移民にともなって発生した中国人娼婦「豬花《ちょか》」を補うかたちで増加し、とくに公娼制度のあったイギリス領植民地や中国東北地方を中心に少なくとも数千人に達した（表3-1）。フィリピンでは、一八九八年のアメリカ領有後、駐留するアメリカ軍の強い要望で一九〇二年末から増加し、二〇年の廃娼まで全土津々浦々に少なくとも合計三〇〇—四〇〇人がいた。しかし、廃娼後は激減し、四〇年には一一人を数えるにすぎなくなった。

一九〇三—〇四年に、フィリピン行き渡航者数はひとつのピークを迎える。

表 3-1　「からゆきさん」人口（1916 年　調査領事館別）

領事館	醜業婦	準醜業婦	外妾
シンガポール領事館			
海峡植民地	546 [1)]	-	-
マレー半島連邦州他	1,057 [1)]	-	-
マニラ領事館	282	50 [2)]	59 [3)]
バタビア領事館	406	607	79
バンコク領事館	26	-	-
ホンコン総領事館			
英領ホンコン	156	40 [4)]	37 [5)]
ポルトガル領マカオ	6	-	8 [5)]
仏領ハノイ	113	-	80 [5)]
カルカッタ総領事館			
インド本土	67 [6)]	-	-
ビルマ	222 [6)]	-	-
ボンベイ領事館	102	11 [7)]	-
シドニー総領事館	51	-	-
チチハル領事館	321	58	-
ハルビン総領事館	794 [6)]	-	-
ウラジオストク総領事館	750	60 [8)]	226 [9)]
合　計	4,899	826	489
総　計			6,214

註 1）公娼のみ．ほかに外妾，私娼が公娼とほぼ同人数と推定．
2）妓楼主．
3）洋妾または表面按摩業を業とする者．
4）芸妓・料理店仲居．
5）洋妾．
6）準醜業婦を含む．
7）主として楼主．
8）芸妓，酌婦または女中．
9）支那人その他妾．
出典：外務省外交史料館文書 4.2.2.27「本邦人不正業取締関係雑件」第 5 巻．

両年に渡航した五〇〇〇人余の大半は、〇一年から工事がはじまっていたルソン島北部山岳地帯「夏の首都」バギオに通じるベンゲット道路工事などの、植民地開発のために雇われた単純肉体労働者であった。これら「ベンゲット移民」などの労働者は、一般に高い賃金を求めるわりに定着性がなく、苦情の多いことで知られ、雇い主であるアメリカ植民地政府にも、送り主である日本政府や移民取り扱い会社にもあまり評価されなかった。そのため、ベンゲット道路開通の〇五年以降、日本人単純肉体労働者は、ほとんどみられなくなった［早瀬一九八九］。

農夫は、南部ミンダナオ島のダバオのアバカ（商品繊維名マニラ麻）栽培者として知られるようになった。はじめ麻挽き労働者としてダバオに渡った日本人は、一九〇七年に太田興業株式会社、一四年に伊藤商店（後の伊藤忠商事と丸紅）から援助を受けた古川拓殖株式会社を設立して、本格的にアバカ栽培に乗りだした。その後、第一次世界大戦特

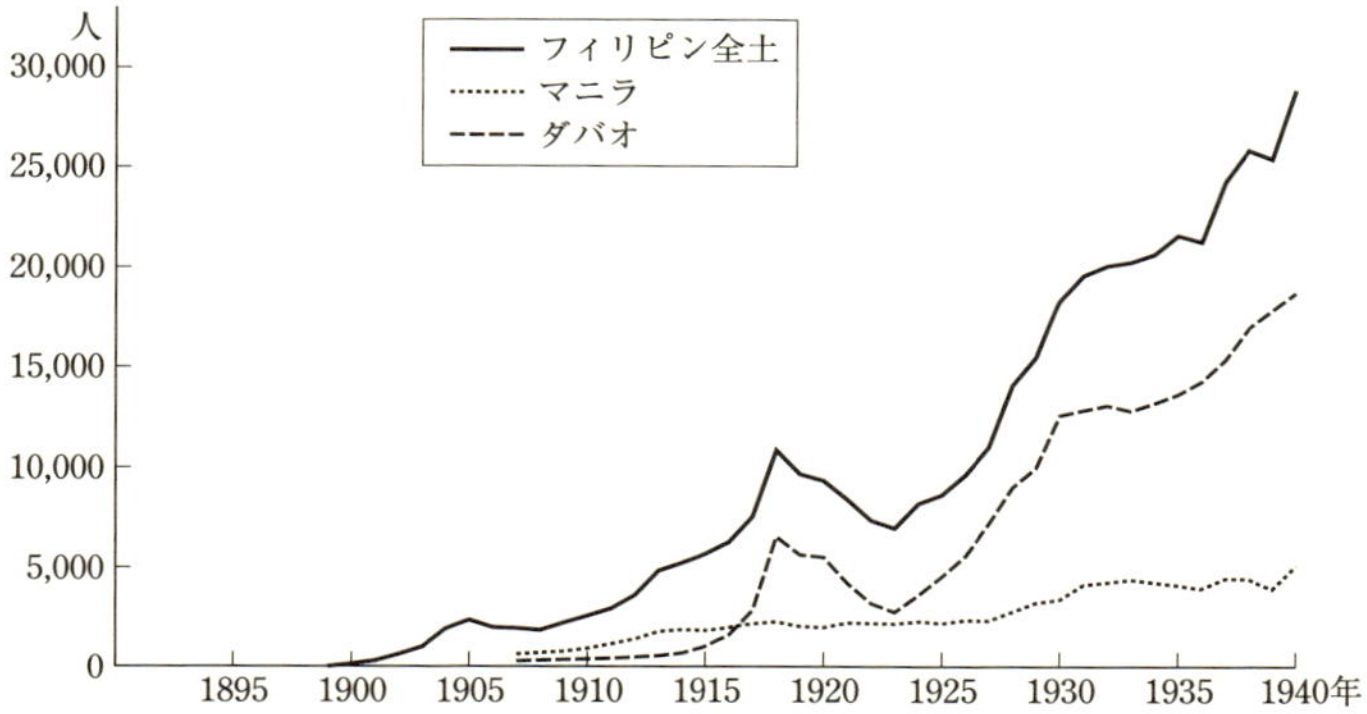

図 3-2　在フィリピン日本人人口（1896-1940 年）

需によるアバカ・ブーム、戦後恐慌などの好・不況を経て、三〇年には現在の東京二三区（六万二一九八ヘクタール）より広い七万五〇七〇ヘクタールの土地を、日本人が事実上所有するに至った。三八年以降、ダバオのアバカ生産量は、フィリピン全土の半分以上を占めるようになり、その大半は日本人の手で生産された。ダバオの日本人人口は、二八年以降、フィリピン全土の約三分の二を占め、開戦前には約二万に達した［Hayase 1984］（図3-2）。しかし、ダバオ以外の農業移民は、たとえばミンドロ島マンガリンやサン・ホセに一〇年から一三年の四年間に少なくとも一二三五人が入植したものの失敗し、四〇年にダバオ以外で農業に従事していた日本人は三四三人にすぎなかった。

大工は、単純肉体労働者がいなくなった一九〇五年以降、つねに数百人がフィリピン各地で兵舎の建設などに従事し、四〇年においても一〇二人の土木建築業者と一〇三八人の大工・左官・石工・ペンキ職がいた。大工は人数だけみればもっとも安定しているようにみえる。が、ほとんどの者が、軍事施設などの植民地政府関連の建築工事に職を求めて、各地を転々としていた。木挽・杣職は、それらの建築工事に必要な木材の伐採に従事した。かれらは、数十人単位でバギオやミンダナオ島西南端サンボアンガ付近の森に入って作業し、四〇年にも一五一人の森林業・林産物業およびその労働者がいた。

漁業は、マニラ湾で一九〇〇年ころからはじまり、漁船・漁民とともに徐々に増加し、〇六年には五〇隻余・一一〇人余が操業していた。それらの船はわずか数トンで、零細漁業の集合体にすぎなかったが、フィリピン人による漁業開発がすすまなかったために、マニラ市場に鮮魚を供給することで発展した（本書第二章）。そして、第一次世界大戦後の不況以後、地方へも進出し、二七年以降は漁船の動力化がすすんだ。四〇年には一七二七人の漁業・製塩業およびその労働者がいた。

商業活動は、まずマニラを中心に発展し、雑貨商が増加した。はじめ資本をほとんど必要としない行商人、せんべい屋、かき氷屋などに従事した者も、やがて各地に雑貨店を開いていった。そして、第一次世界大戦特需を契機に本土からの資本が流入し、従来の地道な活動とあいまって発展した。その結果、日本・フィリピン間の貿易量は急速に拡大し、一九二九年にはアメリカに次いで第二位となり、全体の約一割を占めた。

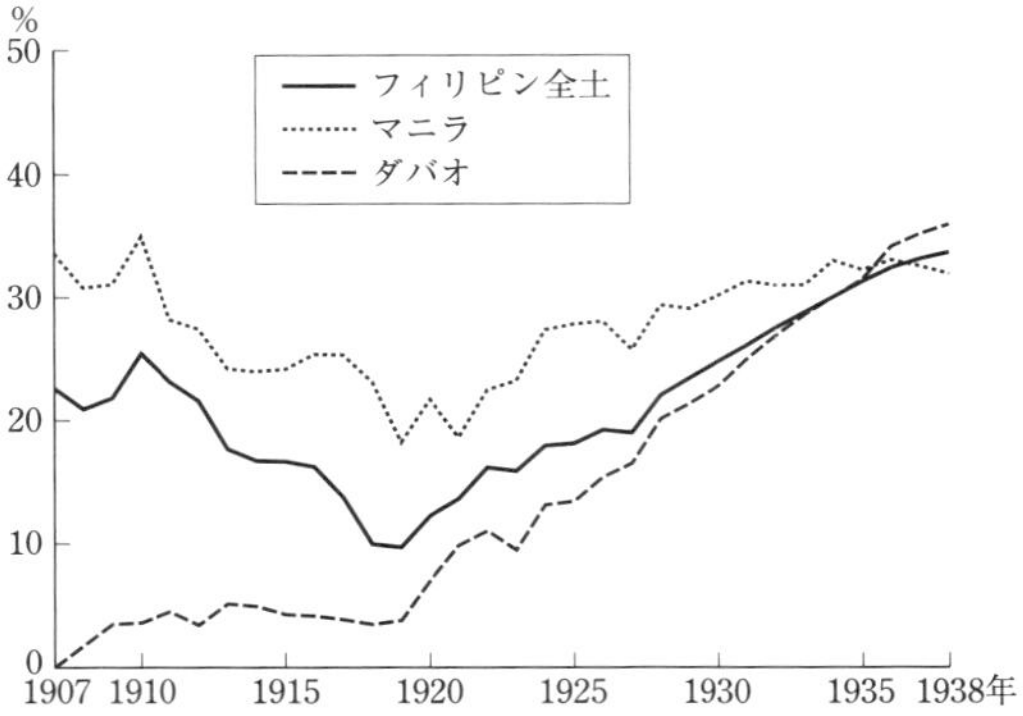

図 3-3　在フィリピン日本人女性比率（1907–38 年）

これらのフィリピン在住日本人人口の男女比は、「からゆきさん」の増加する一九〇〇年以降、女性の割合が比較的高く、とくにマニラおよびその周辺は、廃娼運動の高まる一八年ころまで二五％前後またはそれ以上を保っていた。フィリピンにおける日本人移民の定着性は、ダバオの男女比からより明らかになる。一九年まで五％にも満たなかった女性人口比率が、その後急激に上昇し、ダバオの人口がフィリピンの全人口の三分の二近くを占めるようになった二八年には二〇％に迫り、三五年以降は三〇％を超えて全国平均を上まわるようになった（図3-3）。四〇年には、フィリピン全土で日本人家族人口が一万四八九一人となり、本業者一万三八四〇人を上まわっていた。フィリピンの日本人移民は、たんなる海外出稼ぎ労働者から、定住を目的とした家族連れの移住者に変わっていった。しかし、これらの移住者のすべてが、国が望んでいた理想的なものではなかった。次節では、マニラ在住の外交官を通して、日本とフィリピンの関係をみていく。

2　外交官

マニラに日本領事館が開設されたのは、一八八八年一二月二九日のことであった。その目的は、通商拡大、貿易促進、移民の導入であった。しかし、その後日本とフィリピンの人的・物的交流は進展せず、九三年九月一三日から九六年一〇月二六日の再開館まで、領事館は一時閉鎖に追いこまれた。日本とフィリピンとの経済交流が活発になるのは、フィリピンがアメリカ合衆国領となってからである。日本は開国後、西欧諸国に倣って領事報告制度を導入し、マニラの領事館もフィリピンの通商経済情報を本国に精力的に送った［早瀬二〇〇三a］。移民の情報もそれに含まれていたが、フィリピンでは、本国アメリカの移民法を遵守して、「契約移民」は禁じられていた。買売春も禁じられていたため、「からゆきさん」も、「ベンゲット移民」も、ダバオのアバカ栽培者も、すべてフィリピンでは「不法外国人労働者」であった。にもかかわらず、需給関係の成立により日本人不法労働者は、両国政府に黙認された。しかし、なぜ日本政府は、アメリカ支配下の植民地の開発に必要な日本人労働者の存在を許したのであろうか。

開国後の日本では、過剰人口と資源の乏しさが強調され、日本の発展を海外植民・経済進出に求める声が高まった。そして、海外での奴隷的労働を危惧する日本政府の心配をよそに、明治以降、大規模な社会変動のなかで故郷を追われ、海外に生活の糧を求めていく民衆の姿があった。政府は移民の保護と権利確保のために、各地の移民事情を明らかにする必要が生じた。とくに、有望移住地と目されていた中南米、東南アジアの調査の必要を感じ、一九〇六年帝国議会は、移民調査のために三万円を外務省予算に加えた。この調査の成果は、〇八年から一四年まで一三巻の『移民調査報告』としてまとめられ、出版された。この有望移住地は、将来の植民地と目されていた土地でもあり、そこには優良移民を送らねばならなかった。この『移民調査報告』の第一巻と第六巻にフィリピンの報告が掲載され、フィリピンも有望移住地のひとつであったことがわかる［赤塚一九〇八、岩谷一九一一、外務省外交史料館文書六・一・六・五九］。そして、政府の考えていた優良移民については、マニラの領事報告からもうかがい知ることができる。

マニラの日本人外交官が期待していたフィリピンの日本人移民は、定住目的の米作農民だった。外交官にとって「からゆきさん」はもちろんのこと、「ベンゲット移民」のような肉体労働者も、躍進するアジアではじめての近代国家、日本の移民としてふさわしい存在ではなかった。しかも、かれらが現実にフィリピンで見た日本人労働者は、中国人やフィリピン人に比べ、めざましい働きをしていたわけでもなく、なかには賭博・酒におぼれる者もおり、風体もフィリピン人が衣服を正して着ているのにたいし、半裸体であった。これらの日本人労働者は、それまでフィリピン人の見た支配者であるスペイン人やアメリカ人などの白人より体格・品格で見劣りし、白人が従事することのなかった肉体労働に従事していたことから、フィリピン人の尊敬の対象とはならなかった。ここに、日本人外交官の理想とする日本人移民と現実のフィリピンの日本人労働者とのあいだに大きな相違があった。そのため、マニラの外交官の送る領事報告では、理想と現実の矛盾する記述が繰り返し述べられることになった。

そのもっとも典型的な例が、「ベンゲット移民」にかんする報告にあらわれた。日本では、ベンゲット道路工事は、フィリピン人にも、中国人にも、アメリカ人にも成し遂げられなかった難工事を、日本人の多大の血と汗と精神力で完成させた、と言い伝えてきた。しかし、この言い伝えの根拠となる原史料は、フィリピン・アメリカはおろか、日本にさえ残されていない。あえてその根拠をあげれば、外交官の期待した日本人労働者像の記述にあった。そして、工事に参加した労働者の側にも、急成長する近代国家の国民としての自負があり、ほかのアジア人にたいする優越感があった。そのため、かれら自身も過大にその貢献を言い伝えた。しかし、現実の日本人労働者は、フィリピンの植民地政府に雇われた労働者集団の一翼を担ったにすぎなかった。

当時のアメリカも、日本、ロシア同様、後発帝国主義国家として東アジアでの勢力拡大を狙っていた。フィリピンの日本人外交官は、そのアメリカに伍して臨まねばならなかった。日清・日露の両戦争を経て、軍事大国へと成長し、経済的にも発展するなかで、多くの民衆はその国家についていくどころか、その犠牲になってとり残されていった。この二面性のなかで、外交官は国家を代表した態度を取らなければならなかった。

このマニラの外交官の苦悩も、第一次世界大戦を境に解消されることになった。大戦特需により、マニラには本土の商社・銀行の支店が開設され、ダバオには日本人資本の農業会社が一時七一も設立された。フィリピン在住日本人社会は一変し、エリート・ビジネスマンが支配的になっていった。そして、外交官は国家に貢献する在住日本人の指導的役割を担っていった。

3　軍事工作

日清・日露戦争後、アジア各地で日本にたいする関心が高まり、ヨーロッパ勢力にたいする民族運動を展開していた者のなかには、日本に具体的な軍事支援を期待する者さえあらわれた。ベトナムの青少年を日本に遊学させるドンズー（東遊）運動や、オランダの圧迫から逃れようとするジョホール海域のリアウ・イスラーム王国の日本への楽観的な期待は、当時欧米諸国との不平等条約撤廃に腐心する日本にとって、現実に対処できることではなかった。しかし、これらの期待が日本の野心をかきたて、将来への軍事的工作活動を促進させる一因になったことは間違いないことだろう。

フィリピンでも、日清戦争後、にわかに対日関心が高まり、やがて日本賞賛から日本期待へと進展していった。そして、フィリピンの改革・革命運動のなかで、具体的に日本で武器を調達するために代表を派遣し、日本の支援のもとに独立を達成しようとする動きが顕著になっていった。革命結社カティプナン Katipunan の指導者ボニファシオ Andres Bonifacio（一八六三―九七）らは、一八九六年五月四日、マニラに入港した日本海軍の練習艦金剛の艦長世良田亮と、マニラの日本バザーで会合をもち、日本にたいして支援を要請した。この会合の仲介・通訳をおこなったのが、マニラの日本人商業界の先駆者田川森太郎であった。その後、九六年八月にフィリピン革命が勃発し、革命軍内部ではアメリカ・スペイン戦争（米西戦争）を機に介入してきたアメリカと日本のどちらに支援を求めるかで、激しい議論が展開された。結局、九八年五月の会議で、アメリカに支援を求めることが決定され、そのアメリカの裏切りにあって、同年一二月フィリピンはアメリカの植民地となった［池端一九八九］。これにたいし、翌年二月フィリピン・アメリカ戦争（比米戦争）が勃発した。アメリカ軍は、革命軍の粘り強い抵抗にたいして、豊富な武器・弾薬だけでは対抗できず、フィリピン人有産階級を味方につけ、一般民衆にはスペイン時代に困難だった教育を受ける機会を与えることによって、革命勢力から切り離す政策をとった。しかし、一九〇二年七月四日の「平定宣言」後も、フィリピン人の抵抗は各地でつづき、反米勢力のなかには引きつづき日本に支援を期待するグループが存在していた。そして、日本側でもそれに応える軍事的工作活動を密かにおこなっていた。

フィリピン革命軍と日本軍部との武器払い下げ交渉は、紆余曲折を経てまとまり、フィリピン・アメリカ戦争勃発後の一八九九年七月一九日、陸軍参謀本部からの使い古し村田銃などの武器・弾薬を載せた布引丸が長崎港を出航した。しかし、二一日未明、暴風雨のために布引丸は沈没した。革命軍とのあいだで合意が成立していた、数十人の日本軍指導者の受け入れも実現しなかった。

フィリピンにあって、マニラはあらゆる意味において最重要地点で、軍事的にもマニラの攻防は、フィリピン全土の支配を決定づけるものであった。そして、マニラを守るためにも、その前面のマニラ湾の防備は万全でなければならなかった。そのマニラ湾で、日本人漁民が操業をはじめたのが、フィリピン・アメリカ戦争中の一九〇〇年ころであった。広島県出身の山根與三兵衛は、マニラ鉄道会社の人夫募集のために広島県庁を訪ねていた田川森太郎から、マニラ湾内の漁業の有望性を聞き、田川所有の漁船を譲り受けて操業をはじめた。一説には、広島県庁で山根は陸軍関係者と会い、陸軍の嘱託としてマニラ湾の調査を依頼されたという。田川が、当時日本軍偵の仲介・通訳として活躍していたことを考えると、事実であった可能性は高い。山根自身が漁師でなかったこと、山根がはじめてフィリピンに渡航してから〇六年に五九歳でマニラで没するまで六年間、数度日本とマニラを往復しているにもかかわらず、渡航者名簿に一度もあらわれないこと、そして、一二三年一二月建立の山根與三兵衛尚徳碑（竹原市忠海町二窓小丸居神社前）の「尚徳碑」という文字の左に陸軍大将福田雅太郎書とあることから、山根が軍事的任務を帯びて、マニラ湾で操業していた疑いはさらに高まる（本書第二章）。

一九〇四年に日露戦争がはじまり、日本・アメリカ関係の緊張度が増すなか、フィリピンでは反米・親日グループの活動が活発になっていた。日露戦争の結果は、東アジアへの進出を模索するアメリカの外交政策を変更させた。それまで日本の朝鮮半島への進出は、ロシアの南下阻止の意味においてイギリス、アメリカに歓迎されていた。しかし、日露戦争がはじまり、日本が有利になるにつれて東アジアでの勢力バランスは崩れ、アメリカは日本のフィリピン、さらにはハワイへの進出に、危惧を抱くようになった。フィリピンの放棄さえ口にしていたローズベルト大統領Theodore Roosevelt（任一九〇一—〇九）が、フィリピン保持のための海・陸軍の準備を説きはじめたのは、〇五年三月のことであった。翌年、アメリカ海軍将官会議は日本を潜在敵国と定め、地図上にオレンジ色で示した。そして、日本軍のハワイついでフィリピンの攻撃を想定し、それにたいする防備計画オレンジ・プランが、海・陸軍合同で練られ、その結果、日本軍が優勢であるとの結論に達した。このオレンジ・プランは、改訂されて四一年一二月七日の太平洋戦争の開戦を迎え、初期の想定通り、日本はハワイを攻撃し、フィリピンを占領した。つまり、アメリカは三十余年間、想定にたいする充分な防備をしなかったことになる。対日オレンジ・プランは、多分に軍事費増額要求の正当化のための議会対策用の計画で、実戦を想定した計画ではなかった。フィリピンの防衛にかんしては、その救援計画さえ、三五年にフィリピン・コモンウエルス（独立準備政府）のアメリカ軍事顧問団代表に就任したダグラス・マッカーサー Douglas MacArther（一八八〇─一九六四）の出現まで一時放棄されていた。〇五年当時アメリカ海軍は大西洋岸に集中し、太平洋へはマゼラン海峡をまわって援軍に行くしかなかった。このことは、ロシアのバルチック艦隊がはるばる日本海までやってきて、敗北したことを連想させる。アメリカは、東アジア情勢に睨みを利かすためにも、ハワイかフィリピンに太平洋艦隊のための強力な海軍基地を建設する必要があった［Berry 1981、Miller 1991、三木一九九一、六三─六八頁、平間一九九一、八一─八五頁］。

このようなとき、一九〇五年七月、桂＝タフト協定が結ばれた。この協定は一九年後の二四年に公にされるまで秘密にされた。その内容は、日本の朝鮮半島での優位とアメリカのフィリピン領有を、相互に確認しあうものだった［長田一九九二、九七─一四四、一九〇─九一頁］。しかし、アメリカが日本の朝鮮半島の保護国化、さらには一〇年の併合を容認したのにたいし、日本は水面下でフィリピンへの進出を模索する工作をつづけた。

マニラには日本人軍偵が常駐し、地方の日本人軍偵や親日派フィリピン人らと連絡をとりあっていた。そして、マニラの領事館は、これらの軍事活動の拠点となり、領事自身視察旅行などをして軍事的情報を本国に送った。また、田川森太郎だけでなく、マニラの日本人商人もこれに協力し、領事館が植民地政府官憲に監視されるようになると、商業取り引きを利用して軍偵との連絡にあたった。ほかの在住日本人もすべての者が、潜在的に軍偵の協力者になり得た。漁民だけでなく、当時多くの者が地方で雑貨店を開いたり、行商人、大工・木挽・杣職として各地を転々としていたため、地理的情報を集めやすい環境にあった。とくにリンガエン湾やラモン湾は、上陸予定地点として詳細に調べられ、日本の軍艦もフィリピン海域にしばしば出没するようになった［外務省外交史料館文書五・一・一・二二－四、同E四・九・〇・七-五]。

いっぽう、親日派フィリピン人は、ホセ・ラモス Jose Ramos（一八五六—一九二一）を中心に活動していた。ラモスは、日本人女性と結婚し、帰化して石川保政と名乗っていた。かれは頻繁に日本とフィリピンを往復し、日本側とフィリピン側のパイプ役を務めた。フィリピン側では、フリーメイソン、労働組合、新聞社、フィリピン独立教会（アグリパイ派教会）が活動の拠点となって、フィリピン解放軍を組織していた。(4)

これらの動きにたいし、アメリカもフィリピン警察軍を中心に偵察活動をおこない、日本人軍偵や親日派フィリピン人の活動を逐一報告していた。(5)その影響もあってか、アメリカは当初ルソン島中部スービック湾オロンガポに太平洋艦隊の基地を建設する計画を立てた。しかし、一九〇七年一一月から翌年二月にかけてのアメリカの日本人移民制限にかんする日米協議、〇八年一〇月のアメリカ艦隊の日本寄港、同年一一月三〇日の高平=ルート協定で太平洋方面での現状維持の確認などで、日本・アメリカ関係が改善されるなか、アメリカは太平洋における海軍基地としてのフィリピンの防衛を諦め、かわってハワイの真珠湾基地の改造を決定し、太平洋艦隊の母港とした。

いっぽう、親日派フィリピン人の活動も一九〇九年を境に鎮静化していった。同年八月二八日ラモス（石川）は、サマール島の革命指導者ルクバン Vicente Lucban（一八六〇—一九一六）らをともなってマニラを出発し、横浜に向かった。かれらの目的は、かねてよりラモスと面識のあった参謀次長福島安正中将を介して、大隈重信と会談し、日本の独立支援の確証を得ることだった。このとき、かれらは皇太子夫妻への献上品を携えていた。しかし、かれらの動きは、アメリカ人や日本人新聞記者らの注視するところとなり、福島中将から今後しばしば訪問せぬよう説諭されて、なんら目的を達成することなく、一一月一五日予定を早めて帰国した(6)[外務省外交史料館文書四・三・一・一八]。

親日派フィリピン人は、楽観的に日本からの軍事援助を期待していた。その裏には、日本依存の機運を高める日本人軍偵の工作があった。しかし、その工作を信用して、日本に協力を求めると、具体的な反応が返ってこないというのが現実だった。換言すれば、フィリピン側の楽観的・過大な期待に、日本側がついていけなかったのである。しかし、日本側も将来のことを考え、日本に期待するフィリピン人を無下に突き放すようなことはしなかった。当時の日本・アメリカ関係、フィリピン・アメリカ関係が表の関係であるなら、日本・フィリピン関係は表面には出てこない裏の関係で推移していたといっていいだろう。したがって、この裏の関係が議題になるときは、それが日本・フィリピン関係であっても、桂=タフト協定のように秘密裏におこなわれなければならなかった。しかし、日本・フィリピン関係は表に出てこないにしても、いつ表に出てくるかわからない関係であった。

親日派フィリピン人の活動は、一九三三年結成の反米・即時完全独立を求めるベニグノ・ラモス Benigno Ramos（一八九三—一九四五）率いるサクダル党 Sakdal へと引き継がれ、蜂起時に日本から大規模な支援がおこなわれると宣伝された。しかし、三五年五月二日、参加者六万五〇〇〇人によるマニラ周辺地域でのサクダル党の大蜂起は、日本からなんの支援も得られず、わずか一日で鎮圧された。現実はともかく、一九世紀末のフィリピン革命以来、フィリピンには、日本からの支援を期待する、反米派の裏返しとしての親日派が存在していたのである。そして、サクダル党と後に分派したガナップ党 Ganap の一部は、「大東亜戦争」中の日本占領下で積極的な協力者となった。約半世紀を経て、日本のフィリピンへの軍事支援はようやく現実となったのである。しかし、日本のフィリピン占領は、親日派フィリピン人が期待していたようなものではなかった。

4　日本・アメリカ関係のなかのフィリピン史

日露戦争後の日本・アメリカ関係の緊張は、日米戦争へと進展せず、フィリピンで大規模な反米闘争も実現しなかった。しかし、この日本・アメリカ関係の緊張を背景に当時のフィリピン史を考察すると、定説となっているフィリピン史と少々異なった見方ができる。

ローズベルト大統領が日米戦争の可能性についてひじょうな懸念を表明した一九〇七年、フィリピンではふたつの大きな政治的出来事があった。七月三〇日第一回フィリピン議会選挙が実施され、一〇月一六日第一回フィリピン議会が開催された。この議会開設は、フィリピン人による自治、さらには独立への布石となるものとして、フィリピン人に歓迎された。しかし、いっぽうで選挙資格が限定され、特権階級を温存する政策でもあった。その背景には、フリーメイソンの活動を通じて、フィリピン人エリート層に浸透しつつあった、日本へ独立の支援を求める運動があったと考えられる[7]。当時、アメリカの軍偵は、日米戦争が勃発すれば、多くのフィリピン人が日本側について、アメリカ軍と戦うであろうと警告していた。

議会開設が、フィリピン人にたいするアメの政策であるなら、同年八月二三日のフィリピン国旗・革命旗などの使用を禁ずる国旗法制定は、ムチの政策であった。アメリカからの独立を求めるフィリピン人は、国旗・革命旗をそのシンボルとしていたことはいうまでもない。国旗法には、かれらにたいする警告の意味があった。

アメリカのフィリピン植民地統治は、一般に寛大で、地方自治・議会制や教育などの民主主義をもたらしたことで評価されている。しかし、これらの政策も、反米・独立希求派フィリピン人を懐柔する狙いがあったとすれば、話は別である。そして、かれらの背後にいた日本の存在を意識してのものであったなら、その政策はたんに妥協の産物であったといえる。日本軍部のフィリピンでの工作は、実現しなかっただけに過小評価されてきたが、日本・アメリカ関係のなかでフィリピン史を考えるならば、日本の存在はフィリピン史に大きな影響を与えたといっていいだろう。

このような政治状況下にあっても、フィリピンの日本人移民が制限されなかったのは、アメリカのフィリピン軽視のあらわれであったと考えられる。日米戦争の危機が現実味をもって囁かれていた最中に、日本とアメリカは、アメリカ行き日本人移民の制限について協議していた。これにたいし、アメリカ領フィリピンでは、その見返りであるかのように、日本人移民にたいする制限はおこなわれなかった。その後、フィリピン人のあいだで起こった日本人移民の制限問題でも、アメリカはむしろ日本人を擁護する立場をとった。アメリカ本土のフィリピンにたいする関心の薄さから、植民地開発は期待したほどには進展せず、フィリピンでは労働者不足、資金不足がつづいていた。日本人は植民地開発に必要な存在であり、戦略的危険性は深刻に考えられなかった。換言すれば、アメリカにとって、フィリピンはいつ失ってもかまわない、捨て石的存在であった。

いっぽう、日本側からすれば、移民は戦略上潜在的に重要な意味をもつと考えられていた。しかし、移民とくに各地を転々としていた大工や漁民は、望ましい移民とは考えられず、定住していたダバオのアバカ栽培農民にしても具体的に戦略上組みこまれることはなかった。それは、「大東亜戦争」勃発後の、ダバオの移民がとくに重視されなかったことからもうかがえる。その背景には、日本人移民が現地社会にとけこんでいなかったために、現地人とともに日本軍に協力して戦うという戦略が立てられなかったこととも関係するだろう。結局、移民のなかにいた現地の地理に詳しく、現地語に通じていた者が、軍偵・通訳などに利用されただけだった。内地よりむしろ徹底的に皇民化教育を受けた外地の日本人を、軍部は充分に活用せず、敗戦とともにかれらを見捨てていったことは、満洲移民とも共通することである。

むすびにかえて

日本の経済的・軍事的膨張政策に乗って、移民が出ていき、外交官が常駐し、軍事的工作活動がおこなわれた。移民は、各地に渡航し、各種職業に就いたが、東南アジアへの移民は中南米・満洲・南洋群島のような国策移民ではなかったため、大きな成果をあげることはなかった。東南アジアでの唯一の成功例は、ダバオのアバカ栽培農民で、一九三〇年代には定住的傾向が強くなっていた。このほか、日本経済の発展とともに、東南アジアの各都市に進出して商業活動に従事する人びとがいた。しかし、これらの人びとは、景気に反応する出稼ぎ型で、定着性はあまりなかった。

外交官は、国家を代表して経済的・軍事的進出の要となった。領事報告は、通商経済情報だけでなく、軍事的情報の収集にとっても重要な役割を果たした。アメリカ領フィリピンにおける日本の軍事活動が、現実となるのは一九四一年になってからであるが、日清・日露戦争後の日本の存在が、フィリピンだけでなく、東アジア・東南アジア各国・地域にとって、程度の差こそあれ、内政に影響していたことは間違いないことであろう。日本の経済的拡大・軍事的プレゼンスの増大は、各植民地政府の政策に影響を与えていた。第一次世界大戦中には、オランダ領東インドなどで日本の侵攻を警戒した［早瀬二〇一二、八五頁］。しかし、従来その影響について、具体的に考察されることはあまりなかった。これらの国・地域の近現代史を再考するためにも、あるいは今日のこれらの地域と日本との関係を考察するためにも、「大東亜戦争」に至るまでの日本と周辺地域との関係史を把握する必要があろう。そして、その歴史の連続性から、今日に至る関係史と各国・地域の現代がみえてくることになるだろう。

第Ⅱ部　フィリピンの生活必需品となった日本商品

日本商店の店内
出典：［ダバオ会編集部 1993］

第四章　アメリカ・フィリピン自由貿易体制下の日本商品とその取扱商

はじめに

アメリカ植民地政府は、フィリピンとの貿易を有利にすすめるため、一九〇九年にペイン＝オルドリッチ関税法を、また一三年にそれを補完するアンダーウッド＝シモンズ関税法を成立させて、アメリカ・フィリピン両国間の貿易が相互に関税を免除される互恵的自由貿易体制を確立した。これによって、フィリピンの対アメリカ貿易依存は決定的となり、貿易額が急増するとともに、対アメリカ貿易額に占める比率は一四年に輸出入ともに四九％に急上昇し、その後も輸出額は順調に伸びて三三年に八三％を記録した。それにたいして、その後の輸入額の伸びは輸出額ほどではなく、一八年以降六〇％前後で推移した。

いっぽう、アメリカ領有以前のフィリピンでもっとも重要な貿易相手国であったイギリスとの貿易額比率は、一九〇九年に二〇％を割った後、減少の一途をたどり、三〇年代には二―三％にすぎなくなった。ほかのヨーロッパ諸国や中国も、貿易額比率を伸ばすことができず低迷した。そのようななか、フィリピン諸島がアメリカ領になってから本格化した日本との貿易は、アメリカ・フィリピン貿易と同様に推移し、その比率を伸ばした。アメリカと比較すれば桁違いに小さくはありながら、日本はフィリピン第二の貿易相手国に成長したが、なぜフィリピンとの貿易、とくに輸出を伸ばすことができたのだろうか。本章の目的のひとつは、その理由について、とくに日本商品とその取扱商の分析から考察することである。

本章のいまひとつの目的は、近年の近代アジア間貿易の議論から、なぜフィリピンが除外されてきたのかを考察することにある。近年の日本では、近代アジア間貿易をめぐって、イギリス主導の「アジア間貿易論」と中国人（華人・華僑）主導の「朝貢貿易システム論」の両面から議論がすすめられた(1)。しかし、フィリピンは、アメリカ領となってイギリスとの貿易が伸び悩み、また中国人移民の入国を禁じたことから、ほかの東南アジア諸国・地域に比べてイギリスおよび中国人勢力が弱く、両方の議論から除外された。フィリピンは、イギリスや中国よりアメリカや日本との関係が深くなり、そのアメリカと日本は、両国の政治・経済関係が緊密化するなか、ともに対アジア貿易の比重を増していった。このような日米関係を基軸とする対アジア貿易、そして両国とフィリピンとの関係は、これらの議論とどう嚙みあっていくのだろうか。

本章では、まず日本、アメリカ、フィリピン三国のそれぞれの貿易構造を対アジア貿易を中心に分析し、そのうえで日本とフィリピンの貿易関係を考察する。つぎに、日本商品およびその取扱商を考察し、最後に在マニラ日本領事館の関与について論じる。

1　日本、アメリカ、フィリピンの貿易構造――とくにアジア貿易との関連で

フィリピンを中心とする国別のアジア間貿易については、永野善子が詳細に検討をおこなっている［永野二〇〇四］。ここでは、日本、アメリカ、フィリピンそれぞれの貿易構造を、対アジア貿易（以下「対」を省略する）の視点からみていくため、港別貿易統計を分析する。「アジア間貿易論」などで議論が展開されてきたように、本章で扱う時代に

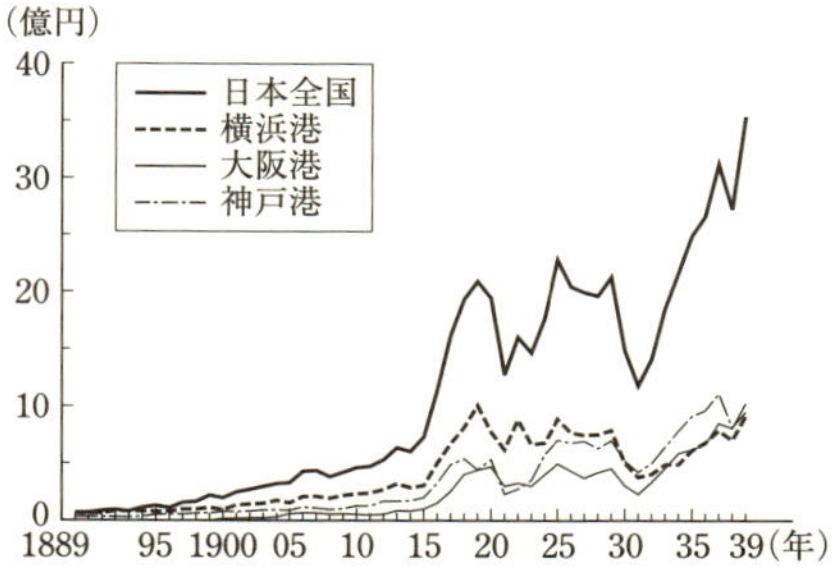

図 4-1　横浜, 大阪, 神戸港別世界貿易:輸出額

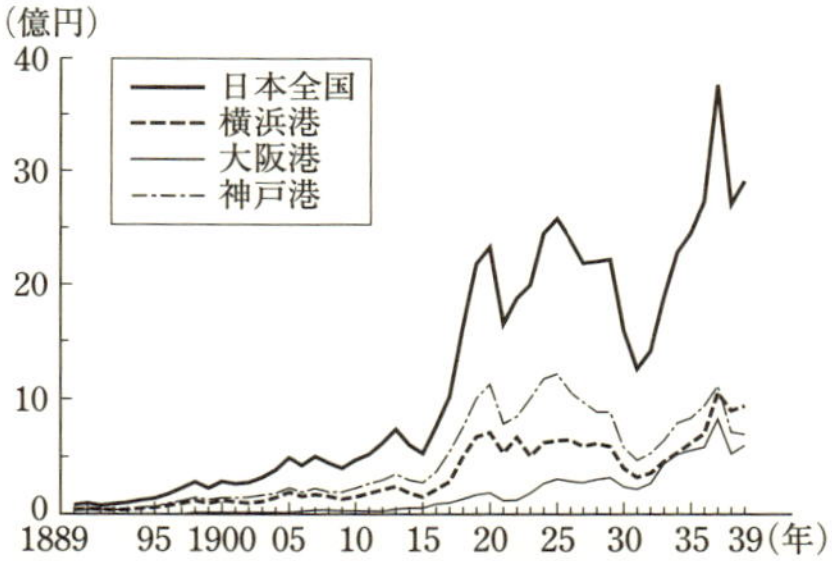

図 4-2　横浜, 大阪, 神戸港別世界貿易:輸入額

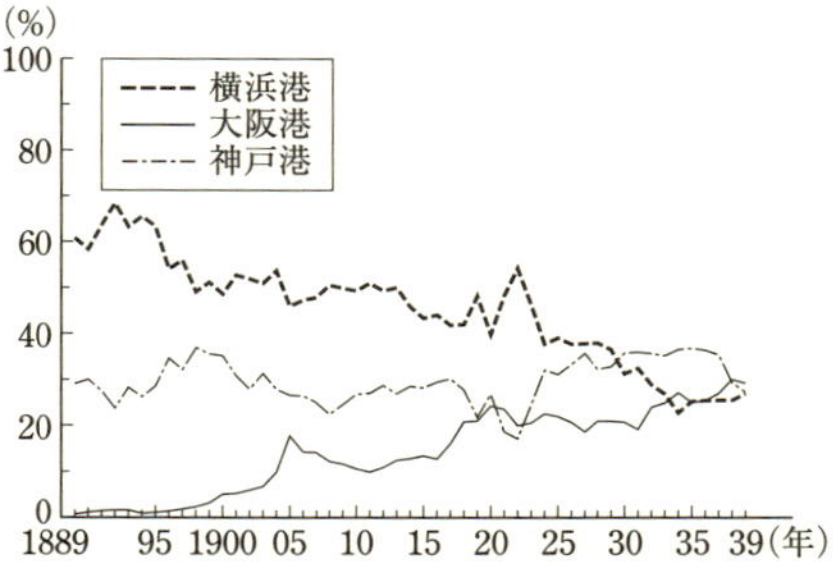

図 4-3　横浜, 大阪, 神戸港別世界貿易:輸出額比率

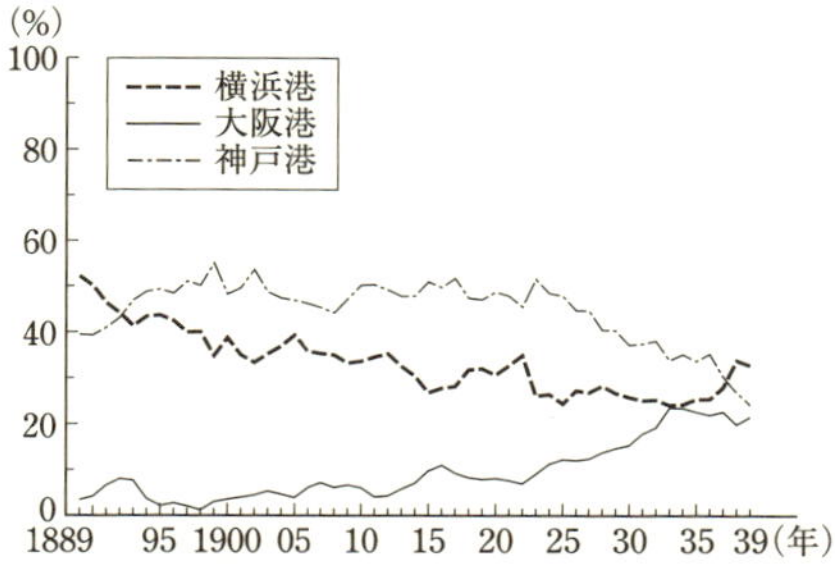

図 4-4　横浜, 大阪, 神戸港別世界貿易:輸入額比率

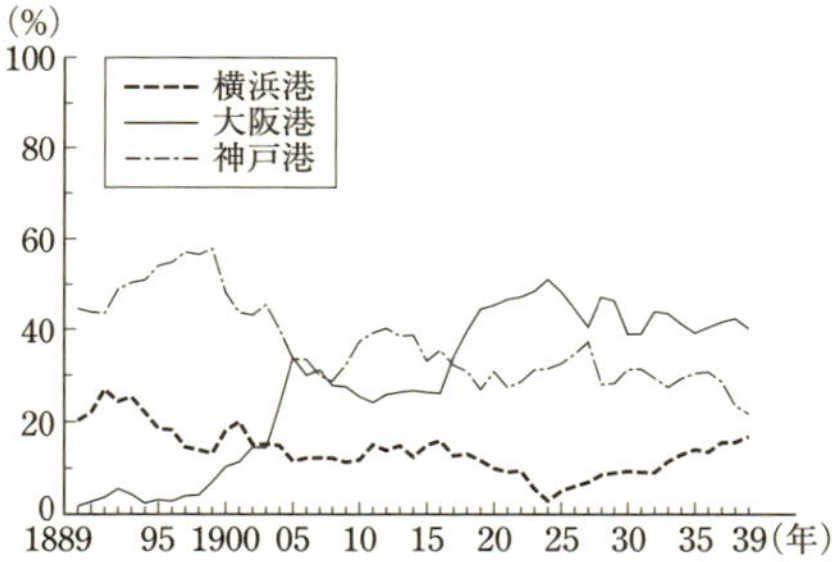

図 4-5　横浜, 大阪, 神戸港別アジア貿易:輸出額比率

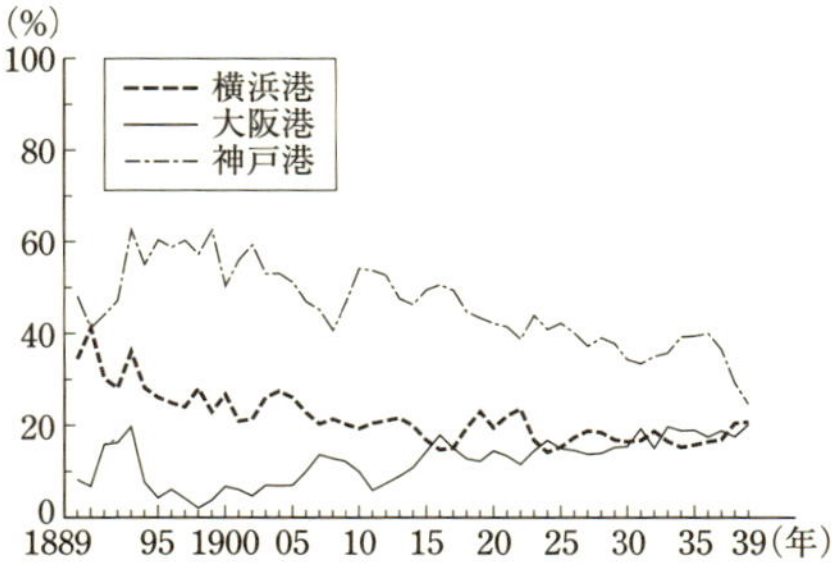

図 4-6　横浜, 大阪, 神戸港別アジア貿易:輸入額比率

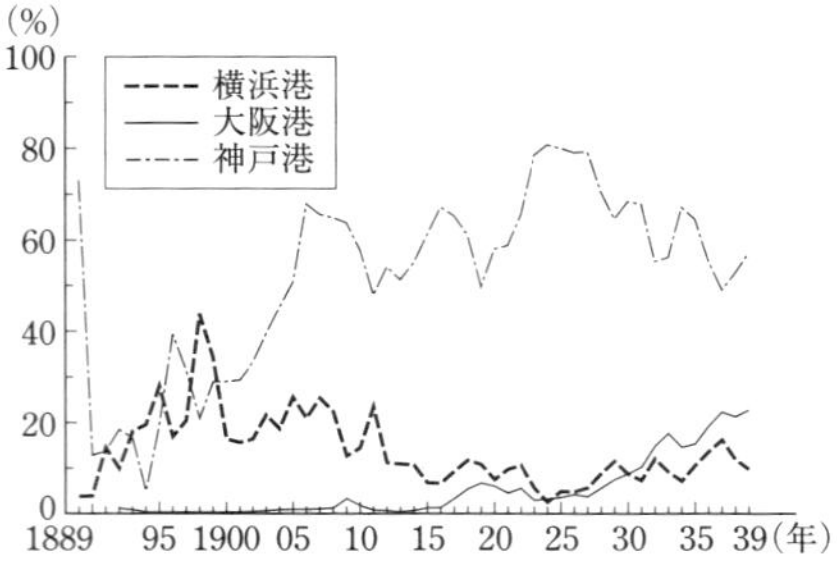

図 4-7　横浜, 大阪, 神戸港別フィリピン貿易: 輸出額比率

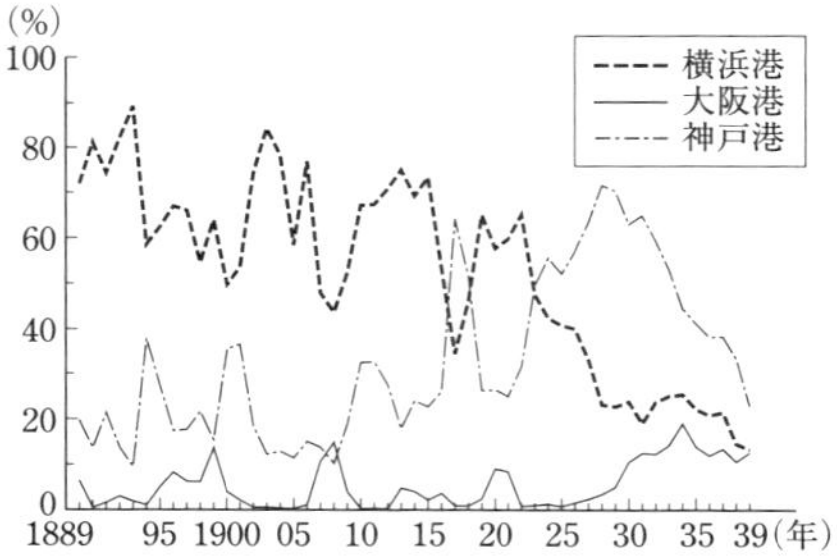

図 4-8　横浜, 大阪, 神戸港別フィリピン貿易: 輸入額比率

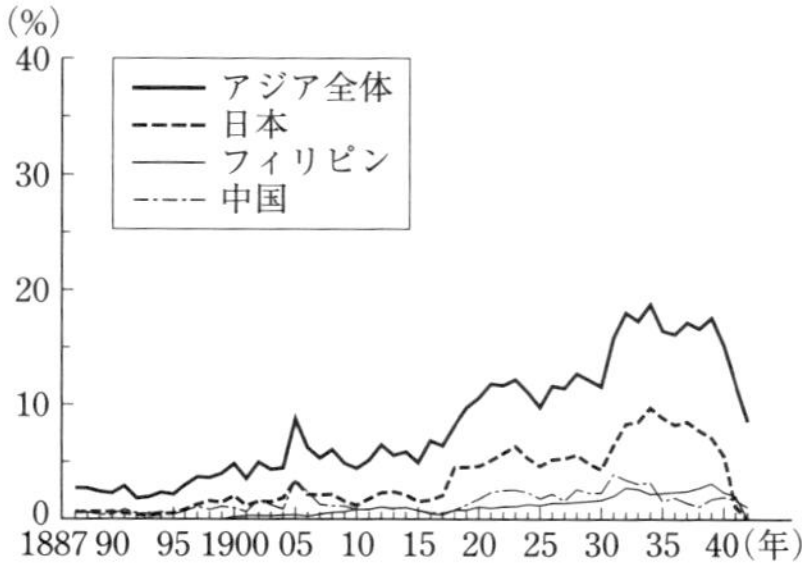

図 4-9　アメリカのアジア貿易: 輸出額比率

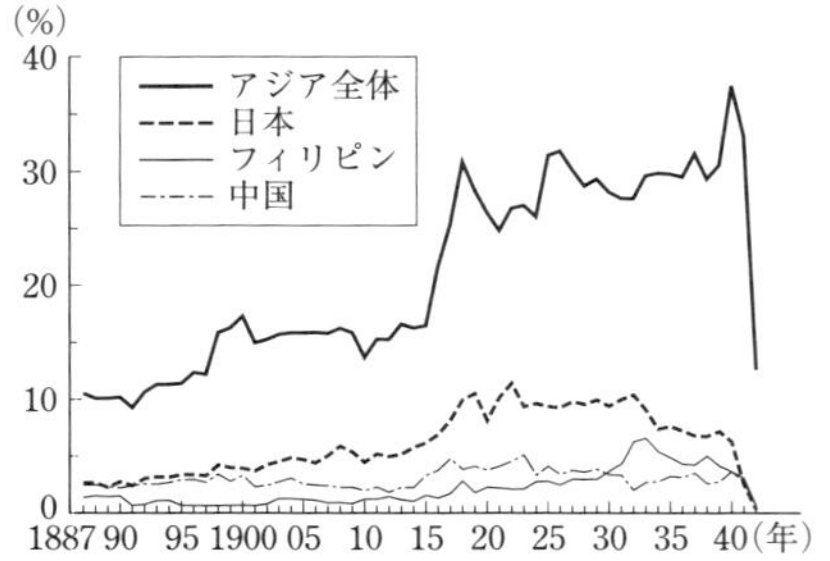

図 4-10　アメリカのアジア貿易: 輸入額比率

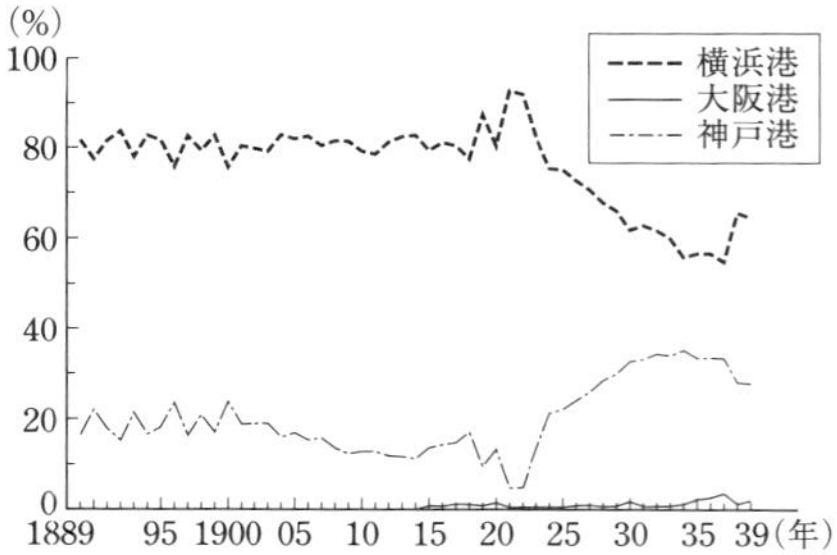

図 4-11　横浜, 大阪, 神戸港別アメリカ貿易: 輸出額比率

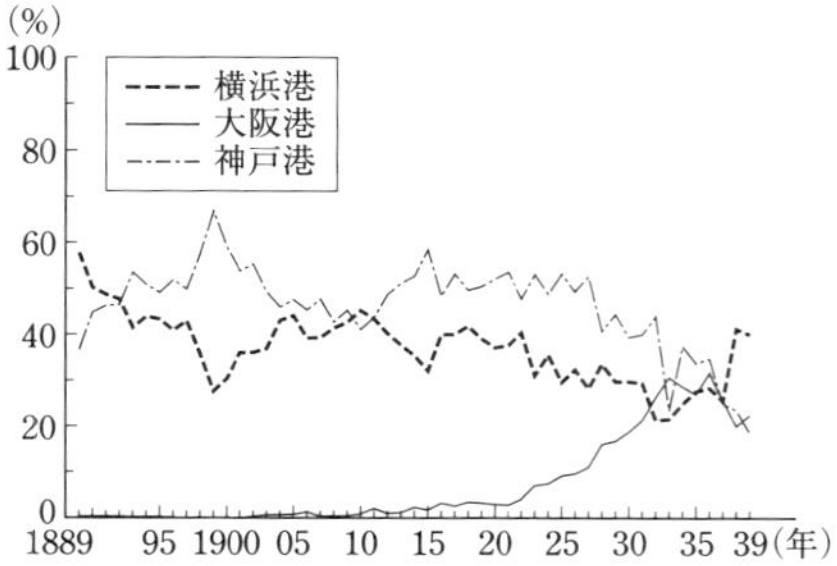

図 4-12　横浜, 大阪, 神戸港別アメリカ貿易: 輸入額比率

おいては、各港の独自性をいかした港と港の貿易が基本であり、国別貿易統計ではみえてこない貿易関係の分析が期待できる。貿易統計の分析については、拙稿「日米比貿易統計　1874―1942年――アジア貿易と阪神2港の視点から」で詳細におこなったので、ここではそのまとめから抜粋して概略を説明する［早瀬二〇〇〇］。

（1）日本のアジア貿易の特徴

近代日本の貿易統計は、明治二〇（一八八七）年代から比較的正確なものになったといわれている。一八八九年以降の日本の外国貿易には、四度の転機があった。日露戦争（一九〇四―〇五年）、第一次世界大戦（一九一四―一八年）、関東大震災（一九二三年）、世界恐慌（一九二九年）である［東洋経済新報社編一九三五］。日露戦争を契機に伸びたのは、南洋から大阪港への輸入額比率、大阪港からアジアへの輸出額比率、神戸港から南洋、フィリピンへの輸出額比率であった。第一次世界大戦を契機に日本の貿易は飛躍的な発展を遂げたが、とくに伸びたのは横浜港からの輸出額、神戸港への輸入額、アジア、南洋からの輸入額であった。関東大震災を契機に伸びたのは、神戸港からの輸出額、南洋との輸出入額であった。そして、世界恐慌を契機に伸びたのは、アジアへの輸出額、大阪港、神戸港からの輸出額、フィリピンからの輸入額、大阪港への輸入額であった。世界恐慌の打撃から回復しなかったのは、横浜港からの輸出額、神戸港への輸入額、あまり伸びなかったのはアジア、南洋からの輸入額で、そのほかは第一次世界大戦時の最高値の二倍ないしそれ以上の伸びを示した（図4-1―8）。

以上のことから、まず日露戦争後大阪港がアジア、とくに東アジアとの輸出入貿易で発展し、神戸港から南洋、フィリピンへの輸出額比率が増加したことがわかる。つぎに、第一次世界大戦を契機に横浜港から欧米への輸出額が増加し、神戸港へはアジア、南洋からの輸入額が増加した。そして、関東大震災で打撃を受けた横浜港にかわって神戸港からの輸出額が増加した。世界恐慌は大打撃であったことに違いはないが、回復の勢いをそのまま伸ばして日本の貿易発展につながった。

港別では、横浜港がアジア以外との貿易が輸出額で八〇%以上、輸入額で六〇%以上を占める港であったのにたいして、大阪港は輸出額で一〇〇%近くを占め、輸入額でも第一次世界大戦終了まで大半を占める東アジア一辺倒の港であった。神戸港も大阪港ほどではないが、アジア貿易との輸出入額がともに半分ほどを占め、その比重が大きく、南洋貿易とのかかわりが深かった。フィリピン貿易では、はじめ横浜港との関係が深かったが、輸出を中心に神戸港との関係が深くなった。このことは、フィリピン貿易が日本・アメリカ貿易の一環からアジア貿易の一環へと移ったことを示唆している。

地域別の比率では、世界貿易で横浜港の比重が低下し、大阪港の増加とともに阪神二港の比重が高くなった。アジア貿易では阪神二港がリードしたが、輸出額で大阪港の比重がやや大きく（三九―五一%、一九一八―三九年）、輸入額で神戸港の比重が大きかった（三三―五三%、一九〇五―三七年）。横浜港は、日露戦争後輸入額でアジア貿易の一四―二四%を占めたが、輸出額では三―一七%にすぎなかった。

南洋貿易では、輸出額で神戸港の比重が大きく、輸入額で神戸港、横浜港の比重が大きかった。フィリピン貿易では、輸出額で神戸港が大半を占め（四九―八一%、一九〇五―三九年）、大阪港の比率も増加したが一九三〇年まで一〇%を超えることはなく、横浜港は二―一二%（一九一二―三五年）にすぎなかった。輸入額では、横浜港から神戸港にその比重が移った。第一次世界大戦後、フィリピンとの貿易は神戸港を中心におこなわれた(2)。

(2) アメリカのアジア貿易の特徴

アメリカのアジア貿易への比重は、輸出入ともに増加した。とくに輸入額は全体の三割にもなり、その依存度が高くなった。初期において、日本とともに巨大な潜在的市場を抱える中国との貿易が増加したが、その後期待に反して低迷した。また、植民地フィリピンとの貿易は、経済発展の遅れから大きな進展はみられなかった。したがって、アメリカのアジア貿易の増加は、日本貿易の増加を意味した（図4-9—10）。

日本のアメリカ貿易は、輸出額で横浜港が大半を占めた（七七—九二％、一九〇一—二三年）が、しだいに神戸港の比重が大きくなり、輸入額では神戸港と横浜港の二極化から大阪港を加えた三極化に移行した。アメリカのアジア貿易への比重が高まるにつれて、アジア貿易の比重が高い阪神二港との貿易関係が強まっていった（図4-11—12）。

フィリピンはアジアにおけるアメリカ商品の集散地となることを期待されたが、一九一二—三三年のアジア各地向けアメリカ商品のフィリピンからの再輸出額は、第一次世界大戦の影響を受けた一九一六—二二年の数年間を除いて、〇・五％以下であった。その発達しなかった理由を、地理的距離とする見方があるが、フィリピンにおけるアメリカ人を中心とする貿易、流通、金融の未発達のほうがより大きな原因であっただろう［『比律賓情報』八号（一九三七年一〇月一五日）、三一—三二頁］。

（3）日米関係のなかのアジア貿易

日本とアメリカは、ともに第一次世界大戦まで順調に外国貿易額が増加し、第一次世界大戦を契機に急増、戦後恐慌および世界恐慌で急減した［早瀬二〇一二］。それぞれの恐慌からの回復力は日本のほうが強く、アメリカは第一次世界大戦好況時の最高値を輸出入額ともに回復しなかった。それにたいして、日本は恐慌時の下落がアメリカより小さく、とくに世界恐慌後はその回復力をバネに急増し、それまでの最高値を輸出入額ともにはるかに超える一・五倍ほどになった。この日本の回復力の早さから、綿布をはじめとする日本商品が海外に急速に進出し、一九三〇年代の貿易摩擦の原因となった。

日本とアメリカはともに、相互の貿易とともにアジア貿易の依存度を高め、環北太平洋貿易をリードするようにな

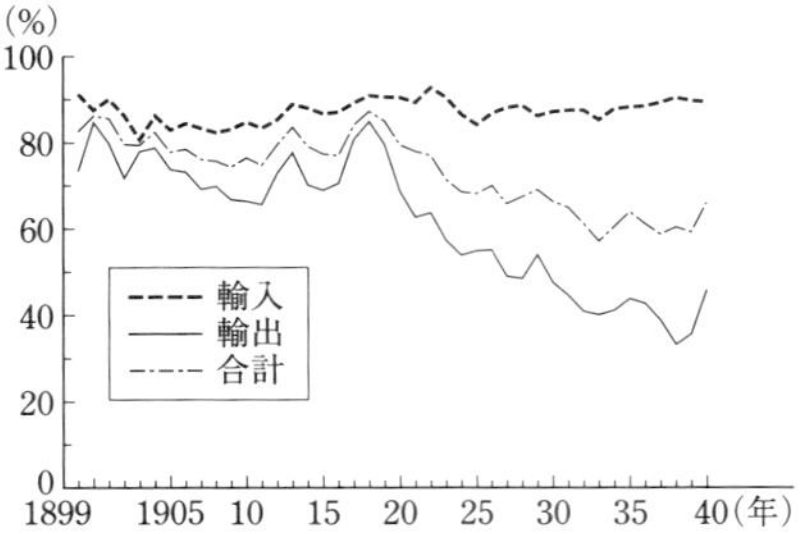

図4-13　フィリピン全港のうちマニラ港の占める輸出入貿易額比率

った。アジア貿易を担った日本の港は阪神二港で、アメリカのアジア貿易の比重が増すにつれてアメリカとの貿易も増加した。日本の開国期に重要な働きをした横浜港はしだいにその重要性を減じ、貿易の中心は阪神二港に移った。近代国民国家の形成とともに、首都東京の政治・外交上の重要性は増すが、外国貿易においては地の利をいかした阪神がアジアとの貿易を発展させ、それにつれてアメリカとの貿易の重要性も増していった。第二次世界大戦以前において、阪神の外国貿易の独自性が存在していたといえる。

（4）フィリピンの外国貿易の特徴

フィリピンの港別貿易統計の分析から、一八七四—八五年にマニラ港が占めた割合は輸入額で九〇%台、輸出額で七〇%台、合計で八〇%台を占め、マニラ港だけでほぼフィリピン全般について語ることができるといえる。一八九九—一九四〇年でも、輸入額はマニラ港が九〇%前後を占め、マニラ港だけでほぼフィリピン全般について語ることができる。しかし、輸出額では、砂糖の積出港であるイロイロ港やセブ港の重要性が増し、両港あわせて半分近くを占めるようになったため、マニラ港だけでフィリピン全般を語ることができなくなった（図4-13）。

つぎに、主要貿易相手国別統計の分析から、アメリカはフィリピン領有後とくに関税法成立後順調に貿易額比率を伸ばし、植民地フィリピンの宗主国アメリカへの経済的従属が決定的になった。アメリカは、それまで貿易額比率の高かったイギリスの締めだしに成功したといえる。アメリカのフィリピン貿易は輸出額超過で、輸入額が伸び悩んだ。それにたいし、日本、中国、ドイツが輸入額超過で、中国は政情不安、ドイツは二度の世界大戦があって輸入額が伸びず、イギリス領香港からの輸入は低迷した。そのようななかで、順調に貿易を発展させたのが日本であった。第一次世界大戦を契機として急増した後、好不況で増減はあったものの、一定の貿易額・比率を維持した。日本商品が、フィリピンに定着していった様子がうかがえる。

アメリカにとっての問題は、輸送のための船舶だった。アメリカ籍の船舶は充分にあったが、政府からの多額の補助金や自国船による貿易保護のための法律改正にもかかわらず、イギリス船員より五割は高い賃金や放漫経営などのために国際競争力がなく、港に繋がれたまま利用されない船の割合（係船率）がひじょうに高かった。フィリピンでも、一九二六—三五年の国籍別船舶による貿易額の比率は、アメリカ二九・二—四九・四％、イギリス二四・六—三二・一％、日本七・〇—一七・九％で、アメリカのフィリピン貿易に占める割合から考えて、かなり低い率であった(3)［『比律賓情報』九号（一九三七年一一月一五日）、二〇—二一頁］。日本商品は、アメリカからの輸出品とともに運ぶことによって、輸送コストが削減されたと考えられる。

アメリカの外国貿易にかんしては、日本やフィリピンのように港別の考察をおこなっていない。一九三四年のフィリピン貿易の方面港別輸出入トン数をみると、フィリピンからの輸入貨物は、北部大西洋方面一一〇万二七三七（六〇・一％）、南部大西洋方面四万五〇〇〇（二・五％）、ガルフ方面二八万一六八五（一五・四％）、太平洋方面四〇万四五一四（二二・一％）、合計一八三万三九三六、フィリピン向け輸出貨物は、北部大西洋方面一三万一一八四（二二・六％）、南部大西洋方面九〇一三（一・六％）、ガルフ方面七一〇三（一・二％）、太平洋方面四三万二四七七（七四・六％）、合計五七万九八七七だった。この統計およびさらに個々の港別統計から、フィリピンからの輸入貨物はおもに東海岸のニューヨーク、フィラデルフィアに荷揚げされ、フィリピン向け輸出貨物はおもに西海岸のロサンゼルス、サンフランシスコ、東海岸のニューヨークから積みだされたことがわかる［『比律賓情報』九号、二三—二四頁］。

(5) 小括

以上のことから、日本は欧米貿易を中心とする横浜港と、アジア貿易を中心とする神戸・大阪港の二重構造のなかで、外国貿易をおこなっていたことがわかった。

アメリカは、西海岸の経済界を中心にアジア貿易を発展させようとしたが、中国貿易が伸張せず、植民地フィリピンを介したアジア貿易も発展しなかった。アジア貿易の増加は、神戸・大阪港を通してのものだった。アメリカの政治・経済の中心は東海岸にあり、大西洋貿易に比べて、政府は太平洋貿易にあまり熱心でなかった〔木村昌人一九九七〕。

フィリピンでは、アメリカ領となってもっぱら商品作物をアメリカ向けに輸出するモノカルチャー経済構造が形成されたが、種々雑多な輸入品はもっぱらマニラに入港した。アメリカの輸入額比率が頭打ちになるなか、日本商品がしだいに増加した。日本商品は、輸入税率の関係から香港経由でもたらされるものがあり、統計以上に日本商品はフィリピンで流通していた。たとえば、フィリピン向け日本製マッチが、香港経由で輸入される理由は、つぎのように説明された[4]。

> 当地輸入税率ハ重《ママ》〔従〕量税ナルヨリ若シ香港在荷中ヨリ比較的軽量ナルモノヲ撰出シ輸入スルニ於テハ幾分カ其課税ヲ軽減シ得ルカ為ナリ
>
> 実際ニ於テ一外箱重量ノ差三「キロ」位ニ及フコトアルヲ以テ右様ノ場合ニハ其課税額ニ於テ一「ペソ」二十仙ヲ贏得スル計算ナリ
>
> 又本邦香港間ノ燐寸運賃ハ特別ノ率存スレトモ本邦マニラ港間ハ雑貨ノ運賃ト同様ナルヲ以テ一旦香港ヘ輸入ノ更ニ当地ニ輸入スルニ於テハ運賃上幾分ノ低減ヲ見ルコトモ一大原因ナルヘシ

では、どのような日本商品が輸入され、だれが取り扱ったのだろうか。次節でみていくことにする。

2 日本商品とその取扱商

近代日本と東南アジア関係史では、イギリス領マラヤを例に、日本人娼婦「からゆきさん」に「寄生」するかたちではじまった小規模商業も、第一次世界大戦を契機に進出した日本本土の大商社にとってかわられ、その後中国商人による日本商品のボイコットで、資本力のない小規模商店は壊滅的打撃を受けた、といわれる。しかし、フィリピンにおける資本をともなわない日本人の商業活動は、大商社の進出や中国人のボイコットにもかかわらず、命脈を保ちつづけた。その理由を、フィリピンの日本製輸入商品とその取扱商の考察によって明らかにする。

（1）日本商品

フィリピンの日本からの主要輸入品は、初期の石炭やセメントから綿布・綿製品になり、全輸入額の半分を占めるまでになった。綿布・綿製品は世界的な重要貿易品で、一九三四年にフィリピンの日本からの綿布輸入が、額では劣るものの量ではアメリカ製商品を上まわったことなどから、日本・アメリカ間でもフィリピン市場をめぐって問題となった。たしかに綿布・綿製品は大きな位置を占めたが、日本・フィリピン商業関係史ではそれだけでは語れない要因が働いていたことが考えられる。まず、「領事報告」掲載のフィリピン関係記事から、どのような商品が注目を集めたのかをみていく〔高村一九九四、ゲレーロ一九九〇、橋谷一九八六、早瀬二〇〇三a〕。

一般に「領事報告」とよばれる当該国・地域の領事からの通商経済情報は、政治的外交的情報とは区別され、民間業者の要望にこたえるために、誌名を変えながら定期的に編集・刊行され、ときには希望者に無料で配布された。

「領事報告」が本格的に刊行されたのは、『通商彙纂』（一八九三—一九一三年）からで、その後『通商公報』（一九一三—二四年）、『日刊海外商報』（一九二五—二八年）、『週刊海外経済事情』（一九二八—三四年）、『海外経済事情』（一九三五—四三年）に引き継がれ、一貫して海外の経済情報を民間に提供しつづけた。

フィリピン関係では、『通商彙纂』の二〇年間に四二四件、『通商公報』の一二年間に一二六五件、『日刊海外商報』の三年間強に三九五件、『週刊海外経済事情』の七年間弱に二八六件、『海外経済事情』の八年間に八八件の記事が掲載された。掲載年のピークは、一九二四年の一七三件と一五年の一五〇件だった。同時期に東京、大阪、京都、横浜、神戸といった大都市では、各商工会議所を中心に海外の情報が収集され、「領事報告」と同様の雑誌が発行された。しかし、記事の内容は「領事報告」からの引用があるなど、大きな違いはなかった。

一八八一—一九四三年の「領事報告」掲載フィリピン関係記事目録の「索引」を作成すると、「地名索引」からその大半が「マニラ」であったことがわかる。また、「事項索引」から、貿易および輸出入にかんするものが多いことがわかる。フィリピンから日本への輸出品はマニラ麻、砂糖、木材、コプラなど、日本からの輸入品はフィリピン駐留アメリカ軍用の石炭、タマネギ、馬鈴薯などのほか、種々雑多な日本製の日用雑貨類が記載された。これらの貿易品を扱う輸入商や取扱商の紹介が、「領事報告」の重要な役割のひとつだった。そこで、「領事報告」掲載の輸出商・輸入商・取扱商などについて一覧表を作成し、考察を加えた。

「索引」から、輸出商（業者）の掲載回数一一にたいして、輸入商（業者）五一で、品目の少ないフィリピンからの輸出商品にたいして、品目の多いフィリピンへの輸入商品の情報に力点がおかれていたことがわかる。また、取扱商（業者）の掲載は一二九回で、その多くはマニラの輸入商または輸入品卸売・小売商であったと考えられる。「領事報告」掲載のフィリピンにおける輸出商・輸入商・取扱商（以下商店と略す）は一九〇〇年からみられ、三四年まで商店延べ数五二二五で、商品名延べ数は五二三だった。年に数件だった掲載数が増加したのは一二年で、商品名延べ数一

五、商店延べ数八八、一五年で商品名延べ数一八、商店延べ数一一七であった。二〇年から一年あたりの商品名延べ数二四―七三、商店延べ数一二一―五四七、商品名一件あたりの平均商店数は五―九で増減を繰り返し、二六年に商品延べ数一三七、商店延べ数二五二七、平均一八商店に急増した。商店延べ数は、二六年の一年間だけで全期間の四八%にあたる。その翌年二七年には、それぞれ七、六四、九に激減し、それ以後商品名延べ数で年に二〇を超えることはなく、三四年を最後に掲載されなくなった。以上のことから、日本商品のフィリピン進出にとって二六年は一大転機で、新たな取り引きを模索していた様子がうかがえる。この二六年に、ダバオは国際貿易にたいして開港し、おもに日本船が寄港するようになった。

「索引」から、主要輸入品となった綿製品の掲載は、それほど多くないことがわかる。「莫大小（メリヤス）」「綿織物」「綿糸布」「綿製品」「綿布」の五つをあわせても二一件にすぎない。メリヤスにかんしては、日本莫大小輸出組合とは別に日本比律賓莫大小輸出組合があり、大阪本部四三のほか、神戸一四（華商四を含む）、東京市三、兵庫県三、奈良県一、三重県一の会員を擁し、マニラに出張所があった［大阪貿易事務所貿易局一九三八］。綿製品は、組合や日本とマニラに本支店のあった大同貿易や三井物産、在神戸の東方公司などの大手によって、おもに取り扱われ、すでに流通網が確立していて、新たな情報を必要としなかった。このことは、マニラ麻などフィリピンの主要輸出品についても、同じことがいえた。いっぽう、阪神を中心とする中小製造業や輸出業者は、どのようなフィリピン向け輸出商品に期待したのであろうか。

マニラでは、一九〇九年以来毎年のようにマニラ・カーニバル商工見本市がおこなわれた。二九年一月二六日―二月一〇日に開催されたものは、大阪商工会議所発行の『昭和四年マニラ、カーニバル商工見本市本邦参加報告概要』に詳しい。それによると、フィリピンの連合館が最大で、外国館では日本館と中国館以外は小規模であり、日本の展示商品は「多く現実に使用せらるべき品に属し上中下の人に論無く均しく躍々として購はんことを欲するの勢あり」

と中国語新聞で紹介され、好評を博したとある。展示品の選定にあたっては、フィリピンで売れ行きのいいもの、またけ、将来性あるものとした。その結果、出品者一二六名（うち二名は在マニラ邦商）で、商工会議所所在地別では大阪二二名を筆頭に、名古屋一三名、東京、京都、神戸各八名、奈良七名、横浜、静岡、那覇各六名、高松五名、岐阜、長崎各四名、丸亀、久留米各三名、仙台、上田、金沢、広島、徳島、佐賀各二名、宇都宮、浜松、甲府、大津、明石、姫路、岡山、博多、台湾各一名で、全国に散らばっていたが、京阪神三商工会議所だけで全体の三割を占めていた。また、出品品種は、つぎのように区分された［大阪商工会議所一九二九］。

綿織物、絹製品、綿毛布、敷布、タオル、莫大小、靴下、絹紐、絹バンド、綿絹手布、綿製蚊帳、地下足袋、運動靴、美術雑貨、陶磁器、玻璃器、琺瑯器、アルミニユーム製品、漆器、瓢製品、花筵、セルロイド製品、亜鉛鍍平板、亜鉛引鉄線、スコツプ、シヨベル、アンチモニー製品、金銀象嵌銅器、青銅美術品、各種化粧品、歯磨、模造真珠、珊瑚首飾、象牙、骨細工品、鼈甲細工、水晶細工、木、土製及経木製玩具、楽器、雨傘、日傘、ランプ笠、団扇、眼鏡、貝釦、縫針、掛時計、額椽《ママ》〔縁〕、蟹、鰮缶詰、漬物食料品、茶、石油発動機、水揚ポンプ、文房具、謄写版及複写用紙、自転車及部分品、糸瓜製品、鞄、除虫粉、蚊取線香、経木製モール、漁具

これらの日本商品の多くは、日本船で運ばれた。そして、一八年三月に、横浜正金銀行マニラ支店が開設されて、貿易決済が便利になった。マニラに支店をもつ大手日本商社にとって、日本商品を輸入する条件が整ったといえる。

では、日本からの輸入品とフィリピンの六〇％以上を占めたアメリカからの輸入品の関係は、どうであったのだろうか。一九三五年のアメリカからフィリピンへの輸出品額のおもなものは、綿製品、鉱油、鉄・鋼およびその製品（機械を除く）、機械類およびその部分品、自動車およびその部分品、煙草製品であったが、第一位の綿製品はフィリ

ピンの綿製品輸入総額の四四%を占めたにすぎず、前年の三四年に額で勝ったものの量で日本製綿布に追い抜かれた。同三四年は、アメリカの綿製品輸出国の一位がキューバからフィリピンにかわった年でもあった。アメリカ産綿布の輸出市場を確保するため、日米間で紳士協定が結ばれ、三五年八月一日以降日本からフィリピンへ輸出される綿布は制限されることになった〔高村一九九四、一三〇頁、『比律賓事情』八号、二四—二五頁〕。

いっぽう、一九三七年の日本からフィリピンへの輸出品のおもなものは、綿布および綿製品で額で四一・一〇%を占めた。以下、絹およびその製品九・七六%、鉄・鋼およびその製品九・六〇%、魚類およびその製品六・六二%、石炭三・九〇%とつづいた。しかし、日本商品の特徴は種々雑多な雑貨類にあり、日米貿易摩擦や中国人の日本商品ボイコット、アメリカ商品の値下げと日本商品の値上げによる価格差減少にも対応できた。たとえば、歯ブラシや鉛筆などの文房具は、アメリカ商品にたいして数分の一の値段で売られた。「雑貨品の如き日本軽工業の所産品は常に新市場の草分役をつとめ、米国品に比較してコスト安といふハンデイキヤツプを武器として比島市場にも容易に進出し得た」と評価され、さらにつぎのように記述された〔『比律賓情報』一九号（一九三八年九月一五日）、一九—二七頁〕。

而して一般邦品中雑貨品の如きは、輸入額に於ては必ずしも取るに足らぬと観ずるものがあるかも知れぬが、本邦主要輸出品の間隙を埋める上から見るならば、而して軽工業を誇りとする本邦産業の使命の重点を吟味して見るならば、叙上の事実を研究的に観ることは、徒爾徒労に終るものでないことを肯定して貰えると思ふ。

雑貨類は、綿製品のような国際競争にさらされた商品ではなく、日本のコスト安と地理的に近い輸送費の安さを利用してフィリピンに進出し、けっして品質はよくなかったが、その安さのために購買力の弱い一般フィリピン人の需要を満たした(5)。

（2）日本商品取扱商

「領事報告」に日本商品とはっきりわかるかたちで取扱商が紹介されたのは、八度である[6]。最初の記事は、一九一二年に掲載された。その二年前の一〇年九月六日にマニラの日本領事館から「マニラ市ニ於ケル重ナル日本商品取扱内外商店」が報告された。「日本商人」七、「外国商人」一四で、国別ではドイツ三、アメリカ三、スペイン三、清三、スイス一、イギリス領インド一であった[7]。

日本の大手である三井物産株式会社マニラ出張所は、「本邦及世界各地ノ同会社支店又ハ出張所ヲ経テ仕入」、日本商品だけでなく世界各国産の商品を輸出入、卸売りし、おもに中国商店を相手とした。伊藤忠商店出張所は、大阪の伊藤忠兵衛本店から日本品の綿糸、綿布を卸売りし、中国商店を相手とした。日本に本社をもたないフィリピンで設立された日本商店のなかでは、田川商店がもっとも手広く輸出入、委託販売、卸売りをおこない、主として中国商店を相手とした。商品は、神戸の商会のほかニューヨーク（H. Peabody & Co.）からも仕入れた。日本雑貨店、大賀商会、ヨコハマ雑貨店、松井商会は、神戸、横浜、大阪、京都から仕入れ、おもに綿製品や雑貨を各国人相手に小売りした。仕入れ方法は、以下のような手順でおこなわれた[8]。

荷送人ヨリ見本ヲ送付スルト共ニ取引条件ヲ提供シ荷受人之ニ合意シタルトキハ直ニ荷為替ニテ商品ノ送受ヲナスモノトス、即チ荷送人ハ右商品ヲ送付スルト同時ニ荷為替並ニ船積証書、送状等商品受取ニ必要ナル書類ヲ銀行ニ宛送付シ銀行ハ其荷受人ノ信用程度ニ従ヒ或ハ為替額面全額ノ仕払ヲ待テ或ハ仕払期日ノ承諾ヲ待テ右書類ヲ交付スルモノトス時ニ荷受人ノ信用程度ニヨリ前記ノ手続ヲ省略シ荷送人ハ銀行ヲ経スシテ直接右書類ヲ荷受人ニ送付シ荷受人ハ為替仕払ノ承諾ヲ銀行ハ為スノミニテ事足ル場合アリ当地ニ於ケル荷為替ノ仕払期間ハ三十日限ヲ以テ普通トス日本商品を取り扱う外国卸売商は、おもに神戸の支店、日本商店や中国商店から綿製品や雑貨を仕入れ、中国商店を相手にした。野菜類や硝子類などは横浜や神戸の日本商店から仕入れ、各国人に小売りした。いずれにせよ、「輸入商ノ日英米独清タルヲ問ハス其主ナル顧客ハ廈門又ハ広東出身ノ清商」であった(9)。

以上のことから、日本商品は内外を問わず幅広く取り扱われ、神戸から仕入れた綿製品や雑貨類が、おもに中国商店を通して小売りされていた様子がうかがえる。

ここで、「領事報告」掲載の記事に戻ろう。一九一二年九月二五日に紹介されたのはマッチで、輸入業者はすべてマニラにあり、日本の大手商社である三井物産と大阪伊藤忠兵衛商店のマニラ出張所と、中国商店四であった。同年一一月一〇日の掲載では、「手拭地及浴衣地」取扱商として、地元の日本商店八とインド商店五が紹介された。この二例から商品によって取扱商の国籍が決まっていた様子がうかがえる。

つぎに、一九一四年九月二一日と一五年四月一二日の掲載では、取扱商すべてがマニラにあり、それぞれ本邦商品「直輸出入業者並中買業者」と「取扱商」が紹介され、両者の商店名はかなり重複した。日本商店はまったくなく、それぞれ取扱商品名と卸・小売の別、一五年の掲載では組織形態および経営者名が記載された。国籍別では、一四年の掲載でアメリカ七、ドイツ三、スイス二、イギリス二、スペイン一、フィリピン一、中国七、インド五の計二八であった。一五年の掲載では、アメリカ五、ドイツ三、スイス二、イギリス三、フィリピン三、中国三の計一九であった。

日本商品の輸入商店一覧でもっとも充実したものは、一九一九年三月の横浜正金銀行マニラ出張所詰元吉光大の調査により、輸入商店名と商品名が都市毎に掲載された。マニラ市一四八（うち日本商店一二）、サンボアンガ市二（同二）、セブ市一四（同〇）、イロイロ市一一（同〇）で、そのほとんどが中国商店と考えられ、綿製品を中心に種々雑多な日本商品を取り扱った。しかし、地方都市での取扱商は少なく、日本商店はほとんどなかった［元吉一九一九］。

この傾向は、その後の「領事報告」でも同じであった。「領事報告」一九二一年三月一〇日掲載の一一商店、二三年五月七日掲載の三八商店はすべてマニラにあり、国籍は記載されていないが、そのほとんどが中国商店であった。取扱品の多くは、雑貨や綿製品であった。二三年の掲載では、経営主、本邦品取扱高、資産・資本、組織形態が記載された。

ところが、一九三一年の「領事報告」では、日本商品の取扱商が大きく様変わりした。同年八月一七日掲載の取扱商は、すべてダバオで二七、その国籍別内訳は日本九、フィリピン三、インド二、中国一二、アメリカ一であった。同年一〇月一二日掲載の「本邦品輸入業者」は、日本商店在マニラ四六、セブ七、イロイロ五、バコロド二、ミサミス一、ドゥマゲテ一、タクロバン一、サンボアンガ三、コタバト二、ホロ一、ダバオ六、バギオ三、ボントック一、ダグパン一、サン・ホセ一、アパリ一の計八二で、中国人はすべて在マニラで三二、その他国籍が明記されていないもの一一であった。不明一一のうち九商店は、フィリピン一、インド五、アメリカ一、ドイツ二（うち一はスイスとも記されている）商店であったことが、別の記載記事からわかる。

このようにみていくと、一九一五年まで欧米やインド商店も重要な日本商品取扱商で、日本商品はいろいろな国籍の商人によって、輸入・卸売り・小売りされていたことがわかる。ところが、一九、二一、二三年になると中国商店に集中するようになり、さらに三一年には全土各地の日本商店が取り扱うようになった。日本製と明記されていない商品の取扱商についても、第一次世界大戦以降欧米商店の名はあまり目立たなくなった。中国商店は、二〇年、二四年に設立されたふたつの中国系銀行の融資を受けて、商品の直輸入をすすめ、二八年には雑貨の八〇％を直輸入していた［Wong 1999: 159-60］。日本も、工業化にともなって直輸出入率を高め、第一次世界大戦までに独自の通商網を形成した。ヨーロッパが戦場となった第一次世界大戦を契機として、日本商品も中国商店と日本商店によって直輸入され、卸売り・小売りされるようになったと考えられる。さらに、日本商店の地方進出や日本船の地方入港（とくに二六年のダバオ開港）にともなって、地方の中核都市の商店でも輸入するようになった。そして、三二年からの日本の財政拡張による景気への刺激と通貨切り下げを背景とした割安日本商品の輸出の急拡大が、フィリピンにも影響を与えた。

では、どのような中国商店が日本商品を取り扱ったのだろうか。『比律賓華僑信用録』［渡辺・松屋編一九三二］に記載されているマニラ在住華僑商店二五二のうち、取扱高一〇〇万ペソを超える有力一〇商店中四商店が一九三一年掲載の日本商品を扱った中国商店であったことがわかる。しかし、資本金で一〇〇万ペソを超える有力五商店はなく、一〇万ペソを超える一八商店のうちでも五〇万ペソ一商店と四二万ペソ一商店の二商店しかなかった。これらのことから、第一次世界大戦を契機としてフィリピンに進出した日本商品は、最有力中国商店ではなく、そのつぎのクラスに負う部分が大きく、これらの中国商店にとって大きな位置を占めていたことがうかがえる。

籠谷直人は、フィリピン華僑の有力者を取引額（一九三〇年）順に並べて表を作成し、つぎのようなフィリピン華僑の特徴を描いている(10)［籠谷二〇〇〇、四二六—三〇頁］。

一九四〇年代初頭において、神戸華僑との取引関係が確認できるメンバー（番号18、20、27、31、36、37、48、49）は、同表の中位以下に位置していた。商業部門を中心としたフィリピン華僑の相対的に高い経済力は、経済大国のアメリカ本国との通商的相互依存関係を背後に持つものであったと考えられる。そして、低廉な日本製品は、フィリピン市場においても歓迎される対象であり、有力な華僑輸入商のなかにおいても神戸華僑を通して取引がなされたのである。フィリピンにおいては、福建系通商網の開放性が特徴的であった。

最有力中国商店は、砂糖、マニラ麻のアメリカ向け輸出、製材・木材輸出、金物などアメリカ製品の輸入、米の輸入とフィリピンでの精米業で、大きな利益をあげていた[11]。

マニラにおける日本人商業の研究に、吉川洋子「米領下マニラの初期日本人商業、１８９８―１９２０――田川森太郎の南方関与」[一九八〇]があり、この論文の巻末の表５「創立年別主要マニラ日本人商業、１８９４―１９２１」に六三の日本商店・会社が掲載されている。その表に加筆し、一九四〇年まで合計一三六の日本商店・会社の一覧表を田中麻里絵が作成している[12][一九九九]。それによると、創立年次で同年に一〇件を超える年がなかったことがわかる。複数年では一九一七―一九年の三年間に二三件（一六・九％）が目立つ。第一次世界大戦を契機としたフィリピンにおける日本商品の急増に、対応できるだけの日本商店・会社が設立されていないことがわかる。急増した輸入日本商品を取り扱ったのは、一九年のリストにある通り、中国商店であったと考えられる。

一九三七年におけるフィリピン商務局の調査で、国籍別国内商業投資の比率は、「支那人四二・一〇％、比島人二八・六〇％、米国人八・五〇％、日本人七・八三％、其他一二・九七％」だった[13]。さらに、国籍別小売商人数・卸売商人数および雑貨店・食料品店数・資本見積額・総売上額を比較してみる（表4-1―2）。これらの表からも、一九一二年から三〇年のあいだに、日本商店の数が小売り、卸売りともに増加したとはいえ、日本商品の増加に対応した数ではなかったことがわかる。しかし、中国人を除く外国商店が減少するなかで、日本商店だけが増加していることは、日本商品の増加と無縁ではなかっただろう。

その後、済南事件（一九二八年）、満洲事変（一九三一年）や盧溝橋事件（一九三七年）などを契機として、中国商人が日本商品のボイコットにでると、日本商品はおもに日本輸入業者から日本小売商を通じて販売されるようになった。このことは、すでに述べた一九三一年の「領事報告」の日本商品取扱商一覧から明らかであり、『亜細亜年鑑（南洋版）』のフィリピンの輸入業者一覧では、一六〇のうち六六を日本商店が占めていた。同時期、大阪のフィリピン向

表 4-1　所有者国籍別小売商・卸売商数

	1912 年小売	1930 年小売	1932 年小売	1938 年小売	1912 年卸売	1930 年卸売
比律賓人	67,740 (87.1%)	88,040 (88.9%)	56,758 (78.8%)	156,595 (88.8%)	3,335 (46.0%)	3,100 (42.6%)
華僑人	8,445 (10.9%)	9,500 (9.6%)	13,758 (19.1%)	17,571 (10.0%)	3,152 (43.5%)	3,450 (47.4%)
西班牙人	557 (0.7%)	450 (0.5%)		222 (0.1%)	340 (4.7%)	315 (4.3%)
米人	371 (0.5%)	340 (0.3%)		364 (0.2%)	207 (2.9%)	185 (2.5%)
日本人	280 (0.4%)	385 (0.4%)	719 (1.0%)	839 (0.5%)	45 (0.6%)	67 (0.9%)
印度人	90 (0.1%)	70 (0.1%)		—	41 (0.6%)	35 (0.5%)
英国人	37 (0.0%)	20 (0.0%)		94 (0.1%)	—	—
独逸人	13 (0.0%)	5 (0.0%)		86 (0.0%)	55 (0.8%)	42 (0.6%)
其の他	202 (0.3%)	180 (0.2%)	768 (1.1%)	497 (0.3%)	75 (1.0%)	80 (1.1%)
計	77,735	98,990	72,003	176,268	7,250	7,274

出典：Wong Kwok-Chu, *The Chinese in the Philippine Economy 1898-1941*, p.93；大形太郎『南洋華僑と経済』聖紀書房，1942 年，71-73 頁；菅野善助「フィリッピンの貿易取引機構」『東亜研究所報』23（1943 年 8 月）122-28 頁.

表 4-2　所有者国籍別雑貨店・食料品店（1938 年 12 月 31 日現在）

所有者国籍	雑貨店店舗数	雑貨店資本見積額(比)	雑貨店総売上額(比)	食料品店店舗数	食料品店資本見積額(比)	食料品店総売上額(比)
支那	6,681 (9.9%)	17,327,440 (42.8%)	35,829,983 (59.4%)	867 (23.3%)	7,330,119 (77.9%)	22,109,239 (80.2%)
比律賓	60,811 (89.8%)	22,153,047 (54.7%)	22,689,921 (37.6%)	2,796 (75.3%)	1,573,313 (16.7%)	4,688,494 (17.0%)
日本	174 (0.3%)	894,231 (2.2%)	1,513,966 (2.5%)	20 (0.5%)	375,364 (4.0%)	635,649 (2.3%)
亜米利加	19 (0.0%)	38,779 (0.1%)	150,621 (0.2%)	5 (0.1%)	12,329 (0.1%)	29,726 (0.1%)
西班牙	18 (0.0%)	27,978 (0.1%)	55,724 (0.1%)	24 (0.6%)	111,053 (1.2%)	85,109 (0.3%)
印度	18 (0.0%)	31,308 (0.1%)	26,977 (0.0%)			
英吉利	4 (0.0%)	40,333 (0.1%)	12,711 (0.0%)	1 (0.0%)	1,490 (0.0%)	1,600 (0.0%)
瑞西	1 (0.0%)	134 (0.0%)	2,399 (0.0%)			
和蘭	1 (0.0%)	170 (0.0%)	100 (0.0%)			
其ノ他	1 (0.0%)	1,450 (0.0%)	850 (0.0%)	1 (0.0%)	8,588 (0.1%)	19,201 (0.1%)
計	67,728	40,514,870	60,283,252	3,714	9,412,266	27,569,058

出典：クレト・C・マストリリ「比島に於ける小売業」『比律賓情報』44 号（1941 年 1 月 28 日）17 頁.
註：合計の数値があわないものがある.

け輸出業者は一七八に及んでいた（輸入業者は二六）［大阪商工会議所一九四二］。また、フィリピンの日本小売商店数は、表4-1の通り三〇年の三八五から三二年の七一九に急増し、さらに三八年末（一九三九年国勢調査）には全諸島四九州中四五州に分布、一〇七七に増加した。それを主要都市別にみると、ダバオ市四〇七、マニラ市二一三、セブ市二六、イロイロ市二九、バギオ地方四二、バコロド地方三七などで、地方の中核都市にも日本小売商が進出したことがわかり、日本商店がないところには、マニラからトラックで行商をおこなった(14)［青木一九四二、二六―二七頁］。

一九四一年までに、日本商品はおもに阪神の日本人輸出業者によって輸出され、日本船で輸送、在マニラ日本人輸入業者を経て、フィリピン全土の日本商店で売られるようになった。欧米や日本の商社は、一品あたりの取扱量の少ない日本商品の多種多様さに、ついていけなかったと想像され、そこに中小貿易業者やマニラに本拠をもつ商店の活躍の場が残されたといえよう。また、外務省が毎年一〇月三一日に実施していた職業別人口調査（一九二七―三八年）から、物品販売業や会社員などとそれらの家族がフィリピン全体でゆるやかに上昇していたことがわかる（図4-14）。このことから、フィリピンの日本人商業活動を妨げた要因があったとは感じられない。

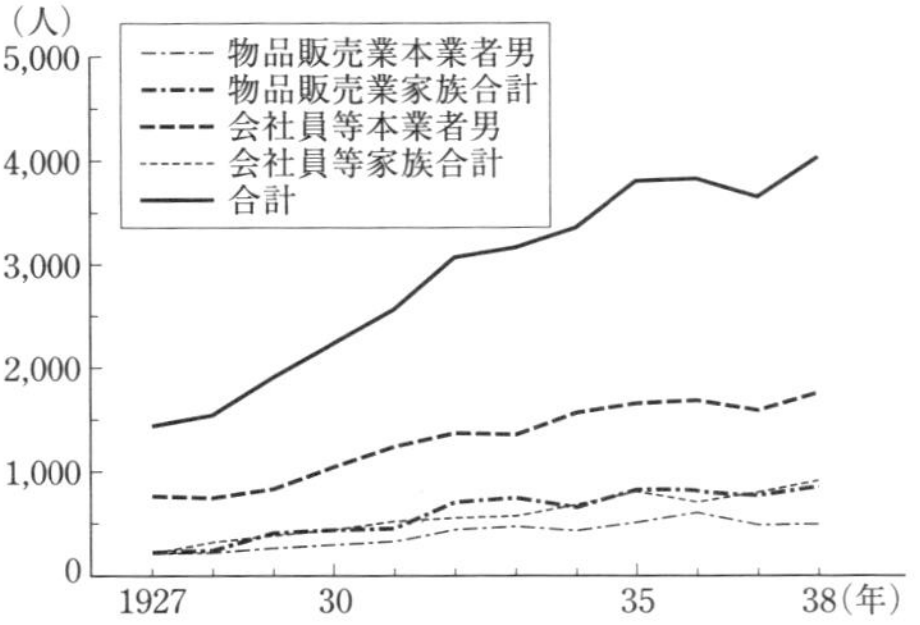

図4-14　在フィリピン日本人商業人口（1927-38年）

（3）日本領事館

領事館設置の目的のひとつは貿易・通商の振興にあり、先に述べた通り、「領事報告」として本国に貿易・通商情報を送った。また、荷物を輸送するにも領事送状を必要とし、つぎのような規定があった(15)。

比嶋向輸出品ハ船客自用品以外ハ価格百弗ヲ超ユル貨物ニ対シ絶対ニ領事送状ヲ必要トシ若シ荷受人ニ於テ直チニ領事送状ヲ提出スルコト能ハザル場合ハ税関ニ之ヲ提出シ得ザル旨ノ宣誓書ヲ差出シ当局ノ決定スル期間内ニインボイスヲ提出スル為右ニ要スル保証金ヲ供託スベキ規定モアリ

さらに、領事館は貿易・通商を円滑におこなうために、商取引の苦情処理にもあたった。現在、外務省外交史料館に残るフィリピン関係の「事故」は、一九一八年に一件、一九年一、二〇年一、二三年一、二九年一、三〇年三、三一年三、三二年三、三三年二、三四年二、三五年四、三六年二、三七年三、三八年三、三九年二、四〇年二の合計三四件に及ぶ。その多くは、代金または商品の未着、商品の相違であった。訴えたほうも、訴えられたほうも、どちらも零細個人商店や自営業のものが多く、領事館は日本各地の商工会議所を通じて調査し、解決に努力した(16)［外交史料館文書三・三・七・四〇、同E二・九・〇・一－五］。

これらの「事故」は好況時の後に多かったようで、横浜正金銀行の元吉は、一九一八年度上半期に皆無であった不渡手形が、下半期には四〇通に及び、その原因を「見本ト相違一三通、注文セズトスルモノ一三通、金額相違一〇通、荷物破損及ビ腐敗四通、契約時期ニ遅延一通、其他四通」と報告している［元吉一九一九］。

領事館は、金融にかんしても助言をおこなった。一九一八年に横浜正金銀行が開設されたとはいえ、為替業務が主で、一般日本商店への融資はおこなっていなかった。そこで、二七年、有志が集まって日本人信用組合を結成したが、資本金一五万ペソと小規模のうえ素人の経営で、貸付先も役員関係者に偏向していた。この信用組合に領事館は助言をおこなったが、結局、一般日本商店が頼ったのは頼母子講であった。講金の落札は保証人二名以上の連帯責任とし、総領事館が監督したが、無秩序に族生した頼母子講の危険性は高かった［華南銀行一九三〇］。

しばしば、日本人の商業活動は、日本政府や銀行などに支援されていたといわれた［Wong 1999: 99］。しかし、領事館は現地で日本商店を設立するための支援をおこなわず、中国商店が利用していたような頼るべき金融機関は民間といえどもなかった。日本小売商店の地方都市への進出は、マニラに本拠をもつ日本卸売商店の援助が大きかった。大阪貿易株式会社（小売部大阪バザー）の一九三六年掲載の広告には、「比島内連鎖販売店」として四九の商店（すべて地方都市）が名を連ね、仕入れで便宜をはかっていた［渡辺一九三六］。

そのいっぽうで、領事館は既得権益を守るための活動を積極的におこなっていた。たとえば、盧溝橋事件（一九三七年七月七日）の勃発した年の九月三〇日、マニラ日本商業会議所は総領事館を通して外務省から一〇〇〇円の補助金を受け取った。この金額は、同商業会議所の収入のほとんどを占めた一年間の会費総額の七％にあたり、アメリカ・フィリピン間の委員会の情報収集や国会議員の工作費用に使われた。このようなことが、吉川の述べる「官民接近」で、フィリピン人の目には日本人は官民一体のように映った［外交史料館文書E二・六・〇・一二－三、吉川一九九一a］。

アメリカ政府が政経分離で積極的な経済支援をおこなわず、中国政府や革命勢力は支援どころか在外中国人に多額の寄付金を要求しつづけた。たしかに、ほかの国に比べれば、日本政府はフィリピン在住の日本人の商業活動を支援していたといえるが、フィリピンで設立された零細商店にたいして、けっして温かかったわけではなかった。そのことは、日本がフィリピンを占領してからも顕著だった（本書第七章）。

むすびにかえて

東アジアの貿易をめぐる近代の変化については、イギリス、中国、日本などを中心に議論されてきた。フィリピン貿易は、そのすべてにおいて議論の主たる対象とされず、充分な議論がおこなわれなかった。ここでは、なぜフィリピン貿易が議論の対象から外されたのかを、これまで確認してきた事実から考察してみよう。

まず、イギリス主導のアジア間貿易は、綿布・綿織物のような世界市場を相手にする貿易品を中心として議論された。しかし、アメリカ植民支配下の自由貿易体制のもとでのフィリピンでは、関税をかけられた外国商品は、無関税で入ってくるアメリカ製品に通常対抗できなかった。また、イギリスのアジア間貿易を補完する中国人が、フィリピンでは本国アメリカの「中国人入国禁止条例」の適用（一九〇二年七月一日制定のフィリピン委員会令第二三五号）によって、イギリス領マラヤのように大量に入国することはなかった。そのため、中国商人によってイギリスおよびイギリス植民地の製品が、大量にもたらされることはなかった。

フィリピンの中国人人口は少なかったとはいえ、フィリピン商業の中心であったことは確かだった。しかし、本国中国は、一八九四—九五年の日本との戦争で敗退し、革命運動もあって内政が安定せず、中国製品の製造・輸出は順調に伸びなかった。また、中国籍の船舶が輸送する商品は、一九三五年においてフィリピンの全輸入額の三％ほどにすぎなかった。そのため、中国商人は、中国以外の国籍の船が運んでくるアメリカや日本などの貿易品を取り扱うことで、商業活動を維持した。なかでも、雑貨類などの日用品で、質は多少悪いが安価な日本商品は、アメリカ製品とも競合せず、購買力の弱いフィリピン人のあいだで着実に売れ、関税をかけられても充分に市場を開拓できた。フィリピンの地方の隅々まで店舗を開いていた中国小売商は、マニラの中国卸売商を通じて日本商品を取り扱った。日本商品は、マニラの中国卸売商や地方の小売商にとって重要な商品となり、取扱商品の二割といわれた。したがって、日本の中国（本国）への侵略にともなう日本商品ボイコット運動に参加することは、多くの中国商人にとって死活問題だった。籠谷は、フィリピン華僑による排日運動の相対的な弱さの原因を、つぎのような具体例を挙げてみごとに描いている［籠谷二〇〇〇、四三〇—三一頁］。

有力華僑のなかでも、金物商瑞隆興の楊啓泰（略）は、抗敵会の有力メンバーであったが、上海と大阪に支店を有し、日本製品の輸入にも関わっていた。楊啓泰は上海とマニラにおける対日本通貨レートの差異を利用して、有利な日本製品仕入れを展開していた。つまり、「上海デハ日本金百円ガ比島金二十三ペソトイフ相場」であり、「比島ニ於テハ日本金百円ハ比島金四十六ペソ五十仙」という日本円の〈上海安―フィリピン高〉という状況のなかで、楊は「此ノ安イ円ヲ上海仕入部ノ手デ買ッテ、之ヲ大阪ニ送金シ、日本品ヲ買イ入レテ上海ニ送ラセ」、上海からフィリピンに供給するルートを有していた。それゆえ、フィリピンの日本人輸入商が「直接日本ヨリ仕入レル値段ノ約半額」で日本製品を集荷しうることになり、日本製品取引においても日本人輸入商との間で競争力を有したのであった。そして、フィリピンにおける対日本製品ボイコット運動の高揚も、楊にすれば、「他人ニ日貨排斥ヲサセテ、自分ハ独占的ニ日貨ヲ取扱ッテソノ間ニ利益ヲ得ントスル策略」と評されるシステムに他ならなかったのである。こうしたシステムは、マニラ、上海、大阪という異なる地域をつなげながら取引コストを引き下げるとともに、独立国、半植民地、植民地といった様々な権力形態を相対化する華僑ネットワークの実態を示していた。

いっぽう、アメリカのアジア貿易への参入は、簡単ではなかった。アメリカは、大西洋貿易を重視し、太平洋貿易にはあまり関心がなかった。まず、太平洋貿易をおこなう海運業が充分でなく、アメリカとフィリピンとのあいだの輸出入貿易にはイギリス船や日本船を使用せざるをえなかった。また、中国が一九三五年まで銀本位の雑種幣制を維持し（同年一一月以降管理通貨制に移行）、東アジアでは依然として銀の影響力が強かった。金本位制のアメリカにとって、金融網の整備が必要であったが、これも充分ではなかった。フィリピンは魅力的な植民地とはいえず、本国からの投資が積極的におこなわれなかった。アメリカ・フィリピン自由貿易体制によって、アメリカはフィリピンの輸出入貿易の主導権を握ったが、その貿易品の輸送、金融、流通、とくにフィリピン国内の商業において主導権を握ったわけではなく、そのため中国人や日本人の進出が容易になった。

イギリス、中国、アメリカの間隙をぬってフィリピンに進出したのが、日本であった。しかし、日本も積極的にフィリピンに進出したわけではなかった。日本のアジア貿易は、神戸・大阪を中心におこなわれた[17]。中小企業が集中する阪神地域の製品が中小の貿易業者の手で輸出され、フィリピンで設立された商店を通して小売りされた。阪神、マニラの商人は、中国人にしろ、日本人にしろ、綿布・綿織物のような世界市場の製品を多く扱いながらも、種々雑多な日用雑貨類を扱い、金融制度の整備がなくても小資本で商品を流通させた。その結果、日本商品はフィリピンに進出し、フィリピンで設立された日本商店は大手進出後も生き延び、中国人による日本商品ボイコット運動の効果もあまりなかった。日本の大手商社や朝鮮・台湾・満洲などに進出した日本人は、国家の財政・金融政策の後援を受けたが、フィリピンに本拠をおく日本商店は、基本的に国家の後援を受けることのない非公式的な経済主体の通商活動をおこなっており、華僑に近い存在だったと考えられる。

一九三〇年代前半の日本商品の急増、各地で相次ぐ日本商店の開店は、中国人のボイコット運動の影響もあって、フィリピン人に強い印象を与えたものと思われる。しかし、日本人がフィリピン国内の商業権を握ったわけではなかった。表4-2からも明らかなように、三八年末の日本雑貨店・食料品店の売上額は、全体のわずか二・五%にすぎなかった。このことは、その三年後の日本のフィリピン占領下の商業活動が、中国人やフィリピン人などの協力なくして円滑におこなわれないことを示していた。

本章では、日本商品のフィリピンへの進出とその取扱商を通して、アメリカ植民支配下のフィリピン商業史の一端を概観した。しかし、日本でのフィリピン向け商品の生産、輸出商や海運会社と商品との関連など、日本史の領域の問題については、具体的に述べることができなかった。フィリピン史の領域でも、個々の商品と取扱商、フィリピンの国内輸送、マニラの卸売商と地方の小売商、日本人商人と中国人その他の商人との関係[18]、フィリピン国内産業やコモンウェルス（独立準備政府、一九三五―四一年）期のナショナリズムとの関連、なによりも消費者であったフィリピン人についてなど、多くの課題が残された。

第五章　近代大衆消費社会出現の一考察
——アメリカ植民支配下のフィリピンと日本商店・商品

はじめに

一八九八年一二月、アメリカ合衆国はアメリカ・スペイン戦争後のパリ条約によってフィリピン諸島をスペインから譲渡され、フィリピン・アメリカ戦争を経て、一九〇二年七月四日に同諸島の平定を宣した。その後、英語を採用した教育制度とマスメディアなどの普及によって、アメリカの物質文化・消費生活がフィリピンに浸透し、フィリピンはアメリカ文化の影響を強く受けた、と認識されるようになった。そのため、日本占領下の四三年九月に比島軍政監部に提出された『比島調査報告』（比島調査委員会編、委員長は比島派遣軍最高顧問村田省蔵）では、地理的に東洋に属しながら欧米文化に染まったフィリピンからアメリカ的価値観を払拭することが重要であるとされた［中野ほか一九九三］。

アメリカ製商品のフィリピンへの進出は、一九〇九年のペイン＝オルドリッチ関税法、それを補完する一三年のアンダーウッド＝シモンズ関税法の成立によって急速にすすんだ。これらの関税法によって、アメリカ・フィリピン間の貿易が相互に関税を免除される互恵的自由貿易体制が確立され、アメリカからの輸入額は一四年には全輸入額の四九％となり、一八年以降三七年まで六〇％前後で推移した［早瀬二〇〇〇］。四〇年会計年度（一九三九年七月—四〇年

表5-1　輸入国別免税・課税比率（1940年度，ペソ）

	免　税	課税	合　計
アメリカ	213,678,406(99.4%)	1,323,406	215,001,812(74.4%)
日本	93,025（0.7%）	13,301,931	13,394,956（4.6%）
蘭領東インド	65,779（0.9%）	7,181,709	7,247,488（2.5%）
中国	70,979（1.2%）	5,715,160	5,786,139（2.0%）
イギリス	53,923（1.1%）	4,872,936	4,926,859（1.7%）
ドイツ	125,262（2.6%）	4,651,963	4,777,225（1.7%）
英領東インド	105,454（2.2%）	4,645,649	4,751,103（1.6%）
その他	2,578,319（7.7%）	30,707,227	33,285,546(11.5%)
合計	216,771,147(75.0%)	72,399,981	289,171,128

出典：Commonwealth of the Philippines, Office of the President, Bureau of the Census and Statistics, *Yearbook of Philippine Statistics 1940*. Manila: Bureau of Printing, 1941, pp. 112-13.

六月）の全輸入額二億八九一七万ペソのうち，免税で輸入されたものは二億一六七七万ペソで七五・〇％を占め，アメリカからの免税輸入額は二億一三六八万ペソで全免税輸入額の九八・六％，アメリカからの全輸入額の九九・四％を占めた。それにたいして，日本などの免税比率は，表5-1が示すようにわずか一―二％程度でしかなかった。課税は従量税と従価税の両方でおこなわれ，たとえば同じ綿製品でもニット製品の靴下は二五％の従価税，レースのカーテンはキロ当たり五〇セントの従量税が課せられた(1)。

このように植民宗主国アメリカの圧倒的有利な状況から，アメリカ以外の国・地域からの輸入品のフィリピンへの影響は，ひじょうにかぎられたものでしかなかったと考えられても不思議ではない。しかし，前章「アメリカ・フィリピン自由貿易体制下の日本商品とその取扱商」で考察したように，アメリカ商品の輸送，流通，卸売り・小売りなどにおいて，アメリカはけっして支配的ではなく，ほかの国・地域の進出とそれにともなうフィリピン社会への影響の余地はあったということができる。

近年，フィリピン近代史研究では，アメリカ植民支配期に創られた歴史像から脱し，植民支配に拘束されなかった自律したフィリピン社会を考察することによって，新たな歴史像を構築する試みがおこなわれている。フィリピンは，一九九六―九八年にフィリピン革命百周年を迎え，未完の革命を再考するとともに，その後のアメリカによる植民支配を問う機運が高まった。そうしたポストコロニアルの視点は、フィリピンの国民的英雄をめぐる論争、宗教的民族運動、フィリピンの固有文化など、さまざまな分野でとりあげられてきた〔永野二〇〇〇、同二〇〇二、同二〇〇三a、早瀬二〇〇四b〕。しかし、アメリカ以外からの輸入品からみたフィリピン文化への影響について、語られることはなかった。本章では、日本商店・商品のフィリピン、とくに地方への浸透を通して、アメリカがもたらしたといわれる物質文化・消費生活についての考察を試みる。このことは同時に、これまで語られてきた日本・フィリピン関係史を、ダバオやマニラ以外の地方の視点で考察することやマニラと地方との関係を明らかにすることを含んでいる。都市、とくに首都マニラを中心とする近代歴史像からの解放をめざすことも含まれている。

1　大衆消費社会の出現

(1) アメリカ文化と首都マニラ

アメリカ文化の影響は、まず首都マニラと社会・経済的エリート層に顕著にあらわれたといっていいだろう。英語による教育は、公官庁やアメリカ系企業への就職を有利にしたことから急速に普及した。英語によるマスメディア（新聞・雑誌や映画など）は、アメリカの近代都市のライフスタイルをフィリピン人に紹介し、アメリカの価値観を受け入れやすくした。また、フィリピン政府の奨学金を得て、アメリカで教育を受けるペンショナド制度が一九〇三年に創設され、一二年までに二〇〇人以上がアメリカの大学を卒業した。これらの奨学生は、富裕階級の子女から選ばれ、帰国後フィリピン社会で指導者になることが約束された。このアメリカでの教育と帰国後の立身出世が直接結びついた制度によって、エリート層の「アメリカ化」が急速にすすみ、アメリカ植民権力に迎合する特権階級が育成された。そして、「砂糖貴族」に代表されるように、地方の地主階級は農作物のアメリカへの輸出を保障されることによって、経済的に安定した基盤を築くことができた。さらに、州知事や町長などに任命され、〇七年の議会開設後は議員として、地方政治、国政を担うようになり、政治的にも特権化した。

このようなフィリピン人エリートの現金収入の多さは、日本とフィリピンの官吏俸給比較からもわかる。たとえば、日本の貴族院議員・衆議院議員の年俸はともに三〇〇〇円（一八〇〇ペソ）であったのにたいして、フィリピンの上院議員は七〇〇〇ペソ、下院議員は六五〇〇ペソであった(2)［渡辺一九三六、三四六頁］。貿易額については、日本の人口七三六億七二七六万ペソにたいして、フィリピンは三億三八〇二万ペソで一二・六％にすぎなかったが、日本の人口七一一万（一九四〇年国勢調査）にたいして、フィリピンの人口一六〇〇万（一九三九年国勢調査）で二一・九％であったことを考えると、フィリピンの貿易額はそれほど低かったとはいえないだろう。とくに首都マニラのエリート層の購買力は、日本の都市エリート層より高かったかもしれない。首都圏の人口は、一九〇三年の国勢調査の三三万弱から、一八年に四六万強（年平均二・七％増）、三九年に九九万強（年平均五・五％増）に増加し、その増加率は全国平均のそれぞれ二・三％と二・六％を凌いでいた。

一般に、近代化の影響は、時間の長短はあってもそのうち都市から地方にも波及するとして、地方の実態について深く考察されることはあまりなかった。首都マニラの「アメリカ化」が地方に波及するには、教育の地方への普及と首都と地方を結ぶ交通網の整備が必須条件となろう。そして、それらの結果、一九三九年夏には、「比島に至り都会、田舎を問はず一度市場商店を覗けば土人達が身につける Salong, Textile より食料品に到る迄外国品ならざるはなき実状に一驚する。而して比島の外国依存消費国なる性格を肯定せざるを得ないのである」という状況がみられるようになった［中一九四〇、一二四〇頁］。

（2）教育とマスメディアの普及

フィリピン人民族主義者のコンスタンティーノ Renato Constantino（一九一九—九九）は、「フィリピン人の受けたえせ教育」で、アメリカがもたらした教育をつぎのように批判している［一九七七、上、八九—九〇頁］。

アメリカ式教育によってフィリピン人は新しい言語を学んだだけではなかった。……われわれの消費性向も、安い米国商品が無税でどっと流入したためにつくりだされたものである。……フィリピンの書物は、西欧諸国の住民が優秀であるとほめそやした。われわれにはとても製造できそうもない品物をかれらは生産するからである。フィリピンが原材料輸出によって米国製消費物資の輸入を支払えることを、われわれは喜んでいる。今やわれわれはこの種の商品に慣れっこになってしまった。われわれにとってはなかなか断ちきれない習慣である。その結果、フィリピン自身の経済はどんどん悪化してゆく。われわれは自分たちだって工業化できるのだとは決して考えなかった。地理的位置と民衆の性来の能力からいってフィリピンは農業国である、と学校で教えたからである。われわれは工業化経済に適すべく創られた国ではない、フィリピン人はアジアの友邦とともにそう信じてきたのである。だからこそわれわれは、戦前の日本がすでに欧米と対等の商品を生産できるようになっていたのに、日本商品を軽蔑したのであった。アジアの一国である日本が、米国、ドイツ、イギリスなどと並ぶ優秀性を獲得できるなどとは、われわれにはとても信じられなかった。

この言説は、多分にマニラのエリート層のものと考えていいだろう。アメリカ式の教育によって、輸入品を消費する性向になったことは一般にいえるかもしれないが、現金収入の少ない地方の人びとにとって高いアメリカ商品より安い日本商品が手に届きやすい消費物資であっただろう。日本商品については後述するとして、ここではまず地方の教

表 5-2　児童・生徒数の増加率（1918 年と 1939 年国勢調査の比較）

		全土	増加率	マニラ市	増加率
初等教育	1918-19	646,335 人		34,255（5.3%）	
（1-4 年生）	1939-40	1,572,639	143.3%	51,814（3.3%）	51.3%
中間教育	1918-19	88,938		10,339（11.6%）	
（5-7 年生）	1939-40	277,574	212.1%	27,496（9.9%）	165.9%
中等教育	1918-19	27,954		5,750（20.6%）	
（1-4 年生）	1939-40	90,579	224.0%	18,107（20.0%）	214.9%

出典：1918 年および 1939 年国勢調査.

表 5-3　識字者数・識字率（1919 年）

10 歳以上	全土	率	マニラ市	率
男女合計	5,316,146 人	48.8%	374,395 人	80.7%
男	2,964,453	54.3%	210,130	85.6%
女	2,351,693	43.2%	164,265	75.1%
21 歳以上				
男女合計	3,081,378	44.0%	215,944	78.9%
男	1,812,915	51.7%	122,759	86.7%
女	1,268,463	36.3%	93,185	70.5%

出典：1939 年国勢調査.

育の普及について、児童・生徒数からみてみよう。

表5-2から、マニラ市の児童・生徒数の増加率が、全土より低かったことがわかる。とくに初等教育（一—四年生）の増加率がかなり低い。換言すれば、マニラ市の就学率は、一九一八年までにかなり高くなっており、一八年以降地方の就学率が上昇したことが読みとれる。また、全土にたいしてマニラ市の児童・生徒数の占める割合が初等教育で大幅に減少したことから、とくに地方の初等教育が普及したことがわかる。それにたいして、中等教育では初等教育ほどには、地方で普及しなかったことがわかる。中間教育（五—七年生）では、その中間値を示している。

また、表5-3から、地方の識字率はマニラ市よりかなり低いものの、二一歳以上と比較して一〇歳以上が高くなっており、マニラ市との差が小さくなっていることがわかる。また、男女差も小さくなっている。いっぽう、マニラ市の男性識字率が二一歳以上より一〇歳以上のほうが若干低いことから、すでに頭打ちになっていることが読みとれる。これらのことから、マニラ市の人口増は教育を受けていない地方の一般民衆が流入してきたことが一因と考えられる。

出版物の発行状況からも、アメリカ文化の地方への浸透を読みとることができる。表5-4からわかる通り、マニラの発行誌数一七四に比べ地方の合計は一〇八と少なく、発行部数も少ない。英語誌の割合が少なくスペイン語や地方語のものが多いとはいえ、一九三〇年代になって英語誌の発行誌数・部数が増えていることがわかる。さらに、新

表 5-4　新聞とそのほかの出版物の発行状況（1903-36 年）

創刊（登録）年	マニラ		地方	
1903-05	2	1.1%	2	1.9%
1906-10	6	3.4%	3	2.8%
1911-15	4	2.3%	7	6.5%
1916-20	10	5.7%	5	4.6%
1921-25	19	10.9%	10	9.3%
1926-30	27	15.5%	17	15.7%
1931-35	67	38.5%	46	42.6%
1936	39	22.4%	18	16.7%
合計	174		108	
註：廃刊誌紙は含まれていない.				
言語				
英語のみ	90	51.7%	34	31.5%
英語とフィリピン諸語	12	6.9%	17	15.7%
フィリピン諸語のみ	23	13.2%	26	24.1%
英語とスペイン語	18	10.3%	7	6.5%
英語とスペイン語とフィリピン諸語	8	4.6%	12	11.1%
スペイン語	14	8.0%	9	8.3%
スペイン語とフィリピン諸語	2	1.1%	3	2.8%
その他	7	4.0%	0	—
発行部数				
0-999	28	16.1%	35	32.4%
1000-4999	88	50.6%	64	59.3%
5000-9999	29	16.7%	9	8.3%
10000-	29	16.7%	0	—
発行頻度				
日刊	14	8.0%	8	7.4%
週刊	27	15.5%	39	36.1%
隔週刊（月 2 回を含む）	25	14.4%	16	14.8%
月刊	95	54.6%	32	29.6%
季刊	8	4.6%	5	4.6%
その他	5	2.9%	8	7.4%

出典：“List of Newspapers and Other Publications” in *Cornejo's Commonwealth Directory of the Philippines*. Manila, 1939, pp. 1296-1302.

聞・雑誌の定期読者数（一九三九年）をみると、フィリピン全土一〇・七％（一〇歳以上一五・八％、識字者三一・三％）にたいして、マニラ市は四〇・七％（同五四・七％、同六七・八％）であり、マスメディアの普及・影響力は、マニラ市と地方でかなりの開きがあったことが想像される。なお、三九年には、定期刊行物は全土で三〇九、うち英語のみは一四〇（四五・三％）になっていた。

いっぽう、ラジオの聴取加入者が一九三〇年代後半になって急速に増加し、三六年の二万四三六九から三七年二万九一七五、三八年三万六五三一になった。加入者の三分の一がマニラ市に集中し、地方は少ないものの、新聞などの出版物同様、加入者の数十倍あるいはそれ以上の聴者がいたものと考えられ、その影響はけっして小さくなかったと想像される［『比律賓情報』二六号（一九三九年四月二八日）、二九—三〇頁］。

映画の普及も、アメリカ文化や価値観をフィリピン人に植え付ける大きな働きをした。フィリピンでの劇映画の制作は、一九一二年にアメリカ人によってはじめられたが、二〇年代になってフィリピン人によるものが増えた。やがてハリウッド製のアメリカ映画が無制限に入ってくると、英語のわかるエリート層はアメリカ映画、一般大衆はフィリピン映画を観るようになった。戦前には、映画館及劇場は三州を除いてすべての州にあり、全土で二九八を数えた。このほか、全土にボーリング場三四二、ブラス・バンド四七六、オーケストラ七三八、玉突場一一一二があり、闘鶏場の一三四二には及ばないものの、フィリピンの娯楽がアメリカ化した様子がうかがえる［法貴ほか編一九四二、二〇六—〇七頁］。

このように英語を採用した教育制度とマスメディアの普及は、地方ではかぎられたものであったが、とくに若年層の消費性向を向上させたということができるかもしれない。まずは、出版・教育に直接必要な文房具、印刷物に必要な紙とインクの消費が増えたということができるだろう。つぎには、教育を通した保健衛生的観念の普及から、歯ブラシや蚊取り線香（フィリピンではカトールという）などを使う者が増えたと考えられる。そして、クリスマスなど子

表 5-5　国内船入出港数と荷揚げ・荷積みトン数（1899-1938 年）

	入港数	トン数	出港数	トン数
1899 年	1,009	218,048	1,074	237,852
1909 年	9,209	1,039,338	9,218	1,045,075
1919 年	15,218	1,500,190	15,540	1,521,633
1929 年	21,785	3,373,372	22,115	3,379,350
1938 年	22,401	5,076,911	22,620	5,051,335

出典：Cleto C. Mastrili, "Progress of Our Domestic Commerce," *The Philippine Journal of Commerce*, December 1940, p. 17.

どもへの贈り物として、教育用を含む玩具の需要が高まっていったものと考えられる。さらには、映画をまねたおしゃれのための鏡や櫛などが、若者の必需品となっていったであろう。フィリピンでは、クリスマスと町や村のフィエスタ（祭り）、六月の新学期時に、衣糧品や食糧品などの需要が一気に高まった。

（3）交通網の整備

アメリカ植民支配下のフィリピンにとって、陸上交通網の整備がいかに植民地開発にとって重要であったかという問題については、すでに論じたことがある［早瀬一九九二b］。

国内商業の発展と交通網の整備との関連については、商務局商務課長 Chief, Commercial Division, Bureau of Commerce のマストリリ Cleto C. Mastrili も充分に認識していた［Mastrili 1940］。道路の距離は伸び、登録自動車数とくにトラックの台数が順調に増えた。日本人はトラックを、マニラ市内では商品の宅配、地方では移動商店として利用した。一九三八年現在、マニラ市の日本人が所有する自動車は、「主人使用自動車（約）六〇台」「商用ツラック（約）九八台」であった。トラックによる物流は、マニラ近郊の商店にも影響を与えた。住民がマニラに買い物に行く機会が増え、マニラと同品質で同価格の商品を顧客が求めるようになった。三一年以降、バスは運賃が低下して、一キロあたり一ペソ半平均となり、鉄道にかわって発達した[3]。消費社会においては、マニラ首都圏の拡大が起こったことになる。トラック行商は、欧米、中国、日本、フィリピンの国籍を問わず、フィリピン商業では一般的になった。

船舶も、商品の輸送だけでなく移動商店として利用された。商務局主催の巡覧船売店

表 5-6　商業投資見積高（1937 年度末，ペソ）

	全土		マニラ市	
中国人	111,286,020	42.1%	20,720,000	26.6%
フィリピン人	74,519,150	28.2%	16,780,000	21.5%
日本人	20,684,617	7.8%	10,160,000	13.0%
その他	57,722,640	21.8%	30,340,000	38.9%
合　計	264,212,427		78,000,000	

出典：南洋協会マニラ支部「比律賓華僑の経済的勢力」『南洋』27-11（1941 年 11 月 1 日）22-23 頁.

表 5-7　国籍別人口分布（1918 年と 1939 年の国勢調査）

	1918 年全土	マニラ市		1939 年全土	マニラ市	
フィリピン人	10,250,273 人	259,437	(2.5%)	15,833,649	564,388	(3.5%)
中国人	43,802	17,760	(40.5%)	117,487	46,233	(39.4%)
日本人	7,806	1,612	(20.7%)	29,057	4,730	(16.3%)
	（ダバオ：	4,472	(57.3%)		17,888	(61.6%))
アメリカ人	5,774	2,916	(50.5%)	8,709	3,191	(36.6%)
スペイン人	3,945	2,050	(52.0%)	4,627	2,124	(45.9%)
その他	2,710	1,531	(56.5%)	6,774	2,826	(41.7%)
合　計	10,314,310	285,306	(2.8%)	16,000,303	623,492	(3.9%)

出典：1939 年国勢調査.

は毎年ビサヤ諸島やミンダナオ島各地に寄港し、一九三七年の第六回には一〇万ペソ余を売り上げた［『マニラ日本商業会議所通報』二九号（一九三八年九月一五日）、三四—三七頁］。国内の船舶輸送については、表5-5の通り三〇年代になって入出港数が伸び悩んだが、荷揚げトン数は着実に増加した。

2　地方商業の担い手

(1)　中国人

フィリピン商業においては、中国人が大きな存在であり、とくに輸入品の扱い、地方への商品の流通において、絶大な影響力をもっていた。その影響力は、表5-6の商業投資見積高からマニラ市より地方のほうが大きく、表5-7の人口分布から六割以上の者がマニラ市以外に居住していたことがわかる。一九三九年の国勢調査で中国人人口一〇〇〇を超える州は四五州中二八にのぼり、華僑学校は三〇年の調査で全土に八〇校、教員数二六八、生徒数男子四四二七、女子一二二〇、夜間生徒一七二六を数えた。その後急増し、一〇年後には二〇〇校に達したとみられている。地方各地にも、商会や国民党などが経営する、生徒数数十人規模を中心とする学校が数十校、ほとんどの州に設立された［黄一九四四］。

フィリピン人が小売業に不適性であることについて、商務局カストロの談話がつぎの五点に要約されている［中一九四〇、一二四二頁］。

1　個人主義的なること。殆ど個人投資であり、強い共同意識により自国に共通なる利益擁護の為の団結なく、又共同購買、共同金融の機関が少い。
2　傲慢でサービスが悪い。
3　忍耐力と誠実さが欠除し、投機的に走る。
4　営業上不確実で、金融機関の信用獲得の可能性少し。
5　先見の明を欠き、先取的意志を以て事業を始める事が出来ぬ。

それにたいして、中国商人は、「「支那人でも近づかぬ土地」と言ふ鄙言がある位に、如何なる山間僻地でも、少くとも部落の形をなしてゐる限り部落外れに一軒の支那人店が見られ」」、「輸入綿布（Salong, Textile）であり、和製の缶詰であり、アルプス印ミルクであり、美しい比律賓化されたる支那下駄」などの生活必需品を供給していた。そして、これらの必需品は米、マニラ麻、コプラなどと物々交換された。さらに、麻挽機を賃貸ししたり、少額の金融までおこなっていた。これら地方の中国商人は、仲介的行商人を通してマニラ、イロイロ、セブなどの開港場の大問屋と結ばれ、大問屋は外国貿易商から大量仕入れした商品を、結束して大量注文する地方の小売商に販売した。この連鎖関係は、親族や同郷関係で結ばれ、運賃で便宜が図られ、取り立ても温情的であった［中一九四〇、一二四三—四四頁］。

表 5-8　州別商業勢力（1937 年）

州	投資額（1937 年末）							1939 年国勢調査	
	フィリピン人		中国人		日本人		合計	中国人人口	日本人人口
アブラ	99,250	45.0%	81,500	37.0%	—	—	220,550	66	1
アグサン	100,000	16.1%	500,000	80.6%	20,000	3.2%	620,500	351	28
アルバイ	2,343,000	41.9%	1,943,000	34.8%	100,000	1.8%	5,586,000	1,895	89
アンティケ	55,800	13.8%	325,300	80.5%	1,000	0.2%	404,100	215	2
バタアン	960,000	97.0%	29,600	3.0%	10,000	1.0%	989,800	55	12
バタネス	40,000	100.0%	—	—	—	—	40,000	—	1
バタンガス	1,640,000	72.6%	567,000	25.1%	2,000	0.1%	2,259,000	741	109
ボホール	431,160	50.6%	414,900	48.7%	6,000	0.7%	852,060	840	16
ブラカン	4,082,240	56.4%	1,099,450	15.2%	—	—	7,231,690	464	84
ブキドノン	89,250	78.7%	22,400	19.7%	800	0.7%	113,450	106	10
カガヤン	384,388	30.8%	684,182	54.7%	41,000	3.3%	1,249,714	1,404	41
北カマリネス								1,220	453
南カマリネス								2,087	80
カピス	285,000	24.1%	881,250	74.6%	9,000	0.8%	1,181,250	715	29
カビテ	409,850	53.5%	296,465	38.7%	13,000	1.7%	766,315	1,204	34
セブ	7,416,757	26.1%	11,064,236	39.0%	2,149,500	7.6%	28,392,493	6,117	623
コタバト	200,000	8.5%	2,000,000	85.1%	100,000	4.3%	2,350,000	1,591	137
ダバオ	600,000	3.5%	5,000,000	29.3%	6,000,000	35.2%	17,050,000	3,595	17,888
北イロコス	240,500	27.5%	614,500	70.4%	10,000	1.1%	873,000	424	9
南イロコス	735,265	33.7%	1,343,155	61.5%	50,000	2.3%	2,182,520	717	37
イロイロ	6,104,125	27.1%	15,741,360	69.9%	200,000	0.9%	22,525,485	3,511	574
イサベラ	5,000,000	33.3%	7,000,000	46.7%	5,000	0.0%	15,005,000	1,778	27
ラグナ	3,000,000	40.9%	4,000,000	54.5%	100,000	1.4%	7,335,000	1,939	142
ラナオ	177,300	47.8%	185,300	50.0%	—	—	370,600	567	48
ラ･ウニオン	343,178	20.2%	523,186	30.7%	80,000	4.7%	1,701,999	458	86
レイテ	2,415,698	54.1%	1,526,188	34.2%	26,756	0.6%	4,462,012	3,076	73
マニラ市	16,780,000	21.5%	20,720,000	26.6%	10,160,000	13.0%	78,000,000	46,233	4,730
マリンドゥケ	70,300	16.6%	350,000	82.8%	2,000	0.5%	422,500	557	6
マスバテ	334,223	39.2%	279,817	32.8%	—	—	852,040	731	126
ミンドロ								513	40
マウテン･プロビンス	247,500	65.0%	44,000	11.6%	65,000	17.1%	380,500	1,212	1,188
ヌエバ･エシハ	5,480,000	20.6%	15,604,000	58.7%	—	—	26,564,000	1,361	54
ヌエバ･ビスカヤ								273	7
西ミサミス	349,412	43.3%	351,569	43.6%	10,000	1.2%	806,181	1,049	33
東ミサミス	967,000	32.4%	1,840,000	61.6%	93,000	3.1%	2,985,000	1,512	120
西ネグロス	3,153,380	48.4%	2,666,642	40.9%	207,218	3.2%	6,514,303	2,679	490
東ネグロス	171,700	17.2%	677,135	67.7%	36,050	3.6%	999,935	1,125	44
パラワン	650,600	33.3%	851,500	43.6%	13,000	0.7%	1,954,100	368	133
パンパンガ	2,231,050	68.3%	869,400	26.6%	95,200	2.9%	3,268,420	1,301	103
パンガシナン	1,336,355	21.5%	2,736,085	43.9%	500,500	8.0%	6,226,940	1,800	81
リサール	2,484,270	59.4%	1,523,990	36.4%	72,090	1.7%	4,185,120	5,431	524
ロンブロン	154,300	50.0%	114,100	37.0%	—	—	308,400	214	—
サマール								1,956	26

州	投資額（1937 年末）							1939 年国勢調査	
	フィリピン人		中国人		日本人		合計	中国人人口	日本人人口
ソルソゴン	300,000	14.6%	1,600,000	78.0%	80,000	3.9%	2,050,000	1,451	28
スールー	100,000	22.3%	330,000	73.5%	15,000	3.3%	449,121	1,294	34
スリガオ	185,400	19.0%	770,800	78.9%	21,000	2.1%	977,200	1,115	75
タルラク	2,149,000	52.3%	1,865,400	45.4%	14,400	0.4%	4,111,100	1,359	37
タヤバス	1,040,174	33.4%	1,682,116	53.9%	253,303	8.1%	3,118,593	4,069	158
サンバレス	161,125	38.2%	220,393	52.3%	11,000	2.6%	421,518	581	42
サンボアンガ	103,600	7.3%	366,000	25.8%	111,800	7.9%	1,419,400	4,167	345
合　計	75,600,650	28.6%	111,275,625	42.1%	20,685,123	7.8%	264,299,538	117,487	29,057

出典：「比律賓華僑の商業投資」『南洋』26-5（1940 年 5 月）pp. 47-49；1939 年国勢調査.
註：合計が一致しないものがある.

これらの中国商人は、本国からの商品が少ないため、アメリカや日本から輸入された商品を扱うことによって利益を得ていた。

しかし、以上のようにフィリピンの地方中国商人の活動を一括りにして論じることには、大きな問題がある。ムラユ（マレー）世界（海域東南アジア）の一部であるフィリピンには、「村落国家」的な地方の自律性があり、民族言語集団や町・町区ごとに把握する必要がある。が、ここではデータがないため、州ごとの差を確認するにとどめざるをえない。表5-8「州別商業勢力」から、一九三七年末現在、商業投資額で中国人が過半数を占める州は四五州中一九、フィリピン人が過半数を占めるのは一三で、日本人はダバオ州の三五・二%が最高で、六州の投資が記録されていない。

その地方の独自性の一端については、フィリピン渡航一〇周年を記念して出版された渡辺薫『比律賓在留邦人商業発達史』（南洋協会、一九三六年、初版一九三五年）にみることができる。著者は、肩書きとして「商工省・東京府・南洋協会・日本比律賓メリヤス輸出組合嘱託」、マニラ日本商業会議所顧問などをもち、しばしば地方を巡回・調査し、個々の商店にアドバイスをするなど、フィリピン商業にかんする日本人第一人者であった。渡辺は、その著書で「バタンガス気質は他国人の侵入を嫌ひ、タール、レメリーの二部落では、此の色彩が頗る濃厚だから、如何に粘り強い支那人でも、是所丈では角店一つを持つ事が出来ない」［二一七頁］と記し、サンフェルナンドやタルラクでは「華商の結束と勢力とがあまりに強かった」[一七二頁]と、日本商店の進出が困難なことを説明をしている。

中国人や日本人の商人のほか、外国人の商人としてアメリカ人やインド人がいた。アメリカ人は、高級アメリカ商品を扱い、低級品は中国商店で販売された。インド人は「ボンバイ」とよばれ、絹・人絹を薄利多売で取り扱い、確固たる地盤を築いていた[中一九四〇、一二四五―四六頁、寺見二〇〇一]。

（2）日本人

フィリピンの日本商店は、一八九七年の日本バザーの前身の開店を嚆矢とするが、日本商品の輸入が急増する第一次世界大戦まで、おもに日本商品を取り扱っていたわけではなかった。第一次世界大戦を契機とする日本商品の輸入増に対応したのは中国商店であり、当時日本商店はとくに地方での販売網をもっていなかった。地方の日本商店が増加するのは、日本軍の中国侵略に抗議する中国商人の日本商品ボイコットと、一九三二年からの日本の財政拡張による景気への刺激と通貨切り下げを背景とした割安日本商品の輸出の急拡大を契機としていた。中国商人のボイコットは、その時どきで程度はまちまちであったが、済南事件（一九二八年）、満洲事変（一九三一年）、盧溝橋事件（一九三七年）などを契機としたものであった。日本商店は三〇年の三八五から三二年の七一九に数を急増させて対応し、もっぱら日本商品を扱うようになった。以上のことから、フィリピンにおける日本商店・商品は、第一次世界大戦以前と以後の日本商品の進出、三二年前後の日本商店の増加の三つの時期に分けて考察することができるだろう。

日本人ははじめ資本をあまり必要としないうえ、儲けの大きい氷店経営や菓子製造などに従事し、商店経営に転業する者が多かった。すでに行商は大手を含めトラックによっておこなわれるようになっており、トラック行商から固定商店とトラック行商の兼業あるいは固定商店専業に移る者がいた。ダバオのマニラ麻産業の不況から、商業に転ずる者もいた。また、建築請負業や漁業従事者のなかには、大工道具や漁網の輸入から販売をおこない、さらに一般商店を営業する者がいた［渡辺一九三六］。

在マニラ日本領事館が毎年一〇月一日付で実施していた六〇項目の職業別人口調査のなかで、一九二七―三八年（マニラ管内一九三〇年、ダバオ管内一九三〇年と三四年はデータなし）の「物品販売業」「会社員・銀行員・商店員・事務員」とそれらの家族を分析すると、つぎのようなことがわかる。フィリピン全土の「物品販売業」本業者数は、三四年に若干減少し、三七年に一三二人、二〇％以上減少した以外は増加している。「会社員・銀行員・商店員・事務員」本業者も同様の増減をするが、減少幅は小さい。また、家族も同様に増減するが、増加率は高い。すべてを合計すると、三二年まで順調に増加し、その後も三七年に三八一〇人から三六三〇人に減少した以外は増加している。したがって、以上のことから日本商店は数が増えただけでなく、商店の規模が大きくなり、家族も増えて安定してきていることがわかる。

これをマニラ、マニラ以外のルソン島、ビサヤ諸島、ダバオ、ダバオ以外のミンダナオの五地域に分類してみると、マニラとダバオは「会社員・銀行員・商店員・事務員」が多く、事業規模が大きいことがわかる。その他の地域では、ルソン島がビサヤ諸島やミンダナオに比べて家族数の割合が小さい。マニラでは、「物品販売業」本業者・家族とも一九三二年に増加し三四年に減少、それより小幅だが三六年に増加翌年に減少し、家族の増減の幅が大きい。ダバオでは、「物品販売業」本業者・家族が、マニラとは逆に三二―三三年に減少している。このことは、マニラ麻不況とおおいに関係している。また、「会社員・銀行員・商店員・事務員」本業者が三七年に減少している。ルソン島では、三二年に急激に減少している。三五年の家族の急増と翌年の急減についての意味はわからない。ビサヤ諸島では、「会社員・銀行員・商店員・事務員」本業者が三五―三六年に減少しているのに、「物品販売業」本業者は逆に三六年に急増している。家族はともに三四年まで順調に増加し、その後二一―三年間減少した。ミンダナオでは、「会社員・銀行員・商店員・事務員」本業者が、三二年と三五年に急増している。このように、地域によって状況が違うところから、日本人の進出もフィリピンの地域的要因に左右されていたことがうかがえる。なお、家族の男女差は、配偶者のみで子どものいないことを意味すると考えていいだろう。

つぎに、『比律賓邦人商社名簿　昭和十六年六月調査』（南洋協会、一九四一年）に掲載された一四〇八の「商社」の現地名の考察から、フィリピン人・社会との関係を考えてみたい。この「商社」のなかには学校や各種団体、個人の農業・漁業者まで含まれている。(4) 調査当時、フィリピンには南洋協会の支部がマニラとダバオにあり、それぞれ独自に調査をおこなったようで、職種名などの統一はみられない。また、とくに現地商店名を統一して記載したと思われるものがある。この名簿を上記同様、マニラ、マニラ以外のルソン島、ビサヤ諸島、ダバオ、ダバオ以外のミンダナオの五地域に分類すると、それぞれの「商社」数は四二二、三五一、一四七、四五三、三五となる。これらの現地名を、A―まったくの日本名、B―職種は英語などでフィリピン人にもわかるが日本の個人名などを冠しているもの、C―名称から日本人の経営とわからないもの、D―日本の代表的な地名などフィリピン人にも日本人の経営とわかるもの、の四つに分類した。

マニラでは、輸出入業・卸売業を専門としているものが一二あるが、Aが九、Cが一、Dが二であり、日本人や中国人が相手でフィリピン人を対象にしていないことがうかがえる。卸売りと小売りを兼ねているものは、Aが五、Bが一四、Cが八、Dが一となって、フィリピン人の小売り客を意識していたと考えられる。雑貨小売業専門ではAが一、Bが九、Cが四、Dが四である。マニラで特徴的なのは、氷店が一〇一軒あり、すべてBである（統一して記載された可能性が高い）。この傾向はホテル業九、マッサージ業七、シャツ製造業四、家具店七、時計店七、洋服店六、理髪店一二などにみられる。漁業三七はすべて日本名の〇〇組そのままで（これも統一して記載された可能性が高い）、この傾向は建築事務所五、食堂七などにみられる。

マニラ以外のルソン島では、雑貨商が一二二あり、食料品店などと兼ねたものが二五で、合計一四七軒がある。A

が二六、Bが四九、Cが五七、Dが一五で、地域にとけ込むような名称が多いいっぽう、「日本」を全面に出して営業していた様子もうかがえる。特徴的なのは、トリニダッドの農業六六とリサール州の養鶏場一一である。自転車商は一九あり、Bが五、Cが一四であった。氷店はリサール州に一三すべてA、パンパンガ州に三すべてBがあるだけだった。

ビサヤ諸島では、雑貨卸小売が一三（イロイロ市一を除きすべてセブ市）で、Bが五、Cが四、Dが四である。雑貨商は四二、兼業は三の合計四五で、Aが五、Bが二六、Cが一〇、Dが四である。漁業がセブ市二、イロイロ市一八、西ネグロス州一五の合計三五、すべてAである。自転車商が一一あり、Bが五、Cが六である。

ダバオでは、日本人社会が発達していて、職種においても各種バランスがとれていた。雑貨食料品商二七、食料品雑貨商四五、雑貨商七のほか兼業が数軒ある。合計七九のうち、Aが五八、Bが九、Cが四、Dが八で、日本人以外の客についてあまり考える必要がなかった様子がうかがえる。目立つ職業（専業）として、旅館業・旅館下宿業・下宿業一九でほとんどがB、木工業一九ですべてB、洋服仕立業一三で一軒を除いてすべてB、漁業一九でBが一六とCが三、理髪業三〇ですべてB、鉄工業一八でBが一六とCが二であった。

ダバオ以外のミンダナオは三五と少なく、日本人はあまり進出していなかった。約半数の一七が雑貨商、雑貨商兼業が七で、合計二四のうちAが五、Bが一一、Cが七、Dが一であった。特徴としては、木材輸出業が五で、Aが三、Cが二であった。

以上のことから、都市としてのマニラと日本人社会が支配的なダバオ、そのほかの地方では、それぞれ事情が異なり、とくに地方ではフィリピン人相手に小売業をしているいっぽう、農林水産業に従事していた人びとがいたことがわかる。

日本商店が、中国商店と異なっていたのは、まず商品の陳列の仕方だった。日本商店では店頭・店内一面に商品を並べ、客が自由に手にとって見ることができたのにたいして、中国商店では商品はガラス棚のなかにあって店員が客の要求に応じて一々取り出していた。日本商店は、品数が豊富で自由に手にとって品定めすることで客受けがよかったが、いっぽうで盗難が頻発した［原一九三七、五六―五八頁］。

つぎに、中国商店は店員に中国人の縁者や同郷人しか雇わなかったのにたいして、日本商店はフィリピン人を積極的に雇っていたことだった。マニラ日本商業会議所は、「日本小売業者ハ其使用人数ノ内約六〇%乃至七〇%ハ比律賓人ヲ使用シ居レリ」とみており、さらに日本商店で経験を積んだ後独立したフィリピン人に「金融上並ニ取引上ノ援助」をしていたと述べている［『マニラ日本商業会議所通報』六号（一九三六年九月一五日）］。一九二八年の「在留邦人会社及商店等」の使用人数をみても、日本人三五五人、フィリピン人一〇五一人、アメリカ人二人、合計一四〇八人で、たしかにフィリピン人が七四・六%を占めている［華南銀行一九三〇、三一―六頁］。また、フィリピンに基盤をもつ日本商店が多かったことから、その利益はフィリピン内に投資・還元され、中国人のように利益の大半が故国に送られるということはなかった［エデルステーン一九四〇、三四―三五頁］。

3　日本商品のフィリピン社会への浸透

(1) 日本商品の輸入増減の原因

フィリピンの日本からの輸入品の変遷をみると、いくつかの契機にもとづいて増減し、その契機に影響されるかされないかで、いくつかのパターンがあったことがわかる。そのおもな契機とは、中国商人の日本商品ボイコット、関税率引き上げ、フィリピン・コモンウェルス（独立準備政府）の成立などである。

①中国商人の日本商品ボイコット

フィリピンの中国人による排日運動は、本国の運動と呼応し、後に抗日救国運動となった。本国の排日運動は、一九〇八年の辰丸事件にはじまり、約三〇年間に前後一〇回に及んだ［菊池一九七四］。そのうち、フィリピンの中国人による排日運動に発展したものは、つぎの四回であった［東亜研究所一九四一、二三—二四頁］。

1　一九一九—二一年の山東問題による排日運動
2　一九二八—二九年の済南事件による排日運動
3　一九三一—三二年の満洲事変、上海事変による排日運動
4　一九三七年以降の支那事変による排日運動

これらの排日運動は、はじめ中華総商会の音頭で商人中心におこなわれたが、一九一九—二一年になると本国の五・四運動の影響を受けて学生主体となり、中国人一般大衆や華僑学校、華僑新聞が参加するようになった。さらに二八—二九年になると、中国国民党の指導の下に在外領事、中国国民党支部、僑務専員が中心となって、各種中国人団体を統轄して運動にあたった。フィリピンにおける抗日救国運動は、菲律賓華僑援助抗敵委員会が中心となった。具体的な排日行為としては、日本商品の販売、消費、運輸の拒否、日本人各種営業者との取引中止、日本人経営の鉱山のストライキなどに及んだ［東亜研究所一九四一、二四—二五、三八、四〇頁］。しかし、二〇年代までの排日運動では、日本商品の取り扱い拒否が、少なからぬ中国商人の死活問題になったため、あまり徹底的におこなわれなかった。むしろ反動傾向さえみられた。

一九三一—三二年の排日運動は、かつてないほど長期になり、厳しく実施された。日本商品のボイコットの気配が

濃厚となった三一年九月から影響が出始め、一〇月の実行期に入ると既注文が取り消されるいっぽう、追注文が出たりで混乱がみられた。一一月になると日本産のジャガイモやタマネギが徹底的に弾圧されそうな形勢になった。さらに、一二月になると未晒綿布が半減しアメリカ製や中国製にとってかわられるなど、日本製にかわる商品があるものから影響を受けた。「一度奥地に至れば売足の速い品を需めやうとする気配は従来と少しも変りがなかつた」という状況もあったが、明けて一九三二年一月になるとボイコットの影響が顕著になった。日本製紙ナプキンや日本産ジャガイモ、タマネギの顧客であった中華料理店では、品質の極度に劣ったものを使用するようになり、日本人客が減少した。いっぽう、消費者であるフィリピン人のあいだでは、日本商品を求める動きが出た。たとえば、「アグサン州ブツアン町のギンゴナ氏は華僑の日貨排斥以来メリヤス肌着一枚すら容易に買ふことが出来ないから是非日本人店を一軒ブツアンに出すやう骨折つて呉れと依頼し、スルガヲ州知事は自分の州内にも日本人店を一二軒欲しいと希望された」というようなことがあった［渡辺一九三二］。

一九三七年七月七日の盧溝橋事件（当時支那事変とよばれたが、一九二八年の済南事件なども事件後は支那事変とよばれた）以降の状況は、さらに厳しいものがあった。南洋協会「比律賓群島地方調査通信嘱託」原繁治（のちマニラ日本商業会議所書記長）は、つぎの五期に分けて説明している［原一九三八］。

1　日和見時期（昭和十二年七月中旬―十二月三十一日）
2　華僑抗敵会の暗躍期（昭和十三年一月一日―二月二十七日）
3　決行期（昭和十三年二月二十八日）
4　決行第一期（昭和十三年三月一日―五月三十一日）
5　決行第二期（昭和十三年六月一日以後）

シンガポール、バンコク、ジャワなどの中国人が事件後直ちに日貨排斥を決行したのにたいして、フィリピンの中国人はマニラで翌年の二月二八日、セブで五月二五日、ダバオ、コタバト、サンボアンガなどでは七月一日から決行した。このように直ちに決行できなかった理由は、つぎのように説明された〔土手一九四〇、一二一四—一五頁〕。

1　前の満洲、上海事変の時の日貨排斥が非常に支那人側に不利をもたらしたこと。即ち支那人側は苦い経験を嘗めてゐた。この時を利用して、比島日本商品が支那商人を圧迫進出した故にかくの如き自重をなした。即ち前の満洲上海事変の時は日本は丁度政友会内閣で金の輸出の禁止で為替の大暴落を来して居り、従つて日本品は割安となり、他国品との競争には有利な立場に立つた。この有利な日本品を取扱はぬ事が支那商人に取つて非常な苦痛であつた。

2　マニラ駐在中華民国総領事涂、又は孔財務部長などが献金に力を入れよと語つた事により〔〕

ボイコットに積極的だったのは、大手でおもにアメリカ商品を扱う金物商や材木商、アメリカ人やスペイン人を顧客にもつアメリカ製綿布業者などで、一般フィリピン人を顧客にもち陶磁器やメリヤス肌着類など安価な日本商品を扱う中国商店は、代替商品がないかぎり日本商品抜きでは商売が成り立たなかった。さらに、なぜ一九三八年二月二八日決行されたかについては、つぎのような理由があげられた。

A　一九三五年の春（上半期）フイリツピンの景気は頗るよく之より八月以来反動期に入る、その反動を中間反動と見て一般商人は先行きを楽観して居た。然るに実際には益々不況の度を深めて行き、一九三六年の春は最も甚しかつた。従つて一般の市場は Overstock であつた。その上に各人は金融上逼迫を告げた。寧ろ之を処分せねばならぬ立場にあり、新規仕入は殆ど中絶の状態が続いて居た。

B　事変勃発と共に不良政治的分子、所謂事件屋なるものが暗躍した。

C　時丁度日本としては輸入統制をなした結果、原価高を来し、従つてこの原価高による日本商品を取扱はなくても他国の品で代用する事が出来るに至る。即ち米国品を以て日本品に代用する事が出来る様になつて来た。

しかし、決行第一期の一九三八年五月三一日までは、多分に抜け道が存在し、日本商品が中国人に取り扱われることがあった。それが、第二期に入ると排日が徹底され、日本商社が取り扱う外国商品も取り扱えなくなった。第二期から日本商品は、もっぱら日本人卸商・小売商を通じて、消費者であるフィリピン人に届くようになったが、それでも地方では監視が行き届かず日本製メリヤス肌着など需要の多いものが依然として中国商店で売られていた。マニラの日本商店九軒の売上合計は、三七年の一〇九四万ペソから翌三八年に九一三万ペソに低下し、利益率は平均二六％から一二％に半減した［渡辺一九三九、一六―一七頁］。

②関税率引き上げ

一九三二年末から三三年にかけて発効された関税率引き上げにより、おおむね順調に発展していた日本商品のフィリピン進出に歯止めがかかることになった。その理由は、円安のため日本商品がアメリカ商品を蚕食していたこと、関税収入の減少、国内産業の不振による税収減、国内産業の保護などであった。一連の関税関係諸法案のなかで、日本商品にとくに影響が大きいものとして、つぎの二点があげられた(5)。

第一案は今後為替がノーマルであるものとして輸入貨物の価額に現行税率を適用せんとするものである。為替がノーマルであるといふのはミントヴアリユを指し、日本円は〇・九九七比で換算せられる。従つて本法公布の場合、本邦品は、現在為替換算率が四四比であるから、現在と比較して課税価額は二倍余となり、これによつて日本品は現在の二倍以上の税率を課せられることになる

又第三案関税改正案は、比島関税法税目三百五十一中約百税目三百五十一品目の改正を行ふものにして、前法と共に本邦品は禁止的高関税を付加せらる丶ことになるものである。

この結果、たとえば木綿製ブランケットは一キロ当たり〇・一〇—〇・一三が〇・一五—〇・二〇米ドル、メリヤス類が従価二五％から四〇％、絹及人絹布が従価五〇％から六〇％、ズック靴が従価一五％から三〇％、馬鈴薯・玉葱が一〇〇キロ当たり〇・八〇から一・五〇ドル、玩具類が従価二五％から四〇％、帽子類が従価三〇％から五〇％に、それぞれ引き上げられることになった。そして、平価法により、支払うべき税額の増加率は、綿タオルで一七三％、人絹織物一九五％、馬鈴薯一〇〇％、玩具二六四％、紙帽子一七三％で、軒並み二—四倍になり、ズック靴のように二一倍になるものもあった(6)。これらは、一九三二年一二月二一日にフーバー大統領の認可を経て即日発効され、ローズベルト Theodore Roosevelt, Jr. 総督は（任一九三二—三三）つぎのような理由により承認した［正木一九三三、六四—六七頁］。

本案により比島家内産業の原料品たる生糸の税率を据置き、職人及び労働者の商売道具たる刃物類の税率を引下げた又染物業者の用ふる樹皮樹根は之を無税とした。……比島漁業は比人の手に依れと謂ふ比島漁業国策と相俟つて魚類に対する税壁を高めて輸入を困難ならしめた。漬物、ジエリ、小間物類に対しても、夫々適当な増税を行つ

てゐる。国産ボタン、貝細工、ブンタル帽及び麦稈帽に対して亦同様の保護を怠らなかつた。

　恨むらくは輸入綿布に対して増税が行はれなかつたことである。元来比島では綿布、綿製品の需要極めて広く、而も原料品は容易に比島に栽培するを得るものなるが故に、綿業は将来比島産業として充分に発展の見込みがあるからである。スターチに対し関税の引上を行はなかつたのも本案欠点の一として数へねばならない。

　而して本案は米国と互恵的基礎の上に立ち、米国品のみを保護するわけでも無く、他方に於て比島の一般消費者の生活必需品の値段を高くする怖れもない。従つて如上、二、三の欠点ありとするも、国庫収入増加の必要より遂に本案を承認するものである[6]

この関税率引き上げによって、日本からの輸入商品は多大の影響を受け、一九三一年の免税率四・四%は三四年に〇・二%に激減した。そして、その影響はフィリピン人にも及んだ。総督は、「一般消費者の生活必需品の値段を高くする怖れもない」と述べているが、関税率引き上げ後も日本商品のほうが安いものが少なからずあり、現金収入の少ない消費者の購買意欲を減じさせたことは間違いないだろう[7]。また、日本商品の代替輸入品としてアメリカ商品を輸入するということは、無税で入ってくることを意味し、関税収入の減少をもたらすことになった。産業基盤の弱いフィリピンで生産された商品が、無税で入ってくるアメリカ商品にすぐに対抗できるとも思われず、国内産業にたいしてもさほど影響はなかったと考えられる。

この関税率引き上げにさいして、興味ある動きをしたのが、大正バザーの村田栄一であった。日本からの輸入がだめなら、フィリピンに工場を建てて生産しようとしたのである。これにたいして、フィリピンの日本人会、日本側の輸出業者は猛反発し、阻止しようとした。その経緯については、村田自身がつぎのように語っている[8]［渡辺一九三六、二四八—四九頁］。

一九三三年一月廿日比島の関税は高率の変更を見た、其中でもゴム沓の如きは従価一割五分が一足に付き五十仙といふ禁止的関税となり小売業者は悲鳴を上げた。自分も其内の一人であつたが、事茲に至つては比島内に製造設備をするより外ないと思ひ立ち一月廿四日のガンヂス丸で急遽帰朝、半歳に亘る研究の末勝算疑なしと一切の機械を購入して七月四日めきしこ丸に便乗希望に燃えつゝセブに上陸時を移さず工場の建築に着手、八分通りの完成を了へた折柄、マニラ総領事館からセブ日本人会へ飛電〝大正バザーのゴム沓工場の資本及一日の製産能率を調べて通知求む〟とセブ日本人会長は実相を知るため直に私に相談があつたから差支にならない程度の回答をして置いた。時も時日本から〇〇〇組合理事長も渡比中で自分関係の工場問題も考慮し、ゴム沓工場設置の阻止運動も開始された。十二月十三日のマニラ商業会議所発会式の席上、セブゴム沓工場設立阻止の動議を出したが商工省の渡邉氏及大《ママ》〔太〕宰正金支店長は比島内ゴム沓工場の設置は自然の趨勢で日本人将来のためにも、日本製材料輸入の上からも阻止すべきではなからうと主張し、総領事は本省から具体的の回答がないと言ふので根本方針丈けを述べられたが、大勢は賛成に傾いて居た。それでも一方阻止運動は止まなかつたが、外務省からは条件付の許可方針が電報され、比島内の問題は一段落したが、治まらないのは日本側であつた。仕入部となつて居る神戸大信貿易商会は売国奴かの如くに誤解されて、一時は身の危険を感ずる事すらあつたが遂に外務商工両省共充分了解して貰ひ愈々昭和九年の春三月技術者渡航の件も認可されて事件は全く終焉を告げた。かうして材料の供給も滞りなく五月二十日から日本人の資本に成るゴム沓工場は幾多の比島従業員を呑吐してセブ郊外に不断の煙を立てゝ居る、比人と共存共栄の実を挙げるためにも決して自我を通そうと考へない只管至誠は天に通ずるとのみ信じて居ります。

その後、綿布・綿製品などについても、同じ動きがみられた。一九三四年に日本からフィリピンへの綿布輸入が額では劣ったものの量でアメリカ製を上まわったことから、フィリピン市場をめぐって日本とアメリカとの間で問題となった。日本製は一時抜け道として香港やホロ経由でフィリピンに入るなどしたが、フィリピンでの製造が不可欠と考えられ、金貨メリヤス会社は三七年に四〇〇台の織機を輸入した〔『マニラ日本商業会議所通報』二三号（一九三八年三月一日）、二五頁〕。

③コモンウェルス（独立準備政府）の成立

一九三五年一一月一五日に発足したコモンウェルス政府は、一〇年後の独立をめざして種々の政策を打ち出した。経済的自立については、発足前の三四年一一月一九日にNEPA（National Economic Protectionism Association）を創設し、国産品愛護奨励運動を展開した。NEPAの創設目的は、

（a）国産品奨励の宣伝及保護貿易主義を強く実施する。（b）国家機関をして国産品を奨励せしめ国民をしてより多く商業に従事せしめ、比島財政及労働者にとつて不利なる企画を断乎排撃する。（c）外国品の不公正なる侵入に対し適宜の処置をなす等

とされ、その目標とするところは、工業化と国産品愛用であった。そして、国産品愛用の宣伝のため、つぎの七つの方法がとられた〔大谷一九四一、一四〇―四二頁〕。

一、民衆的会合

二、学校利用

三、新聞雑誌の協力
四、ラヂオ放送局の協力
五、郵便通信
六、州市町村支部を通じての宣伝
七、直接実物宣伝

ＮＥＰＡ運動は、一九三五年二月から実際におこなわれ、国産愛用週間（Made-in-the-Philippines Products Week）を設けて各種イベントをおこない、マニラ市ではマニラトレーディングセンターで物産展覧会を開催した。四〇年の最終日の八月二三日には、ケソン大統領 Manuel Quezon（一八七八—一九四四、任一九三五—四四）がリサール競技場で演説をおこない、「ネパ運動による盲目的国粋運動を排し飽迄良品を以つて外国品に代るべきで自国品の強要は不可だと戒めた」［大谷一九四一、一四四—四六頁］。しかし、運動の成果は微々たるもので、三九年のフィリピン製の消費額は二四万ペソで、三四年の八万ペソから三倍の増加をみたが、全輸入額二億〇五六八万ペソの〇・一％をわずかに超えたにすぎなかった［大谷一九四一、一五三—五五頁］。多くの工業製品の原料は輸入しなければならなかったため、設備投資に見合うだけの生産が得られる保証はなかった。

このほか外国人の商業活動を制限する小売業自主化、外国人使用制限、共同組合、消費組合商店、国営貿易会社などが考案されたが、充分な成果を上げる前に日本軍によってフィリピンは占領された。

（2）日本商品のフィリピン社会への影響

つぎに輸入された日本商品をみていこう。従来、額の多いものをおもな輸入品として、国家間の貿易で説明されてきた。しかし、輸入国の住民の消費生活への影響という観点からみれば、その多寡による影響ではないことがいえるだろう。ここでは、いくつかの例をあげて、日本商品のフィリピン社会への影響について考察する。ただし、額が中心となり、量については充分に語ることができない。日本製など安価な商品が流通することによって、額が減少しても量が増加し、消費傾向を強めた商品が少なくなかった。詳しくは、［早瀬二〇〇四ａ］を参照されたい。なお、貿易統計については、*Annual Report of the Insular Collector of Customs*, 1908-40によった(9)。

①終始日本商品が有利

まず、日本商品が有利に推移したものとして、綿シャツ肌着、陶磁器、扇子とガラスビン、琺瑯鉄器、ランプ（電気以外）、ハンカチ、ポマードなどがあった。

扇子、陶磁器、綿シャツ肌着などは、同じような輸入高の増減を表わしている。一九二八年をピークに減少し、三〇年代半ばに若干増加した。日本商品の占有率は、輸入高の増減にかかわりなく八〇％以上を占めることが多かった。扇子の輸入高は小さく、電気扇風機の登場・普及とともに、都市富裕層ではアクセサリー的なものが中心になっていった。陶磁器や綿シャツ肌着は、安価なものが地方にも広まった。ガラスビンは、各種容器として使用されたもので、日本商品のシェアは二八年以降六〇％台に落ちて、高級品を中心にアメリカ商品と競合するようになった。ハンカチは、三四年に絹製から人絹にかわっても、日本製が大半を占めた。

一九三八年には、一般的にみて「米国品一割値下り邦品一割五分値上り」という状況であったが、「日給凡そ六十仙より一比の収入を以て生計を樹つる一般労働大衆には今日一割見当の値下りを見せる米国品は経済上手がつけられない」ため、つぎの一覧から明らかなように安価な日本商品が購入されていた［『マニラ日本商業会議所通報』二七号（一九三八年七月一五日）、三二一—三二三頁］。

		邦品の安もの（比）	米品の安もの（比）
○歯磨ブラシ	（打）	○・三八	一・六○
○爪楊枝	（打）	○・三五	○・七五
○襯衣袖付（メリヤス）	（打）	二・三○	一八・○○
○人絹製小児用帽子	（打）	二・五○	一四・○○（別品）
○ハンカチ（最小）	（打）	○・一五	○・四五
○鉛筆	（哥）	○・六○	三・三○
○ポロシャツ大人用	（打）	四・○○	九・○○
○沓下	（打）	一・○○	一・五○
○ナプキン	（束）	○・○五	○・二○
○セル人形	（個）	○・一○	○・五○
○ポマード用空瓶（最小）	（哥）	一・五五	三・五○
○アルバム	（哥）	一○・○○	六八・○○
○婦人用櫛（曲形黒）	（打）	七・○○	九・○○
○鏡（四×五）	（打）	○・八○	二・五○
○学童用万年筆	（打）	一・五○	六・○○
○白粉刷毛	（哥）	二・○○	一○・○○
○金剛砥石	（個）	○・六○	一・五○

○クラヨン（絵具）	（哥）	二・六〇	一三・〇〇
○インキ	（哥）	三・三〇	一〇・〇〇
○扇子	（百本）	二・五〇	——

一九三九年に日本商品が断然有利とされたものは、一般雑貨品で「○セルロイド製女子用櫛（石入及無地）　○男子用色物櫛　○歯ブラシ下級品　○セルロイド製石鹼函及び白粉入　○鉛筆下級品　○万年筆下級品　○オートグラフ及アルバム　○ナプキンペーパー　○一般シヤツ類　○ハンカチ安物、プリント物　○陶磁器　○ツースピツク、等々」、食料品で「トマト、サルジン」「鰯水煮五オンス入」「無糖煉乳アルパイン印」「加糖煉乳モリノ印」であった［山本一九三九、二一一—二一二頁］。

②日本商品有利からアメリカ商品有利へ

傘部品は、傘完成品とともに日本商品が重要な位置を占めるようになり、一九二九年のシェア急減後も一時回復したが、三九年から再び急減した。雨傘をさす習慣があまりないため、雨傘・日傘はおもに都市の女性用であったと考えられる。紙製タオル・ナプキンは、三一年に日本製優位からアメリカ製優位にかわった。タマネギやジャガイモは、現地のものより大きく品質がよかったために、マニラを中心に需要があったが、シェアはしだいに減少し、アメリカ産などにとってかわられた。綿布はアメリカ製の価格下落にたいして、日本製は原料輸入難と輸出統制のためにアメリカ製と同額またはそれ以上になり、三七年半ばには輸入量が逆転した。さらに、中国人の日本商品ボイコットが追い打ちをかけた[10]。

一九三九年に断然アメリカ商品が圧倒しているとされたのは、一般雑貨品で「男子用櫛（ハードラバー）」「（光線防ギ）色眼鏡」「万年筆」「革製トランク」「ボストン、バック」「ハンド、バッグ類」「皮製紙幣入」「魔法瓶」「靴下類」「襯衣（特別もの）」「木綿製ジヤケツ」「ガウン」「皮帯（男子用）」「アルミニウム・カップ」「グラス、カップ類」、食料品で「馬鈴薯」「麦粉」「鯖缶詰」、鉄製品のほとんどであった［山本一九三九、一六―二二頁］。

③日本商品有利から他国商品有利へ

マッチは、早くから日本製が進出したが、フィリピン国内産が増えて需要の大半を充たすようになった。輸入品では、中国やスウェーデン産がシェアを増加させた。革製トランクは、一九二一年に日本製優位から中国製優位にかわった。

④アメリカ商品有利から日本商品有利へ、さらにアメリカ商品有利へ

フィリピン各地に日本人経営の自転車店が開店したが、修理店を兼ねていた。自転車部品は日本製が一九三〇年から使われるようになったが、原価が輸出最盛期に比べ四五％値上がりしたため、三八年以降そのシェアはアメリカにとってかわられた(11)［『マニラ日本商業会議所通報』二八号（一九三八年八月一五日）、三四―四四頁］。櫛は、二〇年から安価な日本製が大きなシェアを占めるようになったが、三〇年代末にアメリカ製にとってかわられた。ゴム底ズック靴は、三〇年になって急速にシェアを伸ばしたために問題となり［外交史料館文書E三・一・二・X一―U二］、三八年以降急速に減少した。鰯、鯖、鮭などの魚の缶詰や鱈の干物などは、アメリカ製とともに輸入されるようになった。鰯の缶詰は一八年に輸入が急増し、大半がアメリカ製であったが三〇年代半ばに一時日本製がアメリカ製を上まわり、さらに三〇年代末にはアメリカ製が逆転した。マニラの鮮魚の供給については、日本人漁民がフィリピン革命期から大きな存在であったが（本書第二章）［武田二〇〇二、地方では鮮魚を手に入れることは困難で、缶詰が普及した。玩具は

第一次世界大戦後から堅調に推移し、高級品ではアメリカ製、安物では日本製が輸入されていたが、アメリカ製の低級品が出まわるようになって日本製のシェアが低下した[12]〔渡辺一九四一、九一七頁〕。人絹は、三〇年になって急速に日本製がシェアを伸ばしたため問題となり、三〇年代末にはアメリカ製にとってかわられた。

一九三九年に「伯仲戦を交へてゐるもの」とされたのは、一般雑貨品で「歯ブラシ米品安もの」「リネン紙封筒（米国品安もの）」「鉛筆（最安もの）」「トイレット、ペーパー」「人絹製ネクタイ」（フィリピン製）「エナメル製湯沸」（チェコ製）「洗面器」（ポーランド製）「エナメル、カップ」（ポーランド製）「ガラス、カップ」（米品最安もの）「カルデロン」（ドイツ製）「ハンカチ下級品」、食料品では「水煮鰯缶詰」「サルモン缶詰」であった〔山本、一九三九年、一九―二三頁〕。

⑤終始アメリカ商品有利

鉛筆や万年筆は、日本製のシェアが伸びなかったが、事務用の高級品はアメリカ製、学童用の低級品は日本製が主であった。金物などはアメリカ製が圧倒的で、日本製の入る余地はなかった。

以上から、日本商品はマニラの都市大衆消費文化に貢献したものと、安価な商品を地方に普及させたという二重の役割を担っていたことが想像される。

フィリピン市場は小さく、関税障壁があり、日本商品が容易に進出できる環境にはなかった。しかし、サトウキビ、アバカ（マニラ麻）、ココナツ、タバコといった換金作物に恵まれ、その輸出の伸びとともにフィリピンへの輸入品が増加した。製靴業など工業の発展が限られていたフィリピンでは日用品さえ輸入に頼り、近代産業が軌道に乗りだした日本の軽工業・家内工業製品がフィリピンにも進出した。そして、「貯蓄心も乏しいといふ様なところから、流行を追ふこと病的に熱心欲しいものなら何んな無理でもする」フィリピン人気質に振りまわされながらも、日本商品はフィリピンに進出していった。その商品の浮沈の激しさは、つぎのような例で説明された［実吉一九三一、二六―二七頁］。

セルロイド枠のロイド眼鏡、勿論平眼、はじめて米国から来た時は七、八比《ペソ》位で売れた、これなんめりと日本から行つたのを六比位で売つた、うんと売つた、六七年前の話である、今日では一比前後に落付いたが、もうそれでも売れない。十年近くなるが、その頃は模造真珠の首飾が一連八九比に売れたが今では二十仙前後になつた。ある男呉の製造元からガラスペンを仕入れ、一本十五仙に売つて三年許りの間に二万比儲けた、もう売れないと見るとさつさと引上げた。セルロイドの櫛半円に曲つたもので前頭にさすもの、あれが二三比で都邑を通じて土人の女に使はれたことがあつた。最近大部下火になつたかアンチモニーの額縁がうんと売れた。セルロイドの煙草用パイプが最初は二比にも売れた。

むすびにかえて

フィリピンを代表するデザートにハロハロがある。あんみつの上にかき氷をのせ、さらに甘く煮た豆（大小）や果物、ナタデココ、ウビ（紫ヤムイモ）の餡、スイートコーンなどをのせ、コンデンスミルクをかける。デラックスやスペシャルが付くと、アイスクリームがのっていることがある。日本のコンビニ（ミニストップ）にも登場したハロハロは、フィリピン語で「混ぜる」という意味で、よく混ぜるとおいしいとか、いろいろなものが混じりあってのっていることから、この名前になったといわれる。一九四一年現在、マニラ市で日本人経営の氷店が一〇〇件を超えていたことが、本章でも確認できた。このハロハロは、日本の氷あずきが原型だといわれている。小豆のかわりに緑色のモンゴ豆、小豆餡のかわりにウビ餡が使われた。さらに、アメリカの華やかな大衆文化の影響を背景に豪華になり、くだものやナタデココなど、いろいろなものをのせたといわれている。まさに、日本とアメリカの文化が、フィリピンで合体したものである。しかし、ハロハロは、もはや日本の影響でもアメリカの影響でもない、フィリピン独自のものとして主張できるだけのものを誇示している。それは、現在世界中で普及したマクドナルドのハンバーガーがフィリピンでは苦戦し、地元資本のジョリビーJollibeeの甘いマヨネーズの入ったハンバーガーの厚い壁に阻まれていることと、相通じるものがある。

フィリピンの近代消費社会の出現は、アメリカの植民地化による教育制度の普及や交通網の整備などによって、その基礎ができた。そして、フィリピン大衆の手の届きやすい安価な日本商品の出現によって、市場は拡大した。日本商店は、安い日本商品を供給しただけでなく、手にとって品定めできるようにしたため、商品が身近で求めやすいようになった。また、フィリピン人店員を雇い、経営のノウハウを伝えた。はじめて商品を手にしたフィリピン人が、マニラの下町や地方で見られ、「不意に雨にでも逢はうものなら、スリッパも帽子もぬいで腋の下へはさんで飛ぶ姿を何回か見」［渡辺一九三六、三三二頁］た日本人もいた。これらの消費物資は、クリスマスと町・村のフィエスタ、新学期時に一気にその需要を伸ばした。洋服の新調が年中行事になり、新しい商品を購入する機会になった。アメリカの植民地化がすすみ、日本商品が大衆消費物資になっても、それでもフィリピン大衆が「アメリカ化」したわけでもなければ、「日本化」したわけでもなかった。国家間の貿易では、フィリピン産農産物にかわって大量に輸入される消費物資の影響が大きいと考えられても不思議ではない。しかし、マニラの下町で日本製の鏡を見ながら日本製のセルロイド櫛で毎朝髪をとき、地方で農産物を売って小金をえた者が日本産の鰯の缶詰を買って家族といっしょに食べたとしても、それらの消費者が日本を意識することはなかっただろう。ましてや、アメリカの植民地支配を補完するように入ってきた日本商品を、国内産業が育成されない原因と考えた一般大衆はいなかっただろうし、さらに政治問題化してアメリカの植民支配を批判的にみる比較の存在として日本商店・商品をみる者もいなかっただろう。フィリピン大衆は、ただアメリカ植民地制度や日本商品がフィリピンの生活・文化を豊かで華やかなものにしてくれるものだと理解していただろう。そして、ハロハロのように、フィリピン人は都市の下町でも地方でも、近代消費生活を背景に、フィリピン独自の近代大衆文化を創り出していった。日本製の鰯の缶詰は、戦後もごく普通に食卓にのぼり、HAKATAやATAMIなどのブランド名で親しまれ、スーパーマーケットやサリサリ・ストア（小規模雑貨店）で大きな位置を占めた。

本章のみによって、日本人・商品がアメリカ人・商品より、フィリピン人・社会に大きな影響を与えたということはできないだろうし、それを議論したつもりはない。フィリピンにとっての「日本」は、「アメリカ」の補完でもなければ「風穴」でもない。従来語られてきた国際貿易や国家の政治・経済とは別次元の、消費者の視点でみることによって、「日本」はフィリピンの近代消費社会の形成と発展に大きく寄与したということがいえるだろう。そして、日本との関係を考えることによって、アメリカとの関係を中心としたフィリピン近代史と違う一面に気づくことができるだろう。

第III部　フィリピンと戦争を挟んで交流した日本人

敗走地タモガンに祈る
出典：[ダバオ会編集部 1993]

第六章 『比律賓情報』を担った日本人

はじめに

『比律賓情報』は、財団法人比律賓協会の情報誌として一九三六（昭和一一）年一二月に創刊され、四四年一二月まで月刊誌（一部不定期）として九〇号発行された。比律賓協会の設立目的である「国交ノ親善、文化ノ向上、経済連鎖ノ強化」に沿った情報が平均八〇頁弱の誌面を埋め、当時はフィリピンにかんする最高の情報源となっていた。そのなかには、戦争中の焼失などで今日原典をみることができない情報が多く含まれている。昭和一〇年代の日本・フィリピン関係を理解する最重要史料のひとつ、ということができる。

ここでは、まず発行母体である比律賓協会について述べ、ついで『比律賓情報』の目次や復刻版のために新たに作成した索引の分析から、その内容について紹介する。最後に、若干の考察を加える。

1 比律賓協会

比律賓協会については、グッドマンの先駆的研究に加えて、ユー-ホセ、寺見の研究があり、改めて分析・考察する余地はないかのように思われる。また、設立前からかかわり、設立後は監事として従事した小林次郎（貴族院書記官）の「比律賓協会が出来るまで」で、設立のいきさつが語られている(1)。ここでは、まずあわせて復刻された一九三五―四二年度「会務報告」や『比律賓情報』の「協会記事」から事実関係を確認し、比律賓協会の歩みを追ってみる。

財団法人比律賓協会は、一九三五年八月六日文部大臣および外務大臣より設立を許可され、同月九日に東京府庁において設立許可書を受領した。ついで、二三日に東京区裁判所で設立登記の申請をおこない、翌二四日にその登記を完了した。後に八月六日を創立紀念日としているが［『昭和十七年度会務報告』一四頁］、設立関係者および役員の初会合がおこなわれた八月二三日をもって創立の日と考えている者もいる。

その設立のきっかけは、小林次郎が同氏も同行した一九三三年六月の貴族院議員南洋視察団一行のダバオ、マニラ訪問としていることから、これまでそのように考えられてきた。しかし、同一行一二人のうち設立に直接かかわったのは小林次郎だけで、そのほかの者では団長の土方寧および稲田昌植が三六年から評議員を務めているにすぎない。すでにこれまでの研究で述べているように、相前後して国際文化振興会や大亜細亜協会といった文化、政治団体などの活動があり、貴族院議員のダバオやマニラの訪問もそのような契機のひとつであったと考えていいだろう。しかし、なにより直接の契機となったのは、三五年一一月一五日に予定されていたフィリピン・コモンウェルス（独立準備政府）の成立であり、四六年七月四日の独立であった。そのことは、「協会設立経過」によく表れている［『昭和十年度比律賓協会会務報告』九―一〇頁］。

比律賓は最近我国との交通甚頻繁となり、経済的関係亦益密接を加ふるに至れるを以て、朝野有力者の間に両国親善増進の為、日比協会設立の議唱へられ居りしが、偶一九三四年三月二十四日米国大統領裁可の「タイデイングス、マクダフイ」法案に基き、比律賓憲法制定せられ、昭和十年即一九三五年十一月十五日には「フイリツピン、コンモンウエルス」政府の樹立せられんとする機運となりし為、一層協会設立促進の必要を感ずるに至り、関係者屢会合して協議を重ねたる処、同年六月に至り愈協会設立趣意書及寄付行為の文案完成し且財団法人として必要なる基本金の調達を得るに及び、左記設立者を代表し子爵岡部長景の名を以て、同七月九日文部大臣及外務大臣に対し財団法人比律賓協会設立許可申請書を提出し、同八月六日許可せられ茲に本協会の設立を見るに至れるものなり。

財団法人比律賓協会設立者（イロハ順）

石丸優三　堀内謙介　堀井源作　侯爵徳川頼貞　子爵岡部長景　大島正徳　柳沢健　古城胤秀

小林次郎　赤間信義　森電三

当時の外務省の文書をみると、外務省は特定の民間政治団体がフィリピンとの交流母体になることに警戒心を抱いていたことがわかる［外務省外交史料館文書Ⅰ四・六・〇・一‐一］。このように官民ともども、フィリピンの独立を前にして日比交流団体の設立を模索しているなかで、政府の影響下で設立されることが望ましいという観点から、比律賓協会が設立されたと考えられる。

比律賓協会の監督官庁は文部省と外務省（後に大東亜省）であったが、設立後の役員の挨拶回りをみると、まず九月二八日に外務大臣および海軍大臣、一〇月一二日に陸軍大臣および拓務大臣であったことから、陸・海軍とのかかわりが強かったことがわかる［『昭和十年度比律賓協会会務報告』一四—一五頁］。このことは設立関係者および設立当時の役員の名からもわかる。また、「会務報告」の収支決算から、外務省に加えて陸・海軍からも補助金を得ていたことがわかる（表6‐1）。補助金は、台湾総督府や拓務省からも得ていたが、両者は申請手続きが必要であった。

比律賓協会の役員は、会長、副会長、顧問、理事、監事、評議員からなり、「総裁ヲ奉戴」することになっており、一九四三年一〇月の理事会で協議されたが「奉戴」するにはいたらなかった。また、副会長は三九年から、顧問は四

表 6-1　比律賓協会収支決算（予算）（1935-45 年）

収入の部

昭和	総合計	補助金合計	外務省	陸軍省	海軍省	拓務省	台湾総督府	寄付金	会費合計	維持会費	終身会費	通常会費	雑収入	繰越金
10 年度決算	**13,999**	**9,000**						**600**	**4,240**	**4,000**		**240**	**150**	
11 年度予算	30,150	12,000							8,300	7,000		1,300	450	9,400
11 年度決算	**22,746**	**7,000**					**1,000**	**1,200**	**4,490**	**4,000**		**490**	**421**	**9,636**
12 年度予算	31,706	8,000						1,200	8,040	7,200		840	450	14,016
12 年度決算	**27,056**	**6,000**					**1,000**	**1,200**	**5,070**	**4,600**		**470**	**692**	**14,093**
13 年度予算	30,431	5,000						1,200	9,200	8,600		600	700	14,331
13 年度決算	**30,255**	**5,000**	**2,000**	**1,000**	**1,000**		**1,000**	**1,200**	**8,290**	**7,800**		**490**	**1,380**	**14,384**
14 年度予算	40,274	5,000						1,200	19,800	17,800		2,000	1,400	12,874
14 年度決算	**32,071**	**10,250**	**6,000**	**3,000**		**250**	**1,000**	**1,200**	**6,360**	**5,800**		**560**	**1,526**	**12,735**
関西支部決算	**10,250**								**8,420**	**7,600**	**800**	**20**	**6**	**1,824**
15 年度予算	22,615	10,200						1,200	6,750	6,200		550	1,495	2,970
15 年度決算	**30,450**	**6,650**	**4,000**		**1,000**	**150**	**1,500**	**1,200**	**7,010**	**6,200**	**200**	**610**	**4,465**	**11,125**
関西支部予算	15,350								15,000	14,000		1,000	350	
関西支部決算	**9,889**								**8,710**	**8,300**	**400**	**10**	**154**	**1,026**
16 年度予算	50,300	33,500						1,200	7,000	6,400		600	1,600	7,000
関西支部予算	15,550								15,200	14,200	600	400	350	
20 年度予算	160,000	66,000						73,800	6,900	6,000		900	800	10,000

支出の部

昭和	総合計	諸給費	事務費	事業費合計	調査費	刊行費	連絡員費	接待費	啓発費	講演費	視察費	その他[註]	予備費	公債購入費	繰越金
10 年度決算	**4,355**	**1,361**	**1,672**	**713**	**34**	**155**		**525**				**608**			**9,636**
11 年度予算	20,950	4,520	2,830	12,600	1,000	600		3,500	1,000	1,000	5,000	500	1,000		9,200
11 年度決算	**8,653**	**4,092**	**2,600**	**1,961**	**85**	**691**		**823**	**290**	**52**		**20**			**14,093**

12年度予算	22,610	4,240	3,370	14,000	6,000	1,000		3,000	3,000	1,000			1,000		9,096
12年度決算	**12,671**	**4,192**	**3,043**	**3,845**	**718**	**454**		**1,580**	**1,028**	**65**			**690**	**992**	**14,384**
13年度予算	21,022	4,772	3,750	11,500	5,000	1,000		2,000	3,000	500			1,000		9,409
13年度決算	**15,625**	**5,494**	**3,715**	**6,416**	**1,656**	**1,296**		**2,002**	**1,190**	**20**		**252**	**722**		**12,735**
関西支部費	**1,895**	**110**	**146**	**527**				**527**				**1,063**	**0**		
14年度予算	22,942	5,462	4,010	12,470	3,830	2,000	1,000	2,500	1,900		1,000	240	1,000		7,802
14年度決算	**20,787**	**4,686**	**4,495**	**10,665**	**1,846**	**3,033**	**300**	**1,897**	**416**			**1,825**	**940**		**11,125**
関西支部費	9,530														
関西支部決算	**7,359**	**2,710**	**1,266**	**3,384**	**312**	**150**		**2,525**	**296**	**100**			**0**		
15年度予算	19,918	7,050	4,110	8,058	700	2,900	300	2,500	1,600			58	700		2,697
15年度決算	**17,433**	**5,848**	**4,443**	**7,142**	**480**	**2,691**	**300**	**1,992**	**1,410**			**268**	**400**		
関西支部予算	15,350	3,950	2,900	8,000	1,000	1,200		3,600	600	600	1,000		500		
関西支部決算	**8,726**	**3,513**	**1,438**	**3,776**	**22**	**480**		**2,614**	**560**	**100**			**0**		
16年度予算	42,510	11,700	4,910	23,900	10,000	5,000	500	2,500	2,800		3,000	100	2,000		7,790
関西支部予算	15,550	3,950	2,900	8,200	1,000	1,200		3,600	1,000	600	800		500		
20年度予算	160,000	60,800	16,500	50,000	5,000	7,000						30,500	2,200		

註：10年度は臨時費（初年度調弁費，事業費に含まず），11年度は雑費，13年度は寄付金，13年度関西支部費は関西支部創立費，14年度は寄付金（75.60）および臨時支出（マニラに於けるエキスポジション援助金1824.98），15年度は寄付金，20年度は事業費に含まれる比島学生育成費20,000，比島関係者援護費10,000，接伴費5,000，集会費3,000のほか，施設費22,500，警防費5,000，退職応召準備金3000.

10年度は8月6日-12月31日，11-13年度は1-12月，14年度は1-12月および翌年1-3月，15-16年度，20年度は4月-翌年3月.

出典：『財団法人　比律賓協会々務報告』昭和10-17年度，「財団法人　比律賓協会昭和二十年度収支予算（案）」.

三年から就任した。理事長は会務を「統理シ本会ヲ代表」し、理事は「会務ヲ処理シ其ノ責ニ任」じた。したがって、理事会が会務の事実上の決定権をもっていた。実際の会務は、謝礼（四〇年度で四五〇円）を支給された常務理事があたり、主事が事務方の中心となった。しかし、理事会の出席者は数人にすぎず、大島正徳らが積極的に出席したほかは有名無実の存在だった。大島は常務理事が外遊などで不在のとき、代理を務めた。評議員会は毎年一一月に開催され、「重要会務ヲ審議ス」ることになっていたが、開催時期ははじめから守られなかった。三七年度までに理事会九回、評議員会三回が開催されたが、三八年度から四〇年度まで理事会と評議員会の開催回数がほぼ同じになり、評議員会が重視されるようになったことがわかる。一般に、評議員は理事よりフィリピンに精通していたことから、より現実的な活動をおこなおうとしていたことが読みとれる。その後戦時下で理事会の開催回数が増え、四四年八月までの九年間に合計三九回が開催された。評議員会は、合計二二回だった［早瀬二〇〇三b、四四―四六頁］。

比律賓協会の目的および事業は、以下の通り「財団法人比律賓協会寄付行為」に定められていた。

第二章　目的及事業

第三条　本協会ハ日比ノ親交及文化ノ発達ヲ図ルヲ以テ目的トシ比律賓ニ於ケル同種ノ団体ト連絡ヲ保チ左ノ事業ヲ行フ

一　文化ノ紹介
二　視察、観光、留学ニ対スル斡旋
三　経済資料ノ蒐集並ニ交換
四　其ノ他理事会ニ於テ必要ト認メタル事項

グッドマンやユー-ホセ、とくに後者は、比律賓協会の活動が文化や親善を隠れ蓑にしていたが、真の目的はフィリピンへの経済進出にあると結論づけている。たしかに、そのような節はある。たとえば、「昭和十年十一月十五日比律賓連邦政府始政祝賀会に於ける祝辞及答辞」の岡部理事長の挨拶や岡田文化事業部長祝辞の日英文を比較すると、日本語で「文化親善及経済提携の促進」が英文で「cultural relations（文化関係）」、「文化的並経済的友好関係」が「friendly relations（友好関係）」と、英文で経済関係の部分が落ちており、日本人向けには経済進出を促進する団体であるイメージを与え、フィリピン人にはたんなる文化親善団体であるイメージを与えようとしているかのようにみえる［『昭和十年度比律賓協会会務報告』四四―四五、五一―五二頁］。しかし、理事や評議員の顔ぶれをみるかぎり、とくに経済進出のためという印象は受けない。理事には、外務省、文部省、陸・海軍からその役職に応じて就任し、移動とともに交代した。企業側では三井物産、三菱商事、丸紅、日本綿花といった輸出業者の取締役や商工会議所の会頭が就任した。フィリピン現地の経済事情を知るダバオの太田興業株式会社や古川拓殖株式会社の社長が評議員に委嘱されたのは、一九三九年になってからだった［早瀬二〇〇三b、二九―三三頁］。また、三三年に設立し、三六年三月に定款を定めて本格的に活動をはじめたマニラ日本商業会議所の役員は以下の通りで［外務省外交史料館文書E二・六・〇・一－二三］、フィリピンに基盤をもつ貿易業者、商店主は比律賓協会の評議員にさえならなかった。

マニラ日本商業会議所

会頭　　太宰正五（横浜正金銀行マニラ支店代表）
副会頭　河村雅次郎（三井物産マニラ支店代表）
会計主任　森　誠之（大阪貿易会社代表）
常任理事　金ケ江清太郎（日本バザー代表）

常議員　高橋昌三（マヨン、バザー代表）
村瀬　茂（オーラッカ製菓会社代表）
大同貿易会社　金貨メリヤス会社　三菱商事会社　オーラッカ製菓会社　日本バザー　大阪貿易会社
マヨン、バザー　横浜正金銀行　三井物産株式会社　森自転車店　太田興業株式会社　比島木材輸出
会社　高橋商店　ガランテイ、サイクル、サプライ　サクラ、バザー

フィリピンとの連絡は、もっぱら在フィリピン連絡員であった木原次太郎副領事を通じておこなわれ、マニラ日本商業会議所や日本人会を通してのものではなかった。連絡員には、年額三〇〇円が支給された。また、一九三九年度予算で、新たにダバオ、マニラ、台湾連絡員を設けようとしたが、実現にいたらなかった。フィリピンで活発に活動したのは、評議員でバシラン島椰子園主の山村楳次郎や会員で日比関係雑誌を発行していた江野澤恒だった。

フィリピン経済界との関係の希薄さは、フィリピン側の姉妹団体である比日協会 Philippine-Japan Society の役員の顔ぶれをみてもわかる。比日協会は、木原次太郎副領事の斡旋により、一九三六年六月一八日に設立され、名誉会長にケソン大統領、名誉副会長にオスメニャ副大統領 Sergio Osmeña（一八七八―一九六一、任一九三五―四四、大統領一九四四―四六）および在マニラ内山総領事を「推戴」し、「会長に国民議会議員前比律賓大学文科学長マキシモ・カラオ氏〔Maximo Kalaw〕、副会長に「マニラ」大学総長マリヤノ・ブイ・デ・ロス・サントス氏〔Mariano V. de los Santos〕及太田興業株式会社々長、マニラ日本人会長諸隈弥策氏、書記兼会計に「ヘラルド」紙総支配人モデスト・ファロラン氏〔Modesto Farolan〕其の他理事に比島人六名日本人三名を選任」した。経済関係より、文化交流を重視した布陣であった。また、比律賓協会がまったく日本人による協会であったのにたいして、比日協会の役員はフィリピン人二にたいして日本人一というバランスで成り立っていた。日本語で「日比協会」とよばれたように、相互交流

というより日本側主導の団体であったということができる〔『昭和十一年度財団法人比律賓協会々務報告』二四頁〕。

では、戦前の比律賓協会の収支決算（予算）（表6-1）から、実際にどのような人びとに支えられ、どのような活動をしたのかをみてみよう。まず、収入からみると、補助金と会費によって支えられ、それぞれほぼ同額の数千—数万円を得ていたことがわかる。補助金は、すでに述べたように外務省（文化事業部）を中心に陸・海軍から、そして台湾総督府と拓務省に申請して得ていた。寄付金は三井高公から毎年一二〇〇円を得ていた。会費は年間一口二〇〇円の維持会員と年間一〇円（一九四四年五月から一五円）の通常会員、一時金二〇〇円の終身会員などからなり、維持会員はおもに企業であった。維持会員は一九三八年に関西支部が設置されたときに倍増したが、そのほかの年では一〇口程度の増加しかなかった〔早瀬二〇〇三b、三四—四二頁〕。予算と決算で会員収入に大きな開きがあるのは、会員の増加を見込みながら実現しなかったためである。四三年三月三一日現在でも維持会員八二、準維持会員一、推薦会員一九、終身会員九、通常会員三三〇、会費総額にして二万円ほどにすぎなかった〔『昭和十七年度会務報告』一八頁〕。このことは、企業にとって、比律賓協会の会員になることに、さほど大きなメリットがなかったことを意味している。換言すれば、後に述べることからも明らかなように、新たな具体的な経済情報もフィリピン人との人脈も期待できなかった、ということだろう。なお、四四年五月の理事会で日本在住フィリピン人の入会が認められ、同年八月二二日にバルガス駐日フィリピン大使Jorge Vargasが名誉会員に推挙された。

ただ、関西支部の維持会員は、貿易上の関係からより積極的に参加したものと考えられ、一九三九、四〇年度の決算をみるかぎり、本部より維持会費が多かった。三八年一〇月二〇日に設置された関西支部の設置理由は、つぎのように説明された〔『昭和十三年度財団法人比律賓協会々務報告』二〇頁〕。

従来関西方面は日比貿易上最も重要なるのみならず、来訪比島人上陸の第一関門として視察、見学其の他事業上最も深き関係を有する為、協会としても関西有力者との密接なる連絡を保ち、比島人の接待及便宜供与に尽し度き考を有し居りたる処、同方面に於ても此点に不便を痛感し関西支部設置を要望せらるゝに至り、昨年来之に関し種々協議の結果、数次の理事会及評議員会の議を経て、大阪市に財団法人比律賓協会関西支部を設置することに決定せられ、……

このとき入会し、最大の維持会費一〇口二〇〇〇円を払っていた日本綿糸布東亜輸出組合は、一九三七年一二月二四日の第四一回理事会で、つぎのような決議をおこなっていた(2)。

比律賓協会々員ニ関スル件

部員個々ニ寄付ヲ申入レザルコトヲ条件トシテ当組合ハ比律賓協会ノ維持会員トナリ、会費ハ年額二千四百円以内ニテ負担スルコトヲ決議ス

つぎに、支出をみていこう。ここでも、予算と決算で大きな開きのある項目に気づく。調査費はほとんど使われず、視察費にいたってはまったく使われていない。啓発費も会員江野澤恒の発行する『*The Philippines-Japan Quarterly* フィリピン・ジャパン』誌（一九四一年末で廃刊、四二年六月から『ニッポン・フィリッピン』）の買い上げ寄贈、日比学生会議や日比青年文化協会への補助のほか、講演・座談会に使われたにすぎなかった。その講演会などもはじめほとんどまともにおこなわれず、本格的におこなわれるようになったのは四〇年になってからであった。事業費で計画通りに使われたのは、定期的に発行された『比律賓情報』を含む刊行費と、各種訪日団体と訪米の往き帰りに日本に立ち寄ったフィリピン人要人を招いたスキヤキ会などの接待費だった。接待費は、関西支部のほうが多かった。フィリピ

ンから帰国したりフィリピンに赴任する在外公館員の歓送迎会も、しばしば開催された。おもな訪日団体は、毎年恒例化した比島学生団など文化親善的なものが多かった。また、留学の斡旋などフィリピン人学生の世話をよくやった。にもかかわらず、三六年当時約八〇名いた留学生は、三年後には二〇名ほどに減少した。フィリピンの経済団体や実業界からの訪問者はそれほど多いという印象はなく、経済的情報も領事報告以上のものは期待できなかったと考えられる。(3)

このように、戦前の比律賓協会は予算規模がかぎられており、活動も「主として力を日比間の親善並文化提携に注」がざるをえなかった(4)〔『昭和十六年度会務報告書』一〇頁〕。事務方も、一九四一年度予算で「主事一人、嘱託四人、給仕、小使二人分ノ年手当及賞与」を計上したにすぎなかった〔『昭和十五年度財団法人比律賓協会々務報告』三九頁〕。戦前の比律賓協会の事業は、以下の四〇年度の事業要綱通り、親善・文化交流が主の活動をしていたといっていいだろう〔『昭和十四年度下半期及追加期会務報告』六八、七二頁〕。

昭和十五年度事業要綱

本部

一、比律賓ニ関スル諸調査及諸資料ノ蒐集並整理

一、比律賓情報（月刊）発行並必要ナル図書ノ随時発行

一、日比親善増進及比島啓発ニ関スル刊行物ノ発行及援助

一、訪日比島学生、視察観光団並来朝著名比島人士ノ接待斡旋

一、日比学生会議出席者一行ヘノ後援及補助

一〔、〕在留比島学生並ニ日本ヘ留学希望者ニ対スル諸種ノ斡旋及指導

一、比島ニ関スル講演会、座談会等ノ開催
一、其他随時必要ト認メタル事項
関西支部
一、比律賓ニ関スル諸調査及諸資料ノ蒐集並整理
一、比律賓情報（月刊）発行並日比親善増進及比島啓発ニ関スル刊行物ノ発行及援助
一、比島視察及日比親善増進ノ為協会員其ノ他適当ナル人士ノ派遣
一、訪日比島学生其ノ他視察、観光団並来訪著名比島人士ノ接待斡旋
一、第四回日比学生会議開催ノ場合其ノ後援
一、在留比島学生ニ関スル諸種ノ斡旋及指導
一、比島ニ関スル講演会、座談会等ノ開催
一、其ノ他随時必要ト認メタル事項

四一年度になっても、この傾向は変わらず、本部で「一、比島ノ視察調査並日比親善増進ノ為メ協会員其他適当人士ノ派遣」が加わり、関西支部で「一、日比青年文化協会関西支部ニ対シ指導並後援」が加わったにすぎなかった［『昭和十五年度財団法人比律賓協会々務報告』三七、四一―四二頁］。

比律賓協会は長期的な文化工作組織として位置づけることができるだろうが、資金的に日本の経済界の協力が必要だった。しかし、目先の経済活動に大きなメリットはないと判断した経済界は、すでに国際問題化していた綿糸布輸出業者を除いて積極的ではなかった。文化交流活動においても、アメリカ志向の強いフィリピン人エリートを相手に思うようなことができなかったのが実態だっただろう。

比律賓協会に転機が訪れたのは、日本・フィリピン間の往来が困難になった一九四一年になってからだった。日米関係の不調が伝えられ、七月になると「日比間の交通も殆んど杜絶の状態となり」、「比嶋側との連絡困難にして、比島人の本邦を来訪するものなく又本邦より比島に赴くことも阻止せられ」る状況になり、事業をおこなうことができなくなった。しかし、一二月八日の開戦、翌年一月二日のマニラ占領、翌日の軍政施行にさいしても、「当協会としては未だ彼地に文化工作を施すの時期に達せず」だった〔『昭和十六年度会務報告書』二頁〕。比律賓協会は、開戦にさいし早速比律賓緊急対策調査委員会を組織し、政治委員会委員（二二名）、経済委員会委員（二一名）、文化委員会委員（一九名）を委嘱し、一二月二六日に総委員会を開催した。委員長に松波仁一郎が推され、協会幹部案の政治工作、経済工作、文化工作を基礎にそれぞれの部会で、検討にはいることになった。また、比律賓「モロ」族対策研究を三吉朋十、山村楳次郎、神谷忠雄の協力を得ておこない、「比律賓モロ族問題」という対策意見書を作成し、当局に上申した(5)〔『昭和十六年度会務報告書』四―六頁〕。すでに、四一年度予算では従来の数倍にのぼる三万三五〇〇円の補助金が計上されており、工作活動をおこなう資金を得ていたと考えられる(6)。会長の徳川頼貞は、比島派遣軍軍政部（後、軍政監部）顧問に就任した（一九四二年三―一一月）。

比律賓協会は、すでに開戦前の一九四一年六月から一一月まで五回にわたって比律賓研究会を開催し、政治、経済、産業について研究していた。出席者は外務省亜米利加局、同南洋局、同調査部、情報局第三部、参謀本部、軍令部、拓務省拓南局、商工省貿易局、大蔵省為替局、農林省調査課などの部局課長などで、すでにフィリピンの占領・軍政を睨んでの研究会であったことがうかがわれる。また、各関係団体との意見交換、調査連絡のために、比律賓懇話会を七月以降催し一三名ほどが出席した。出席者の所属団体は、東亜研究所、南洋協会、三菱経済研究所、南洋経済研究所、太平洋協会、野村合名会社、東洋経済研究所、同盟通信社情報部、海外鉱業協会、フイリツピンジヤパン社、満鉄東亜経済調査局、日本拓殖協会、外務省南洋一課、拓務省拓南企画課、大阪商船、繊維製品輸出振興株式会社などで、これらの団体との協力関係を深めていったことがわかる。四二年二月六日には大政翼賛会の外郭団体である大日本興亜同盟、九月一五日には南洋団体連合会に加入した。このほか、出張講演会や展覧会への資料・物産見本の貸し出しなどの事業をおこない、フィリピンへの再渡航希望者にたいする斡旋をはじめた。また、大量の図書を購入しはじめた〔『昭和十六年度会務報告書』〕。このことは、「最近特に南方に対する一般の関心増大するに伴ひ各種参考資料の閲覧を希望せられる向が多く」なったのに、応えるためだった〔『比律賓情報　臨時増刊号』昭和一六年三月一五日、二六頁〕。

以上のような状況から、一九四二年度の事業要綱は、つぎのように研究会の開催や文化使節の派遣の二項目が追加された〔『昭和十七年度会務報告』一―二頁〕。

一、比律賓ニ関スル諸調査及諸資料ノ蒐集並整理
一、「比律賓情報」（月刊）発行並比島ニ関スル有益図書ノ随時刊行
一、比島啓発ニ関スル刊行物ノ発行及援助
一、比島ニ関スル研究会、懇話会、講演会、座談会等ノ開催
一、比島ヘ文化使節派遣
一、比島視察調査ノ為適当人士ノ派遣
一、訪日比島視察団並来朝比島名士ノ接待斡旋
一、本邦留学比島学生ニ対スル斡旋指導及便宜供与
一、其ノ他必要ト認メタル事業

しかし、四二年度後半にいたってもフィリピンと日本との「交通連絡には障害多く、従つて当協会が計画せる事業中実行を拒まれたるもの少からず」といった状況だったため、フィリピンでの工作活動は思うようにいかなかった。それにたいして、国内での活動は活発化し、講演会、地方講演会、現地事情談話会、比律賓懇話会が開催され、ミンダナオ島資源対策研究会、比律賓文化対策懇談会もおこなわれた［早瀬二〇〇三b、五一―五三頁］。四二年六月二七日には熊本に九州支部が設置された。設置理由については、「地理的関係深き」としか説明されていない。そして、つぎの三つの意見書を作成し、官庁などに配布した[7]［『昭和十七年度会務報告』五頁］。

1 ミンダナオ島処理方策に関する意見書（七月十六日）
2 比律賓に於ける日本語普及策に関する意見書（七月廿四日）
3 比島に於ける物資の不足と其の対策意見書（九月二日）

このようななか、一九四二年一〇月から前比島派遣軍最高指揮官本間雅晴陸軍中将をはじめとする陸軍の比律賓協会への介入が本格化した。本間は一〇月六日に「戦争を通じて見たる比島人の性格と其取扱方の構想」を講演したのを手始めに、一一月一九―二三日に大阪で二回、熊本、別府でそれぞれ一回ずつ「比島一般事情」「比島の産業経済」「比島攻略戦の感想」「大東亜戦争と比島及比島人」と題して連続講演をおこなった。さらに一二月一日開催のフィリピン文化対策懇談会には前比島派遣軍幕僚大久保少将、中山大佐、秋山中佐、和田少佐、白井少佐、陸軍省軍務局南方班高橋中佐、富田少佐、松尾少佐が顔をそろえ、二三日には本間と前比島派遣軍参謀長前田正実陸軍中将が出席した。四二年度には、常務役員会を四七回開催している［『昭和十七年度会務報告』］。

そして、一九四三年一〇月二三日、「比島独立後の新情勢に即応せしむべく」理事長保科正昭、常務理事原口初太郎、木村惇が更迭され、一〇月二五日に副会長兼理事長に本間雅晴が就任した。さらに一二月二五日、徳川頼貞会長が辞任し顧問に就任、会長に岡部長景が就任した。四四年一月一五日には、陸軍少将佐藤要が常務理事に就任して、比律賓協会は軍事体制下に完全に組み込まれた〔早瀬二〇〇三b、二九―三三頁〕。このような陸軍の介入は、実行力をともなわない比律賓協会に業を煮やしての結果だということもできるだろう。

『復刻版　比律賓情報』発行（二〇〇三年）後、「昭和二十年度財団法人比律賓協会事業要綱案」等の資料が見つかった。敗戦間近の混乱ぶりがわかる。要領は、「一、戦局ノ現段階ニ即応シテ不急事業ヲ圧縮シ専ラ重点事業ニ徹底ス」「二、速カニ災害ノ復旧ヲ行ヒ協会ノ伝統ヲ確保スルト共ニ次期活動ヲ準備ス」の二点で、予算編成方針では、重点事業として、つぎの三点があげられている。

（一）留学生ノ輔導育成及本邦在留若クハ亡命比島人ノ把握並ニ援護
（二）比島事情ノ調査研究ヲ続行シ次期活動ヲ準備スルト共ニ会員ヲ啓発ス
（三）速カニ災害後ノ復旧整備ヲ行ヒ本協会伝統ノ事業系体ヲ確保ス

そして、職員には家族のための疎開手当を含む戦時手当が収支予算（案）に計上された。

2　『比律賓情報』

『比律賓情報』は、一九三六年一二月二八日に第一号、二八頁、二〇〇部の発行でスタートした。第三号まで謄写版で、二号、一六頁、二〇〇部、三号、三九頁、二一〇部で、記事分類はなかった。三号から四ヶ月おいて発行され

別紙才一号

昭和二十年度財團法人比律賓協會事業要綱案

一、要領

一、戰局ノ現段階ニ即應シテ不急事業ヲ壓縮シ專ラ重点事業ニ徹底ス、

二、速カニ災害ノ復舊ヲ行ヒ協會ノ傳統ヲ確保スルト共ニ次期活動ヲ準備ス、

一、事業

一、留學生ノ輔導育成

(1)第二回陸軍士官學校本科入校ノ比島士官候補者準備訓練所ノ經營竝其ノ教育、

(2)在京留學生ノ寄宿寮經營竝ニ寮生ノ輔育、

(3)陸士及地方諸學校ニ在學シアル留學生トノ連絡竝ニ輔導

二、帝国在留比島人ノ援護

(1)大使館ニ對スル側面的助勢

(2)將來豫想セラルベキ亡命要人ノ處遇斡旋

(3)日本在留比島人會(カピシー會)ノ把握竝ニ援護

三、比島在留邦人ノ救護

海外同胞援護會ノ救護事業ニ協力ス、

四、比島ニ關スル情報ノ收集竝ニ比島事情ノ調査研究

五、會員ニ對スル啓發事業

(1)狀況ノ許ス限リ講演會、座談會ノ開催、

(2)定期刊行ノ比律賓情報ノ內容ヲ檢討シ出版ヲ繼續スルモ已ムヲ得ザレバ當分之ヲ中止シ適時簡單ナル情報記錄協會記事竝ニ前二號ノ調査研究資料ヲ集錄シ適時會員ニ頒布ス、

六、協會事務ノ內容整備

(1)事務局ノ機構ヲ簡素化シ最少限ノ職員ヲ確保シテ事務ヲ繼續シ諸財産ヲ確保スルト同時ニ災害ニ依ル文書、圖書及最少限度ノ備品ヲ復舊整備ス、

(2)會員ノ把握整理及比島關係有識者ノ入會勸誘、

㊙

財團法人比律賓協會

昭和二十年度(自昭和二十年四月一日 至昭和二十一年三月卅一日)

收支豫算(案)

收入之部

款	項	目	豫算額(円)	摘要
會費	會費	維持會費	六、〇〇〇	三十口分(一口二百円)
		通常會費	九〇〇	六十口分(一口十五円)
計			六、九〇〇	
宿泊料	宿泊料	比島學生寄宿料	二、四〇〇	一人月四〇円ノ割五人分
		其他ノ宿泊料	一〇〇	避難職員
計			二、五〇〇	
補助金	補助金	補助金	六六、〇〇〇	官廳補助金
計			六六、〇〇〇	
寄附金	寄附金	寄附金	七三、八〇〇	
~~積立金~~	~~積立金~~	積立金	二〇〇	
計			七四、〇〇〇 三八	
雜收入	雜收入	雜收	六〇〇	利子等
計			八六〇〇	
繰越金	繰越金	繰越金	一〇、〇〇〇	昭和十九年度剩余金
計			一〇、〇〇〇	
合計			一六〇、〇〇〇	

支出之部

款	項	目	豫算額(円)	摘要
給與費	役員手當	役員手當	七、四〇〇	理事長、常務理事二名分
	職員給與	俸給	二〇、四〇〇	主事三、主事補一、書記二、嘱託一、雇員八人、[illegible]
		諸給	三三、〇〇〇	物價手當、勤勉手當、[illegible]手當、家族手當、通勤手當、宿直手當、戰爭保險料、健康保險、[illegible]
計			六〇、八〇〇	
事務費	物品費	備品費	五、〇〇〇	調度類(圖書ヲ含ム)
		消耗品費	二、〇〇〇	文具類(新聞ヲ含ム)

款	項	目	金額	備考
	運輸通信費	運通費	三、〇〇〇	（電話、交通ヲ含ム）
	處務費	旅費	二、〇〇〇	出張費
		協議費	三、〇〇〇	役員會協議會
		交際費	一、〇〇〇	（他協會會費ヲ含ム）
	雑費	雑費	五〇〇	登記料、振替料等
計			一六、五〇〇	
施設費	家屋費	借料	一五、〇〇〇	家賃、地代、利子、
		維持費	一、五〇〇	修理、清掃、保険
	設備費	什器費	三、〇〇〇	
		防空費	三、〇〇〇	
計			二二、五〇〇	
事業費	比島學生育成費	一般學生輔育費	二〇、〇〇〇	器具、衣料、食料、消耗品、訓育見學、會合、医療
		陸士入校者準備訓練費	五、〇〇〇	訓練所費、訓育費
	比島関係者援護費	在本邦比島人援護費	四、〇〇〇	
		比島関係邦人復援費	一、〇〇〇	
	接伴費	接伴費	五、〇〇〇	来朝比島要人接伴
	調査刊行費	調査費	五、〇〇〇	
		刊行費	七、〇〇〇	
	集會費	集會費	三、〇〇〇	講演會、座談會
計			五〇、〇〇〇	
警防費	警防費	警防費	五、〇〇〇	警備、防衛、避難
計			五、〇〇〇	
退職慰労準備金	退職慰労準備金	退職慰労準備金	三、〇〇〇	
計			三、〇〇〇	
豫備費	豫備費	豫備費	二、二〇〇	
計			二、二〇〇	
合計			一六〇、〇〇〇	

㊙

昭和二十年度收支豫算編成方針

一、本年度ハ戰況ノ推移ニ依リ事業及事務遂行上相当ノ変化ヲ豫期セラルルヲ以テ年度ノ中期（九月頃）ニ於テ更ニ実行豫算ヲ検討シ豫算ノ修正ヲ行ハントス

一、従来留學生輔導事業ハ特別會計トシテ豫算ヲ編成シタルモ新年度ハ一般會計ニ合併ス

一、收入ニ於テ會費及補助金ハ前年度ニ比シ相当額ノ減少ヲ免レサルヲ豫期ス従ツテ之カ補填ハ財源ヲ本協會ノ有スル空ノ附金ニ求ムルハ莫ニ止ムヲ得サルコトトス

一、支出ハ本年度事業要綱ニ基キ極力之ヲ壓縮ス

1. 人件費ニ関シテハ機構整理ト人員陶汰ニ依リ極力壓縮スルモ個々ノ受給者ニ對シテハ戰局下安ンシテ長期服務スル如ク相当増給並厚生福利ノ處遇ヲナシ以テ必要最少限ノ職員ヲ確保セントス

2. 事務費ハ努メテ之ヲ節減スルモ物價並運通費等ノ昂騰ヲ見積レリ又災害復舊ハ最少限ノ整備ニ甘ンズ

3. 施設費

本年度ハ事務局ト學生寮トヲ一ケ所ニ集メ監督上防衛上及職員ノ経済的運用等ニ資セントス又戰況ニ依リ職員ノ大部分ヲモ事務局内ニ合宿セシメ事業ヲ継續シ得ル如ク相当收容力大ナル家屋ヲ借入レタリ防空施設ニ関シテモ十分ノ経費ヲ計上セリ

4. 事業費

本年度本協會事業ノ重点左ノ如シ

(一) 留學生ノ輔導育成及本邦在留若クハ亡命比島人ノ把握並ニ援護

(二) 比島事情調査研究ヲ續行シ次期活動ヲ準備スルト共ニ會員ヲ啓發ス

(三) 速カニ災害後ノ復舊整備ヲ行ヒ本協會傳統ノ事業系体確保ス

5. 警防費

戰局ノ推移ヲ考察シ防空防衛ニ慣熟ナキヲ期スルト共ニ避難及移轉等ヲモ顧慮ス

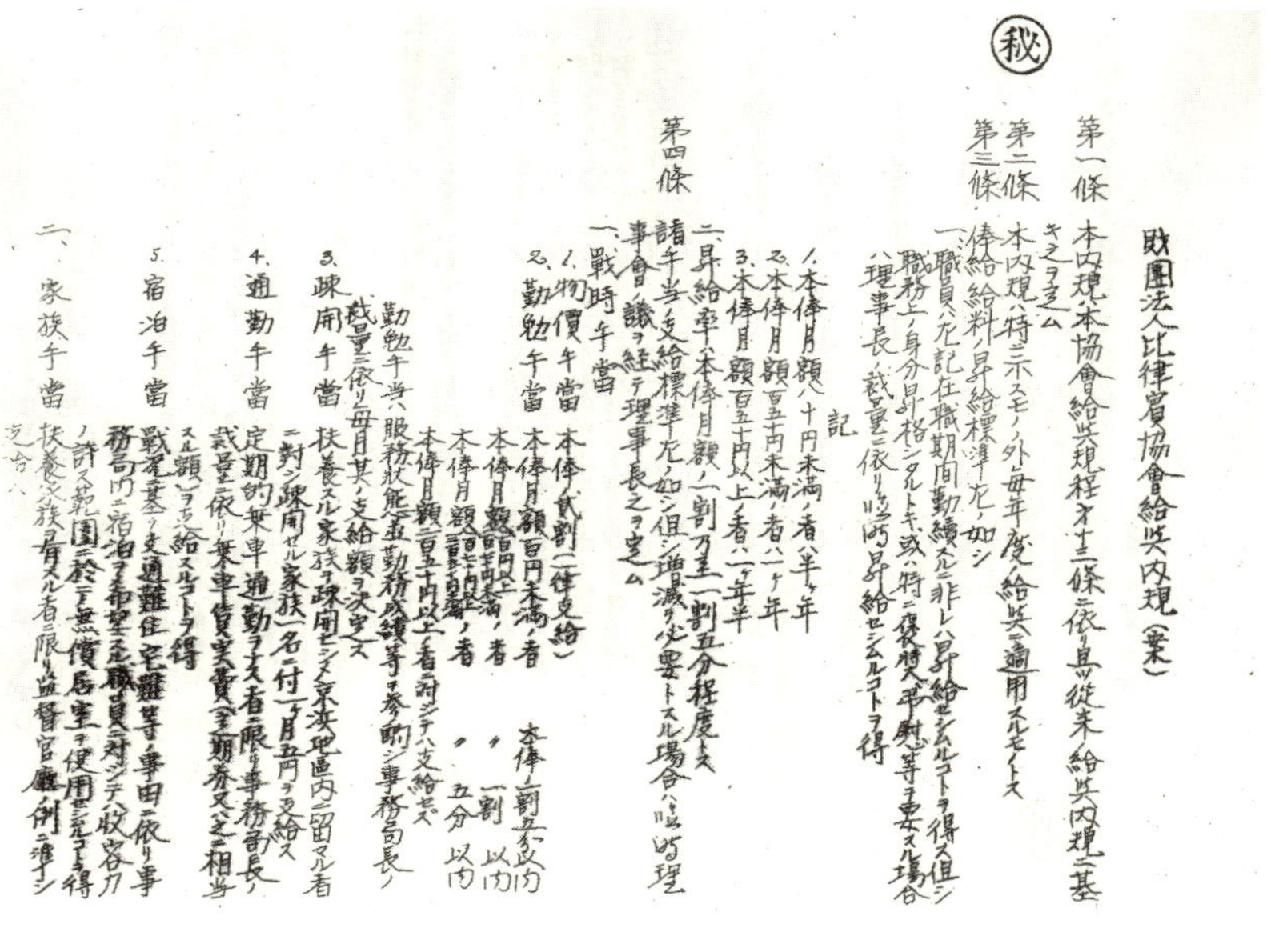

秘

財團法人比律賓協會給與内規（案）

第一條 本内規ハ本協會給與規程第十三條ニ依リ其ノ從來給與内規ニ基キ之ヲ定ム

第二條 本内規ハ特ニ示スモノノ外毎年度ノ給與ニ適用スルモノトス

第三條 俸給給料ノ昇給標準左ノ如シ

一、職員ハ左記在職期間勤續スルニ非レバ昇給セシムルコトヲ得ズ但シ職務上ノ身分昇格シタルトキ或ハ特ニ優秀ナル手腕等ヲ要スル場合ハ理事長ノ裁量ニ依リ臨時昇給セシムルコトヲ得

記

1. 本俸月額八十円未満ノ者ハ半ケ年
2. 本俸月額百五十円未満ノ者ハ一ケ年
3. 本俸月額百五十円以上ノ者ハ一ケ年半

二、昇給率ハ本俸月額ノ一割乃至一割五分程度トス

第四條 諸手当支給標準左ノ如シ但シ増減ヲ必要トスル場合ハ臨時理事會ノ議ヲ經テ理事長之ヲ定ム

一、戰時手當

1. 物價手當 本俸ノ貳割（一律支給）
2. 勤勉手當 本俸月額百円未満ノ者 本俸ノ一割五分以内
本俸月額百円以上百五十円未満ノ者 〃 一割以内
本俸月額百五十円以上ノ者 〃 五分以内
本俸月額三百五十円以上ノ者ニ對シテハ支給セズ
勤勉手当ハ服務状態並ニ勤務成績等ヲ參酌シ事務局長ノ裁量ニ依リ毎月其ノ支給額ヲ決定ス
3. 疎開手當 扶養スル家族ヲ疎開セシメ京浜地區内ニ留マル者ニ對シ疎開セル家族一名ニ付一ケ月五円ヲ支給ス
4. 通勤手當 定期的乗車通勤ヲ為ス者ニ限リ事務局長ノ裁量ニ依リ乗車賃實費（定期券又ハ之ニ相当スル額）ヲ支給スルコトヲ得
5. 宿泊手當 戰災ニ基ク交通難住宅難等ノ事由ニ依リ事務局内ニ宿泊ヲ希望スル職員ニ對シテハ收容力ノ許ス範圍ニ於テ無償居室ヲ使用セシムルコトヲ得

二、家族手當 扶養家族ヲ有スル者ニ限リ監督官廳ノ例ニ準ジ支給ス

秘

三、宿直手當

1. 事務局ノ宿直勤務ニ服シ或ハ防衛ノ必要上特ニ事務局ニ宿泊セシメ警戒勤務ニ服スル者ニ對シ一日壹円五拾銭（公休日ハ五拾銭增シ）ヲ支給ス
2. 学生寮ニ於テ学生ト起居ヲ共ニシ寮ノ実務ニ服スル職員（常備夫人ヲ含ム）ニ對シテハ食事ヲ支給スルコトヲ得

四、戰時傷害保險 各人貳千円ノ保險ニ加入セシメ保險料ハ協會負担トス

五、健康保險及厚生保險 加入者ニ對シ保險料ハ協會ニ於テ全額負担ス

第五條 賞與ノ支給標準左ノ如シ但シ増減ヲ必要トスル場合ハ毎年度始メ臨時理事會ノ議ヲ經テ理事長之ヲ定ム

一、賞與ハ一ケ年ニ付本俸六ケ月分ヲ基準額トシテ支給ス

二、前号ノ賞與ハ左ノ如ク六月、九月、十二月、三月ノ四回ニ分チ支給スルヲ例トス

1. 四月上旬ヨリ六月下旬ニ至ル勤續者ニ對シ本俸一ケ月分ヲ六月ニ支給ス
2. 七月上旬ヨリ九月下旬ニ至ル勤續者ニ對シ本俸一ケ月分ヲ九月ニ支給ス
3. 十月上旬ヨリ十二月下旬ニ至ル勤續者ニ對シ本俸一ケ月分ヲ十二月ニ支給ス
4. 四月上旬ヨリ十二月下旬ニ至ル勤續者ニ對シテハ更ニ本俸一ケ月分ヲ加算シ十二月ニ支給ス
5. 一月上旬ヨリ三月下旬ニ至ル勤續者ニ對シ本俸一ケ月分ヲ三月ニ支給ス
6. 前年四月上旬ヨリ三月下旬ニ至ル一ケ年勤續者ニ對シテハ更ニ本俸一ケ月分ヲ加算シ三月ニ支給ス

三、理事長ハ豫算ノ範圍内ニ於テ一ケ年ニ付本俸二ケ月分以内ノ臨時賞與ヲ支給スルコトヲ得

四、理事長ハ毎回支給スベキ賞與總額ノ範圍内ニ於テ受給者ノ服務状態、勤務成績其他ヲ參酌シ各人ニ對スル支給額ヲ加減スルコトヲ得

第六條 理事長ハ第四條戰時手当（勤勉手当及通勤手当ヲ除ク）家族手当及第五條賞與ノ諸給與ヲ事務局長タル常務理事ニ對シ適用スルコトヲ得

附則

第七條 本内規ハ昭和二十年四月一日ヨリ之ヲ施行ス

○注意 本冊子ノ取扱ニ注意セラレ度シ

た四号から活字印刷になり、新聞法にもとづいて毎月一回一五日に発行されることになった。発行部数は、三〇〇であった。その後、発行部数は二三号（一九三九年一月二七日）には四〇〇になっており、このころから四五号（四一年二月二八日）まで発行日が定まらなくなり、二七号（三九年六月三〇日）と二八号（三九年九月三〇日）のあいだには三ヶ月のブランクがあった。二七号から発行部数は五〇〇になり、それまで非売品であったのが八〇銭の定価が付けられた。二八号から五〇銭になって、三八号（四〇年七月二八日）まで定価が付き、三九号から定価が記載されなくなった。四六号（四一年四月一日）から五一号の五日を除いて、すべて毎月一日に発行された。発行部数は、四六号以降不明だが、基本的に会員に配布されたものであり、会員の大幅な増加がなく、六〇号（四二年六月一日）の「会員各位に謹告」で用紙不足から会員以外の申し込みを謝絶したとあることから、会員数が「激増」したという四四年まで五〇〇部から大きく増加しなかったものと考えられる。その後、用紙不足から発行の遅延、頁数の減少を余儀なくされ、最終号九〇号は、「当協会事務局三月十日空襲にて罹災仕り原稿資料総て焼失仕り候間「比律賓情報」一月号、二月号、三月号休刊の已むなきに至り候間、此段御詫申上候」という詫び状で締めくくられた。「昭和二十年度財団法人比律賓協会事業要綱案」で書かれている刊行できなくなった場合、「適時簡単ナル情報記録、協会記事並ニ前ニ号ノ調査研究資料ヲ集録シ適時会員ニ配布ス」が実行できたかどうか不明である。

このほか、一二号、二一号、二二号、二五号、二六号、二八号には「付録」があり、四五号と四六号のあいだに臨時増刊号（一九四一年三月一五日）が発行された。一二号の付録は、盧溝橋事件（一九三七年七月七日）後の日中関係の悪化がフィリピンにも悪影響を与えることを懸念した評議員山村楳次郎の「日支紛争に関し比島の友に告ぐ」和英両文のパンフレットと、会員江野澤恒のスピーチ、新聞寄稿記事、およびそのフィリピン側反響が掲載された。二一号付録は、前在マニラ総領事内山清の講演速記録「米比関係に就て」で、独立問題と独立後の米比関係を論じ、㊙であった。二二号付録は、第四回比島学生訪日視察団長で月刊雑誌『コモンウェルス』発行人兼主筆のポール・ベルソサDr. P. R. Verzosaの日本・日本人を紹介した講演および印象記で、フィリピン紙上に掲載されたものの転載であった。二五号の付録は、「ダバオ産業・教育座談会」「第一回比律賓問題懇談会」「在日比島留学生協会組織準備」からなり、㊙の取扱上要注意とされた。二六号の付録は、「事変下日本を視察観光すべく今春来朝する比律賓各種団体に就て」で、付録はいずれもきわめて政治的なものであった。二八号の付録は「ラジオ風景 比島めぐり」でラジオ放送を書き下ろしたものであるが、これもフィリピン再認識のための啓発的なものであった。臨時増刊号は、「最近各種のニュース輻輳し急を要するもの多き状態なるを以て」発行したと説明しており、日米関係緊迫のためと考えられる。

比律賓協会は、『比律賓情報』のほかに二〇点ほどの印刷物を刊行した。『比律賓情報』を発行するまで「比律賓資料」四号のほか数点を刊行したが、その後の刊行物は少なく、資料集、法規集以外は一〇〇頁未満のパンフレットがほとんどであった。唯一の例外は、関西支部が発行した佐藤剣之助『比島の危機』(一九四一年、三四八頁)であった。したがって、比律賓協会の刊行物は、『比律賓情報』に代表されるといっていい[早瀬二〇〇三b、四七—五〇頁]。

では、まず『比律賓情報』の目次の記事分類からみていく。五号(一九三七年七月一五日)から「情報」「資料」「雑録」の三分類で、一四号(三八年四月一五日)から「口絵」が加わった。途中、「付録」「論調」「欧州情勢と比島」「論説」「協会記事」が加わることがあったものの、三四号(四〇年三月二八日)までこの三分類が基本であった。三五号(四〇年四月二八日)から「随筆」、三七号から「講演」、三八号から「寄稿」といった数頁に及ぶ記事が掲載され、このころから巻末に「協会記事」が常時掲載された。四八号(四一年六月一日)から「情報」が「経済・貿易・産業」「国内事情」「軍事・国防」に細分類され、戦争に突入した五五号(四二年一月一日)から「戦況」が掲載された。五七号(四二年三月一日)からは「論叢」が掲載され、それぞれ数頁にわたってフィリピン統治にかんする政策、対策、情勢のほかフィリピン文化についても具体的に論じられた。フィリピン人の専門家による論説・報告が訳出されることも多くなった。この傾向は、四一年くらいからはじまっており、日米戦争、日本のフィリピン占領が具体的に意識されるようになった結果だと思われる。そして、七九号（四四年一月一日）から、「近時当協会々員数の激増」、「頁数を減じ発行部数を増加」のため、「論叢」を廃止し、「現地情報と資料の提供に重点を置く」こととなり、八九号（四四年一一月一日）から「戦況」が復活した。

一般に「情報」は、フィリピン国内の政治状況がマニラで発行された『トリビューン』『マニラ・ブレティン』などの英字新聞や『日比新聞』（在ダバオ）『マニラ日日新聞』（旧『マニラ商工新報』）『ダバオ日日』などの日本語新聞をもとに掲載された。外務省情報部によるものも少なくなかった。「資料」は、法案・法令や経済統計などが掲載された。「雑録」では、おもに文化的な情報が掲載された。経済関係では、戦前は「領事報告」（『海外経済事情』）『外務省通商局日報』『南支那及南洋情報』『マニラ日本商業会議所通報』や『ダバオ商工会報』などからの転載が多く、独自の情報源をもたなかったことがわかる。『ダバオ日本人会会報』も、重要な情報源であった。これらのうちフィリピンで発行された日本語の印刷物は、今日実際にみることはできず、転載された『比律賓情報』でしかみることができないものが多い。政治「情報」や文化「雑録」の記事が短いのにたいして、経済「資料」は記事が長く、件数は少なくても占める頁数は多かった。

日本のフィリピン占領後は、比律賓協会調査部や役員・会員の書いた記事が増えた。「情報」は「マニラ発同盟」や「朝日」などになり、七三号（一九四三年七月一日）になってようやく『トリビューン』や『マニラ新聞』からの記事がみえるようになったが、『トリビューン』の記事はすぐにみえなくなった。

つぎに、目次から人名索引、地名索引、事項索引を作成し、それぞれの項目から『比律賓情報』の掲載内容についての考察をおこなってみる。人名で圧倒的に多いのが「ケソン」で一七八件、ついで「セイヤー Francis B. Sayre」の五一件、「マクナット Paul V. McNutt」四三件、「ロハス Manuel A. Roxas」三三件、「オスメニャ」三〇件で、「ロハス」を除く四人は「大統領」「副大統領」「高等弁務官」の肩書きだけで登場することがあり、実際にはこれらの件数以上に頻出している。人名索引から、フィリピンの政治情勢およびアメリカとの関係や動向がおもに掲載されていたことがわかる。いっぽう、経済関係の人物としては、古川拓殖との関係が深いレオポルド・アギナルドL. R. Aguinaldo前フィリピン商業会議所会頭の名が五度出てくる程度である。

地名索引では「マニラ」が圧倒的に多く、つぎに在住日本人の多かった「ダバオ」や「ミンダナオ」が目立つ。そのつぎは、「極東」の三六件、「イギリス」三〇件で、「オーストラリア」「支那（中国）」「シンガポール」「スペイン」「ソ連」「台湾」「ドイツ」「香港」「蘭印」「ワシントン」といった国名・地名が掲載されており、国際情勢が多く取りあげられていたことがわかる。

事項索引では「大統領」が圧倒的に多く、ついで「高等弁務官」と、人名索引と同じ結果が出た。「議会」や「独立」も多く、フィリピンの独立をめぐって、議会で審議された内容が伝えられ、アメリカの対応に関心があったことがわかる。また、「貿易」についても多く掲載され、「砂糖」や「綿花」が注目された。とくに「綿花」は日本占領後に多く掲載され、日本軍政下で関心が向けられたことがわかる。また、在住日本人にも関心が払われていた。いっぽう、「日比学生会議」「フィリピン（比島）学生訪日視察団」「フィリピン人留学生」の記事も多くみられ、親善や文化交流の記事が多かったことがわかる。経済関係では、一九三九年に世界一周、渡米途次の実業団一行や四〇年に東京市の招聘で訪れたマニラ商工視察団（団長沢松守順）などを、接待していたことが掲載された。

以上の三つの索引項目の分析から、『比律賓情報』に掲載された記事は、おもに政治動向であって、「比律賓協会の会員はおもに天然資源、経済・政治状況に関心があって、フィリピン文化にかんする記事や情報はほとんどみられない」［Yu-Jose 1994a: 128; 1994b: 102］という結論は、得られないことがわかる。第一号の最初の記事が「国立興業会社が全島に亘り鉄鉱調査、天然資源開発計画の具体化」で、同号に鉱業関係の記事が三件も掲載され、その後も鉱業にかんする記事がけっして少なくないこと、また日本軍政の三原則が治安の回復、作戦軍の自活確保とともに「重要国防資源ノ急速獲得」であったことなどから、会員の関心はたしかに鉱物資源や経済・政治状況にあったのかもしれない。しかし、索引項目数から、政治工作や経済工作より、むしろ現実に押しすすめられていた文化工作にかんする記事が多くなったことが確認できる。別の見方をすれば、経済進出を隠れ蓑にした文化工作が、比律賓協会の本来の目的であり、それが索引からみえたということかもしれない。

これらの結果は、吉久明宏がおこなった主要論文二七四タイトルの分析とも若干の相違がある。それによると、「政治・行政」八四（三一％）、「経済・産業」一三六（五〇％）、「社会・教育・文学」二七（一〇％）、「歴史・地理」一一（四％）、「日比関係」一四（五％）、「書誌」二（一％）であった［吉久一九八八、二八頁］。政治や経済にかんする情報はまとまっていて、数えやすかったためもあるだろう。

むすびにかえて

では、なぜこれまでの研究で、比律賓協会の活動や『比律賓情報』の記事内容が、日本の経済進出に密接に結びついたかのように記述されてきたのだろうか。その答えをもって、本章のむすびにかえたい。

本書第四章などで詳細に検討したように、日本の対フィリピン貿易は阪神の二港が大半を占め、とくに一九三〇年代の輸出貿易では神戸港が五―七割を占め、大阪港とあわせて約八割を占めていた。日本のフィリピンへの輸出振興を考えるのならば、関西支部中心に考えるのがより現実的であった。このことは、フィリピン貿易にかぎらず、アジア貿易一般についていえることであった。さらに、フィリピンでは、フィリピンに基盤をもつ日本人商店が小売業で活躍し、国内流通網では中国人が強い影響力をもっていた［早瀬二〇〇〇］。

このことは、イギリス領マラヤやオランダ領東インドのように、第一次世界大戦後に進出した日本の大手商社が、地元に基盤をもつ日本人商店を駆逐したのとは違う状況がフィリピンにあったことを示している。東京に本社をもつ大手商社は、フィリピンではそれほど大きな影響力をもっていなかったし、フィリピン人との関係も密接ではなかった。比律賓協会の陣容をみても、フィリピン現地の経済事情に明るい人材に乏しかったことがわかる。理事の大半が東京の官庁、軍部、企業の人びとで、設立時には評議員のなかにもとくにフィリピン関係者はいなかった。このような人びとの言説は、多分に東アジアやほかの東南アジアを念頭においてのものであり、それらから現実のフィリピンとの関係はみえてこない。フィリピンにかんする言説は、近代日本思想史や東アジアとの比較から考え、どこまで現実味があるかを考えてから考察する必要があるだろう。また、本書第七章で、日本占領下のフィリピンで、在住日本人があまりに軽視されたために、フィリピン人・社会とのコミュニケーションがうまくとれなかったことを指摘したが、ここでも同じ指摘ができる(8)。

フィリピンの実状を知らない東京の人びとで設立された比律賓協会は、文化工作、経済工作を意図したとしても、それらの工作ができるだけの知識も人材もなかった。経済工作については、言説だけがスピーチ等に見え隠れしたため、「真の目的は経済進出」という目的遂行のために活動したかのような誤解が生じたと考えられる。しかし、現実には、フィリピンの国内政治情勢、アメリカを中心としたフィリピンを取り巻く国際情勢の把握がせいぜいで、フィリピン現地の具体的な情報はつかめず、したがって経済工作もできなかったということだろう。このことは、日本占領期に至っても、比律賓協会が神戸や横浜で接待した渡米・帰国途次の国民党Partido Nacionalista（一九〇七年の議会開設以来の多数党）を中心とするフィリピン人要人に頼らざるをえなかったこととも符合する。結果として、フィリピン人にも受け入れやすかった文化工作の一環としての文化交流・親善のみがおこなわれたといっていいだろう。その文化工作についても、訪日フィリピン人と飲食・歓談するのがせいぜいで、フィリピン学生訪日視察団の参加者は、

第一回（一九三五年）五八名、第二回五一名、第三回八六名から、日中戦争の本格化した三七年を境に第四回一六名、第五回一七名と減少し、最後の四〇年の第六回はわずか九名（日本人二名、フィリピン人教授とその夫人、新聞記者を含むため、フィリピン人学生は四名）にすぎず、また留学生数も減少したことから、けっして成功したとはいえなかった［Goodman 1967b: 62-132］。

戦時中の留学生については、それまで特別会計として予算編成していたが、留学生輔導事業費が、一九四五年度から一般会計に合併し、一般学生輔育費二万円、陸軍入校者準備訓練生五〇〇〇円が計上された。また、収入の部に「一人月四〇円ノ割五人分」として、「比島学生宿料」二四〇〇円が計上された。この留学生のなかには、亡命者が含まれていたようだ。

日本のフィリピン占領後も、徳川頼貞会長が積極的に従事したように文化工作中心であった。しかし、現地事情に詳しい在住日本人は、太田興業や古川拓殖といった大企業の社員が中心で、フィリピン人に人脈をもつ小売業を中心とした商店主はあまり関係しなかった。戦時下の講演者をみても、フィリピンに派遣された人が多く、戦前と変わり映えしなかった。比律賓協会において、「産業経済に関し調査研究上の連絡を計り、意見の交換並に現地事情聴取の為」比律賓経済懇話会が月一回の計画で開催されるようになったのは、一九四四年二月二二日のことだった［『比律賓情報』八一号（一九四四年三月一日）、四七—四八頁］。

日本人によるフィリピンでの工作活動は、フィリピン革命期（一八九六—一九〇二年）以前からみられる。その研究は、グッドマン、ユー-ホセ、寺見に加えて、サニエル、波多野、池端にもみられる。(9) フィリピン革命後についても、フィリピン警察軍が一九〇六—一三年の日本人の工作活動を追った詳細な記録が残されている。(10) フィリピン革命時のフィリピン共和国初代大統領エミリオ・アギナルド Emilio Aguinaldo（一八六九—一九六四、任一八九九—一九〇一）には、その後も日本人工作員が活動をつづけ、日本のフィリピン占領を迎えている。いっぽう、経済関係では、フィリピン渡航一〇周年を記念して出版された『比律賓在留邦人商業発達史』(南洋協会、一九三五年)など、多数の著書のある渡辺薫が、商工省貿易通信員として一七年間余マニラに駐在した。その成果は、戦争突入後に「南方文化工作私見」という副題のもとに出版されたりしたが、渡辺の比律賓協会とのかかわりは、一九四一年一一月二七日に関西支部で講演をしただけだった[渡辺一九四二a、同一九四二b、渡辺・松屋一九三二]。商工省関係者は、比律賓協会の役員になるどころか、会員にさえなっていない。少なくとも、これらの工作活動の成果が、『比律賓情報』や「会務報告」に顕著にあらわれることはなかった。

なお、比律賓協会はフィリピン協会として戦後も存続した。一九五四年に三代目会長に日本占領下のフィリピンで初代日本大使を務めた村田省蔵が就任し、その死後五七年に日比賠償協定の日本側首席全権であった高碕達之助が就任した。その後、伊藤武雄(大阪商船社長)、永野護(運輸大臣)、小林節太郎(富士フイルム社長)の後、岸信介、福田赳夫といった元首相らが就任し、活動をつづけている[フィリピン協会一九七七]。

第七章　戦時下「ダバオ国」の在住日本人

はじめに

真韮之麻足以繋日本之旗

この詩は、一八八九（明治二二）年四月マニラに向かった菅沼貞風《ただかぜ》が、その出発にさいして詠んだ最後の部分である。菅沼はフィリピンへの移民・植民を企て、自らマニラに赴いて実地調査中の七月六日、コレラのために急死した。マニラで製麻会社を設立する準備のための一時帰国を間近に控えての死だった。菅沼自身その夢の実現をみることはなかったが、マニラ麻（植物名アバカ）はその後日本人移民によって大々的に生産されることになった。アバカ栽培を中心に栄えたフィリピン南部ミンダナオ島ダバオは、日本人人口二万人を擁し、「ダバオ国《クオ》」ともよばれる日本人町として知られるようになった(1)。その「ダバオ国」は、太平洋戦争勃発後、日本軍の占領するところとなった。まさに「真韮の麻以て日本の旗を繋ぐに足る」ことになった。では、そのダバオ在住日本人は、戦前・戦中、国家としての日本になにを期待され、どう行動したのだろうか。そして、そのことは現地フィリピン人社会になにをもたらしたのだろうか(2)。

本章では、まず近代日本が海外移民・植民に求めたものを考察し、ついで戦時中に発行された日本語新聞『マニラ新聞』『ダバオ新聞』からフィリピン在住日本人の具体的な戦争協力の実態を把握し、最後に戦争裁判記録のフィリピン人の証言からダバオのフィリピン人の日本人像を考察する。

1　フィリピンへの日本人移民・植民

（1）移民・植民構想

移民・植民活動は、平和裏におこなわれるとはかぎらない。歴史上戦略的な意味において、将来の植民地、領土獲得の先兵として利用されることがしばしばあった。近代日本においても、北進論、南進論を問わず、移植民活動を帝国主義・植民主義の活動の一環として位置づけた者も少なくなかった。明治二〇（一八八七）年前後、当時スペインの植民支配下にあったフィリピンへの移植民を提案した横尾東作、杉浦重剛、菅沼貞風もまた、日本の膨張主義に則っていた。

当時警視庁記録課長であった横尾東作は「南洋公会」の設立を提唱し、その設立大意でフィリピン諸島の「パラワン島、スールー（スル群島）、ミンダナオ島」に「貧民、新平民、犯罪者」を移住させ、「酋長と和親を結び、島民と慇懃を通じて」土地を租借し、さらに「土地を割渡」する計画を立てた〔入江一九四三、七三―九三頁〕。同じころ杉浦重剛は『樊噲夢物語』（一八八六年）を著わし、新平民をフィリピンに移住させ、機会を待って蜂起する計画を立てた。菅沼貞風は、「或る人の計画」として「新日本の図南の夢」（一八八八年）のなかで、『樊噲夢物語』のつぎの一節を引用している(3)。

……順次此島〔フィリピン〕ニ移住シ、奴僕農工百般ノ賤役ニ従事シテ以テ其機ヲ待ツ可シ。……斯クノ如クセバ何ノ形跡ノ恠ム可キアラム。法憲ノ問フ可キアラム。何ゾ況ヤ万国公法ニ触ル、ノ恐レアラム。已ニ此島ニ移住シ土人ト相親ミ相交レバ、本是レ等ク東方ノ人ナリ。忽チ情誼ノ相忘ル可カラザル者アリテ、彼我ノ間ニ生ズルヤ必セリ矣。然ルニ欧西各国ニ於キテ自由ヲ貴ビ、権利ヲ重ズルニモ関ハラズ、東方請属藩民ヲ遇スル、苛税重斂以テ厭クコトヲ知ラズ、暴政虐令以テ意ト為サヾル者ハ、吾人ノ熟知スル所ナリ。特ニ此島ヲ領セル本国政府ガ、此島民ヲ御スルガ如キ其最モ甚キモノナレバ、此ニ在ルコト一、二年ノ内ニハ必ズ残暴ノ以テ天下ニ表白スルモノアラム。此時コソ是レ吾党ガ為メニ千歳一時再ビ来ラザルノ機ナリ。此機ニ際シナバ吾党此島ノ四辺ニ散在スルモノ一時ニ蜂起シ、檄ヲ天下四方ニ伝フルコト米国ノ独立ノ日ノ如クシ、予約ニ順ヒテ将帥ノ命ヲ聴キ、一挙シテ彼ノ本国代理政府ヲ倒シ、悉ク暴政虐令ヲ廃シ苛税重斂ヲ除キナバ、四百有余万ノ民大旱ノ雲霓ヲ望ムガ如ク、其婦女ハ簞食壺漿シテ軍ヲ犒ヒ、其男子ハ雀躍抃舞シテ軍ニ従ヒ、数朝ヲ出デズシテ事大ニ定マラム。

菅沼はスペイン人を「欧州中最も進歩せざる人種」とみなし、「我国今日の謀たる第一に戦端を開かざるべからざるものは朝鮮にあらず支那にあらずまた英魯独仏にあらず只西班牙に御座候」と述べ、さらに「呂宋に植民し土人と与に西班牙人を放逐し然る後我国の助けを得て其独立の基礎を定め扨呂宋王国の王位を以て我国の天皇には奉るべき義に有之候」と結論している。そのためには、まずサトウキビ、アバカ、タバコ栽培に従事する農業出稼ぎ移民九万人を送る必要を説いている［菅沼一九四〇、六八〇―八二、六九八頁］。

このような考えは、一部の膨張論者だけではなかった。開国後の日本では、過剰人口と資源の乏しさが強調され、日本の発展を海外植民・経済進出に求める声が高まっていた。そのため海外での奴隷的労働を危惧する日本政府は、移民の保護と権利確保のために、有望移住地と目されていた中南米や東南アジアの調査をおこなった。その調査の成果が、一九〇八年から一四年まで刊行された一三巻の『移民調査報告』であった。この第一巻と第六巻にフィリピン

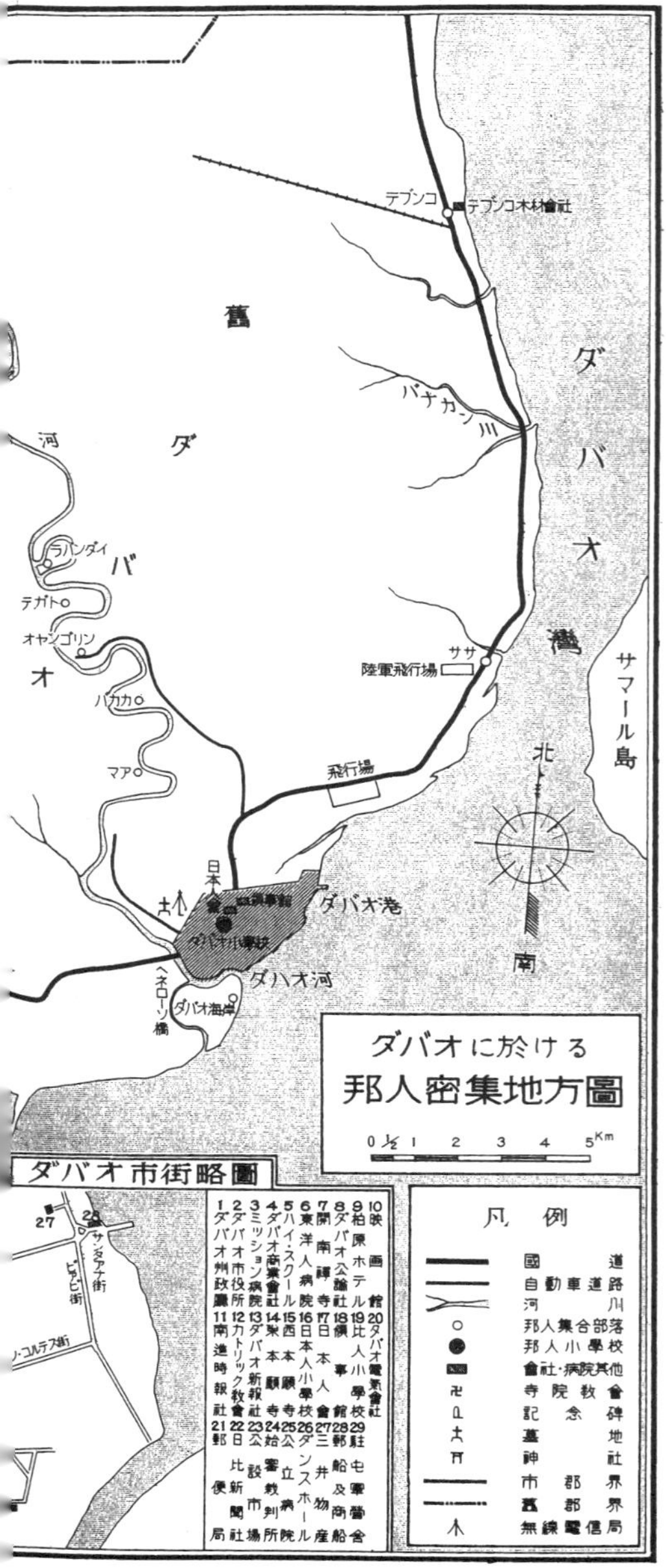

地図2　ダバオ在住日本人集住地域
出典：[蒲原 1938]

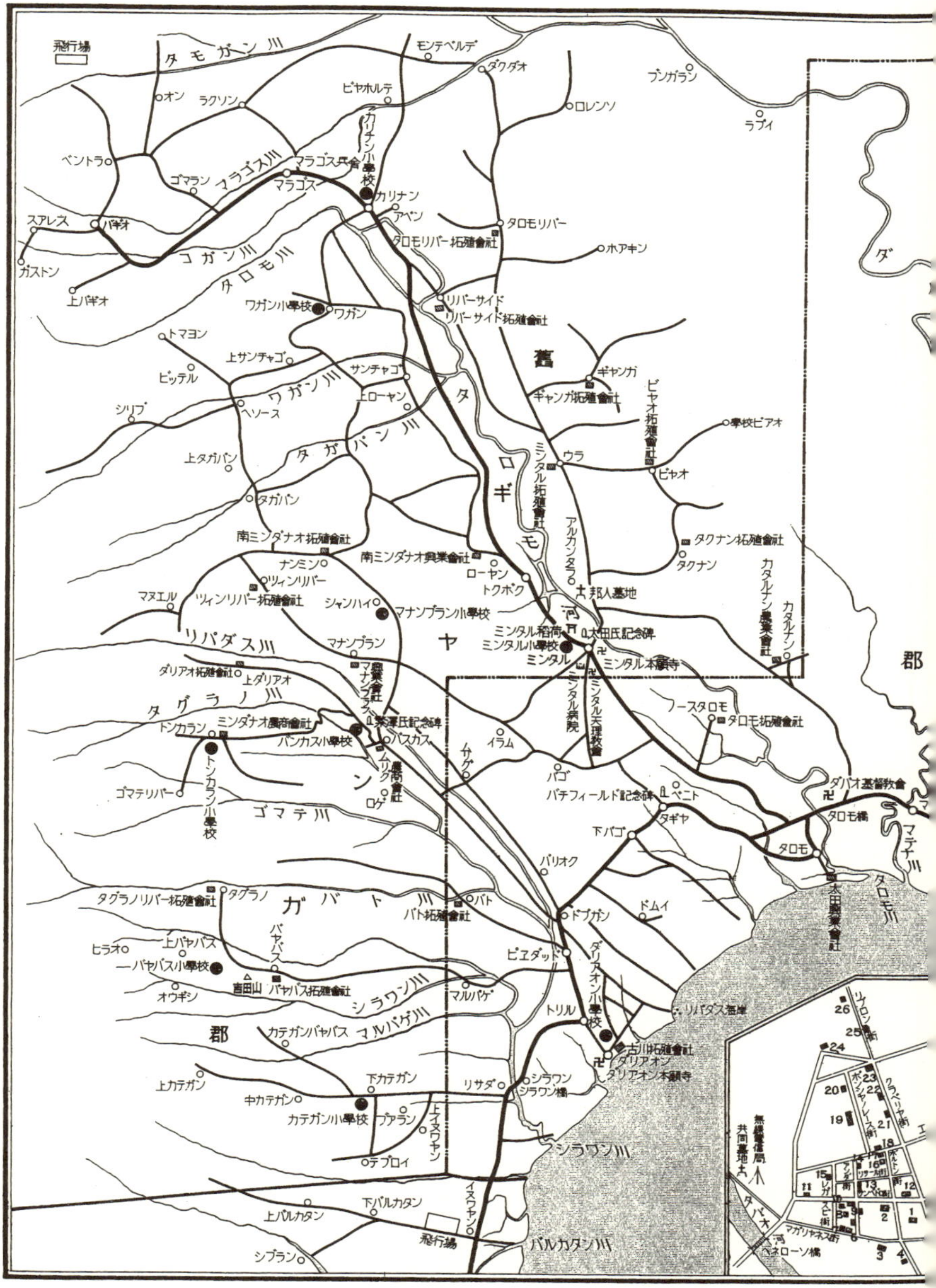
飛行場
タモガン川
モンテベルデ
ダグダオ
ブンガラン
オン
ラクソン
ピヤホルテ
ロレンソ
ラプィ
カリナン小學校
ベントラ
マラゴス川
マラゴス兵舎
マラゴス
ゴマラン
カリナン
アペン
スアレス
バギオ
タロモリバー
タロモリバー拓殖會社
ホアキン
ガストン
コガン川
タロモ川
上バギオ
ダ
ワガン小學校
ワガン
リバーサイド
リバーサイド拓殖會社
トマヨン
上サンチャゴ
サンチャゴ
舊
ギャンガ
ギャンガ拓殖會社
ピッテル
ピヤオ拓殖會社
上ローヤン
シリブ
ワガン川
ヘソース
學校ピアオ
タガバン川
上タガバン
ミンタル拓殖會社
ウラ
ピヤオ
タ
ロ
ギ
モ
タガバン
アルカンタラ
タクナン拓殖會社
南ミンダナオ拓殖會社
南ミンダナオ興業會社
ナンミン
ローヤン
トクボク
タクナン
ツインリバー
カタルナン農業會社
マヌエル
ツインリバー拓殖會社
邦人墓地
シャンハイ
マナンブラン小學校
河
ミンタル稲荷
太田氏記念碑
ミンタル小學校
リパダス川
マナンブラン
ヤ
ミンタル
ミンタル本願寺
カタルナン
郡
ダリアオ拓殖會社
上ダリアオ
マナンブラン農業會社
ミンタル病院
ミンタル天理教會
タグラノ川
ミンダナオ農商會社
峯澤氏記念碑
ノースタロモ
タロモ拓殖會社
トンカラン
パンカス小學校
バスカス
イラム
ムリグ農商會社
ムゲ
ン
バゴ
トンカラン小學校
ゴマテリバー
ロゲ
バチフィールド記念碑
ベニト
ダバオ基督教會
タギヤ
タロモ橋
下バゴ
ゴマテ川
マテナ川
タロモ
バリオク
タロモ川
太田興業會社
タグラノリバー拓殖會社
タグラノ
ガバト川
バト
バト拓殖會社
ドムイ
ドブガン
上バヤバス
バヤバス
ヒラオ
ピユダット
ダリアオン小學校
バヤバス小學校
吉田山
バヤバス拓殖會社
オウギシ
シラワン川
マルバゲ
マルバゲ川
トリル
リパダス海岸
郡
カテガンバヤバス
古川拓殖會社
ダリアオン
ダリアオン本願寺
上カテガン
下カテガン
リサダ
シラワン
シラワン橋
中カテガン
カテガン小學校
ブアラン
上イヌワヤン
テプロイ
シラワン川
イヌワヤン
下バルカタン
上バルカタン
飛行場
バルカタン川
シブラン
26
25
24
23
22
クラベリヤ街
20
19
21
18
無線電信局
共同墓地
15
14
16
13
12
11
9
8
2
1
マガリヤネス街
ベネローソ橋
3
4

の報告が掲載された。フィリピンも有望移住地のひとつと考えられ、優良移民を送らねばならなかった［赤塚一九〇八、岩谷一九一二］。

マニラの日本人外交官が期待したフィリピンの日本人移民は、定住目的の米作農民だった。ところが、明治期末の数年間に二〇〇〇人ほどに達していたフィリピン在住日本人の多くは、定住性のない娼婦「からゆきさん」や道路工夫、大工などであった。しかもこれらの人びとは、当時アメリカ領フィリピンで禁じられていた「契約移民」労働者として入国していた。躍進するアジアではじめての近代国家、日本の移民としてけっしてふさわしい存在ではなかった。かれらは、それまでにフィリピン人がみた支配者、スペイン人やアメリカ人などの白人より体格・品格で見劣りし、白人が従事することのなかった肉体労働に従事していた。それゆえ、かれらはフィリピン人の尊敬の対象にならなかった。ここに近代国家日本の外交官の理想とする日本人移民と現実のフィリピン在住日本人労働者のあいだに、大きな隔たりがあった。そのため、領事報告では、理想と現実の矛盾する記述が繰り返し述べられ、外交官のいらだちを顕わにしていた（本書第三章）。しかし、第一次世界大戦を契機として、ダバオに定住傾向の強い日本人社会が成立した。ダバオ在住日本人は、外交官が期待するような移民だったのだろうか。

（2）「ダバオ国」の成立

ダバオにスペイン人のコンキスタドール（征服者）がやってきたのは、一九世紀も半ばのことだった。しかし、ダバオが開発されるようになったのは、一八九八年にアメリカ合衆国の植民地となって退役軍人らがアバカやココナツのプランテーション（農園）を拓くようになってからであった［早瀬二〇〇三c］。

日本人がダバオにはじめてやってきたのも、このようなプランテーションの労働者としてであった。一九〇三年四月に一年契約で雇われた日本人労働者は、ダバオの劣悪な労働環境に耐えきれず、期限切れを待ってことごとくダバオを去っていった。前後して、ルソン島北部山岳地帯、避暑地バギオに通ずる山岳道、ベンゲット道路（ケノン道路）の工事に従事していた日本人出稼ぎ労働者が、太田恭三郎の指導の下にダバオにやってきた。〇四年・〇五年両年にダバオにやってきた日本人は、三百数十人にのぼった。自ら〇五年七月にやってきた太田は太田商店を開き、〇七年には公有地払下げを申請し、太田興業株式会社を設立した。一四年には伊藤商店（後の伊藤忠商事、丸紅）の後援を受けた古川義三《ぎぞう》（一八八八―一九八五）が、古川拓殖株式会社を設立した。その後、第一次世界大戦景気による日本国内の余剰資本がダバオに流れこんでくると、ダバオの日本人社会は一気に膨れあがった。一八年末までに、日本人経営の農業会社は七一を数え、次々に公有地の払下げ、租借を申請し、日本人人口も一時は一万人を超えたといわれた。

その後の好不況にともなって、日本人人口は増減し、一九二三年からは増加の一途をたどった。ダバオのアバカ栽培は、日本人人口の増加とともに生産高を増し、二〇年代になると、それまでアバカ栽培をリードしてきたルソン島南部ビコール地方を凌ぐようになった。そして、三〇年代にはフィリピン全土のアバカ生産の三分の一またはそれ以上を占め、三八年からは過半を占めるようになった。そのダバオのアバカの大半が、日本人の手によって生産されていた。低廉高品質なアバカを安定して供給することで日本人アバカ栽培者は成功していったが、なにより日本人の相互協力によって成り立っていたダバオの日本人社会が、事実上日本人以外のアバカ栽培を排除することによって、独占するようになっていた。日本人主導のアバカ栽培の発展によって、ダバオが発展したことから、やがてダバオは満洲国をもじって「ダバオ国《クオ》」とよばれるようになった。

「ダバオ国」の発展とともに、その労働力不足を補うかたちでおもにビサヤ諸島からやってきた低地キリスト教徒フィリピン人移住者は、日本人の下で働き、主従関係にあった。マニラ麻産業以外にめだった産業のなかった戦前のダバオでは、ダバオの住民すべてがマニラ麻産業に寄生することで生活していた。ダバオの政治家、行政官、弁護士、医師などフィリピン人エリートの活動も、日本人社会と無縁ではなかった。フィリピンの経済活動で重要な役割を果たしていた華僑も、ダバオでは日本人の活動に追随することによって成り立っていた［Hayase 1984］。

そのダバオ在住日本人の人口は、フィリピン全土の日本人人口にほぼ平行して増減した（図3-2）。つまり、フィリピン在住日本人人口の増減は、ダバオの増減によっていたといっていいだろう。そして、一九三〇年代になると、男性人口が九〇〇〇人台で足踏みするいっぽう、女性人口は順調に増加し、三八年には全人口の三五・七％（五九八五人）を占めるようになった。ダバオは海外出稼ぎ労働の地から、家族とともに労苦をともにする移住の地になっていた。このことは、戦争勃発後もダバオ在住日本人はダバオに留まり、帰国しなかったことを意味した。

マニラ在住日本人人口は、日本軍占領後の一九四三年七月、七三七六人に増加したにもかかわらず、女性の比率は三〇年代の三〇％台にたいし、二三・九％と低下していた［『マニラ新聞』一九四三年九月四日］。いっぽう、ダバオ在住日本人人口は四三年一月発表で一万九〇八九人、女性比率は戦前より増加して三八・四％にのぼった。とくに小人と分類された者が男四一二二人、女四二四〇人で、合計八三六二人は全体の四三・八％を占めた。また、沖縄出身者が一万〇一六六人で、全体の五三・三％を占めていた［『マニラ新聞』一九四三年一月二三日］。もうひとつ人口統計上注目に値するのは、メスティーソとよばれた「混血児」の数である。日本人入植者とダバオの先住民バゴボあるいは移住してきた低地キリスト教徒フィリピン人との結婚の実態は正確につかめないが、三九年のフィリピンの国勢調査によると、ダバオでは二六九人（フィリピン全土では八七四人）のフィリピン人女性が日本人男性と結婚し、七五四人（同二三五八人）の「混血児」（うち二六七人、同七四〇人は日本国籍）をもうけていた。このようにダバオは、女性、未成年、「混血児」を多数抱え、沖縄出身者が過半数を占める特異な日本人社会を形成していた。

ダバオ在住日本人人口は、第一次世界大戦を契機として急増し、一九三〇年代になると家族同伴者も増加して、日本政府の理想とした定着農民社会が成立した。かれらは米作農民ではなかったが、当時国際的に重要な軍需物資であった商品作物アバカを栽培する農民であった。しかし、かれらの評価はけっして高くなかった。海外移住にたいする一般的な偏見に加え、ダバオ在住日本人の多くが沖縄出身者であったこと、なかにダバオの先住民バゴボなどフィリピン人と結婚する者がいたことなどで、「劣等日本人」とみなされることが往々にあった。[4] ダバオ在住日本人は、「立派な日本人」であることをいつも要求される環境にあった。そのようななかで、在住日本人二万人の町「ダバオ国」は成立していた。

2　ダバオ在住日本人の戦争協力

(1) 死亡場所

ダバオ会というダバオから引き揚げた人びとの親睦団体があった。沖縄県摩文仁丘にはダバオ会が建立した「ダバオ之塔」(一九七二年三月二八日除幕)があり、毎年五月一五日に慰霊祭をおこなっている。その慰霊塔には御霊帳が保管されており、一九八八年五月一五日現在四六二七柱(重複を含む)の記名がなされていた。それぞれ氏名、出身県(沖縄は出身地)、死亡場所、死亡年月日(行年)などが記入されている。このなかの死亡場所が、ダバオ在住日本人の戦争協力を如実に物語っている。[5]

死亡場所でもっとも多いのがタモガンで、本土出身者三一四人、沖縄出身者一一一五人、合計一四二九人が記録されている。タモガン周辺地域での死亡者を加えると、さらに増える。タモガンは、アメリカ軍のコタバト上陸後の一九四五年四月二九日に出された在住日本人避難命令の目的地であった。日本軍と行動をともにし、アメリカ軍の攻撃をまともに受けた結果であった。在住日本人の措置について、もともと方面軍も現地軍もなんら明示していなかった。在住日本人の生命の安全についての方針がまったくないまま、かれらは自活のための耕作用員として軍と行動をともにすることを要求され、そして見捨てられていったのである。タモガンでの死亡者の多くは、四五年六月から九月に集中している。

つぎに多いのがダバオで、本土出身者四九六人、沖縄出身者六六九人、合計一一六五人が死亡している。そのつぎがダリアオンで、本土出身者六四人、沖縄出身者一四八人、合計二一二人のほとんどが、ダリアオンにあった収容所で一九四五年八月から一一月にかけて死亡した人びとである。九三年に公開された「ダリアオン収容所死亡者名簿」（福浦幸男氏所有）によると、七三四人の名が記入され、年齢が記載されている者のうち約半数の三五五人が一〇歳未満の子どもで占められていた。在住日本人の悲惨な末路は、この子どもの数からだけでも充分に語れるだろう。つぎが「ミンダナオ」で、本土出身者のみで一二九人である。ミンダナオ各地の意味だと思われるが、ほかにコタバトで本土出身者一二人、沖縄出身者四八人などが死亡している。このほか「ルソン」で合計八六人、「ネグロス」で合計六二人など、本土出身者がミンダナオ島以外で死亡している。「ルソン」で死亡した者のなかには、マニラから北部ルソンの「キャンガン」へ日本軍とともに敗走した者が含まれている。

ここで気づくことは、本土出身者がダバオ以外で多数死亡していることである。太田興業株式会社や古川拓殖株式会社の社員などは、現地の事情に精通していることで、また英語などのことばができることで、生産活動で、また通訳として軍に協力したため、フィリピン各地に渡っていたものと思われる。いっぽう、沖縄出身者はダバオに残り、おもに食糧増産活動などに携わっていた。そのため、多くの者がタモガンに軍とともに敗走し、アメリカ軍の攻撃や飢えの犠牲となった。

（2）ダバオ攻略と在住日本人

ダバオ在住日本人には、これだけの犠牲を出すまで、戦争に協力したわけがあった。ひとつには、徴兵延期願いを提出するなど、国民の義務を果たしていないという、国家への後ろめたさがあった。また、「外地ボケ」の非難を恐れた人びとは、国家にたいして過剰に反応し、国家に忠誠を尽くそうとした。そして、ダバオなどの在住日本人は、それぞれ戦争勃発後捕虜として収容され、日本軍の上陸とともに直接救出されたという特殊事情があった。

一九四一年一二月八日の開戦とともに各地に収容されたダバオ在住日本人は、二〇日の日本軍のダバオ進攻とともに順次救出され、二四日までにほぼ全員が解放された〔防衛庁一九六六、同一九六七、同一九六九〕。しかし、この混乱のなかで五七人の犠牲者を出し、攻略計画の延期によって収容日数が一〇日間を超えたことから、救出されたときの感動は想像を越えるものがあった。そして、その感動シーンは、第五期国定教科書『初等科国語八』（一九四三年）および『高等科国語一』（一九四四年）などに登場した。

この興奮さめやらぬうちに、在住日本人はダバオ居留民団を組織し、軍に全面協力して宣撫、食糧、自警、交通などにあたった。日本人会は事態の回復まで居留民団に統合され、日本人会支部長がそのまま一一の居留民団の支部長となった。また居留民団は、軍当局の指導のもとに在郷軍人および青年団員を動員して、各主要支部ごとに自警団を組織し、軍より歩兵銃の貸与を受けて治安の確立にあたった。そして、早くも一九四二年一月一五日から二月三日までに宣撫の最中に六人の戦死者を出した。その後、自警団は義勇隊と改称して、軍の警備司令部に隷属し、警備、偵察、宣撫工作などにあたった〔森一九九三、二五二—五三頁、『比律賓情報』六〇号（一九四二年六月一日）、六七—六九頁〕。

（3）「比島民衆の亀鑑」としての在住日本人

日本軍の望んだフィリピン在住日本人像は、マニラ新聞社（東京日日新聞社および大阪毎日新聞社経営）が発行した『マニラ新聞』、およびそのダバオ支社が発行した『ダバオ新聞』によくあらわれている。(6)

これらの新聞は「原住民の教化、日本文化の進出、現地邦人の啓発等」を目的として、陸軍の指導のもとに発行されたが、フィリピン人への日本語の普及が進展しなかったため、読者は日本人にかぎられていた。しかも、マニラ以外の地方で配られることがほとんどなかったため、発行部数五〇〇〇は、もっぱらマニラおよびその周辺に在住する日本人の「啓発」を目的として発行されることになった［有山一九九一、一六頁］。『ダバオ新聞』についても同様のことがいえる。両新聞とも、記事の内容は世界大戦、「大東亜戦争」の情況、内地の戦時体勢を一面、ついで二面に現地の情況、娯楽欄などを掲載し、マニラとダバオの記事の交換もおこなわれた。つまり、「外地ボケ」しないための世界・内地の情報に、軍の意向を受けた情報、娯楽が加わった内容だった。

『マニラ新聞』は、月曜日を除く毎日発行された。『ダバオ新聞』のように、ダバオ初空襲直前の一九四四年八月一日から、日水金週三回の休刊に追いこまれることはなかった。『マニラ新聞』の社説をみると、在住日本人に直接関係あるものは意外に少ない。とくに戦況の悪化する以前の四三年半ばまで、在住日本人にとって重要な記事が掲載されたときも、社説で取りあげることはほとんどなかった。また、戦況の悪化する以前には、軍政監部のほうで在住日本人をとくに積極的に利用することはなかった。それまで在住日本人に期待されたことは、「比島民衆の亀鑑」という漠然としたものでしかなかった。

一九四二年一二月一八日、軍政監部は「不良邦人の退去処分に当りて在留邦人に告ぐ」当局談を発表した。日本人七人が私利私欲に幻惑された悪質行為をおこない、帝国の威信を傷つけたというのである。当局談は、つぎのような書き出しではじまった［『マニラ新聞』一九四二年一二月一九日］。

比島在留邦人諸君

諸君が単なる比島在留邦人であつた時代は既に過去のことに属する、諸君は新たに使命と責任の下、皇国の大理想実現に一路邁進すべき第一線の戦士となつたのであり、諸君の一挙手一投足は最早単なる個人の問題ではなく、悉く日本を代表する行為となつたのである比島一千六百万の友朋を率ゐて、或は父となり、或は兄となり、がつちり手を組み足を揃へて新比島の再建と発展とに努むべき指導者となつたのである、在留邦人は今こそ悠久二千六百余年の歴史に流るる指導民族たるの矜持を現実の生活の中に確認しなければならぬ

ここでは、まずもはや個人中心ではなく、国家の一員としての自覚にもとづいて行動すること、つぎに指導民族としてフィリピン人の「父」や「兄」の存在となり、尊敬されねばならないと説いている。国家中心の行為と日本の優越を、在住日本人は身をもってフィリピン人に示さねばならなかった。しかし、現実の在住日本人は、軍政監部が望んだような日本人ではなかった。それから一ヶ月もたたない一九四三年一月一二日、軍当局は不良邦人送還委員会の決定にしたがって六人の日本人を内地へ送還したと発表した。今度は六人の実名を明らかにし、不良行為も具体的に「戦禍に乗じて金品若くは就職を強要し、或は敵産物資をほしいままに入手消費し、或はまた官名を詐称して強談、威迫をなすなど不法不当の行為」をしたと述べている。さらに一九日、戦勝国民対戦敗国民の関係、つまり征服意識をもってフィリピン人に接し、不当に家賃を引き下げようとする一部日本人がいると警告を発した〔『マニラ新聞』一九四三年一月一三日、一九日〕。

一九四三年三月一〇日、当時軍政監部総務部総務課長犬塚恵亮陸軍少佐は、陸軍記念日を期してマニラで開かれた在郷軍人総会で、フィリピン在住日本人として実践すべき、つぎの三大則を明示した。

第一に重要国防資源の獲得に努力を倍徒すること

第二に日本経済に依存することなく比島の経済自活を徹底的に実行すること

第三に比島民心を把握し軍政の浸透を図り、以て占領地統治を円滑に推進すること

いずれも在住日本人が主体となる、積極的な意味での戦争協力に期待する在住日本人像ではなかった。このうち第三の「比島民心の把握」を犬塚は第一義としたが、具体的には「苟も一部邦人の言動により比島民の経済を威嚇圧迫するが如き又一部日本人の利益独占のため一般日本人大衆に対し痛苦を与ふるが如きは全くこの方針に悖るものにして最も戒むべき所とす」としか述べていない〔『マニラ新聞』一九四三年三月一一日〕。

さらに一九四三年五月一〇日、軍政監部は邦人非違即決処分令を施行した。全六条はつぎの通りであった〔『マニラ新聞』一九四三年五月四日〕。

第一条　本令は比島在留邦人に之を適用す

第二条　渡集団隷下憲兵隊長憲兵分（遣）隊長はその管区内にある第一条所定の者にして左の各号の一に該当する行為をなし、指導国民たるの体面を汚したる者に対し一日以上卅日以内の監禁または一比以上五十比以下の過料に処することを得、

一、故なく人の頬を平手にて殴打し、またはその他の行為により侮辱を与へたる者

二、公衆の自由に交通し得る場所において喧噪し、または泥酔して徘徊したる者

三、街路において屎尿をなしたる者

四、公衆の目に触るべき場所において袒裼裸裎（はだぬぎ、しりまくり等肌をあらはすこと）しまたは臀部、股部を露はしその他醜態をなしたる者

五、教会、礼拝所、墓所、碑表、形像その他之に類する物を汚濁したる者

六、軍の名を籍り、または日本人たるの地位を利用し、強談威迫をなし、または財産上不正の利益をはかりたる者

七、官職、位記、勲爵、学位を詐りまたは法令の定むる服飾徽章を借用し、若くはこれに類似のものを使用したる者
八、教会、劇場その他公開の場所において会衆の妨害をなしたる者
九、営業時間外に飲食店その他接客業者に飲食遊興を強要したる者
十、その他前各号に類する行為をなし著しく帝国臣民たるの威信を損しまたは公安を害したる者
第三条　前条に規定したる違反行為を教唆しまたは幇助したる者はこれを罰することを得
第四条　監禁は憲兵隊留置場に拘置す
第五条　過料は言渡後速に納付せしむ、過料を完納すること能はざるときは一日以上卅日以内の監禁に換ふることを得
第六条　本令に拠る処分は犯人の陳述を聞き証拠を取調べ直ちに言渡をなす

第二条に掲げられた九項目は、すべて実際にあったことと思われる。そして、これらすべてが品行について述べたものであって、とくに日本占領下のフィリピンで注意することではなかった。このような処罰を決めても、在住日本人の品行は改まらなかった。施行から六月二六日までの一ヶ月半に七人の日本人が殴打などで処分を受け、仮名で公表された。さらに四三年内に一七人の日本人が「帝国の威信を失墜したもの」として、内地に送還された［『マニラ新聞』一九四三年六月二九日、『ダバオ新聞』一九四四年六月三日］。

一九四四年七月二七日『マニラ新聞』に掲載された「現地邦人心得帖」をみても、平手打ちせぬこと、パンツ一枚の裸姿は禁物、室内で帽子をかぶらぬこと、毛脛を出さぬこと、人前を通るときは会釈をすること、など常識的マナーの範囲を越えていなかった。キリスト教徒が多数を占めるフィリピンで、欧米的マナーを身につけていたフィリピ

ン人の前に出て、あまりに恥ずかしい日本人が多かったのである。

これらのことから、戦況が悪化するまで、軍が積極的に在住日本人を組織的に活用する意図をもっていなかったことがわかる。指導民族日本人の占領に、フィリピン人が疑問をもたぬよう、「立派な日本人」としての行動を在住日本人に求めただけだった。しかし、現実の在住日本人のなかには、日本の緒戦の勝利に酔い、日本軍の威光をかさにきて、傍若無人に行動する者がいた。外国人にたいするさまざまな規制の解放から、度を越した行動をとる旧来からの在住日本人もいたし、新たに占領地となったフィリピンに一攫千金を求めてやってきた者もいた。新参者のなかにはフィリピンの風俗習慣を知らず、あるいは知っていても無視してフィリピン人の顰蹙をかうこともあった。その新参者に、在住日本人を指導すべき軍人・司政官も含まれていた。日本軍が望ましくないと判断した在住日本人の行動は、実はフィリピンを占領した日本軍の姿そのものでもあった［Zipper 1994］。日本人を尊敬せず、日本軍に協力しないフィリピン人と、引きつづくゲリラ活動へのいらだちが、在住日本人に向けられたと考えることもできる。なにより、フィリピンの「民心の把握」に重要な役割をはたすことのできる、フィリピン人社会に根を張って活動していた在住日本人を、有効に軍政に組みこまなかったことが、在住日本人の活躍の場を失わせていた。日本の軍政は、フィリピン人の「民心の把握」の前に、在住日本人の「民心の把握」に成功していなかった。

（4）献金

在住日本人の戦争協力で、間接的で気軽におこなえたものに献金があった。フィリピンで献金がさかんになるのは、戦況が悪化しはじめた一九四三年半ばごろからであった。『マニラ新聞』『ダバオ新聞』紙上に掲載されたおもな献金は、つぎの通りである。

一九四三年五月二七日　ダバオ在留邦人　陸海軍に献上機二機、二二万四九八一ペソ
一九四三年六月三〇日　在留邦人他　恤兵金八万九九二円、国防献金六〇万一〇二五円
一九四三年一〇月九日　中部ルソン日本人会　陸海軍へ軍用機資金献納五四万五〇七一円
一九四四年一月一七日　在留邦人西教外治　海軍機建造資金八万ペソ
一九四四年二月一九日　北部ルソン在留邦人　国防恤兵献金一万一一九ペソ
一九四四年三月一日　マニラ市在住一邦人　陸海軍へ航空機資金献金一万ペソずつ
一九四四年四月一一日　マニラ国民学校生徒　陸海軍へ飛行機献納基金六三〇ペソ
一九四四年七月　ミンダナオ日本人会コタバト支所　陸軍省に軍用機献納資金三万ペソ

『マニラ新聞』では一九四三年八月一〇日に献金欄ができ、森自転車商会三〇〇〇円、森貞蔵二〇〇〇円、以下毎日実名と金額が掲載された。森貞蔵は〇四年にフィリピンに渡り、後に森自転車商会社長となった人物である。森のように長年フィリピンで生活し、成功した者は率先して献金した。新聞に掲載されたことで、強制的な意味合いが生じ、金額についても競争原理がはたらき、見栄を張って国への忠誠を示すことになった。

(5) 勤労奉仕

一九四四年三月パラオ島がアメリカ海軍空母機動部隊に爆撃されると、フィリピンの日本軍の緊張は一気に高まった。日本軍は、開戦時のルソン島南部レガスピ、レイテ・サマール地方、ダバオ攻略にさいしパラオ島から出撃した。パラオ島からフィリピン諸島への攻撃が、いかに容易なことかをそのときの経験から充分認識していた。この三月を境に在住日本人の生活も変わらざるをえなかった。

まず在住日本人を統括する日本人会が各地方で改組され、勤労奉仕、防空訓練の指導にあたった。マニラを中心とする中部ルソン日本人会では、三月一〇日に日本人会が改組され、八日から全マニラの一五歳以上の日本人男子の勤労奉仕がはじまり、一一日にマニラ市第一次防空訓練が実施された。その中核となる在郷軍人会も、四月一六日に改組されて帝国在郷軍人会中部ルソン連合分会結成式を挙行した。しかし、マニラでの勤労奉仕は順調におこなわれなかった。当初予定していた平日一割、日曜全員の出動は、曜日、時間、人員などが何度も変更され、五月一五日には平日一割、日曜四割になった。勤労奉仕がはじまって一ヶ月もたたない四月二日の『マニラ新聞』の社説に、「勤労作業の出動状況は未だ必ずしも所期の成果を収めてゐないかに見受けられる」と書かれ、その原因は在住日本人の時局認識の欠如と組織の不十分さにあると指摘された。会社中心の生活をしている者が多いマニラの在住日本人は、従来の隣組単位の出動では困難であった。しかし、戦前からマニラで商売を営んでいた者が、従業員を軍関連事業に出し、店をフィリピン人従業員に任せて出動したのにたいし、大商社の会社員は、「勤労作業はいつまで続くものか、あるいは勤労作業の真目的は錬成にある」などと考えて、出動しなかった(7)［『マニラ新聞』一九四四年三月二日、二六日、四月二日］。そのマニラでも、時局が緊迫して、秘密保持のためにフィリピン人労働者を雇うことができなくなると、在住日本人は仕事を休んでまで荷揚げ作業などに従事させられた。そして、日本軍の主力がマニラを放棄した後に残されたマニラ防衛隊のなかには、終戦の年になって召集された在住日本人が市民兵として多数参加させられていた［南條一九九五、一八八、二一九頁］。

これにたいし、ダバオの在住日本人の緊迫度は早くから高まっていた。ダバオは海軍第三二特別根拠地として艦隊の補給基地となっていたため、南太平洋での戦況を敏感に知ることができた。また、周辺にはイスラーム教徒が多数居住しており、油断ならない情勢がつづいていた。このため、ダバオでは一九四三年二月工作義勇隊が結成された。この第一期三ヶ月の作業で四人が病死した。その後も数ヶ月単位で工作義勇隊が結成され、奥地での警備、ゲリラ活動地域での道路橋梁の修理・修復、宣撫活動に従事した。また、一九四三年五月ころから、自警団員が交替で奉仕隊を結成して土木作業などにあたった。ダバオ市街地周辺での勤労奉仕も、四三年一〇月一七日にはじまり、日曜・祝日半日一五歳以上の日本人男子全員が参加した。それが四四年五月二〇日には水・日の週二回になり、八月一日からは金曜日が加わって週三回になった。五月二九日からは勤労隊の名称が勤労報国隊に改称された。南洋群島から敗退した海軍は、ダバオ周辺はじめミンダナオ各地に飛行場を建設し、陸軍は陣地構築と退路となるキバウエ―バシャオ―ミンタル―ダバオ道の建設を急いだ。ダバオ在住日本人にはアバカ栽培者が多かったが、食糧増産のためにアバカ耕作面積は減少し、人手不足のために耕地は荒れていった。そのうえ徴兵がはじまった。四三年九月三〇日に、兵役法改正が公布され、即日実施された。このなかには在外徴集延期の撤廃が盛りこまれており、在住日本人の徴兵が強制となった。この法改正にしたがって四四年五―六月に徴兵検査が実施され、ダバオではまず一〇月一日に一七三四人が入隊した。その後も随時現地召集がおこなわれ、避難中の男子も家族から引き裂かれて召集された［『ダバオ新聞』一九四三年五月二一日、三一日、一九四四年五月二〇日、三〇日、『マニラ新聞』一九四三年一〇月一日、三日、一九四四年四月二二日、防衛庁一九七二、六五四―六八頁］。

そして、勤労奉仕が週三回になった八月一日、ダバオに超非常措置令が出され、軍関係作業に従事していた者全員が軍属扱いされることになった。同時に、そのほかの一般在住日本人はダバオ市街地から疎開するよう促された。その五日後の八月六日、ダバオは初のアメリカ軍による空襲を経験し、一〇日緊急工事（陣地）総動員令が発令、二一日ダバオ陸軍最高司令官による「在留同胞に告ぐ」非常事態宣言が出された。そして、九月九日、一〇日の空爆でダバオ市街地が全焼した。それにたいし、アメリカ軍のダバオ上陸を想定した日本軍は、九月一三日輸送艦で山田部隊（山田藤栄少佐）などを派遣し、増強していった。山田部隊は、補給（給養）、衛生、連絡などの一切をミンタル地区内の日本人に依頼した。しかし、九月一〇日強風下の白波をアメリカ軍の艦隊と勘違いして、あわてて退却したダバオ誤報事件（または水鳥事件）は、日本軍にたいする在住日本人の信頼を大いに揺るがせていた［『ダバオ新聞』一九四四年八月、防衛庁一九七〇、一五二―六八、四三六―五九頁］。

（6）食糧増産(8)

海軍は、その性格上寄港地に食糧補給基地を設ける必要があった。一九四一年一二月一〇日ころ新設された海軍第一〇三軍需部は、マニラ陥落後マニラに本部を置いた。補給を要する基礎員数約二万二〇〇〇人、南方策戦進捗中は約九万人と見込まれ、主としてダバオからおこなう計画だった。四二年二月一日ダバオ支部を開設し、八月以降「糧食、戦給品、酒保物品ノ殆ド全部並ニ艦営需品、被服ノ一部ハ内地ヨリノ送付ハ停止サレ度キ旨ヲ通知シ反リテ、内地及共栄圏各地ニ剰余品ヲ送リ出スノ方策ガ採用セラレタリ」という状況になった。このように成果をあげることができたのも、二万人のダバオ在住日本人の活躍があったからであった。

その後、マニラ本部（一九四四年七月二〇日現在、工員数一八六七人、ほかにキャビテ倉庫に九九人）は、一九四二年四月一〇日にセブ出張所（一八九人）を開設し、四四年になると「レガスピー」出張所（九人）、ブーラン出張所（一二人）、セブ出張所支配下にバコロド出張所（一七一人）、タクロバン出張所（一三人）を相ついで開設した。いっぽう、ダバオ支部（一〇八一人）では、四二年三月二日に「ザンボアンガ」出張所（一七〇人）、四四年七月一日にT（タウィタウィ）出張所（二〇人）を開設し、さらにホロ出張所を開設準備中であった。

マニラ本部は支配下の出張所を含め、農牧畜関係一四ヶ所（うち五ヶ所直営）、水産関係四ヶ所（二ヶ所直営）、加工品関係八ヶ所（一ヶ所直営、ダバオ、サンボアンガにそれぞれ一ヶ所）、被服関係七ヶ所（直営なし）、戦給品関係五ヶ所（直営なし）の衣糧関係生産施設を運営していた。いっぽう、ダバオ支部では、農牧畜関係一〇ヶ所（六ヶ所直営）、水産関係六ヶ所（三ヶ所直営）、加工品関係一一ヶ所（三ヶ所直営）、戦給品関係一ヶ所を運営していた。ダバオ支部の経営は直営が多く、委託経営は太田興業株式会社など戦前からダバオで事業を展開していた会社がおこなった。ダバオでは日本人経営の農業会社が政府から公有地を購入・租借し、あるいはフィリピン人個人をダミー所有者として土地を利用していたため、土地利用について大きな摩擦はなく、日本人のアバカ耕作地をほかの作物に転換することも容易であった。

衣糧関係で注目に値するのは、ダバオの軍納蔬菜組合農場であった。組合員二五六人、使用人夫三五一人、合計六〇七人で、日産一〇トンの野菜を生産していたが、長期の外洋航海で不足しがちな生鮮野菜を補給する役目は、地道ながらも重要なことだった。また、組合員は各アバカ耕地の自営農民で、一一の班に分かれ、一九四四年八月から軍属となって生産に励んでいた(9)〔山田一九六八、二五―二七頁〕。マニラ本部の支配下では、たとえばルソン島ラグナ州にある太田興業委託のカランバ農場の蔬菜園で、二五町歩から日産一・五トンが生産され、農義隊四〇人、原住民三〇〇人が従事していた。また、ルソン島ブラカン州のバリワク農場では、二〇町歩から日産〇・七トンの生産、農義隊六三人、原住民四〇〇人が働いていた。このほかの蔬菜園の生産量が、〇・五トン、〇・六トン、〇・三トンと報告されていることから、ダバオの軍納蔬菜組合農場の規模がいかに大きかったかがわかる。ダバオの蔬菜は、海軍だけでなく陸軍にまで供給していた。

これらの衣糧施設では、日本人企業、在住日本人の活用はもちろん、多くのフィリピン人が雇用されていた。日本人企業、在住日本人の存在は、フィリピン人の円滑な雇用にとって重要な役割を果たしていた。増産活動を支えていたのは、日本人の労働力だけでなく、日本人に雇用されたフィリピン人の存在を無視することはできない。しかし、いっぽうでフィリピン人の労役は、戦前からつづく雇用関係の延長線上にあって、積極的な意味での戦争協力の結果ではなかった。

（7）ダバオ在住日本人の評価

「在ダ同胞は過去において数々の不評をうけた」「ダバオの邦人について一時とやかくいはれたことがある」と新聞紙上で述べられたように、在住日本人はフィリピン占領後にやってきた本土の軍官民に「立派な日本人」ではないと、しばしば攻撃された〔『ダバオ新聞』一九四三年五月二一日、『マニラ新聞』一九四四年三月七日〕。そのような在住日本人が、「立派な日本人」であることを示すためには、積極的な戦争協力以外になかった。そこには、国に尽くしても尽くしても、なかなか認めてもらえない在住日本人の悲しさがあった。一九四六年七月に犬塚恵亮が復員庁第一復員局に提出した「比島軍政の概要」のなかで、在住日本人はつぎのように評価された〔犬塚一九四六、一七―一八頁〕。

> 外務省大商社ノ関係者ヲ除キテハ戦前在比日本人ハ概ネ漁業、麻裁《ママ》〔栽〕培、大工等ヲ主業トシ大部分沖縄県出身者ナリ一般ニ教養低ク礼節ニ乏シク特ニ下流比島婦人トノ結婚ニ依リ出生セシ日本籍第二世ニ於テ甚タシ
> 又戦前ヨリノ居住者及開戦後渡比者中不当ナル手段ニ依リ私利ヲ図ラントスル者無キニアラス
> 斯クノ如キハ軍政ノ浸透特ニ比島人心ノ把握ニ悪影響多キヲ以テ軍政支部管区毎ニ人格優秀ナルモノヲ会長トスル日本人会ヲ結成セシメ支部長指導ノ下ニ品性ノ陶冶向上相互ノ自粛練磨等ヲ計ラシム
> 而シテ日本人会ニ対シ軍トシテ自粛スベキヲ要望スルト共ニ其ノ意図外ニ出ツル者ニ対スル断乎タル処置ヲ採ル旨明言シ指導セリ（尚本時期日本人ノ体面ヲ瀆シタル者数名ニ対シ内地送還セリ）

この文章からわかることは、戦中においても戦前の在住日本人の評価がそのまま継続し、在住日本人の特性をいかした有効利用についてなんら述べられていないことである。むしろ、在住日本人が軍の邪魔になることさえ書かれている。このことから外務省や大商社の関係者以外の個人の意志でフィリピンに渡航してきた者は、フィリピンの日本軍

政という組織に組みこまれなかったことが明白である。日本の占領地行政は、日本のための資源獲得、作戦軍の「自活確保」など、占領地の利用を目的としたもので、占領地住民との宥和のなかで新たなフィリピン人社会を築くことを念頭においたものではなかった。そのため、フィリピン人社会での生活の経験をいかす在住日本人の活躍の場はなかった。活躍の場のあったのは、資源開発、軍需物資の調達に必要なノウハウをもつ大商社の関係者だけだった。

しかし、一般在住日本人の国に尽くしたという強い自負は、戦後にも引き継がれていた。一九七一年『丸』（潮書房）新春二月号に、元川口支隊上等兵高崎伝《つとむ》「泣き笑い太平洋戦記」が掲載された。これにたいし、ダバオ会は『丸』編集長および高崎伝に、激しい抗議書を提出した。元ダバオ在住日本人が問題とした箇所は、つぎの四点に要約された（〈　〉内は原文）。

1．ここには大勢の男ばかりの日本人がいたが、この日本人たちは〈、〉日本軍のきたことをあまり喜んでいないようだった。米・比〈米比〉軍に監禁されていたところを〈、〉うちの連隊に助けられているのに〈、〉その態度はあまりよくなかった。

2．ふしぎに思うことはまだあった。日本人の女性が1〈一〉人も顔を見せないことだった。婆さんの1〈一〉人くらいでも接待に出るかと思ったが、私たちがこの地を去るまで、とうとう1〈一〉人も日本人の女性〈ダバオの日本女性〉の顔は見なかった。

3．話にき〈聞〉けば〈、〉日米開戦と同時〈どうじ〉に日本人男女はみな監禁されたとかで、とくに日本人の女は少女から婆さんにいたるまで〈、〉米・比〈米比〉軍の兵隊と警官野郎に〈、〉ぜんぶ暴行されたという。

4．そして今なお日本人女性は〈、〉日本の兵隊はフィリピン野郎より〈もっと〉ガラが悪いので、日本の兵隊に暴行されるのがこわいといって出て来〈こ〉ないのだそうだ。

このような記述は、元ダバオ在住日本人にとって「黙過しえない誤謬、侮辱、誹謗に充ち、明らかに当時の在留邦人の名誉を毀損し」たものであった。抗議書では、これら四点のひとつひとつについて、事実関係の誤謬を指摘し、在住日本人がいかに日本軍に協力したか、つぎのように説明している。

米・比軍による約2週間の監禁から皇軍によって救出されるや、明るい現地日本人として戦斗部隊と共に行動し、常に先導役を努め、いかに有利に皇軍作戦任務に協力したことか。同時に敵の砲火に散華した邦人は1千人を下らず、また1万余のダバオ邦人の婦女子も老若ともに卒先して軍の兵砧基地における任務に挺身奉仕するなど、救出された感激と日本人としての民族意識に燃えて進攻日本軍将兵をいかに歓喜して迎えたことか。……
ダバオ市を中心にした広域にわたる日本人植民地（約一〇万ヘクタールにのぼるマニラ麻耕地）は日本軍の占領下におかれ、軍の守備の下に一応平静に帰し、ダバオ在留邦人はそれぞれ家庭に復帰、農業（主として日本軍の食糧生産）に従事、また多数の青壮年男女は軍に従属〔、〕一一を数えた日本人小学校の児童（約3、000人）をはじめミンタル東本願寺女学院バゴ農民道場の生徒なども機会ある毎に将兵慰問に活躍するなど万余のダバオ在留邦人は打って一丸となって日本軍に協力し、南方作戦の一大重要基地としての使命を完全に果した。

この記述に誇張のないことは、これまでの考察からも明らかだろう。ダバオ在住日本人は、誠心誠意日本軍に協力したのである。(10)

とくにサイパン島玉砕（一九四四年七月七日）が新聞に掲載された後の在住日本人は、サイパン島在住日本人の二の舞になることをひしひしと感じながら、戦争協力していった。七月一九日の『マニラ新聞』は、軍とともに玉砕したサイパンの在住日本人についてつぎのように報じている。

戦前にはサイパンとテニヤンとで五万人くらゐはゐた、大東亜戦争勃発後は居留民は老若男女を問はず打って一丸となり全力をあげて皇軍に協力し、飛行場建設に、勤労奉仕を行つたり、南興農業会社を設立して蔬菜園の経営を全面的に拡充し、増産された野菜類をあげて皇軍の糧食に供するなど、また国防献金、飛行機献納資金を集めたり、婦人達は婦人達で兵站救護の方面にまで手を拡げて文字どほり全員が結束して涙ぐましい奮闘を続けられたのである。そしてサイパンに初めて敵の爆撃があつてからは邦人達は全部今までの業務を放棄して砲台の構築やら飛行場建設に真剣に協力して闘つた

この記事から、フィリピンの在住日本人は自分たちの運命を悟らされたのである。

しかし、このダバオ在住日本人の日本軍への全面協力が、フィリピン人に危害を与えなかったとはいえない。フィリピン人は、在住日本人をどうみていたのだろうか。

3　ダバオ在住フィリピン人のみた日本人像

（1）ダバオで起きた戦争犯罪の記録

雑誌『丸』への抗議書のなかで、元ダバオ在住日本人はフィリピン人についても言及している。かれらが厳重に抗議したのは、「当時の在留邦人の名誉を毀損し」たことだけではなく、「米比軍並びに比島警官に対し事実を歪曲報導《ママ》〔道〕している点」についてもだった。そこには、フィリピン人を他者とみず、自分たちの同胞と認め、「戦前のダバ

オはこのように日比両国民が緊密な友好があやなす無上のパラダイスであった」と結論づけた在住日本人の思いがあった。

しかし、開戦時の状況をみるかぎり、「日比両国民が緊密な友好」を築いていなかった出来事が起きている。まず、日本人が捕虜として収容されると、日本人の財産はフィリピン人によって没収・略奪された。そして、一転して日本軍が進攻してくると、今度は日本人のなかに「世界は日本のものだ」と有頂天になり、「手当たり次第に、特に支那人の店に侵入して食料品の略奪」をする者がいた。フィリピン人は日本軍の上陸を知ると、「市街から山へ山へと逃亡していった。なかには比人で逃げ遅れた者の死体などがあった。市内の各商店は大方略奪されていた」［内山一九九三、一七〇頁］。開戦時の混乱を起こさない信頼関係は、日比双方になかった。このことは、終戦後の戦争犯罪記録のなかにもあらわれてくる。

マニラの国立公文書館に、「日本人戦争犯罪記録（Japanese War Crime Records――Closed Reports）」が保管されている。ダバオで起きたものは、三六一の記録のなかの三四に及ぶ［早瀬一九九六a、三二九―三三一頁］。一般のフィリピン人が、フィリピン在住日本人や戦時中の日本人を、どのようにみていたかを明らかにすることは容易なことではない。この記録からわかる在住日本人像にも限界がある。被告人あるいは被告弁護人となる日本人の証言がきわめて少なく、日本人の弁明なしにフィリピン人が一方的に証言しているからである。終戦直後の反日感情の強い時期に、戦争中のもっとも混乱した状況で起きた犯罪にたいする証言に、どれだけ客観性をみいだせるか、はなはだ疑問が残る。しかし、ここで日本人の戦争犯罪の有無について考察するつもりはない。この記録に登場するフィリピン人の証言から、当時のフィリピン人にダバオ在住日本人がどのように映っていたのかを垣間みることが目的である。また、その証言が正しかろうが、歪められたものであろうが、ここでは大きな問題とならない。なぜなら、当時のフィリピン人の在住日本人にたいするイメージが、その後の日本とフィリピンとの関係に大きく影響したからであり、そのことによって戦時中の在住日本人の存在意味を問いたいからである。

この戦争犯罪記録から犯行の時期を整理してみると、アメリカ軍がダバオに上陸した一九四五年五月前後に三分の二以上が集中していることがわかる。また、日本軍のダバオ進攻時の四一年一二月とその直後に数件起きている。そして、それぞれの時期の在住日本人の役割が違っていることにも気づかされる。開戦直後、日本の軍政時代、敗走開始前後の三つの時期に分けて、在住日本人の役割を考察する。

(2) 開戦直後の殺害事件

日本軍のダバオ進攻によって救出された在住日本人は、日本人会を中心にダバオ日本人居留民団を結成して、軍の指導の下に治安維持にあたった。まず収容中に起きた日本人財産の没収・略奪の犯人を捜しだし、また親米・反日を口実に戦前から好ましく思っていなかったフィリピン人を逮捕し、各地の小学校に収容していった。そのなかに、二度と戻ってこなかった人びとがいた〔記録一五四、二六一〕。

在住日本人の怒りが収まらなかった事情もあった。在住日本人の家屋のうち約九割五分までが収容中に略奪され、なかには焼かれたものもあった。備蓄していた二年間分の食糧などとともに、すべての財産を失い、激昂した日本人のなかには、アメリカ人・フィリピン人の家屋を襲い、略奪する者が現われた。これにたいし、ダバオ領事館では進攻中の市街戦のおこなわれるなかを、軍の協力を得て領事館員二人が巡視し、略奪防止・略奪品回収にあたった。翌二一日にはつぎのような告示を発し、いたるところに貼付し、市外要所に大書して掲示した〔森一九九三、二六七頁〕。

1　比島人ハ寛大ニ取扱ッテヤレ。
2　略奪、家宅侵入ヲ厳禁ス。

3　軍ノ命ナクシテ感情ニ走リ一般住民ヲ殺傷、監禁、拘束、拉致スベカラズ。
4　日本人デアルコトヲ忘レルナ。

そして、アメリカ人・フィリピン人の留守宅や中立国の商店を封印した。それでも、在住日本人の略奪はおさまらず、一九四二年一月一二日にダバオで軍政が布かれると、「日本人としての特権を予想しての策動は絶対に排撃すべく、支部長の厳重監督を要望する」と発表した。さらに翌一三日『ダバオ日日新聞』紙上に森治樹帝国領事談として「在留同胞諸君の自粛を要望す」を掲載し、一五日にはそれまでに検挙され、数日間捕虜収容所に留置した不良日本人二六人を領事館に集め、更正を誓わせ、誓約書を取りつけた。

この混乱のなかで、一般のフィリピン人は日本人からの難を逃れるために、郊外へと疎開していった。かれらが市街地に戻ってきたのは、郊外の食糧不足と市街地の治安の回復にともなって良民証が発行され、生命の安全が保障されるようになってからであった。良民証の発行は、一九四二年二月一日までに約三万件に及んだ。

ダバオのフィリピン人要人は、一般市民とともに市街地から逃避し、一九四一年一二月三〇日ころになって順次市街地に戻ってきた。これらのフィリピン人を中心に、四二年一月一〇日とりあえず比人非常時委員会（オボサ委員長）を結成し、ダバオの復旧に努めた。ダバオは、商品作物であるアバカ栽培を中心としたモノカルチャー経済で発展したため、開戦と同時に深刻な食糧不足に襲われた。多くのフィリピン人が避難した未知の奥地では、食糧を見つけることができず、飢えと病魔に苦しめられた。逃避したフィリピン人の市街地への復帰も、食糧不足問題の解決なくしてはじまらなかった。比人非常時委員会は、復帰したフィリピン人を農耕設備のある土地へ入植させる対策を講じた。そして、二月一日オボサを市長とするダバオ市政府が発足した。この地方政府が日本の傀儡であったことは、市長顧問に古川拓殖株式会社副社長松本勝司および太田興業株式会社副社長熊谷保佐が就任したことからも明らかである。

一〇人からなる市参事会員のうち五人は、前日本人会長小川山三郎、前日本人会副会長右高剣一、太田興業会社員高田彰、古川拓殖社員会社員山崎千里、大阪貿易会社ダバオ支店戒能三郎であった。これらの名簿から、ダバオが在住日本人経営の会社と日本人会を中心とする地方行政になったことがわかる。フィリピン人にとって、日本軍政とは戦前からいた在住日本人の支配と映ってもしかたがない情況がここにあった［森一九九三、二五五―六八頁］。

日本軍進攻後しばらく、ダバオの日本人会と居留民団は一体化していた。一九四一年一二月三一日夜、カリナンで殺害された医師一人、歯科医二人、元日本人学校教員一人の四人のフィリピン人は、日本人会カリナン支部による疑いがもたれた。関与したと思われる在住日本人は、日本人会カリナン支部長、副支部長、書記などであった。親米と疑ってのことだった。カリナンの在住日本人は、戦前の四一年九月一三日に秘密結社的南方挺身隊を組織し、開戦後の救出後はすぐに軍とともにカリナンに戻り、義勇軍を結成して、挺身宣撫班として奥地の掃蕩作戦に活躍した。血気盛んだっただけに、行き過ぎがあったかもしれない。この事件も、日本人会カリナン支部が組織的に、カリナンのフィリピン人エリートを粛正したような事件だった。殺害された医師の名は、現在もカリナンの通りの名前として残されている（記録一三五）［『比律賓情報』六〇号（一九四二年六月一日）、六八頁］。

居留民団下の自警団の活動は、ときに軍のコントロールを越えることがあった。フィリピン人のあいだで悪名高かった自警団に、会社単位の古川拓殖、テブンコ木材、太田興業があった。なかでもテブンコ木材の無法ぶりは、フィリピン人を怯えさせた。メスティーソ（混血）やフィリピン人と結婚した在住日本人を団員に含むこの自警団は、積極的にフィリピン人から武器を取りあげ、協力しないフィリピン人四人を殺害しただけでなく、一〇〇軒を超える民家を強奪し、約四〇軒の民家を焼き払った（記録一六三、二六一）。自警団は良民証発行にも大きな役割を果たした。そして、良民証を発行できないゲリラや親米の疑いのある者を拷問にかけた（記録二六一）。自警団は、フィリピン人にとって後の憲兵と同じような存在だった。このほか、商売仇であった中国人やフィリピン人土地所有者も殺害の対象となった。ともに、日本の占領地となったダバオで「自由」に活動するための、障害物を取り除くための殺害であった。

その後ダバオの自警団は、一九四二年八月二八日に再編された大ミンダナオ日本人会（会長本川省三予備役少将）の直接の指導統率下のミンダナオ自警団となって、一七歳から四〇歳までの青壮年を組織した。さらに、四四年一〇月四日在郷軍人を中核とする一五歳から六〇歳までの男子を含む義勇隊に改組され、増産、勤労奉仕の傍ら、空爆後の処理、ゲリラ対策に積極的に軍に協力していった［『マニラ新聞』一九四四年一〇月四日］。その「積極的協力」のなかには、フィリピン人に危害を及ぼすことも含まれていた。

（3）憲兵による殺害

ダバオの憲兵隊は一九四二年六月一日に設置され、居留民団にかわって治安維持の中心となった。もうひとつの憲兵の重要な仕事は、ゲリラ活動の情報収集だった。そのため、在住日本人とくに現地語のわかるメスティーソが諜報活動、通訳として重宝された。ダバオの憲兵隊では、少なくとも二人の在住日本人、三人のメスティーソが任務についていた。このほか日本人将校の愛人のメスティーソ、親日派のフィリピン人四人、メスティーソ一人がスパイ活動をおこなっていた。ゲリラやそのシンパの疑いをかけられた者は、憲兵隊で尋問・拷問を受けることになった。通訳として雇われた在住日本人のなかには、積極的に拷問に加わった者もいた（記録一八四、一九八、二二八、二三九）［比島憲友会一九九二、一〇一頁］。

日本にとって戦況が悪化してくると、フィリピン人からの物資の調達、勤労奉仕という名の強制労働がおこなわれるようになった（記録一五三、二六四）。在住日本人の組織にならって、隣組制度をいかした「強制」がフィリピン人を苦しめ、協力しない者を反日とみなし、殺害する事件も起こった。殺害されなくとも、多くのフィリピン人が苛酷な労働、待遇の悪さ、非衛生的な環境のなかで、病気になり死亡していった（記録一五四）。

（4）敗走中の殺害

日本人によるフィリピン人の殺害は、ダバオ市街地からの敗走中に集中している。日本陸軍あるいは海軍によるもの、徴兵された在住日本人によるもの、在住日本人の手引きによるもの、在住日本人のみによるものなど、いろいろな形態があった。なかには略奪（記録一二四、一五〇、一五三、一五四、一六三、二四〇）、強姦（記録一五〇、二二八）をともなうものもあった。また、日ごろフィリピン人から野菜や果物を買い、勤労奉仕などを通じて、友好的だった日本兵に襲われ、殺害された例もあった（記録一五〇、一七二、一八四、二四四、二六四）。アメリカ軍のダバオ上陸を間近に控え、一般フィリピン人の通敵行為が活発になり、その結果フィリピン人全員をゲリラあるいはそのシンパとみなし、皆殺しにする計画もあった（記録二四四、二七一）。なかでも武装し、半ば通敵行為が公然とおこなわれていたダバオ州警察軍は、アメリカ軍の上陸とともに反乱するとみられ、将校らを銃殺処刑すべしという意見が、日本軍幹部に根強かった。憲兵隊の反対で警察軍は処刑を免れ、一九四五年四月二九日無事解散されたが、アメリカ軍上陸後フィリピン人に脅威を感じ、日本軍の内情を少しでも知る者を抹殺しようとした計画であった。敵に利用されないためという、きわめて被害妄想的な考えであった［比島憲友会一九九二、一〇一頁］。

ダバオ関係の戦争犯罪記録のなかで最大の殺害事件は、一九四五年五月一四日トクボクで起きたものであった。約二〇〇人の住民が集められ、そのうち八九人がサブロー農園（南ミンダナオ興業株式会社）の元社員らによって殺害された（記録一六六）。同じような事件が、同年五月三〇日に上マヌエル農園でも起きている。約三〇人の元在住日本人が、海軍の日本兵とともに三一人のフィリピン人を殺害した。在住日本人は、日本人経営の農園周辺のフィリピン人地主を皆殺しにし、土地を有効利用しようとしていたとも記録されている（記録一七二、二六四）。しかし、この時期にもはや日本人に耕作する余裕はなかったし、殺害されたフィリピン人のなかには、四四年九月のダバオ大空襲以来、郊外の農園に疎開していた一般フィリピン人がいた。日本人経営の農園で雇われていたフィリピン人労働者は、秘密保持のために各地で殺害された。開戦直後のフィリピン人、日本人双方による略奪は、ここでも相互不信のための悲劇を誘発させたと考えられる。そして、開戦時同様、ここでも中国人の殺害がおこなわれた。日本人のあいだには中国人にたいする強い不信があり、集団虐殺されたと考えられる（記録二二五、二二六、二四二、二七一、二八〇、二八九）。ダバオの華僑は、四四年六月二九日ミンダナオ華僑協会結成にあたって、「一九四二年七月廿日の会員調査を基礎に非協力的な華僑に対しては所在地までの距離と連絡日数を考慮して、一月乃至二月の軍作業への勤労を強制する罰則まで適用して」いた［『ダバオ新聞』一九四四年七月四日］。劣勢になった日本人に、冷静にゲリラや親米派と一般フィリピン人を区別する余裕はなくなっていた。日本軍の指示に従わない者は、すべて虐殺の対象になった。一般フィリピン人のほうにも、日本人を見限るような言動を意識的、無意識的にしたため、集団で虐殺されることになったと考えられる。

（5）在住日本人の役割

これらの日本人戦争犯罪記録の証言が、すべて正しいとはいえないことはすでに述べた。また、在住日本人すべてがフィリピン人の敵として登場したわけではなかった。フィリピン人が、日本人によって助けられた例も散見される。たとえば、日本軍進攻直後の一九四一年一二月二三日、一〇人の日本兵がダリアオンの一四歳のフィリピン人少女をつぎつぎに強姦し、翌日ふたたびやってきたところを古川拓殖に助けを求め、憲兵を呼んで難を逃れた。また、四二年二月自警団によって逮捕・拘禁されたダロンのフィリピン人のうち二人は殺害されたが、残り二〇人は雇われていた古川拓殖の松本の助言で救われた（記録二一八）。同じく、日本軍進攻直後の一二月二九日、サブローが銃を所持していたフィリピン人の母親を銃殺刑から救っている（記録二三六）。いっぽう、敗走前後にも、日本人によるフィリピン人の集団虐殺を予告して、フィリピン人を避難させた在住日本人がいた（記録二四四、二七一）。

しかし、全体的にみれば、日本人はフィリピン人に災いをもたらした存在でしかなかった。そして、これらのダバオ関係の記録の証言をすべて信用すれば、日本人によって殺害された非武装の一般フィリピン人は一〇〇〇人を超える。死亡が確認されただけでも、五〇〇人を超え、その事実は否定しようがない。戦争犯罪のあるなしにかかわらず、婦女子を含めた多数のフィリピン人が、日本人によって理由もわからずに殺されたことを、これらの記録は物語っている。

土地勘があり、土地のことばや習俗がわかる在住日本人は、情報収集、ゲリラの帰順工作、投降ゲリラの取り調べ、押収文書の翻訳といろいろに利用された（記録二三九、二四三）。かれらの行動範囲は、ほかの日本兵より広かった。そして、かれらの顔はフィリピン人に覚えられていたため、フィリピン人の証言のなかに実名で登場する。それらの在住日本人のなかでも、メスティーソやフィリピン人と結婚した日本人の「活躍」が目だつ。フィリピン人と結婚することは、ダバオの日本人社会にあって肩身の狭い思いをすることだった。その結婚の結果生まれてきたメスティーソは、生まれたときから差別された。在住日本人が、内地からやってきた日本人に「立派な日本人」になることを強要されたように、沖縄出身者やフィリピン人と結婚した者、メスティーソは、在住日本人の恥や足手纏いにならないように「立派な日本人」として「活躍」しなければならなかった。かれらが率先してフィリピン人の前に登場し、フィリピン人を迫害したのも、自らが差別から逃れるためであった。ここでも、本来フィリピン人との友好関係の窓口となるはずの人びとを、偏狭な日本人としての意識に過度に目覚めさせた結果、逆にかれわれの境界線をはっきり引くことになってしまった。寺見元恵の研究では、戦前にフィリピン大衆小説のなかに登場した在住日本人の姿は戦後にはなく、すべての日本人が軍人として描かれるようになったことを明らかにしている(11)［寺見一九八四］。

むすびにかえて

日本軍は、合理主義・技術力に支えられた物質至上主義の白人優位の神話の支配からほかのアジアを解放し、精神力・自己犠牲の優位にもとづく大東亜共栄圏を建設する大義名分を掲げて戦争に突入した。フィリピンは、連合国側最強のアメリカ合衆国の植民地であったことから、日本の軍政はアメリカ色の払拭に力を注いだ。そのアメリカ色のなかには、有色人種を差別するアメリカ本国の姿があった。「アジア人のためのアジア」「フィリピン人のためのフィリピン」という日本側の標語も、白人支配下の有色人種の差別を念頭においてのことだった。

ところが、フィリピンで日本軍政がはじまると、フィリピン人は日本人が差別をする民族だと気づくようになった。日本人はアジアの指導民族としての教育を受け、とくに一九一八年以降に使われた国定教科書などのなかで、「南洋の土人」概念が植えつけられていた。日本の海軍省は、大東亜共栄圏のそれぞれの国・地域を「①指導国（日本）、②独立国、③独立保護国、④直轄領および、⑤「圏外国の主権下の植民地」」に分けていたが〔川村一九九三、一〇七―三六頁、後藤一九九四年、三八―三九頁〕、日本人は民族・出自・出身によっても分けていた。そして、日本人自身もさらに内地人、沖縄県人、アイヌに区分していた。近代日本では、士農工商の身分制度にかわって、学歴偏重などを中心とする序列社会ができあがっていた。

日本占領下のフィリピンでは、日本軍人、文官（司政官）、内地から派遣の大会社の社員、戦前から居住する在住日本人（内地出身者、沖縄出身者、フィリピン人と結婚した者、メスティーソ）、キリスト教徒フィリピン人（スペイン系メスティーソ、中国系、マレー系などを含む）、華僑、イスラーム教徒、少数民族という序列社会が出現した。この序列はさらに細かく分類されていた。たとえば、同じ毎日新聞からマニラにやってきた記者でも、軍報道班員、毎日新聞マニラ支局員、マニラ新聞社社員という序列ができていた〔南條一九九五、一八二頁〕。

このような序列化のなかで、沖縄出身者やフィリピン人と結婚した者とその子どもたちは、日本軍に協力することによって、内地からの在住日本人と対等に扱われることを信じ、また在住日本人も内地の日本人と同等に扱われるために、戦争協力していった。しかし、先に引用した終戦直後の犬塚恵亮の報告から、在住日本人の苦労が軍上層部に伝わっていなかったことがよくわかった。第一四方面軍参謀副長を務めた宇都宮直賢（終戦時少将）は、一九八一年に出版した回想録のなかで犬塚同様「邦人の取扱い」という項を設け、その前半で犬塚の文章を引用し、後半ではつぎのように在住日本人の貢献を高く評価した〔宇都宮一九八一、六四―六五頁〕。

……しかし一般に日本人は良く大東亜戦争の意義を体し軍政に協力した。現地事業に通じ且つ比島人に信頼ある日本人就中今村栄吉氏、金指《ママ》〔金ヶ江〕清太郎氏、江野沢氏等を主体とし、現地人相談所を設け、原住民の希望、苦衷を聞いて軍の施策の参考に供した功績は大だった。

マニラその他の大都市では戦局の進行と共に多くの者が召集され国難に殉じた、特にミンダナオにおいて沖縄県人の軍に対する協力はまことに美事であり、多数の男女が戦陣及び後方地区で倒れた。

宇都宮のような高官が、占領中に在住日本人の功績を認めていれば、日本のフィリピン占領はもっと違ったかたちになっていただろう。なにより、フィリピン人と対等に話せる位置にいた在住日本人に、宇都宮のいう「現地人相談所」のようなところで活躍の場があったなら、フィリピン人との摩擦はもっと少ないものになっていただろう。

いっぽう、親日派フィリピン人の有効利用もされなかった。戦前からの親日派サクダル党・ガナップ党の流れをくむマカピリ（愛国同志会）は、国民党を主流とする戦前からの政治家・政治組織の抵抗もあって、重要な地位を与えられず、日本軍に利用されるだけ利用された後、日本軍とともに戦い、廃滅した。在住日本人の扱いと一脈通じるところがあった。フィリピン事情に詳しい在住日本人と日本に親近感をもつフィリピン人とを接近させることをせず、親日派フィリピン人をほかのフィリピン人から分離した結果、互いが互いを理解する機会は奪われ、互いを尊重しあわない日本人とフィリピン人の関係を生んだといえよう。

日本軍に、明治期にあった「日本人移民をフィリピンに送り、フィリピン人と宥和して、ともに戦う」発想はなかった。サイパン島玉砕間近の一九四四年七月六日、マニラ近郊ポロの日本人墓地で中部ルソン日本人会、貞風顕彰会比島支部共催のもとに、菅沼貞風五六回忌墓前祭が執りおこなわれた［『マニラ新聞』一九四四年七月七日］。「真韮の麻以て日本の旗を繋ぐに足る」ことの難しさをひしひしと感じる時期におこなわれた墓前祭に出席した在住日本人の重鎮は、このときなにを思っていただろうか。

戦前友好的に接していた在住日本人が積極的に日本軍に協力し、フィリピン人一般民衆に危害を与えたことは、フィリピン人に日本人一般にたいする強い不信の念を生じさせた。戦後のフィリピンの大衆小説のなかの日本人は、個人としてではなく、日本兵として集団で描かれるようになった。日本人ひとりひとりの価値観は集団にあり、日本人すべてが日本軍の一員であるとみなされた［寺見一九八四］。このことは、戦後のフィリピン人の対日不信感と深く結びつくことになった。それは、日本人個人の善意や善行、人柄がすべて否定されることを意味した。

戦後、一九四六年七月四日、アメリカ合衆国の独立記念日にフィリピンは独立を達成したものの、独立と同時にフィリピン復興法とともにベル通商法、独立翌年に比米軍事基地協定と軍事援助協定を結ばされた。従来にも増してアメリカに政治的にも経済的にも従属するようになった。世界の超大国となったアメリカの外交に追随するのが、フィリピン外交の基本姿勢であった。にもかかわらず、フィリピンは対日外交だけは、アメリカに追随しなかった。アメリカの対日無賠償主義にも強硬に反対し、足掛け六年に及ぶ賠償交渉の結果、総額五億五〇〇〇万ドルを五六年に勝ちとった〔吉川一九九一b〕。また、アメリカが早くも五三年四月に他国に先駆けて日本とのあいだに友好通商航海条約を結び、最恵国待遇と内国民待遇を与えたのにたいし、六〇年に調印された日比友好通商航海条約は、フィリピン議会の強い反対から、七三年のマルコスFerdinand Marcos（一九一七―八九、大統領一九六五―八六）戒厳令政権下での批准まで待たねばならなかった。それほどまでに、フィリピンの反日感情は根強かった。

しかし、このようなフィリピンの反日感情も、戦後アメリカ庇護下で奇蹟の経済成長を遂げた日本本土の一般日本人には無縁なことだった。反日感情をもっとも敏感に受けとめたのは、戦後フィリピンに残された日系メスティーソたちであった。かれらは、日本人の血が混じっていることで、戦後永らく教育を受けることもなく隠れ住まねばならなかった。戦時中、一所懸命日本人になろうとしたがために、戦後の風当たりは強かった。フィリピン人個人が抱いた日本人個人にたいする印象は、具体的であるがゆえに拭いさることが困難であった。

戦後、ダバオのアバカ栽培は、手入れのいきとどかなかった戦時中の病虫害の発生と、化学繊維の普及によって急速に衰退した。今日のダバオに、日本人の功績の跡を見いだすことは困難である。戦後のダバオは、木材伐採とバナナ栽培で発展した。木材もバナナも、おもな輸出先は日本だった。しかし、伐採業者も栽培者も日本人ではなかった。戦後、日本人にかわって木材伐採権・土地所有権を取得したのは、キリスト教徒フィリピン人だった。ダバオは、日本人を中心とする「ダバオ国」から、キリスト教徒フィリピン人エリートを中心とするフロンティア社会にかわっていった。

第八章　元在住日本人の戦後の慰霊

はじめに

第二次世界大戦前、アメリカ植民支配下のフィリピン南部ミンダナオ島ダバオには、約二万の日本人が生活していた。日米開戦とともに戦争に巻きこまれた在住日本人は、戦争に協力し多くの犠牲者を出し、生き残った者は着の身着のままで引き揚げた。その引揚者たちが、戦後もっとも気がかりだったのは、死亡した人びとの慰霊をおこなっていないことだった。本章の目的は、ダバオからの引揚者の戦後の活動を中心に、日本の戦後史のなかでの海外の慰霊と、フィリピンへの影響を考察することにある。

ダバオからの引揚者は、一九六四年に親睦団体「ダバオを愛する会」（六九年に「ダバオ会」に改称）を結成し、六九号の『会報』を発行して二〇〇一年四月に解散した。本章では、この『会報』に掲載された言説を中心に、集団としての戦後の慰霊を考察する。なお、『会報』は三号から『ダバオ』となるが、ここでは『会報』を使うことにする。

1　戦後のダバオ引揚者の活動

フィリピンに在住していた一般日本人は、フィリピンが決戦場となることが明らかとなった一九四四年八月から一二月まで引き揚げがおこなわれ、九一〇〇名が退去した。(1) ダバオは四四年八月六日よりアメリカ軍の空襲を受け、四五年四月二九日にダバオ市内から北方のタモガンへの避難命令（集結命令）が出された。多くの在住日本人は、突然の命令に充分な準備もなく避難したためすぐに食糧不足に見舞われ、多くの餓死者を出した。また、敗走する軍とともに行動したためアメリカ軍の長距離砲の犠牲となった。ダリアオン俘虜収容所に入ってからも、マラリア等で死亡者は絶えなかった。四五年一〇月一二日当時同収容所には一万四〇〇〇人の在住日本人がおり、順次引き揚げを開始した。「比島人ノ対日感情ハ極メテ険悪ニシテ邦人ヲ見レバ投石罵倒スル」状況から、逃げるように引き揚げたのである。(2) 混血者については、満一六歳以上が日本に送還されたが、本人の意思が尊重され、一六歳以上の者でもフィリピンに残った者がいた。見ず知らずの日本で暮らすより、戦勝国フィリピンでフィリピン人の母親と暮らすことを選んだのである。(3)

ダバオからの引揚者は、引き揚げ直後から会社、陸軍・海軍所属部隊、地方などを単位として慰霊祭や懇親会を開催した。海軍経理部・軍需部・運輸部関係者は、引き揚げた浦賀港近くの東福寺に「比島ダバオ元海軍三部戦病死者諸英霊供養塔」（「日比塚」）を早くも一九四七年に建立した（八一年改修）。しかし、フィリピンの現地との交流はほとんどなく、復活するのは五六年に日比賠償協定が調印され、日本とフィリピンとの国交が回復してからだった。(4)

戦前のダバオには、太田興業株式会社と古川拓殖株式会社の二大会社が存在した。古川拓殖社長古川義三は、初代伊藤忠兵衛の甥（妻の妹の息子）で東京帝国大学農科大学林学科を卒業し、戦後もダバオ引揚者のシンボル的存在だった。その古川が、一九五六年に六九三頁におよぶ『ダバオ開拓記』（古川拓殖株式会社）を出版した。出版計画は三七年の「日支事変」（盧溝橋事件）に遡るが、「時到らばその知識と経験とを日比両国の親善関係増進、特に両国経済提携の緊密化に活用せんことを終生の念願」とする古川が、日比国交回復の年に、「フイリピン・コンモンウエルス政府樹立第26周年記念日に」と明記して出版したことは、ダバオ引揚者に近い将来のダバオへの復帰を期待させるものとなった(5)。

ダバオへの思いが募るなか、一九六〇年代になるとダバオ引揚者の全国組織の結成が現実味を帯びてきた。その中心は、「昭和十八年（一九四三年）戦争のさ中に、大阪からダバオ市ワガン日本国民学校の一校長として赴任し」、「多くの危険と困難に相遇しつゝも、二年有半、現地教育の傍、陸軍貨物廠及び海軍軍需部の嘱託、海軍武官府研究部員として、ダバオ未開発資源の調査研究に従事した」吉田美明であった［吉田一九六一「はしがき」］。吉田は六一年に『アバカは燃える』を自費出版し、戦争中の研究成果を披露した。その「はしがき」に、「ダバオ引揚の日本人も、過去一切の悪夢から醒め、愛ダ会（ダバオを愛する会の仮称）を作り、苦しかつた過去の生活の中にも、在ダ当時の楽しい思い出を新にしている」と述べている。そして、同タイトルの「アバカは燃える」が、六三年『文藝春秋』六月号（二九〇—九八頁）に掲載されると、「ダバオの土を踏み天水を飲んだ経験者が、続々とお便り」を寄せ、同年七月二〇日には一五〇名の名簿を作成した。さらに追加を三号発行し、それぞれ一八〇名、一七八名、九三名を加え、翌年一月一六日までに合計約六〇〇名になった(6)。その「元ダバオ在住者名簿」の「御挨拶」には、「日比親善は、昨年秋の皇太子御夫妻の御訪問によつて大きく開拓され、その結果、今年5月末には東京のジンボラスカンパニーの桜井先生単身で、ミンダナオへ行かれ、シリブまで現地視察され、……現地の成人した教え子の写真を頂き」、「アポマツキンレーの麓野に慟哭する「ドクロ」の嘆きをお慰めする日も遠くはない」と期待を述べている。

一九六四年一月二〇日に、会報のはしりとなる「各地だより」が発行されたのにつづいて、同年五月一〇日に「発

企人　ダバオ人会同人」によって「ダバオ先亡同胞慰霊法要」が東本願寺大阪難波別院で営まれ、法要後の懇親会とあわせて毎年開催されることになる全国大会に相応する催しとなった。参加者住所録には七八名が名を連ね、「軍関係者以外の民間人の先亡同胞の英霊に対しては今回の慰霊祭が初」となるものであった。懇親会では、「古川社長のエクアドルにての麻、ラミー栽培情況につき詳しき説明」がなされ、「服部参謀は引揚者の為に厚生省との各種交抄《ママ》〔渉〕、軍人軍属の証明等今尚御尽力」され、また「上原元日会長及久高唯保は共に引揚者の為に種々御尽力され」ていることが報告された。さらに、「河原崎三次氏は比島へは数次往復され最近のダバオ各地の模様を詳しく説明された。(7)

吉田美明の精力的な活動もあって、一九六四年九月一日全国組織の「(仮称)ダバオを愛する会」結成の「趣意書」と「入会方法と会務」、「ダバオを愛する会会則」が発送された。「趣意書」は、つぎのようなものだった。

去る8月15日終戦記念日には、靖国神社で政府主催の第2回全国戦没者追悼式が挙行され感慨深いものがございました。お互いに悲しい思い出、苦しい生活を経て19年の歳月が流れました。ダバオは日本人南進の一大拠点であつただけに、開拓の先駆者の尊い汗と血は、アポ、マッキンレーの黒い火山灰の中にしみついています。日本人アバカ栽培当時は、日本人にも比人にも富と文化と友情をもたらせた事は日比人の衆知の事実であります。戦争という異常事態によつて、アバカによる絆は切れはしました。併し心の絆は切るに切れないものが残つています。酷熱のもと飢と病害虫に悩まされつつ、激しい戦闘やジヤングルへの逃避の途中に空しく死んで行つた戦友、知己、わが親子兄弟達のドクロは今なお灼熱の太陽を受けながら泣いている事でしよう。ダバオの土地を踏み、ダバオに生れた二世、ダバオに理解ある方々は、よかれ悪しかれダバオに対して複雑な感情をお持ちの事と存じます。日比親善のかけ橋を目的として、こゝに（仮称）ダバオを愛する会を結成することになりました。われわれ発起人73名は、吉田美明氏提唱の本会の趣旨に賛同し、初期《ママ》〔所期〕の目的達成するため、8月2日に大阪で、8月9日東京で発起人会を開き懐しい思い出話をしながらも、長時間に亘り会則、会の運営について検討致しまして、こゝに発起人の名を連ね、御入会のお奨めをし、知己朋友の方々を御勧誘下さいます事をお願い致します。

発起人には、元ダバオ日本人会幹部はじめ在住日本人のおもだった名に加えて、元第一〇〇師団参謀服部宗一朗、元ダバオ憲兵分隊長松崎秀一などの軍人、元マニラ総領事木原次太郎が名を連ねた。なぜか、古川義三の名はない。

つぎに会則をみると、第3条、第4条に目的と目的達成のための事業が掲げられている。

第3条　この会はダバオを理解するものの集りとし、相互の交誼を深め、日比親善を期することを目的とする

第4条　この会は前条の目的達成のためにつぎの事業を行う

(1)毎年1回定期総会を開催し、ダバオ地方にて先没された開拓者ならびに戦没者の慰霊祭を行うとともに懇親会を行う

(2)ダバオ地方に散在する先没者の未拾集遺骨の完全拾集への運動展開

(3)ダバオ出生の二世および混血児の日本への留学ならびに技術習得等の援助

(4)ダバオに関する各種の証明ならびに各種相談

(5)会報の発行　機関紙として年三回の会報とし、論文随筆、戦前戦時中秘話 会員の消息とダバオ情報を掲載する

(6)会員名簿の発行

会員名簿は初年度に発行しその異動は会報に掲載し3年毎に改正版を発行する

(7)国際文通のあっせん
　とくに会員子弟にたいしてダバオ会員のペンフレンドの紹介
(8)その他幹事会において必要と認めたこと

目的達成事業の第一に慰霊祭・懇親会、第二に遺骨収集となっていることから、この会の性格が明らかであろう。この入会案内は八〇〇名に配布されたが、はじめ入会者は少なく、一九六四年一二月二八日現在の会員数は一七〇名にすぎなかった。元ダバオ在住日本人の約半数を占める沖縄県の会員はわずか一名にすぎなかった［『会報』一号（一九六五年一月一日）、三号（一九六五年九月三〇日）］。ともあれ、ダバオを愛する会は発足し、六五年一月一日には会報第一号が発行された。同年五月一〇日には広島県鞆の浦海浜ホテルで六十数名が参加して第一回総会を開催し、会長服部宗一朗、常任幹事吉田美明を選出した。また、会則第4条(2)は、「ダバオ地方に散在する先没者の遺骨の拾集及び慰霊塔の建設への運動展開」と改正された［『会報』二号（一九六五年五月末）］。その後、会員数は順調に増加し、六六年四月には三五〇名になった［『会報』五号（一九六六年四月二九日）］。

事業計画も順調に進展し、『会報』五号（一九六六年四月二九日）で「昭和42年8月15日を目標に、ダバオ市に慰霊塔を建設する件」が、具体的に検討されていることが報告された。その背景は、つぎのように説明された。

　新聞紙等で御承知の如く、昨年末以来急に比島ブームを呼び、マニラ近郊に比島全域の戦死者慰霊塔建設の準備、ルソン島戦死者遺族の慰霊団派遣が3月行われ第2回目が6月実施されます。セブ・レイテ・ダバオは来年2月実施の予定であります。
　而して、本会の計画する慰霊塔は前記の趣旨と、やや趣きを異にし、ダバオ開発の先亡者及今次大戦による軍並に一般在留邦人の戦死者を祀り、その霊を慰めると共に2500～3000人と予想される現地二世・三世に永く、その精神的よりどころを作るのが目的であります。

（中略）

土地については、昨秋来東本願寺旭先生の特別の御尽力により、ダバオ東本願寺跡の一部を予定し、本山東本願寺の諒承を得ている次第であります。

現地二世については、具体的な支援事業としてつぎのことが計画された。

四散して連係のない現地二世を糾合して、その発展を指導援助し、特に機械力利用による農業の改善軽工業の指導等を行いたく、日本在住の二世諸君の渡比によりその任に当って貰う計画も是非実現したいものであり、又現地二世の留学も実現させる決心であります。

副会長の小宮山貞夫が日本向けラワン材の輸出に沸くダバオを訪問し、『会報』一—三号でダバオの近況を紹介するなど、現地二世の様子がわかるようになったため、会の第三の目的である「ダバオ出生の二世および混血児の日本への留学ならびに技術習得等の援助」に関心が向けられるようになったと考えられる。

つぎに話題となったのが、引揚者の在外資産の補償についてで、『会報』四号（一九六五年一二月一五日）、六号（一九六六年九月一五日）に掲載された。この件は、一九六七年八月一日施行の「引揚者等に対する特別交付金の支給に関する法律」で実現し、年齢に応じて二—一六万円が交付された（遺族はその七割）。

「現地ダバオの草原に眠る同胞の慰霊事業」は、一九六七年一月に慰霊実行委員会が発足して、より具体的になった。その前月、日本の地方自治制度の研修会のために日本を訪れたダバオ副市長ロペス Elias Lopez と懇談し、現地側の協力をえる目処が立っていた〔『会報』七号（現地慰霊促進号）（一九六七年一二月二〇日）〕。ロペス副市長は、日本人とのメスティーソ（混血者）の多い先住民バゴボで、後に市長、国会議員となって、日本からの慰霊団の受け入れ窓口となった人物である。六七年四月、五月にはダバオからの現地報告も入り、六八年一二月には参加者の募集がおこなわれた。しかし、同年一月に計画変更を余儀なくされ、つぎのような経過報告が『会報』九号（フィリッピン、ダバオ地区慰霊団参加希望者募集号）（一九六八年一二月一五日）に掲載された。

前掲趣意書のように本会に於て立案されました慰霊塔ダバオ地区建立に関する計画は、その後の現地の情勢より見て種々困難なる問題が生ずる恐れありとの意見多く、且つ建立資金の申込も予想が立たず、従って之が実行には時期尚早との判断を致しました。

その後、会員各位に対するアンケートの結果、企画の一つである墓参団派遣についても、又昨年、信州総会決議に依る調査団派遣も資金面の点で実現不可能となりました。

就而今回参加希望者の強い要請もあり、かつまた時期的にも、これ以上の遷延を許されず、慎重審議の結果、原則として「旅費全額自己負担」による第一回訪ダ慰霊墓参団を結成し、別記要領に基いて実施する事に致しました次第で御座います。

なお、慰霊塔建立に就ては右訪ダ団の帰国報告を待ち、本会会議に掛けて検討の上、改めて新なる計画の下に建立資金募金共々に、悲願成就を期して努力致し度いと存じます。

同号では、「戦時中の犠牲者数と集団死亡地区現状」についての記述もあり、「邦人の集団死亡」者四八〇〇人、将兵一万〇一五〇人と推定された。その状況は、「昭和十八年中頃より在ダ邦人の内、元気な青壮年は大部分軍に編入され、残りの婦女子を主体にした邦人達は、戦禍を逃れて耕地や家を捨てて遠くジャングルの奥地に逃避したが、此の密林への逃避行こそ予期せぬ悲惨なる地獄への道でありました」と説明され、「現在尚収骨供養の術無く、戦禍に依る犠牲者の「ムクロ」は未だそのままに酷熱の丘に、密林の奥に冷く打捨てられたままに、故国の友に、夫に、妻子に、望郷の声無き叫びをあげながらさまよい続け、鎮魂の願いを私共に訴へて居ります」と結んでいる。そして、「昭和二十年八月の終戦後における米軍設営のダリアオン捕虜収容所での死亡者は栄養失調とマラリヤ、セキリ等の悪疫に起因し」、約四ヶ月間に邦人三七〇〇人が死亡したと推定された（軍人は七二五五人）。「死亡者は、収容所附近の麻畑に同胞の手に依って葬られたが、一日四十体以上もの遺体処理は、敗戦に打ちのめされた収容所内邦人達に戦慄的な絶望感を与え」、「一基の碑の建立も無いまま、現在に至って居る」と、慰霊碑の必要性を説いている。なお、一九九三年に七三四人の名を記した「ダリアオン収容所死亡者名簿」（福浦幸男所有）が明らかになった。そのほとんどに年齢が記入してあったが、約半数の三五五人が一〇歳未満の子どもであった。

一九六八年六月一五日に福島市飯坂温泉で開催された全国総会において、ダバオ墓参団結団式がおこなわれ、八月九日に墓参団八〇名は、ダバオの地に降り立った。サン・ペドロ教会での日比合同慰霊祭につづいて、一五日にまずダバオ墓地で、ついでミンタル墓地で現地二世五〇名を加えて仏式慰霊祭がおこなわれた。参加者は、一八日にダバオを発つまでの自由時間を利用して、かつての居住地や逃避行の地などを訪ね、慰霊し、現地二世などとの再会を喜んだ。これを契機に、現地二世会の結成が話題になり、六四名が会合に出席し記名した。また、別れ離れになっていた日本の親兄弟姉妹探しが本格化し、『会報』一〇号（現地慰霊報告号）（一九六八年一一月一五日）には二八件が掲載された。そのほとんどが、帰国した父であった。その後、毎年八月に墓参団が結成され、慰霊と現地二世との交流がおこなわれた。

第一回の墓参団は、ダバオを愛する会自体にも大きな変化をもたらした。翌一九六九年七月一二日に鹿児島で開催された全国総会で、ダバオ会に改称され、前年の全国総会で病身の服部にかわって小宮山貞夫が新会長に選出されたのにつづいて、会の中心的存在であった吉田美明が「一身上の都合により」辞任を申し出、了承された。会の位置づけは、『会報』一一号（一九六九年一二月二五日）の小宮山会長「御挨拶「回顧」とダバオ会存続の意義」で、つぎのように述べられた。

……今度、愛ダ会を「ダバオ会」と改称しましたのも、ダバオ引揚者のより一層の団結を期待したい次第です。そして、ダバオ生れの若き人々の手により現地二世との交流を計り、本会の主目的としてこの二世問題を真剣に取り上げて頂きたいと念願し、これがダバオ会存続の第一義と考えます。

同時に幸運にも、砲火の死線を越えて無事日本に生還した私共として、かつてのアバカに結ばれた若き頃の友情を温め、お互いの健在を確かめ、祝し合う事も決して無駄事とは考えません。

「共歓同苦」昔のカンコンの油炒めとウドン汁のサルデナスの味を想い出すのも、現在の私共にとって一つの反省ではないでしょうか。これがダバオ会存続の第二義であります。

そして第三義は、ダバオ開拓の大先輩パイオニアの方々を尊敬し、おなぐさめする事、人情の美しい発露ではないでしょうか。

この結果、一世に混じってダバオ生まれの二世が副会長や幹事に選出され、会の目的は慰霊から「二世問題」と懇親へと移っていった。そして、会報にはなにも記されていないが、元軍関係者が会から退いた。

会を退いた吉田美明は、一九七〇年にミンダナオ・フレンドシップ・ソサエティ（略称ＭＦＳ）を組織し、会長に

服部宗一朗が就任し、自ら事務局長となった。会の基本方針は、以下のように定められた。(8)

1. 現地のフレンドシップの会と共に漸次奥地及び海域の戦跡を訪ね、戦没者の遺骨遺品を収集し、未帰還者との接触をはかることを続ける
2. 現地納骨の場としてダバオに平和の塔を建て、日比友好親善のシンボルとする
3. 技術資金物資の交流によって共存共栄の実を挙げる

吉田自身は民間人であったが、戦時中に国民学校校長として赴任し、元在住日本人よりむしろ元軍関係者とのかかわりのほうが強かった。慰霊と遺骨収集にこだわる元軍関係者は、「在留邦人のみなさんと若干の意見が分かれ」、袂を分かつことになった。

いっぽう、ダバオ会のほうでも、慰霊の問題にまったく無関心であったわけではなかった。『会報』同一一号には、「ダバオ会々長　小宮山貞夫」名で、「「拝啓　厚生大臣様」　政府の海外戦跡遺骨収集に対する疑点」と題する意見書が掲載された。そこでは、「民間人が勝手に遺骨を収集する事は相成らぬ、国家が責任を持って行なうから墓参行だけにとどめよ」という厚生省援護課の「お話」に憤慨し、「血や汗で築いた農耕地も店舗も打ち捨て、在ダ邦人打って一丸となって軍に協力し、徴用または一部の若者達は軍籍に編入されるなど、誠心祖国のために戦った」のに、「政府は、1度でも軍籍なき在ダ邦人犠牲者の慰霊供養をしてくださったでしょうか。ダバオ在留邦人の戦時中の犠牲者全員をすべて軍籍に編入して頂けるのならば私共も納得し、犠牲者の諸霊も浮ばれる事と信じます」と、強く訴えた。このあたりにも、軍人とは別の会であるべきだと考えた根拠があったのかもしれない。そして、つぎの『会報』一二号（一九七一年四月五日）に、「雑誌「丸」のダバオ邦人に対する誹謗事件」が掲載された。元在住日本人は、

軍人と差別されることを嫌い、軍人同様に「誠心祖国のために戦った」ことを強調したかったのであろう。

ダバオでの墓参を実現したつぎの目標は、慰霊塔の建立であった。ダバオ現地での建立は、「(1)比島民衆の対日感情を溂戟し、不測な事態を招く恐れあり　(2)慰霊塔の管理や供養が遠い他国であるため容易でなく、かえって合祀する諸霊の碑に対し冒瀆する結果を招く　との各方面からの御忠告」のため断念したが、その後沖縄摩文仁丘の霊園での建立が検討され、一九七〇年の熱海での全国大会で「ダバオ之塔」建立が決議された。ダバオでの建立を断念した背景には、「特に最近、韓国釜山に日本政府によって建立された邦人同胞慰霊碑が韓国々民の感情問題となり撤去された事実及び今回の天皇、皇后両陛下の英国御訪門《ママ》〔訪問〕の砌り記念植樹の杉苗が英国民の手によって切断された事件」があった〔『会報』一三号（「ダバオ之塔」建立特別号）（一九七一年一〇月二〇日）〕。

一九七二年三月二八日、本土から二〇四名、地元沖縄から約一〇〇〇名の参加者をえて、ダバオ之塔除幕・慰霊供要《ママ》〔養〕式がおこなわれ、本土約二五〇〇、沖縄約三〇〇〇、合計五五〇〇の名が記帳された御霊帳が、奉納された。その前日に開催された全国大会で、上原仁太郎が会長に選出された〔『会報』一六号（「ダバオ之塔」建立特別号）（一九七二年八月一五日）〕。ダバオ之塔での慰霊祭は、その後毎年ほぼ五月一五日（沖縄の施政権返還記念日）に開催されている。なお、八八年現在、四六二七柱（重複を含む）が奉納されている。

上原会長の辞任後の一九七五年から「世話人会組織」（代表高畑陽一）でダバオ会は運営され、七九年の『会報』から高畑会長となった（二〇〇一年の解散まで）。その間七七年五月一五日には終戦三三回忌ダバオ之塔供養墓前祭が参拝者一〇〇〇名を越して開催され、同年一〇月一五日には京都東本願寺東山浄苑内本堂に於いてダバオ会主催の三三回忌供養法要の儀典が挙行された。その後のダバオ会の活動は、毎年五月一五日の沖縄ダバオ之塔での慰霊祭、八月ごろの沖縄支部を中心とするダバオ訪問、秋の全国大会の三行事と年二回の会報の発行となった。そのほかに沖縄や福島の支部、同窓会などの活動があった。

一九七〇年代のダバオでの活動は、元在住日本人より、むしろ軍関係者のほうが活発であった。政府は、七一年に「海外慰霊碑建設要領」を定め、七六年以降毎年主戦場で「戦跡慰霊巡拝」をおこなった。また、七三年にはマルコス戒厳令体制下のフィリピンで、六〇年の調印以来反日感情の強いフィリピン議会の反対で棚上げにされてきた日比友好通商航海条約が大統領権限で批准され、七四年一月二七日に発効して、日本とフィリピンはようやく「国交正常化」された。これらの状況を受けて、七四年にミンダナオ・フレンドシップ・ソサエティがダバオ市カタルナンに「平和之塔」を、また同年ラサン飛行場守備隊生存者が「平和の塔」を建立した。七八年には元山田部隊ミンタル会が、逃避行地のタモガンのトリーに「激戦地追悼碑」を建立し、八二年には海軍出身の一個人が海軍軍需部などの戦死病死者を弔うために「カリアオ慰霊碑」を建立した。

国内では、一九七二年に愛知県蒲郡の三ヶ根山に「比島観音」が建立され、二〇〇〇年四月現在四五の慰霊碑が建っている。そのなかには元比島在留邦人マニラ会が一九七五年に建立した「フィリピン在留邦人戦没者慰霊之碑並びに子守地蔵尊像」、七九年建立の「フィリピン人戦争犠牲者之碑」があり、ダバオの軍人関係の碑が四つある。マニラ会は、七九年以来年二回の会報を発行しつづけ、毎年四月第一日曜日に開催されている比島観音例大祭に参加した［比島観音奉賛会一九九三］。

いっぽう、ダバオ会のダバオでの活動は、終戦四〇周年の一九八五年に活発になった。福島支部は、ミンタル墓地内に「戦争犠牲者の慰霊」（「福島の塔」）を建立し、沖縄支部は「沖縄の塔」を建立したのにつづいて、翌八六年に「ダリアオン収容所内戦没者供養之塔」を改修した。さらに、ダバオ会本部は終戦五〇周年を記念して、九五年ミンタル墓地内に「先亡日本人供養之塔」を建立した。また、同年引揚港のひとつ鹿児島県加治木港に、加治木港引揚者死没者慰霊祭実行委員会によって「墓碑由来記」、九八年に「引揚船入港の地　加治木」記念碑が建立された。(9)

しかし、これら新たに建立された碑を含め日本人の建立した碑や戦前からある日本人の墓が、一九九〇年代に入ってつぎつぎに壊されるようになった。それは、なにを意味するのだろうか。次節では、戦後史のなかで元ダバオ在住日本人の活動の意味を考察する。

2　戦後史のなかでの元ダバオ在住日本人の活動

日本・フィリピン関係の通史的な理解についてはすでに別に述べてきたので、ここでは繰り返し説明をしない［早瀬一九九二aなど］。また、戦後の政治経済史についても、概略を説明し深入った議論をしないことにする［田中宏一九九三、末廣一九九五、小林英夫二〇〇〇など］。

日本の戦後の経済復興と自立化、さらには東南アジアと日本の経済的提携は、冷戦体制下のアメリカの反共極東戦略と結びつくという幸運のなかではじまった。日本は、戦後失った東アジア市場にかわる市場を、まず賠償問題がなく反日感情の弱い南アジアに求めた。ついで、一九五四年のビルマから順次賠償問題を解決し、東南アジアにも経済進出をはじめた。日本の賠償支払いで特徴的なのは、平和条約、賠償支払い、経済協力という三つの協定が同時に調印され、純然たる戦争賠償ではなく、「投資の一種」とみなされたことであった。そして、五七年に首相になった岸信介は、「アジアのなかの唯一の工業国」「東南アジアの盟主」という表現を使って、対米協調路線のなかで経済進出しようとした。このように日本の戦後の東南アジアへの復活は、日本の経済的優位のなかではじまった。

フィリピンとの貿易再開は、対日感情の悪化から困難とみられていたが、一九四七年四月一七日付総司令部発フィリピン政府宛覚書を基礎に再開され、四九年には輸出入ともに日本が第二位を占めるにいたった［通商産業省通商局編一九五一、三四五頁］。その後、五〇年五月に締結された貿易金融協定（清算勘定制）を数ヶ月単位で小刻みに延長し、五七年八月から現金（米ドル）決済に移行した。五八年には日本・フィリピン交換書簡により輸入手続き、規制、関税などについて無差別待遇の原則が確認され、さらに五六年の日比賠償協定による輸出の増加、対米特恵関税率の引き上げによるアメリカからの輸出品の後退があって、日比貿易は順調に増加した。六〇年に、日本にとってフィリピンはアメリカ、香港につぐ輸出市場となり、六〇年代を通じて輸出入ともに三%前後を占めた。フィリピンは、日本にとって重要な貿易相手国になり、元フィリピン在住日本人にさらなる発展を期待させた(10)。

いっぽう、フィリピン側からみると、対日貿易は一九六〇年に全貿易額のうち、輸出入ともに二五%を占め、七〇年代前半には全貿易相手国中アメリカを抜いて第一位になることもあった。その後も二〇%前後を占め、フィリピンにとって日本はアメリカと並ぶ重要貿易相手国となった。

しかし、元ダバオ在住日本人は、国交正常化後も「正常化していない」と述べている。その背景には、一九六〇年に調印された日比友好通商航海条約が批准されていなかったことがあった。この条約は、入国、滞在、事業活動、貿易、海運などについて、相互に最恵国待遇を与えることを定めたもので、批准されないかぎり日本の商社の支店設置や合弁事業進出が認められなかった。したがって、批准された七三年まで、モノの交流はあってもヒトの交流は順調ではなかった。六〇年にフィリピンを訪れた日本人は二三一九人、全外国人訪問者の五%にすぎなかった。元ダバオ在住日本人のフィリピンとの交流の再開は、日本の経済的優位のなかで友好通商航海条約が批准されないもどかしさのなかではじまったのである。そして、友好通商航海条約が批准され、発効した七四年に一六万人に急増した。しかし、このとき一世はフィリピンに復帰するには年をとりすぎており、二世は日本の産業の中堅として活躍していた。なにより、日本とフィリピンの経済格差は、あまりにも大きくなっていた。また、七〇年以降フィリピンとの貿易額は伸びても、日本の全貿易額に占める割合は低下し、フィリピンの政情不安もあって八四年以降は一%未満に低下した。フィリピンにとっての日本の重要さにたいして、日本はフィリピンを貿易相手としてそれほど重要に感じなくなっていった。元在住日本人にとって、あまりに遅い「国交正常化」だった。

ダバオ会の前身であったダバオを愛する会が一九六四年に結成された背景には、六三年からの全国戦没者追悼式（八月一五日）の恒例化、六四年の戦没者叙勲の再開など、軍関係者の復権があった。比島方面戦没者遺骨収集および追悼会は五八年にはじまり、このときダバオ地区戦没者数一万九二〇五のうち四五体の遺骨が収集された。さらに六五年にはルソン島戦死者遺族の慰霊団が派遣され、六七年にはセブ、レイテ、ダバオ戦死者遺族の慰霊団の派遣がおこなわれた。ダバオへの初の墓参団は、その翌年六八年であることからもわかるように、民間人であった在住日本人の慰霊は、軍関係者に追随しておこなわれた。また、海外での慰霊は、東南アジア各国との賠償協定の調印、さらには六五年の日韓基本条約の正式調印によって、国交が回復され「戦争の清算」がすすんだことで、国が後ろ盾になって活動できるという安心感のなかでおこなわれた。戦史についても、六六年から防衛庁防衛研修所戦史室から「戦史叢書」が刊行された(11)。

遺族や元在住日本人の活動が一九六〇年代になって、国内外で活発になったいまひとつの背景には、日本の経済的繁栄があった。六四年の東京オリンピックや七〇年の大阪万国博覧会の開催は、日本の国際社会への復帰をアピールし、日本国民に自信を与えただけでなく、「アジアではじめて」や「アジアでいちばん」ということばがさかんに使われるようになり、ほかのアジアにたいする「優越感」を呼び覚ました。また、六四年の新幹線の開通や電話の普及は、会の運営に大いに役立った。七〇年から国鉄の「ディスカバー・ジャパン」キャンペーンが、川端康成のつくった「美しい日本と私」のコピーとともに展開され、七八年には山口百恵の歌う「いい日旅立ち」（谷村新司作詞・作曲）が大ヒットした。ダバオ会の全国大会も親睦だけでなく、観光を目的に開催されるようになった。出席者の増減は、開催地の観光としての魅力と正比例していた。ダバオ現地での慰霊も、しだいに観光の色彩が濃くなっていった。

日本とフィリピンとの関係も、新たな段階を迎えた。一九七〇年代半ば以降の日本人渡航者の増加は、そのほとんどが男性で「セックス・ツアー」との悪評判が広まった。また、日本の工場のフィリピンへの進出は、「公害輸出」

との非難を浴びた。八〇年代になると、フィリピン女性が風俗関係の仕事を目的に日本に出稼ぎに行く「ジャパゆき」現象が起こり、農山村地帯の嫁不足を補うかたちでフィリピン女性が日本人社会に進出した。バブル景気時（一九八六—九一年）には、労働不足を補う意味でフィリピン人ら多くの外国人が不法に滞在し、日系人は合法的に就労できたことから、ダバオの日系人も職を求めて日本にやってきた。しかし、これらの関係は、日本の経済力がフィリピンにたいして圧倒的に強い状況のなかで起こった現象であった。そして、二〇〇〇年に一〇万ともいわれる日本人を父親にもつ日比「混血者」が、フィリピンで暮らしていると報告された。その多くは、日本にいる父親との連絡がとれないでいた。日本人の無責任さを象徴する「混血者」が、今日フィリピンのいたるところでみられるのである。

いっぽう、歴史教科書の検定で「侵略」を「進出」と書き直させたという誤報が発端の一九八二年のいわゆる「教科書問題」や、九二年に日本政府が軍の関与を公式に認めた「従軍慰安婦問題」が、フィリピンでも大きな話題となった。すでに述べた通り、日本国内では七〇年ころまでに「戦争の清算」は終わっていたはずであった。しかし、その「清算」は、冷戦体制下の戦略のなかでおこなわれ、戦争の被害を受けた人びととの対話のなかで生まれたものではなかった。そのため、日本人の意識とほかのアジアの戦争被害者の意識とのあいだに、大きなズレがあった。

このように経済的に対等ではない関係のなかで、戦後の日本とフィリピンとの交流が再開されたため、元ダバオ在住日本人は、戦前と同じ対等ではない「楽園」状況のなかで交流を再開することができた。そのため、交流の再開当初からかれらは善意から日系人やフィリピン人を「指導」し、「援助」することを目的とした。元在住日本人とフィリピン人がもつ戦前の交流の意識のズレは、戦後訂正されるどころか拡大することになった。ダバオでの慰霊にさいして、かれらが語ったことは、「不幸な戦争の始まる前の日比両国の親しい関係が再び立ち返る」ことであり、「日比人共存共栄の理想郷」であったことが強調された。しかし、かれらが戦後の交流の中心とした日系人は、先住民バゴボとの「混血者」が多いにもかかわらず、バゴボを蕃人とよび、「蕃人の蕃刀で斃れた」、といっても矛盾を感じなかったのである。

むすびにかえて

元ダバオ在住日本人にとっての慰霊活動は、戦争を体験した者が共通にもつ理由のほかに、特別な理由がいくつかあった。共通の理由としては、生き残った者の責務としての死者への弔いや生き残った者の罪責感がある。また、日本が負け、戦争の責任を負わされたことから、「無駄死に」ではなく「戦後の繁栄と平和の礎」になったことを強調して、死者の霊を慰め、顕彰する必要があった。

元ダバオ在住日本人の特殊事情としては、戦闘ではなく逃避行中に飢えや病気で死んだ者が多く、非戦闘員の婦女子、なかでも子どもの犠牲者が多かったことである。そして、その死を目撃したのも若年者であった。また、死を看取っていない者も多く、死の現場にも行けなかった人は、肉親の死を受け入れることができなかった。死を看取った者も、ろくな弔いをせずに日本へ引き揚げさせられた。そのため、慰霊にさいして「ダバオ地方に散在する遺骨、この言葉には限りない寂しさと悲しみを覚えます」という表現になった。その遺骨が散在する地が、戦後日本向け木材の伐採地となり、その地形が変わるほどの開発を知って、居ても立ってもおられなくなった心情は、推し量ってもあまりある。ダバオへの郷愁が募ったのには、もうひとつ理由があった。海外引揚者にたいする世間の冷たさであった。ダバオ会の全国大会などに集い、語り明かし、戦前のダバオを「理想郷」としたのも、戦後引き揚げ後の苦労があったからにほかならない。ダバオでの慰霊活動には、世間にたいしてかつての海外での功績を示す意味もあった。

しかし、その慰霊活動を、ダバオのフィリピン人は、快く思っていなかった。戦前のダバオには、ダバオ市街地と郊外のミンタルの二ヶ所に日本人墓地があったほか、各耕地に小規模な墓地があった。一九八二年に筆者が調査したとき、ダバオ市街地で二三基、ミンタルで六六基の墓を確認している。そのとき、それほど荒れた印象を受けなかった。しかし、現在そのほとんどが確認できない。九〇年に戦前からあったミンタルの「在留先亡同胞霊塔」の裏面が壊され、九一年には八五年に建立された通称「福島の塔」が壊された。同じく八五年に建立された「沖縄の塔」は、九六年二月に壊され、改修後の一一月に再度壊された。二六年に建立された「ダバオの父」太田恭三郎を記念した碑は、日本人がダバオに居住していたことを示すシンボルであるが、この記念碑の一部も九九年に壊された。

フィリピンでは、山下奉文《ともゆき》大将が残した財宝がどこかに埋められていることが広く信じられており、全土で「宝探し」がおこなわれている。また、これら日本人ゆかりの記念碑や墓には、貴重品が埋められていると信じている者もいる。しかし、それらの理由だけでは、近年になって壊される理由にはならない。日本とフィリピンの戦後の交流、とくに一九九〇年代以降の交流の意味を、現在ダバオに居住している者の立場から考えてみる必要があるだろう。ダバオ市は、九〇年の国勢調査で人口一〇〇万人を超えた。居住者の多くは、戦前の日本人の存在や戦時中のことを知らない、戦後に移住してきた者とその子孫が大半を占める。一般フィリピン人にとって、敗戦国日本のかつての在住者が経済的優位な立場で、戦勝国フィリピンに舞い戻ってくることに、なんとも解せない感情を抱いているのかもしれない。この日本人とフィリピン人との意識のズレの問題を解決しないかぎり、日本人のダバオでの慰霊活動は、フィリピン人に理解してもらえないだろう。

結

フィリピン近現代史のなかの日本人

アメリカ合衆国による植民地支配（一八九八―一九四六年）は、肯定的に英語教育や豊かな物質文化・大衆文化をフィリピンにもたらしたといわれる。しかし、「序」の冒頭で述べた通り、フィリピンはけっして経済的に豊かではなく、政治的にも安定しなかった。その原因を解くことが、フィリピン近現代史のひとつの課題であり、本書の第一の問いであった。しかし、従来のフィリピン・アメリカ関係史を中心とする歴史観だけでは、それを解くことはできないだろう。本書で明らかになったように、フィリピンにかかわった日本人は、一見アメリカ植民統治下の枠内で活動し、植民地支配を補強したかのようにみえる。この「結」では、まず明治以降にフィリピンに渡航した日本人が、フィリピンの近代史にどのように織りこまれ、影響を与えていったのかを考察する。

第Ⅰ部で登場した明治期にフィリピンに渡航した日本人は、近代に出現した「貧しいアジア」の一面として、単純肉体労働に従事する者が多かった。アメリカの熱帯での植民地統治のための避暑地として建設された「夏の首都」バギオに至る「ベンゲット道路」工事に従事した日本人は、戦前・戦中に日本で語られた「優秀な労働者」ではなく、実態は「失敗」と評価された労働者であったが、植民地のインフラストラクチャーの整備に貢献したことは事実である。道路完成後も、大工として「夏の首都」の建設に従事する者がおり、高原野菜の栽培をはじめる者もいた。バギオを離れた者で、フィリピンに残った者は、各地を転々として、行商人、かき氷屋などフィリピン人相手に元手のいらない、いろいろな職業に就いた。また、マニラ湾で操業した日本人漁民は、近代都市の水産物市場に供給するための漁業活動をはじめた。魚や野菜が近代的な商品となるのに、日本人が一役買ったのである。

いっぽう、ダバオのアバカ（マニラ麻）栽培に従事した日本人は、はじめ一介の麻挽き労働者であったが、土地を取得しプランテーション経営に乗りだした。しかし、その経営は、欧米型の機械を導入した大規模プランテーションでもなく、土着の地主・小作関係にもとづいたものでもなかった。その両者を折衷した「自営者」による経営だった。この「自営者」とよばれた個々の日本人栽培者は、日本人経営の農業会社によって栽培の指導から販売まで統轄された。日本人「自営者」は、ダミー地主である先住民バゴボや農業労働者として移住してきたキリスト教徒フィリピン人と個人的なつながりをもち、かれらを近代的な貨幣経済に巻きこんだ［早瀬一九八六b］。

このように初期の日本人の農民や漁民などは、大きな組織の無人格的な存在ではなく、フィリピン人一般民衆と直接接する機会があり、フィリピン人に近代的な概念を伝える役目を果たしたといえる。

第II部で登場した大正から昭和にかけての日本商人や日本商品は、フィリピン経済を動かすような大貿易商や主要商品ではなかった。にもかかわらず、マニラの下町や地方社会にとって、日本商人は必要不可欠な存在になり、種々雑多な日用雑貨類を中心とする日本商品は日々の愛用品になっていった。日本商人や日本商品によって、フィリピン人の購買習慣がはじまり、カトリックを基本とした年中行事に繰りこまれて、クリスマスやフィエスタ（祭）のたびに衣服が新調され、贈り物の交換がおこなわれた。そして、新しもの好きのフィリピン人は、流行に飛びついた。

当然、なぜフィリピン人商人やフィリピン製商品が、普及しなかったのかという疑問が生じる。フィリピンは熱帯の海域世界に属し、ヨーロッパ人が来訪するまで、人口密度がひじょうに低い世界であった。定着性のある労働集約的な産業は発達せず、重いものでも遠距離輸送が可能な海運や水運を利用して、ヒトもモノも移動した。そのため、必要なモノは作るより持ってくることを考え、持ってこられなければモノがあるところにヒトが移動した。このムラユ（マレー）世界（海域東南アジア）の特質を考えると、フィリピン人が安価な日本商品を受け入れた理由がわかってくる。日本商人や日本商品は、フィリピン人にとって生活を豊かにしてくれるもので、警戒心はそれほどなく、フィリピン人の消費生活が進展することになった。そして、フィリピン人の購買力を支えたのは、フィリピンの豊かな農林水産物や鉱物資源、労働力だった。フィリピン人が早くから安易に移住したのも、移動性のあるムラユ世界に属していたため、富を求めて移動することにあまり抵抗感がなかったからである。否、むしろ外へ出ていった者は、勇気のある有能な者とみなされた［早瀬二〇〇三c］。

外部のものにたいして警戒心のあまりないフィリピン人にとっても、日本による軍事的侵入は、警戒をせざるをえなかった。第Ⅲ部に登場した日本人は、戦時体制下でフィリピンと交流することになった人びとである。日本は、フィリピンがアメリカ領であるかぎり、正式な外交関係をもつことはできなかった。フィリピンの独立が現実化した一九三五年のコモンウェルス（独立準備政府）の成立を機に発足した比律賓協会は、独立後の日本・フィリピン関係を準備をするためのものでもあった。しかし、外務省や陸・海軍は、それまでの日本・フィリピン間の民際交流を活用しようとはしなかった。にもかかわらず、日本人民間人は積極的に日本軍に協力し、結果的にフィリピン人に危害を加えることになった。

近代国民国家成立の歩みにおいて、日本とフィリピンとでは大きな違いがあった。天皇を中心として近代国家を形成した皇国日本は、皇民化教育によって一丸となって「お国のため」に尽くす体制ができた。海外にいた日本人は、徴兵など本国にいて果たすべき務めを果たしていなかったことから、より皇民化に敏感に反応した。それにたいして、フィリピンは多民族・多言語社会のうえにアメリカ植民地支配がのったために、アメリカの存在がなくなったときの一体感があまりなかった。日本軍はそれを利用するかたちで支配し、フィリピン人は分断され、フィリピン人同士が互いに猜疑心をもって闘うことになった。一九世紀末から二〇世紀初に展開されたフィリピン革命の目的のひとつであった階級間格差の是正は、アメリカ植民地支配下で達成されるどころか拡大し、アメリカ色の払拭を図った日本軍政下でも変わることはなかった。フィリピン人や社会を多少理解している少数の在住日本人が、指導者となって積極的に新たなフィリピン社会の創造にかかわる機会もほとんどなく、軍政下の末端で利用されるだけだった。

皇民化教育を受けた当時の日本人は、戦争によってフィリピンが物質的に大きな損失を被っただけでなく、フィリピンの文化や社会を破壊し、人間関係を損ねたことに、戦後も気づくことはなかった。そのため、楽観的に戦後の交流の復活を望んだ。そして、日本の戦後の経済復興後の交流の再開は、日本の経済的優位のなかでおこなわれ、戦前・戦中の日本とフィリピンとの交流の「負の遺産」は国家間で不問にされた。しかし、戦前の民際交流の成果は、戦中の日本人の「裏切り」によって無に帰しただけでなくマイナスに働き、フィリピン人ひとりひとりの記憶に残り、次世代に伝えられていった［早瀬二〇一二］。

このように近現代日本とフィリピンとの交流を概観してみると、国家間の影響だけでなく、日本人個人がフィリピンの歴史や社会、個々人の人生や生活に及ぼした影響がいかに大きかったかがわかってくる。フィリピンがアメリカの植民地になったために、国家間の正式な交流がなかっただけに、個人の交流が大きな意味をもっていたということができる。それは、植民地支配下にあっても、個々人が主体性をもって生きたことを示している。

近年のフィリピン史研究では、近代文献史学では語られなかった歴史にフィリピン人研究者が挑戦し、それに日本人研究者が応えるように研究をすすめている［イレートほか二〇〇四］。たとえばイレート Reynaldo C. Ileto［二〇〇五］は、アメリカ植民地文書で「反乱」とされたフィリピン革命期の歴史を、タガログ語で表現された民衆の意味世界を理解することによって、アメリカ人からフィリピン人の手に取り戻した。日本では、池端の研究［一九八七］がそれに対応している。また、ホセ［一九九三］は、竹はたわむだけたわむがけっして折れることはないと、フィリピンを竹にたとえて、日本占領下でフィリピンは主体性を失わなかったことを主張した。これにたいして、中野［一九九六、二〇一二］は、その状況を「宥和と圧政」のはざまで理解した。このことは、一九四三年一〇月一四日のフィリピンの「独立」より早く、同年八月一日に日本軍から「独立」を与えられたビルマ（ミャンマー）の研究でも、根本［二〇一〇、二〇一二］が指摘していることである。東南アジア各国・地域の歴史と社会を知っていれば、間接統治がいかに難しいかがわかったはずである［早瀬二〇一二］。いっぽう、個人についても、日本占領期をたくましく生き抜いた女性の姿が、回想のなかで描かれている［ソリヴェン二〇〇七］。

日本・フィリピン文化交流の欠如

本書から、近現代日本とフィリピンとの交流が、ヒトもモノもかなりあったことが確認できた。にもかかわらず、なぜ、その交流が当事者以外の人びとに波及することも、世代を超えて継続することもあまりないまま今日におよび、日本においてフィリピンの存在が大きくならなかったかが、本書の第二の問いであった。その理由を、これからの交流を考えるために問わねばならない。

古代中国・朝鮮や近代ヨーロッパなどとの交流が、「学ぶべき文化」を基軸として、日本社会に波及し継続していったことを考えると、近現代日本とフィリピンとの交流の場合、その文化が見あたらない。フィリピンには、中国やインドのような哲学や思想もその影響もあまりなく、アンコール・ワットやボロブドゥールのような遺跡もない。世界遺産に登録されたものをみても、文化遺産ではルソン島のコルディリエラ地方の棚田群（一九九五年登録）以外のふたつは、バロック様式の教会群（一九九三年登録）とビガン歴史都市（一九九九年登録）で、ともにスペイン植民地期に建設された植民地遺産でもあり、フィリピン人を主体とした歴史的ロマンを喚起させるようなものではない。スペイン侵攻以前のフィリピンに、南部のイスラーム王国を除いて、本格的な王国が存在しなかったことが、大きく影響していると考えられる。

また、本書で扱った明治以降の日本は、欧米の近代化を手本に近代国家として躍進しようとしたことから、欧米の植民地となった東南アジアの文化を軽視する傾向があった。そして、大東亜共栄圏は日本の軍事的、政治的、経済的優位のなかで構築しようとしただけでなく、文化的にも日本の優位を築こうとした。当時の日本人は優秀民族としての皇民化教育を受けており、フィリピンの文化から「学ぶ」という発想自体がなかった。より深刻な問題は、それが戦後にも踏襲され、新たな交流が生まれなかったことである。

いっぽう、フィリピン人からみて、近代以降つねに日本はアメリカの「次」以下の存在であった。フィリピン人はアメリカン・ドリームを求めてアメリカに渡り、結果として失望も大きかったが［中野二〇〇七］、二〇一〇年のアメリカ合衆国国勢調査では、フィリピン系人口は三四〇万に達し、アジア系では四〇〇万の中国系についで第二位になっている。平均所得はインド系に次ぎ、中国系、日系、韓国・朝鮮系より高い。日本に在住するフィリピン人は、同一〇年に二一万に達したが、対等な交流への新たな進展はあまりみられない。

日本とフィリピンとの対等な交流がおこなわれないのは、日本人の多くが近代の基準で優劣をつけているからだろう。フィリピンは経済的に豊かでなく、政治的にも安定していない、と思っている日本人には信じられないことだろうが、フィリピン人はフィリピン人であることの満足度がひじょうに高い国民であるといわれる。移動性の高いムラユ世界に属し、アメリカの植民地になったことで英語の普及率が高いことから、フィリピン人はグローバル化のなかでディアスポラな国民として知られるようになった。祖国、家族から離れて暮らすフィリピン人が世界中に多くいるにもかかわらず、この満足度の高さはなんなのだろうか。近代の「発展」概念だけでは、けっして理解できないことである。

その謎は、フィリピンの歴史と文化を背景にした社会にありそうだ。フィリピンのディアスポラ現象を代表する職業であるメイド、エンターテイナー、介護福祉士・看護師・医師は、人びとの生活の基本、安心、楽しさを与えてくれるものである。そして、弱者にかぎりなく優しいことである。フィリピン人ひとりひとりが、社会や家庭を安心できるものにする力をもっているといっていいかもしれない。それは移動性のある人びとがもっている、どこへ行っても受け入れてもらえる技術や知識、人間性に源がある。フィリピン人は、これからの共生社会に必要な基本的な「哲学・思想」をもっているということができるだろう。

それにたいして、本書で考察した日本人は、フィリピン社会になにをもたらしたのだろうか。アメリカの植民地化と一体となって、日本人は近代の経済開発や消費文化に必要なものをもたらしたということができる。その近代化も、フィリピン人は基層社会を破壊することなく、フィリピン化して受け入れ、今日の社会を築いている。そう考えると、日本人は、外部から大きな変化を受けながらも、満足度の高い社会を築いていくことを、フィリピン人から学んでいくことができるだろう。それは、近代に支配的であった「発展」でもなければ、古代の遺産でもない。「安心」を与えてくれる社会だろう。

註

第一章

（1）具体的な例として、ベンゲット道路工事現場の責任者ケノン少佐の待遇改善と労働管理によって、しだいにフィリピン人労働者も満足のいく労働者になっていったことがあげられる［早瀬一九八九］。このほか［『通商彙纂』改五三号（一九〇三年一二月三日）、三五―三六頁、『日本外交文書』第三九巻、三三二頁］でも具体例があげられている。

（2）東邦協会は月刊『東邦協会報告』（一八九一―九四年）『東邦協会会報』（一八九四―一九一四年）、殖民協会はほぼ月刊の『殖民協会報告』（一八九三―九九年）『殖民時報』（一九〇〇―〇二年）を機関誌として発行し、東京地学協会機関誌『東京地学協会報告』でも移民地・候補地事情が紹介された。また、日本政府も海外各地の領事からの報告を編纂した『通商彙纂』（一八九三―一九一三、一八八一年から一九四三年までタイトルを変え発行）などを発行し、国民一般に情報を提供した。

（3）「移民取扱人」のほとんどが法人組織、会社組織であったため、一般に「移民会社」とよばれた。本書では「移民取り扱い会社」を使用する。

（4）「移民保護規則」［『日本外交文書』第二七巻、六一九―六二一頁］「移民保護規則施行細則」［『日本外交文書』第二七巻、六二一―六二三頁］、「移民保護法」［『日本外交文書』第二九巻、九七八―九八〇頁、第三〇巻、六六一―六六四頁］「移民保護法施行細則」［『日本外交文書』第二九巻、九八一―九八五頁、第三〇巻、六六四―六七〇頁］、「移民保護法改正」（一九〇七年七月一日施行）［『日本外交文書』第四〇巻、六八二―六八四頁］「移民保護法施行細則改正」［『日本外交文書』第四〇巻、六八五―六九四頁］参照。

（5）狭義の「ベンゲット移民」とは、日本出発前からベンゲット道路工事に従事することを目的とした日本人労働者のことであるが、一般にはベンゲット道路工事に従事した日本人すべてを含む。これらの日本人労働者は、定着性に乏しく、当時フィリピン諸島各地でおこなわれていた各種植民地事業に従事し転々とした。したがって、広義には、この時期にフィリピンに渡航した日本人労働者すべてを含むこともできる［早瀬一九八九］。

（6） 熟練職工とは、以下の職種とみなされていた。「麺包製造職工、理髪師、鍛冶工、醸酒業者、食用獣類屠殺者、大工及指物師、書記及計算方、鉄工、宝石業者、銃工、機械職工、航海者、泥工、磨粉者、採鉱者、塗工及玻璃工、鉛匠、印刷業者、裁縫者及裁縫女、造船匠、造靴匠、錫匠、煙草製造職工、時計匠、車輪製造職工」など［『通商彙纂』二五三号（一九〇三年二月一九日）、五〇―五一頁］。

（7） 一九〇七年の日本での大工の日当が一円であったのにたいし、当時フィリピンでは二円五〇銭であった。また、ベンゲット道路工事用人夫の日当は一―一・五円であった［週刊朝日編一九八八、一一八頁、赤塚一九〇八、一〇頁］。

（8） アメリカ本国の移民法がフィリピン諸島でも適用され、契約移民は禁じられていたが、特殊な熟練職工にかぎり契約移民が認められていた。しかし、その基準は曖昧でフィリピン中央税関長は日本人石炭坑夫およびガラス職工の入国は認めたが、電気職工および人力車夫は認めなかった［『日本外交文書』第四〇巻、七六三―六六頁］。

（9） 後世日本人のあいだで「ベンゲット移民」が高く評価され、「アメリカ人にも、フィリピン人にも、中国人にも完成できなかったベンゲット道路を日本人が血と汗と精神力で完成させた」という虚像がつくられていく過程については、［早瀬一九八九］を参照。

（10） 移民取り扱い会社内地募集人が甘言をもって募集した背景には、短期間に利益をあげなければ競争に勝てず、倒産する移民取り扱い会社の危機的状況があった。詳しくは［モリヤマ一九八八］を参照。一九〇三年三月二九日マニラ到着のダバオ行き農業出稼ぎ人は、内地募集人から一日六円と聞いてきたが、マニラに到着後一ヶ月三〇円と知り、四月二日帰国した［『日本外交文書』第三六巻、四一九頁］。バタン島行き炭坑夫にたいする大陸殖民合資会社の不正については［『日本外交文書』第三七巻、三五一―六六頁］を参照。また、フィリピン現地においては、紅灯街の無頼の徒が絡み、労働者を食い物にすることがあった［『日本外交文書』第三六巻、四一三―一四頁など］。

（11） 別のフィリピン人の日本人観の例については、［早瀬一九八九、九九―一〇〇頁］を参照。いっぽう、日本人もフィリピン人を軽蔑する傾向があり、小衝突を起こした［赤塚一九〇八、一一八頁］。

（12） 契約満了後、半数は高賃金の噂を聞きベンゲット道路工事に従事し、残る半数はソルソゴン州の麻耕地に入ったが、ダバオでの経験をいかせず不成績のため契約半ばでマニラに引き揚げた［『日本外交文書』第三九巻、三二七頁］。

（13） ダバオの日本人労働者については、［Hayase 1984、早瀬一九八六a、同b］参照。赤塚領事は一九〇八年の報告で、ダバオの麻挽き労働者三〇〇人のうち二〇〇人は「ベンゲット移民」の残党（うち沖縄県人は数十人）で、残り一〇〇人が新着で半数以上は沖縄県人であると述べている［赤塚一九〇八、一二頁］。

(14) 一九〇七年六月末、オロンガポ海軍工廠で日本人大工一六人が不意に解雇されるなど、いつ解雇されるかわからない不安定な状態にあった［『日本外交文書』第四〇巻、七六二―六三頁］。

(15) 外交史料館文書六・一・六・五九、岩谷、赤塚一九〇八、一一一―一七、一一九―二〇頁、『通商彙纂』二二六号（一九〇二年八月二八日）、五五―五六頁、改二〇号（一九〇三年七月三日）、二八―三二頁、二二号（一九〇五年四月二三日）、三六―三七頁、二八号（一九〇七年五月一三日）、六八―七〇頁、三〇号（一九〇七年五月二三日）、七一―七三頁、六号（一九一二年一月二五日）一―三頁、五二号（一九一二年七月二〇日）、二七―二九頁、『日本外交文書』第三九巻、三三三―三五頁。

(16) これらフィリピンに定着した日本人のなかには、フィリピン人と結婚する者がいた。一九一〇年二月調べでダバオに二六人、同年四月調べでバギオに一三人が記録されている。ダバオではおもにバゴボ人、バギオではイゴロット人との結婚が多い［外交史料館文書六・一・六・五九、岩谷、岩谷一九一一、一一八―二一頁］。また、田川商店主田川森太郎もフィリピン人と結婚している［吉川一九八〇、四四―四五頁］。これらフィリピン人との結婚は奨励されたわけではなく、岩谷副領事は、「蛮族ト夫婦関係ヲ結ブノ奇風アリ」と述べ［外交史料館文書六・一・六・五九、岩谷］、沖縄県人も「余程物好き」という表現で、バゴボ人と結婚した者のことを紹介している［『琉球新報』一九一二年一月一〇日］。ここにも、日本人のフィリピン人にたいする蔑視の一端がうかがえる。

第二章

(1) 一九九〇年一〇月二八日、インタビュー。

(2) 一九〇四年に漁業視察をおこなった広島県水産試験場の報告によると、一九〇〇年田川森太郎ほかが広島県仁保島より漁夫数名を雇い入れ、漁船三隻、揚繰網一帳で揚繰網漁業を試みたのが、マニラ湾での日本人漁業の嚆矢で、山根は田川の失敗後、田川の漁船を譲り受けて操業をはじめたという［広島県水産試験場一九〇四、一七頁］。一二年に官令を受けて南洋各地の漁業調査をおこなった高山伊太郎は、この記述に従っている［高山一九一四、三四四頁］。また、マニラ在住木材商田川森太郎と広島市榎町佐々木牧太郎が相謀って漁船五隻で出漁、繰網漁業をおこなったともいう［土井一九三七、二二一―二三頁］。

(3) 広島県旅券下付表のデータから、山根が一九〇〇年、〇一年、〇五年の三度渡航していることがわかる。個人的にデータを見せてくださった嶋陸奥彦氏に感謝いたします。

(4) 中井萬蔵は、麻網問屋で日清・日露戦争を契機に朝鮮、大連方面に出漁し、のちに青島で漁業組合を設立して、天津に定住した。中井は日露戦争の直前に百島で岡山県寄島の漁民がフィリピンで成功した話を聞き、資金を貸しつけてフィリピンへの出漁を奨励し、一九〇四年に第一回の漁民を送り出した［河野一九六一、二八一—八二頁］。田島のフィリピンへの出稼ぎ出漁については、［内海町企画課一九九一］を参照。

(5) 『通商彙纂』五一号（一九〇六年八月二八日）「比律賓群島ニ於ケル労働状態一班並在留本邦人労働者ノ実情」四〇頁。

(6) 『通商彙纂』二二六号（一九〇二年八月二八日）「マニラ市在留本邦人情況」五五—五六頁。

(7) 日本漁船の急速な増加は、一九〇三年のことであった。県別漁船数をみると、一九〇〇年長崎三隻（田川所有）、〇一年広島一隻（山根所有）・長崎一隻、〇二年広島五隻・長崎二隻、〇三年広島一二隻・岡山三隻・長崎二隻、〇四年広島二五隻・岡山六隻・福岡一隻・長崎四隻であった［広島県水産試験場一九〇四、一七頁］。

(8) 『通商彙纂』三九号（一九〇八年七月一八日）「比律賓島ニ於ケル移民ニ関スル調査」六七頁。

(9) 『通商彙纂』三五号（一九一一年六月二〇日）「比律賓群島魚類輸入状況『四十三年度』」一三—一四頁。

(10) 『通商彙纂』改二〇号（一九〇三年七月三日）「比律賓島マニラニ於ケル漁業情況並同関係法規」三〇—三一頁。

(11) 『通商彙纂』二八号（一九〇七年五月一三日）「比島漁業概報」六八—六九頁。

(12) 『通商彙纂』改四三号（一九〇三年一〇月一八日）「比律賓群島沿岸貿易船噸数ノ制限」二六頁。

(13) 『通商彙纂』一五号（一九〇五年三月一八日）「馬尼刺市ニ於ケル本邦人ノ組織漁業会社ノ設立」三二頁。『通商彙纂』二二号（一九〇五年四月二三日）「比律賓群島近海ニ於ケル漁業ニ関スル法制」三六—三七頁。

(14) 『通商彙纂』七一号（一九〇五年一二月八日）「比律賓沿岸貿易船ニ対スル税金改正」三〇—三一頁。赤塚一九〇八、一二〇頁。

(15) 外務省外交史料館文書三・五・八・一二三「比律賓沿海漁業関係雑件」、杉村、一九一二年一一月一五日。

(16) United States National Archives and Records Administration（以下USNAと略す）, Record Group 350 “Records of the Bureau of Insular Affairs”, File 4507 “Fisheries-general record”, No. 44, May 1, 1907.

(17) USNA Record Group 350, File 4507, No. 50, November 15, 1912.

(18) USNA Record Group 350, File 4507, No. 52.

(19) 本章では明治期のマニラ湾の日本人漁業活動に限って論述したが、当時の南洋各地全般については高山伊太郎の前掲書、戦前から戦中、さらに戦後については［片岡一九九一］を参照。また、田島について社会学的調査をおこない、大正期以降のマニラ湾の漁業活動についても論じた［武田二〇〇二、同二〇〇八］も参照。

第三章

（1）「南方方面」には、つぎの国・地域が含まれる。「マカオ（ポ）・ホンコン（英）」三八一五人、「印度支那（仏）」六〇二、「シャム」四四五、「マレー・シンガポール（英）」一万一八〇九、「東印度（蘭）」七〇九五、「印度（英）」一八八五、「北ボルネオ・サラワク（英）」二八二九、「フィリッピン群島・グアム」五万三一一五、「オーストラリア」三七三、「ニュージーランド」一〇四六、「ニューカレドニア（仏）」五〇七四、「フィジー島（英）」九一、「タヒチ島（仏）」五四一、「タイ」六〇、「その他の南洋群島」一四一。

（2）少数の在グアムを含む。

（3）このほか、旅券下付名簿からもデータは得られる。

（4）"Philippine Constabulary Reports, 1906-13" 4 volumes, Harry Hill Bandholtz Papers, Michigan Historical Collections, Bentley Historical Library, University of Michigan.

（5）Ibid.

（6）保政は本名のホセからきていることは明らかであるが、ヤスマサは福島安正中将と同音である。

（7）吉川洋子は、フィリピンのフリーメイソンが、日比賠償外交交渉時にも活躍したとの仮説を立てている［吉川一九九一、二六五—六七頁］。

第四章

（1）［杉原一九九六a、浜下一九九〇］など。これらの議論にかんする多くの論考が発表されたが、つぎの二点でだいたいの全体像がつかめるだろう［杉原一九九六b、杉山・グローブ編一九九九］。杉原の著作によって「通説」となった「アジア間貿易論」を批判したものに［堀二〇〇九］がある。

（2）このほか、現在の東南アジア地域とほぼ同じ地域を含む「南洋」との貿易についても分析した。「アジア」「南洋」に含まれる地域は、年によって多少異なる［早瀬二〇〇〇、二一—三三頁］。

（3）アメリカの海運業については、［小風一九九四］、日本の海運業については、［小風一九九五］を参照。
（4）「比律賓群島ニ於ケル燐寸商況」『通商彙纂』一二号（一九一二年九月二五日）、三一頁。
（5）品質の悪さについては、［元吉一九一九］などを参照。雑貨の品質は、「欧米品ヲ上等品、本邦品ヲ中等品トシ、支那品ハ下等品ト目サレ」ていた［外交史料館文書三・二・四・三九－一、三、一九二四年三月三一日付在マニラ杉村恒造総領事から外務大臣松井慶四郎「本邦重要輸出品ニ関スル調査並粗製品見本購送方ニ関シ回答ノ件」］。
（6）「比律賓群島ニ於ケル燐寸商況」『通商彙纂』一二号（一九一二年九月二五日）、「マニラニ於ケル本邦産手拭地及浴衣地取扱商」『通商彙纂』二一号（一九一二年一一月一〇日）、「本邦商品直輸出入業者並仲買者『マニラ』」『通商公報』一五〇号（一九一四年九月二一日）、「本邦商品取扱商」『通商公報』二〇五号（一九一五年四月一二日）、「マニラ輸出入業者」『通商公報』八一三号（一九二一年三月一〇日）、「本邦品取扱商（マニラ）」『通商公報』一〇五三号（一九二三年五月七日）、「主要輸入業者（ダヴァオ）」『週刊海外経済事情』三三号（一九三一年八月一七日）、「本邦品輸入業者（フィリッピン島）」『週刊海外経済事情』四一号（一九三一年一〇月一二日）。
（7）外交史料館文書三・三・七・三一、一九一〇年九月六日付在マニラ領事館事務代理亀命金次郎より外務大臣小村寿太郎宛「マニラ市ニ於ケル本邦商人ニ関スル取調方ノ件回答」。
（8）同右。
（9）同右。
（10）神戸華僑との取引が確認されたのは、遠勝公司（呉荀来）、南通公司、興華公司、東美公司、東成公司、南美公司、成記である。引用中の番号は、主要五〇中の取引高の順位を示している。
（11）Wong Kwok-Chu. ウォンがこの本のなかで扱った中国人のなかに、日本商品を扱った者はほとんど含まれていない。したがって、本章で扱うような中国商店の活動は、この本では充分にわからない。日本商品を扱った中国商店の特色のひとつは、資本金のわりに取扱高が高かったことである。このことは、日本商品が「うまみのある」商品であったことを示唆している。
（12）本章で使用した史料・文献のなかには、田中が収集したものが含まれている。
（13）アメリカが日本のフィリピンへの経済進出を調査し報告したものに、Filemon Perez（Secretary of Commerce and Communications), "A Symposium on the Philippine-Japanese Trade," in U.S. National Archives, Record Group350, 6144-181がある。

（14） 陸上交通網の整備については、［早瀬一九九二b］を参照。
（15） 外交史料館文書E二・九・〇・一-五、三、一九三一年九月二日付、在マニラ総領事木村惇から外務大臣幣原喜重郎宛「間々田長治商店ニ関スル件」。
（16） 外務省が「事故」調査にあたったのは、第一次世界大戦中に交戦国商品の代用品として日本商品が進出した一九一七年以降のことであった。二〇年一二月の調査で合計七七件、その内訳はカルカッタ一三件、シドニー一三件、倫敦《ロンドン》一一件など世界各地に及び、馬尼剌三件を含んでいた。苦情申し出の理由は、契約の不履行三九件、契約違反二七件、怠慢五件、詐欺行為六件であった。また、輸出商人所在地別では、神戸二六、大阪一八、東京一六、横浜一〇、奉天三、京都二、名古屋一、大連一であった［外交史料館文書三・三・七・四〇、六、通商局第二課「本邦輸出商人ニ対スル苦情調査」一九二〇年一二月調査］。
（17） 蛇足になるが、このような阪神を中心とする日本・フィリピン貿易が、なぜ従来あまり注目されなかったのかを述べておく。まず、第二次世界大戦後、中華人民共和国の成立とともに日本は中国市場を失い、また銀本位制経済圏も消滅した。その結果、アジア貿易を中心とする阪神経済は衰退し、さらに経済の中央集権化もすすんで、阪神に本拠をおく企業の東京への移転がすすんだ。このような状況のなかで、戦前に阪神を中心に活躍した企業の社史の編纂や商工会議所などの史料の整理はあまりすすんでいない。それにたいして、横浜港は欧米にたいする開港で注目され、明治維新や日本の近代化の歴史に欠かせないものとなった。その印象は、阪神の二港がとくに日清・日露戦争後にアジア貿易で発展し、日本の外国貿易全体のなかで横浜港より重要になっても、つづいたものと考えられる。さらに、横浜開港資料館で史料の収集がすすめられ、開国・明治維新直後の横浜港を中心とした研究がすすみ、その重要性がその後も引きつづいたかのような印象を与えることになったと考えられる。
（18） 日本商人とインド商人や中国商人との協力関係は、つぎの文献［籠谷二〇〇〇］、とくに第一〇章［Post 1995］などで述べられている。

第五章

（1） 個々の輸入品にたいする課税については、The Commonwealth of the Philippines, Department of Agriculture and Commerce, Bureau of Commerce, *Directory of Importers and Exporters 1937*. Manila: Bureau of Printing, 1936, pp. 18-39 を参照。
（2） 『マニラ日本商業会議所通報』二二号（一九三八年二月一日）では、議員ひとり五〇〇〇ペソ（五一頁）。

（3）「比律賓の陸上運輸業に就いて」『マニラ日本商業会議所通報』二六号（一九三八年六月一五日）、三二頁。

（4）日本人商店の実数について、一九四〇年一二月二三日開催のマニラ日本商業会議所第一〇回定例役員会で、つぎのような議事録が残っている［『マニラ日本商業会議所通報』五四号（一九四一年一月一五日）、六六頁］。

渡辺〔薫〕氏「卸、小売約五百七十軒、それからまあ発表出来ぬ事迄調査してあります」

会頭〔山本恒男〕「センサス報告では日本人店千四百軒位とか」

原〔繁治〕書記長「それは水屋でも入れてゐるので、マニラ市内でも水屋が百三十軒位あります」

（5）「比島関税引上と其の本邦品に及ぼす影響」『南支那及南洋情報』二九号（一九三三年一月一一）、二頁。

（6）同右、三―四頁。

（7）マニラの工場労働者一家の生活を描いたものに、原高千香「経済創作　障壁に喘ぐ人々」『マニラ日本商業会議所通報』二一号（一九三八年一月一日）、付録一―四一頁、がある。

（8）大正バザーの神戸市の取引先である大信貿易商会から外務大臣への陳情書が、外交史料館文書E三・一・二・X一－U二「各国関税並法規関係雑件　比島ノ部」に残されている。

（9）会計年度は、一九〇八―三八年は一―一二月、三九年は一―六月、四〇年は三九年七月から四〇年六月である。金額単位は、一九〇八―一三年はアメリカ・ドル、一四―四〇年はフィリピン・ペソである。

（10）「日貨ボーイコットと邦品の地位」『マニラ日本商業会議所通報』二五号（一九三八年五月一日）、一二―一八頁。

（11）東京商工会議所では、マニラからの依頼状にたいし調査した結果、賛同し、関係業界に原価引き下げを求め、商工大臣に輸出助成金などを陳情した［東京商工会議所「比律賓ニ於ケル日本製自転車及部分品ノ販路維持ニ関スル依頼処理記録」（一九三八年八月三〇日―九月二二日）］。

（12）「比律賓に於ける本邦輸入玩具の状況」『大阪市商工時報』八号（一九一七年一二月二三日）、一六九―八〇頁。

第六章

（1）[Goodman 1966: 133-143, 同 1967a: 131-146, 同 1967b, 同 1968: 229-240, Yu-Jose 1999, 同 1994a: 125-134, 同一九九四b、八三―一一〇頁、同 2000: 116-126 (also 2001: 399-416)、寺見二〇〇四、吉久一九八八、小林次郎一九四二]。

（2）日本綿糸布東亜輸出組合第四一回理事会決議録（一九三七年一二月二四日）。この資料は、籠谷直人氏のご厚意により利用した。記して感謝申しあげます。

(3) 領事報告については、『復刻版　比律賓情報』とあわせて[早瀬二〇〇三a]を参照。

(4) 比律賓協会および「日比協会」(比日協会)の活動については、大谷純一編『比律賓年鑑』(昭和十二—十六年度版)の各年度に掲載された。フィリピン人留学生については、[木下二〇〇九]を参照。

(5)『比律賓ニ於ケル「モロ」族問題(未定稿)』(比律賓協会、五枚)が一九四二年五月七日印で国会図書館に受領されているが、内容に誤りが多く稚拙である。比律賓協会のイスラーム地域についての認識不足は、つぎの二文献と比較してもよくわかる。『南方建設ニ関スル陳情理由書——スルー王国再興　ミンダナオ、スルー、北ボルネオ』(著者[最後に「(大尾)」]、発行元、発行年不明、三八枚)(後藤乾一氏のご厚意により早稲田大学図書館蔵の複写コピーを入手した。記して感謝申しあげます)、『モロ族の歴史と王侯の系譜(一)(二)(三)』南方圏研究会研究資料二〇—二二輯、一九四三年、三三、三四、四四頁。

(6) グッドマンは、『昭和十六年度会務報告書』(五頁)を根拠として、情報局から一万五〇〇〇円、外務省から一万五〇〇〇円、海軍から一〇〇〇円、台湾総督府から一〇〇〇円、拓務省から三〇〇円の合計三万二三〇〇円としているが、該当個所にその記述はない[Goodman 1967a: 146]。南洋協会は、一九三八年度に「文化並経済工作」として五万円を外務省から交付されている[外務省外交史料館文書I一・一〇・〇・二—四]。

(7) これらの講演記録のなかには、パンフレットなどとして印刷・発行されたものもある。たとえば、一九四三年一〇月一六日に、財団法人比律賓協会関西支部・社団法人東亜経済懇親会共同主催、毎日新聞社共賛でおこなわれたフィリピン共和国独立記念講演会は、大阪南方院パンフレット第八輯『新生フィリピン共和国』(一九四四年、三九頁)として出版された。また、三つの意見書のうち、少なくとも木村惇『ミンダナオ島処理に関する意見書』(一六頁)および木村惇『比島に於ける物資不足並対策に関する意見書』(四二頁)が出版されている。

(8) アジアにかんする近代日本思想史については、[山室二〇〇一]を参照。

(9) 参考文献については、[Yu-Jose & Jose 1998]に詳しく、これに掲載されていない文献を中心に以下列挙する：[池端・寺見・早瀬一九八九、池端二〇〇一、波多野一九八八、波多野一九九五、Saniel 1998、Terami-Wada 1985, 同 1989, 同 1999]。

(10) "Philippine Constabulary Reports, 1906–13," 4 volumes, Harry Hill Bandholtz Papers, Michigan Historical Collections, Bentley Historical Library, University of Michigan.

第七章

（1）ダバオ在住日本人の人口について、一般に二万といわれるが、正確な統計によるものではない。人口統計では、二万を超えたことはない。一九四三年一月二三日に『マニラ新聞』紙上に掲載された、ダバオ日本人会から発表された一万九〇八九が最大である。人口統計等、詳しくは［早瀬一九九五］を参照。

（2）本書では、「在留邦人」という呼称にかえて「在住日本人」を使う。ダバオ在住の日本人は次第に定住的傾向が強くなるため、定住性の乏しいたんなる海外出稼ぎ労働者、一時居住者ではなくなる。「在留邦人」の呼称には後者の意味合いが強く、ここでは「在住日本人」という呼称のほうがふさわしいだろう。

（3）［菅沼一九四〇、六八二―八三頁］。引用は、［明治教育史研究会編一九八三、八〇―八一頁］によった。『国史大辞典』（吉川弘文館、佐藤能丸執筆）では、菅沼貞風の読みを「すがぬまただかぜ」とし、「さだかぜ」「ていふう」とも読む、としている。一九三八年九月二日、マニラの新日本人墓地に移転された墓碑には、「SUGANUMA SADAKAZE」とある。河野辰二が菅沼の生地である平戸町役場に照会したところ「テイフウ」と指示されたが、職を得た高等商業学校（現一橋大学）の履歴書には「タダカゼ」のフリガナがあるという［河野一九三八、五三頁］。また、一九三八年に一五八〇頁からなる『ダバオ邦人開拓史』を著わした蒲原広二は、一般に「カンバラコウジ」とされているが、出身地の佐賀では「カモハラ」と読む。名のイニシャルをHとしたものがあり、「カモハラヒロジ」と読むのだろう。なお、大谷純一編『比律賓年鑑（昭和十六年度版）』の「在留邦人名選」では「H. Kamabara」となっている。

（4）大野は「沖縄男性の方が日本本土の男性よりバゴボ女性や他のフィリピン女性との結婚を好む傾向があった」という従来の見方は、沖縄でのインタビュー調査結果と異なっていたと述べている［大野二〇〇八、七二七―二八頁］。犬塚のいう「下流比島婦人トノ結婚」については、あまり語られずよくわからない。

（5）「ダバオ之塔」御霊帳英霊名」『ダバオ』（ダバオ会会報）四二号（一九八八年九月）、八〇―一〇三頁、四三号（一九八九年三月）、一二一―四二頁。この名簿には、戦前の死亡者も含まれるが、その大半は戦時中の死亡者である。本土出身者の名簿には、会社ごとのものもあり、沖縄出身者も含まれている。また、戦争勃発後、ダバオに渡航してきた者も含まれている。

（6）『マニラ新聞』は、『マニラ新聞　縮刷・復刻版』日本図書センター、一九九一年、五巻（一九四二年一一月一日―一九四五年一月三一日）によってほぼ完全に復刻されたが（合計六七号の欠落）、一九四二年一一月一六日から発行された『ダバオ新聞』は、一九四二年一二月および四三年五月―四四年八月など一部しか利用できない。

（7） ダバオでも商社関係者に勤労奉仕の意欲がなく、「商店の一店員、麻山の一労働者に劣るものとは考へられぬ、内地の実情もよく知りよく体験して来た人達こそ、むしろ率先垂範すべきではないか」と『ダバオ新聞』（一九四三年八月二一日）紙上に書かれた。
（8）『海軍第百三軍需部中継（一九四四年七月二〇日）』（一〇三経ダ残第四号昭和二十一年五月八日第百三海軍経理部軍需部マニラ運輸部ダバオ支部　残務整理責任者　海軍主計大佐　福泉貞一　呉地方復員局長提出添付書類）（ダバオ会所蔵）。
（9） 山田は、野菜増産組合の日産を二〇トン以上だったと回顧している。
（10）「雑誌「丸」のダバオ邦人に対する誹謗事件」『ダバオ』一二号（一九七一年四月）、一―四頁。
（11） 寺見は、大衆雑誌『リワイワイ Liwayway』に掲載されたタガログ語小説に登場する日本人像を考察した。

第八章

（1） 一九三一年の満洲事変による治安悪化のため、九八名の重慶居留民は総引き揚げをしたが、中国官憲や中国人の知人に保管を委任した公私の日本人財産は守られていた。若槻泰雄は、このような例は少なくなかったようだとしている［若槻一九九五年、三六頁］。
（2） 西田書記生「復命書」（一九四五年一〇月二五日）、村上書記生「ダバオ引揚同胞状況報告」（一九四五年一一月一日）［外務省外交史料館文書K′七・一・〇・一―二―一〇］。引揚援護庁が発行した『引揚援護の記録』は、ダバオで戦争に巻きこまれた一般邦人・軍人は、一九四五年九月一六日から一〇月八日のあいだに戦前古川拓殖のあったダリアオンの収容所に入り、同年一一月一日に引揚帰還（内地帰着）がはじまり、一二月一一日に終了（打ち切り）し、残留員はタクロバンに移送された、と記録している［厚生省編二〇〇〇、第一巻、二六―二八頁。初版は、引揚援護庁長官官房総務課記録係編『引揚援護の記録』引揚援護庁、一九五〇年］。いっぽう、陸軍報道班員でダバオからの最後の引揚船氷川丸で帰国した大橋博は、「邦人一万五千人、兵（陸海）二万人、の三万五千人が収容されていた」と記憶している［一九九八年六月七日インタビュー］。
（3） 現在公開されている外交文書から、この事実は確認できなかった。
（4） 沖縄への引揚者については、戦後沖縄のアメリカ軍基地で働く引揚者やフィリピン人がおり、別途考察する必要がある。沖縄を介したヒトやモノの交流についても考察の必要がある。また、戦後しばらくダバオのことが語られなかった背景には、戦後の引揚者にたいする差別に苦しんだこと、生活が困難だったことに加えて、「戦争とトラウマ」について考える必要があるだろう。とくに、引揚者の多くが未成年期に戦争体験をしていることが影響しているように思われる。参考文献として、［ハーマン一九九九、下河辺二〇〇〇］など。
(5) 一九五七年には、野村愛正『髑髏の開拓地』（学風書院）も出版された。
(6) 吉田美明編「各地だより」（一九六四年一月二〇日）。
(7) ダバオ人会同人「ダバオ先亡同胞慰霊法要参加者住所録」（一九六四年五月一〇日）。
(8) 『MFS会報——特集号〈ミンダナオ島戦跡慰霊行〉』（一九七二年一二月）（創刊）。
(9) 加治木港引揚死没者慰霊祭実行委員会（川嵜兼孝）編『引揚死没者慰霊祭の挙行・「引揚船入港の地加治木」の碑建立に関する委員会活動記録及び関係資料』（一九九九年）。
(10) 貿易統計については、『通商白書』各年参照。
(11) ダバオ会会員の書いたものに、つぎのものがある［城田一九八〇、石原一九八三、城田一九八五］。また、ダバオ会が作成したものに、つぎのものがある［ダバオ会編集部一九八八、同一九九三、田中義夫二〇〇〇］。戦記ものの研究については、［高橋一九八八、高橋編著二〇〇五、戦友会研究会二〇一二］を参照。フィリピンでの日本人の慰霊活動については、［中野二〇〇四］を参照。

史料と参照文献

史料

(1) 未刊行史料

犬塚恵亮「比島軍政ノ概要」『南方作戦ニ伴フ占領地行政ノ概要』復員庁第一復員局、一九四六年、別冊其の一(防衛省防衛研究所所蔵)。

『海軍第百三軍需部申継(一九四四年七月二〇日)』(一〇三経ダ残第四号昭和二十一年五月八日第百三海軍経理部軍需部マニラ運輸部ダバオ支部　残務整理責任者　海軍主計大佐　福泉貞一　呉地方復員局長提出添付書類)。

外務省外交史料館文書(東京)

三・二・四・三九-一「各国ニ於ケル本邦輸出商況並ニ競争品調査雑件　海外ニ於ケル本邦品ニ関シ査報方ノ件」。

三・三・七・二五「農工商漁業等ニ従事スル在外本邦人ノ営業状態取調一件」。

三・三・七・三一「海外各地ニ於テ信用アル内外国商人営業種類及其住所等調査一件」。

三・三・七・四〇「取引事故雑件」。

三・五・八・一〇九「呂宋島ニ於ケル地曳網漁業及真珠貝採収業者関係雑件」。

三・五・八・一三三「比律賓沿海漁業関係雑件」。

三・八・二・一四「比律賓ヘ日本人民移住方ノ義ニ付在本邦西国公使ト交渉一件(未決)」。

三・八・二・三八「移民取扱人ヲ経由セル海外渡航者名簿」。

三・八・二・九〇「移民取扱人ニ依ラザル移民ニ対シ渡航許可ヲ与ヘタル者ノ姓名月表警視庁府県ヨリ報告一件」。

三・八・二・一九二「大陸殖民合資会社比律賓群島〈バタン〉炭坑行本邦移民取扱一件」。

四・三・一・一八「元比律賓人石川保政等ノ行動取調一件」。

五・一・一・二一-四「各国一般軍事軍備及軍費関係雑纂　別冊、馬尼剌軍備調査」。

六・一・六・五九「マニラ領事館報告書」。

成田五郎領事、一九〇五年二月一三日、「比律賓島ベンゲット州本邦移民就業地巡回復命書」。

赤塚正助領事、一九〇八年二月一四日、「移民事項調査報告書」。

岩谷譲吉副領事、一九一〇年三月、「比律賓群島移民事情」。

七・一・五・四「海外在留本邦人職業別人口調査一件」。

E二・六・〇・一-二三「在外邦人商工会議所関係雑件　マニラ商工《ママ》〔業〕会議所」。

E二・九・〇・一-五「商取引事故関係雑件　亜細亜・南洋ノ部」。

E三・一・二・X一-U二「各国関税並法規関係雑件　比島ノ部」。

E四・九・〇・七-五「本邦漁業関係雑件　比島沿岸漁業関係」。

I一・一〇・〇・二-四「本邦ニ於ケル協会及文化団体関係雑件　南洋協会関係」。

I四・六・〇・一-一「民族問題関係雑件　亜細亜民族問題」。

J一-二・一・〇・J三・一・一「本邦移民取扱人関係雑件　海外興業株式会社　海外渡航者名簿　第一巻　比島行」。

K三・七・〇・七「在外本邦人職業別人口表一件」。

K′七・一・〇・一-二-一〇「太平洋戦争終結による在外邦人引揚関係　在外各地状況及び善後措置関係　フィリピンの状況」。

東京商工会議所「比律賓ニ於ケル日本製自転車及部分品ノ販路維持ニ関スル依頼処理記録」（一九三八年八月三〇日—九月二二日）。

日本綿糸布東亜輸出組合第四一回理事会決議録（一九三七年一二月二四日）。

"Philippine Constabulary Reports, 1906–13" 4 volumes, Harry Hill Bandholtz Papers, Michigan Historical Collections, Bentley Historical Library, University of Michigan.

United States National Archives and Records Administration, Record Group 350 "Records of the Bureau of Insular Affairs", File 4507 "Fisheries–general record".

(2) 刊行史料

赤塚正助報告「比律賓群島移民調査報告書」外務省通商局編纂『移民調査報告　第二』一九〇八年、一—一四〇頁。

『亜細亜年鑑（南洋版）*Asia Directory Part Edition French Indo-China, Thailand, Hongkong & Philippine Islands 1941–42*』一

九四一年。

岩谷讓吉報告「比律賓群島移民事情」外務省通商局編纂『移民調査報告　第六』一九一一年、九三—一四五頁（原報告書は、外務省外交史料館文書六・一・六・五九「マニラ領事館報告書」所収）。

大阪商工会議所『昭和四年マニラ、カーニバル商工見本市本邦参加報告概要』。

大阪商工会議所『地域別大阪貿易業者名簿（アジア洲之部）』一九四一年。

大谷純一編『比律賓年鑑』昭和十二—十六年度版（出版は前年一二月）。

外務省編『日本外交文書』第二七—四五巻、一八九四—一九一二年。

加藤長《つかさ》談『南方軍政建設の方針』南洋経済研究所、一九四二年、一一頁。

華南銀行『昭和五年一月調査　マニラ事情』、三〇頁。

木村惇『ミンダナオ島処理に関する意見書』一六頁。

木村惇『比島に於ける物資不足並対策に関する意見書』四二頁。

隈川八郎『比律賓ダバオ州に於ける邦人産業調査報告　付　同地在住邦人の保健に関する意見書』台湾総督官房調査課、一九二九年。

厚生省編『引揚援護の記録　全3巻』（復刻版）クレス出版、二〇〇〇年（初版は、引揚援護庁長官官房総務課記録係編『引揚援護の記録』引揚援護庁、一九五〇年）。

ダバオを愛する会・ダバオ会『会報　ダバオ』六九号（一一号からダバオ会）、一九六五—二〇〇一年。

『南方建設ニ関スル陳情理由書——スルー王国再興　ミンダナオ、スルー、北ボルネオ』（著者（大尾）、発行元、発行年不明、三八枚）。

南洋協会編『比律賓邦人商社名簿　昭和十六年六月調査』南洋協会、一九四一年。

比律賓協会『昭和十年度比律賓協会会務報告』『昭和十一年度財団法人比律賓協会々務報告』『昭和十二年度財団法人比律賓協会々務報告』『昭和十三年度財団法人比律賓協会々務報告』『昭和十四年度上半期財団法人比律賓協会々務報告』『昭和十四年度下半期及追加期会務報告』『昭和十五年度財団法人比律賓協会々務報告』『昭和十六年度会務報告書』『昭和十七年度会務報告』。

比律賓協会「昭和二十年度財団法人比律賓協会事業要綱案」など。

ミンダナオ・フレンドシップ・ソサエティ『ＭＦＳ会報』一九七二—七七年。

Cornejo's Commonwealth Directory of the Philippines. Manila, 1939.

（3）雑誌

大阪市商工会議所『大阪市商工時報』。
外務省通商局『通商彙纂』『通商公報』『週刊海外経済事情』。
殖民協会『殖民協会報告』『殖民時報』。
台湾総督官房外事課『南支那及南洋情報』。
東京地学協会『東京地学協会報告』。
東邦協会『東邦協会報告』『東邦協会会報』。
比律賓協会『比律賓情報』（復刻版：龍溪書舍、二〇〇三年）。
マニラ日本商業会議所『マニラ日本商業会議所通報』。

（4）新聞

『ダバオ新聞』ダバオ。
『マニラ新聞』マニラ。
『琉球新報』那覇。
The Manila Times, Manila.

（5）フィリピン国勢調査

Census Office of the Philippine Islands, comp., *Census of the Philippine Islands: Taken under the Direction of the Philippine Legislature in the Year 1918*, Manila: Bureau of Printing, 1921.
Commonwealth of the Philippines, Commission of the Census, comp., *Census of the Philippines: 1939*, Manila: Bureau of Printing, 1940-43.
United States Bureau of the Census, comp., *Census of the Philippine Islands: Taken under the Direction of the Philippine*

Commission in the Year 1903, Washington D.C.: United States Bureau of the Census, 1905.

（6）統計史料

The Commonwealth of the Philippines, Department of Agriculture and Commerce, Bureau of Commerce, *Directory of Importers and Exporters 1937*, Manila: Bureau of Printing, 1936.

Commonwealth of the Philippines, Office of the President, Bureau of the Census and Statistics, *Yearbook of Philippine Statistics 1940*, Manila: Bureau of Printing, 1941.

The Government of the Philippine Islands, Department of Commerce and Communications, Bureau of Commerce and Industry, *Statistical Bulletin, 1918–1929*.

参照文献

①日本語

青木繁「比律賓における邦人経済活動の過去と将来」『比律賓情報』五九号、一九四二年五月一日、二一—三一頁。

有山輝雄「日本の占領と新聞の「南方大進軍」」『マニラ新聞　縮刷・復刻版』別冊、日本図書センター、一九九一年。

池端雪浦『フィリピン革命とカトリシズム』勁草書房、一九八七年。

池端雪浦「フィリピン革命と日本の関与」池端雪浦・寺見元恵・早瀬晋三『世紀転換期における日本・フィリピン関係』東京外国語大学アジア・アフリカ言語文化研究所、一九八九年、一—三六頁。

池端雪浦「明治期日本におけるフィリピンへの関心」『アジア・アフリカ言語文化研究』六一号、二〇〇一年三月、二〇三—二三〇頁。

池端雪浦編『日本占領下のフィリピン』岩波書店、一九九六年。

池端雪浦、リディア・N・ユー-ホセ編『近現代日本・フィリピン関係史』岩波書店、二〇〇四年。

石井英太郎『比律賓独立戦争秘聞』比律賓協会、一九四二年。

石原喜与次『黒いアバカ——フィリピン　ダバオ　元日本人小学校一教師の手記』一九八三年。

入江寅次『邦人海外発展史』移民問題研究会、一九三八年、二冊（復刻版、原書房、一九八一年）。

入江寅次『明治南進史稿』井田書店、一九四三年。

イレート、レイナルド・C・著、清水展・永野善子監修『キリスト受難詩と革命――1840―1910年のフィリピン民衆運動』法政大学出版局、二〇〇五年（原典は一九七九年）。

イレート、レイナルド・C・、ビセンテ・L・ラファエル、フロロ・C・キブイェン著、永野善子編・監訳『フィリピン歴史研究と植民地言説』めこん、二〇〇四年。

内山寛治郎「大正6年に移民して」ダバオ会編『ダバオ開拓移民実録史――戦禍に消えたダバオ開拓移民とマニラ麻』一九九三年、一六二―九三頁。

宇都宮直賢『南十字星を望みつつ――ブラジル・フィリピン勤務の思い出』私家版。

内海町企画課『海を渡った先達』一九九一年。

江口禮四郎『南進の先駆者　菅沼貞風伝』八雲書林、一九四二年。

大形太郎『南洋華僑と経済』聖紀書房、一九四二年。

大阪貿易事務所貿易局（嘱託神田末保）『阪神在留ノ華商ト其ノ貿易事情』一九三八年。

大阪南方院パンフレット第八輯『新生フィリピン共和国』一九四四年。

大野俊「「ダバオ国」の日本帝国編入と邦人移民社会の変容」蘭信三編著『日本帝国をめぐる人口移動の国際社会学』不二出版、二〇〇八年、七二一―五二頁。

『岡山県大百科事典』山陽新聞社、一九八〇年。

尾崎卓爾『弔民坂本志魯雄』弔民会、一九三二年。

籠谷直人『アジア国際通商秩序と近代日本』名古屋大学出版会、二〇〇〇年。

加治木港引揚死没者慰霊祭実行委員会（川嵜兼孝）編『引揚死没者慰霊祭の挙行・「引揚船入港の地加治木」の碑建立に関する委員会活動記録及び関係資料』一九九九年。

片岡千賀之『南洋の日本人漁業』同文舘出版、一九九一年。

蒲原広二『ダバオ邦人開拓史』ダバオ、日比新聞社、一九三八年。

河野通博『漁場用益形態の研究』河野通博、一九六一年（未来社、一九六二年）。

川村湊「大衆オリエンタリズムとアジア認識」大江志乃夫ほか編『岩波講座　近代日本と植民地7　文化のなかの植民地』岩波

書店、一九九三年、一〇七—三六頁。

菅野善助「フィリッピンの貿易取引機構」『東亜研究所報』二三号、一九四三年八月、一一九—六四頁。

菊池貴晴『増補　中国民族運動の基本構造——対外ボイコット運動の研究』汲古書院、一九七四年。

木下昭「1930年代の在日フィリピン人留学生と国際関係——日本帝国によるソフト・パワー政策の一断面」『東南アジア研究』第四七巻二号、二〇〇九年九月、二一〇—二六頁。

木村毅『布引丸』春陽堂、一九四四年。

木村昌人『財界ネットワークと日米外交』山川出版社、一九九七年。

ゲレーロ、ミラグロス「フィリピンにおける日米通商摩擦」杉山伸也、イアン・ブラウン編『戦間期東南アジアの経済摩擦——日本の南進とアジア・欧米』同文舘出版、一九九〇年、二三一—五四頁。

黄演馨『比律賓華僑』文化研究社、一九四四年。

河野辰二「菅沼貞風のことども」大谷純一編『比律賓年鑑（昭和十四年度版）』一九三八年、四五—五三頁。

小風秀雅「アメリカ海運政策の展開と太平洋海運」上山和雄・阪田安雄編『対立と妥協——1930年代の日米通商関係』第一法規出版、一九九四年、一九九—二三九頁。

小風秀雅『帝国主義下の日本海運——国際競争と対外自立』山川出版社、一九九五年。

小島勝『日本人学校の研究——異文化間教育史的考察』玉川大学出版部、一九九九年。

後藤乾一「近代日本・東南アジア関係史論序説」土屋健治編『講座現代アジア1　ナショナリズムと国民国家』東京大学出版会、一九九四年。

小林茂子『「国民国家」日本と移民の軌跡——沖縄・フィリピン移民教育史』学文社、二〇一〇年。

小林次郎「特別寄稿　比律賓協会の出来るまで」『比律賓情報』六一号、一九四二年七月一日、七三—七七頁。

小林英夫『日本企業のアジア展開——アジア通貨危機の歴史的背景』日本経済評論社、二〇〇〇年。

コンスタンティーノ、レナト「フィリピン人の受けたえせ教育」『フィリピン・ナショナリズム論　上』井村文化事業社、一九七七年、七八—一〇九頁。

実吉公望「フイリツピンと其商売」『通信見本市』二五号、一九三一年二月二〇日、二六—三一頁。

塩田良平「解題」山田美妙『フィリッピン独立戦話　あぎなるど』中公文庫、一九九〇年、二六九—八九頁。

下河辺美知子『歴史とトラウマ――記憶と忘却のメカニズム』作品社、二〇〇〇年。

週刊朝日編『値段史年表――明治・大正・昭和』朝日新聞社、一九八八年。

城田吉六『ダバオ移民の栄光と挫折――一在留邦人の手記より』長崎出版文化協会、一九八〇年。

城田吉六『ダバオ移民史をあるく――混血二世のその後』葦書房、一九八五年。

末廣昭「経済再進出への道――日本の対東南アジア政策と開発体制」中村政則ほか編『戦後日本　占領と戦後改革　六』岩波書店、一九九五年、二一一―五二頁。

菅沼貞風『大日本商業史　付　平戸貿易志　変小為大転敗為勝新日本の図南の夢』岩波書店、一九四〇年。

杉原薫『アジア間貿易の形成と構造』ミネルヴァ書房、一九九六年a。

杉原薫「書評論文　近代アジア経済史における連続と断絶――川勝平太・浜下武志氏の所説をめぐって」『社会経済史学』第六二巻三号、一九九六年b九月、八〇―一〇二頁。

杉山伸也、リンダ・グローブ編『近代アジアの流通ネットワーク』創文社、一九九九年。

『瀬戸町誌』瀬戸町（岡山県赤磐郡）、一九八五年。

戦友会研究会『戦友会研究ノート』青弓社、二〇一二年。

ソリヴェン、ペラジア・V・著、後藤優訳『スータンを縫いながら――日本占領期を生きたフィリピン女性の回想』段々社（星雲社発売）、二〇〇七年。

高橋三郎『「戦記もの」を読む――戦争体験と戦後日本社会』アカデミア出版会、一九八八年。

高橋三郎編著『新装版　共同研究・戦友会』インパクト出版会、二〇〇五年。

高村直助「日米綿業協定とその延長」上山和雄・阪田安雄編『対立と妥協――一九三〇年代の日米通商関係』第一法規出版、一九九四年、一二七―五八頁。

高山伊太郎『南洋之水産』大日本水産会、一九一四年。

武田尚子『マニラへ渡った瀬戸内漁民――移民送出母村の変容』御茶の水書房、二〇〇二年。

武田尚子「一九二五―四〇年のマニラ湾における日本人漁業――漁業技術と排日」蘭信三編著『日本帝国をめぐる人口移動の国際社会学』不二出版、二〇〇八年、七五三―七九頁。

田中宏「日本の戦後責任とアジア――戦後補償と歴史認識」大江志乃夫ほか編『岩波講座　近代日本と植民地8　アジアの冷戦

と脱植民地化』一九九三年、一八三―二一六頁。

田中麻里絵「両大戦間期マニラにおける日本製品・日本人小売商の進出とその影響」修士論文、大阪市立大学文学研究科、一九九九年。

田中義夫『異国のふるさと　ダバオ』二〇〇〇年。

ダバオ会編集部『ダバオ――懐かしの写真集』一九八八年。

ダバオ会編集部『ダバオ開拓移民実録史――戦禍に消えたダバオ開拓移民とマニラ麻』一九九三年。

通商産業省通商局編『最近の世界市場――対日貿易の動向』商工会館出版部、一九五一年。

寺見元恵「フィリピン大衆小説にみる日本（人）像の変遷」『世界史像の研究』（国際基督教大学アジア文化研究所）四号、一九八四年、三―三一頁。

寺見元恵「マニラの初期日本人社会とからゆきさん」池端雪浦・寺見元恵・早瀬晋三『世紀転換期における日本・フィリピン関係』東京外国語大学アジア・アフリカ言語文化研究所、一九八九年、三七―六五頁。

寺見元恵「日本占領下フィリピンのインド人社会――インド独立連盟を中心に」『上智アジア学』一九号、二〇〇一年、一八七―二一二頁。

寺見元恵「一九三〇年代の日本・フィリピン親善事業」池端雪浦、リディア・N・ユー-ホセ編『近現代日本・フィリピン関係史』岩波書店、二〇〇四年、一五九―九八頁。

土井久之「広島県民の比律賓漁業移住雑話」『楽水』第三二巻五号、一九三七年、二二一―二三頁。

東亜研究所第三調査委員会「南洋華僑調査の結果概要」『東亜研究所報』一三号、一九四一年一二月、一―四六頁。

東洋経済新報社編『日本貿易精覧』一九三五年。

土手年松「今次事変下フイリツピン華僑ボイコット状況」『東亜同文書院大学　東亜調査報告書　昭和十四年度』上海東亜同文書院大学、一九四〇年七月、一二一一―三六頁。

中輝雄「比島小売市場に就て」『東亜同文書院大学　東亜調査報告書　昭和十四年度』上海東亜同文書院大学、一九四〇年七月、一二三七―四八頁。

永井均『フィリピンと対日戦犯裁判――１９４５―１９５３年』岩波書店、二〇一〇年。

長田彰文『セオドア・ルーズベルトと韓国――韓国保護国化と米国』未来社、一九九二年。

中野聡「宥和と圧政――消極的占領体制とその行方」池端雪浦編『日本占領下のフィリピン』岩波書店、一九九六年、二三―五八頁。

中野聡『フィリピン独立問題史――独立法問題をめぐる米比関係史の研究（1929―46年）』龍溪書舎、一九九七年。

中野聡「追悼の政治――戦没者慰霊をめぐる第二次世界大戦後の日本・フィリピン関係史」池端雪浦、リディア・N・ユー-ホセ編『近現代日本・フィリピン関係史』岩波書店、二〇〇四年、三六七―四〇八頁。

中野聡『歴史経験としてのアメリカ帝国――米比関係史の群像』岩波書店、二〇〇七年。

中野聡『東南アジア占領と日本人――帝国・日本の解体』岩波書店、二〇一二年。

中野聡・早瀬晋三・寺田勇文・永野善子「解説」『復刻版　比島調査報告』龍溪書舎、一九九三年、一―二二頁。

永野善子『フィリピン経済史研究――糖業資本と地主制』勁草書房、一九八六年。

永野善子『砂糖アシエンダと貧困――フィリピン・ネグロス島小史』勁草書房、一九九〇年。

永野善子『歴史と英雄――フィリピン革命百年とポストコロニアル』御茶の水書房、二〇〇〇年。

永野善子「フィリピンの知識人とポストコロニアル研究」神奈川大学評論編集専門委員会編『ポストコロニアルと非西欧世界』御茶の水書房、二〇〇二年、一六五―九七頁。

永野善子「フィリピン革命史論争」早瀬晋三・桃木至朗編『岩波講座　東南アジア史　別巻　東南アジア史研究案内』岩波書店、二〇〇三年a、九二―九六頁。

永野善子『フィリピン銀行史研究――植民地体制と金融』御茶の水書房、二〇〇三年b。

永野善子「フィリピンのアジア間貿易と日本　一八六八―一九四一年」池端雪浦、リディア・N・ユー-ホセ編『近現代日本・フィリピン関係史』岩波書店、二〇〇四年、八一―一二〇頁。

南條岳彦『一九四五年マニラ新聞　ある毎日新聞記者の終章』草思社、一九九五年。

南洋協会マニラ支部「比律賓華僑の経済的勢力〔其の一〕」『南洋』第二七巻一一号、一九四一年一一月、二一―四〇頁。

［南洋協会］本会調査部「比律賓華僑の商業投資」『南洋』第二六巻五号、一九四〇年五月、四五―四九頁。

『沼隈郡誌』広島県沼隈郡役所、一九二三年（復刻版、一九八一年、芸備郷土誌刊行会）。

根本敬『抵抗と協力のはざま――近代ビルマ史のなかのイギリスと日本』岩波書店、二〇一〇年
根本敬『ビルマ独立への道――バモオ博士とアウンサン将軍』彩流社、二〇一二年。

野村愛正『髑髏の開拓地』学風書院、一九五七年。

橋谷弘「戦前期フィリピンにおける邦人経済進出の形態」『アジア経済』第二六巻三号、一九八五年三月、三三—五一頁。

橋谷弘「1930年代前半期フィリピンに対する日本の経済的進出——アメリカ・フィリピンの対日政策との関連において」清水元編『両大戦間期・東南アジア関係の諸相』アジア経済研究所、一九八六年、一一九—五四頁。

秦郁彦『日本陸海軍総合事典』東京大学出版会、一九九一年。

波多野勝「フィリピン独立運動と日本の対応」『アジア研究』（アジア政経学会）第三四巻第四号、一九八八年三月、六九—九五頁。

波多野勝「フィリピン独立運動と日本」波多野勝『近代東アジアの政治変動と日本の外交』慶応通信、一九九五年、一一—三八頁。

浜下武志『近代中国の国際的契機——朝貢貿易システムと近代アジア』東京大学出版会、一九九〇年。

ハーマン、ジュディス・L・著、中井久夫訳『心的外傷と回復〈増補版〉』みすず書房、一九九九年。

早瀬晋三「ダバオ・フロンティアにおけるバゴボ族の社会変容」『アジア・アフリカ言語文化研究』三一号、一九八六年a、九六—一一九頁。

早瀬晋三「植民統治下のフィリピンにおけるマニラ麻産業」『東南アジア——歴史と文化』一五号、一九八六年b、六三—八九頁。

早瀬晋三「ベンゲット道路工事考」『南方文化』第一三輯、一九八六年c、七一—一〇三頁。

早瀬晋三『「ベンゲット移民」の虚像と実像——近代日本・東南アジア関係史の一考察』同文舘出版、一九八九年。

早瀬晋三「フィリピン」吉川利治編『近現代史のなかの日本と東南アジア』東京書籍、一九九二年a、三三—七七頁。

早瀬晋三「フィリピンの植民地開発と陸上交通網——アメリカ統治期の住民への影響」石井米雄・辛島昇・和田久徳編『東南アジア世界の歴史的位相』東京大学出版会、一九九二年b、二〇〇—一九頁。

早瀬晋三『フィリピン行き渡航者調査（1901—39年）——外務省外交史料館文書「海外渡航者名簿」より』重点領域研究「総合的地域研究」成果報告書シリーズ№8、京都大学東南アジア研究センター、一九九五年。

早瀬晋三「「ダバオ国」の在留邦人」池端雪浦編『日本占領下のフィリピン』岩波書店、一九九六年a、二九一—三三二頁。

早瀬晋三「フィリピンをめぐる明治期「南進論」と「大東亜共栄圏」」小島勝編『南方関与の論理』重点領域研究「総合的地域研究」成果報告書シリーズ№27、京都大学東南アジア研究センター、一九九六年b、一三一—三六頁。

早瀬晋三「日米比貿易統計　1874―1942年――アジア貿易と阪神2港の視点から」『人文研究』（大阪市立大学文学部紀要）第五二巻、二〇〇〇年一二月、一―三三頁。

早瀬晋三編『「領事報告」掲載フィリピン関係記事目録、1881―1943年　付録1『通商月報』『通商彙報』『南方院時報』（大阪発行）、1894―1945年　付録2『日本外交文書』「外務省外交史料館文書」（戦前・戦中）』龍溪書舎、二〇〇三年a。

早瀬晋三編『復刻版　比律賓情報　附巻〔解説・総目録・索引（人名・地名国名・事項）篇〕』龍溪書舎、二〇〇三年b。

早瀬晋三『海域イスラーム社会の歴史――ミンダナオ・エスノヒストリー』岩波書店、二〇〇三年c（英語版：Shinzo Hayase, *Mindanao Ethnohistory beyond Nations*, Quezon City: Ateneo de Manila University Press, 2007）。

早瀬晋三「米領下フィリピンの大衆消費日本商品――輸入統計資料分析」『人文研究』（大阪市立大学大学院文学研究科紀要）第五五巻、二〇〇四年a三月、一―三九頁。

早瀬晋三『歴史研究と地域研究のはざまで――フィリピン史で論文を書くとき』法政大学出版局、二〇〇四年b。

早瀬晋三「調査機関・団体とその資料――東南アジア」末廣昭編『「帝国」日本の学知6　地域研究としてのアジア』岩波書店、二〇〇六年、三九九―四二二頁。

早瀬晋三『戦争の記憶を歩く　東南アジアのいま』岩波書店、二〇〇七年a（英語版：Shinzo Hayase, *A Walk Through War Memories in Southeast Asia*, Quezon City: New Day Publishers, 2010）。

早瀬晋三「紙碑としての「戦記もの」――フィリピンを事例に」江川溫編『死者の葬送と記念に関する比較文明史――親族・近隣社会・国家』日本学術振興会科学研究費補助金プロジェクト報告（基盤研究（A））、二〇〇七年b、四四―八三頁（英語版：Shinzo Hayase, "“Publications of War Memoirs” as Paper Cenotaphs: A Case Study of the Philippines during World War II, 1941-45," Atsushi Egawa, ed., *Comparative History of the Civilizations Concerning Funerals and Commemoration of the Dead: Relatives, Neighboring Societies and States*, A Report of Research Project Subsided by Grants-in-Aid for Scientific Research of the Japan Society for the Promotion of Science, Scientific Research（A）, 2007, pp. 60-105）。

早瀬晋三『歴史空間としての海域を歩く』法政大学出版局、二〇〇八年a。

早瀬晋三『未来と対話する歴史』法政大学出版局、二〇〇八年b。

早瀬晋三『未完のフィリピン革命と植民地化』山川出版社、二〇〇九年a。

早瀬晋三編『フィリピン関係文献目録——戦前・戦中、「戦記もの」』龍溪書舎、二〇〇九年b。

早瀬晋三「戦争認識のすれ違い——日本人学生とフィリピン人学生」『大学教育』(大阪市立大学)第九巻第一号、二〇一一年九月、二五—三二頁。

早瀬晋三『マンダラ国家から国民国家へ——東南アジア史のなかの第一次世界大戦』人文書院、二〇一二年。

原繁治「比島内邦人小売業者の発展を阻むもの」『南洋』第二三巻九号、一九三七年九月、五二—五八頁。

原繁治『比律賓に於ける華僑の日貨排斥』南洋協会、一九三八年。

久木幸男「明治言論界と杉浦重剛」明治教育史研究会編『杉浦重剛全集 第1巻』杉浦重剛全集刊行会、一九八三年a、九七九—一〇二二頁。

久木幸男「杉浦重剛と被差別部落問題」明治教育史研究会編『杉浦重剛全集 第1巻』杉浦重剛全集刊行会、一九八三年b、一〇二三—三三頁。

比島観音奉賛会『比島観音建立二十年史』(改訂三版)一九九三年。

比島憲友会『比島憲兵隊史』一九九二年。

『日生町誌』日生町役場(岡山県和気郡)、一九七二年。

平間洋一「オレンジ計画と山本戦略——ハワイ奇襲と連続攻勢作戦」軍事史学会編『第二次世界大戦(二)——真珠湾前後』錦正社、一九九一年、八一—九五頁。

広島県水産試験場『比律賓群島漁業視察報告』一九〇四年。

フィリピン協会『財団法人 フィリピン協会案内』一九七七年(?)

『比律賓ニ於ケル「モロ」族問題(未定稿)』比律賓協会、五枚。

福本日南『フィリッピーヌ群嶋に於ける日本人』博聞社、一八八九年。

防衛庁防衛研究所戦史部『比島攻略作戦』朝雲新聞社、一九六六年。

防衛庁防衛研修所戦史室『蘭印攻略作戦』朝雲新聞社、一九六七年。

防衛庁防衛研修所戦史室『比島・マレー方面 海軍進攻作戦』朝雲新聞社、一九六九年。

防衛庁防衛研修所戦史部『海軍捷号作戦〈1〉台湾沖航空戦まで』朝雲新聞社、一九七〇年。

防衛庁防衛研修所戦史部『捷号陸軍作戦〈2〉ルソン決戦』朝雲新聞社、一九七二年。

法貴三郎ほか編『比律賓統計書』国際日本協会、一九四二年。

ホセ、リカルド・T・「たわめども折れず――大戦期フィリピン・ナショナリズムと日本の文化政策」大江志乃夫ほか編『岩波講座 近代日本と植民地7 文化のなかの植民地』岩波書店、一九九三年、八一―一〇三頁。

堀和生『東アジア資本主義史論I』ミネルヴァ書房、二〇〇九年。

正木吉右衛門「比律賓議会に於ける日本品と日本人問題」『南洋協会雑誌』第一九巻六号、一九三三年六月、六四―七三頁。

マストリリ、クレト・C・「比島に於ける小売業」『比律賓情報』四四号、一九四一年一月二八日、一四―二三頁。

三木秀雄「アメリカ陸軍とオレンジ計画」軍事史学会編『第二次世界大戦（二）――真珠湾前後』錦正社、一九九一年、六三―八〇頁。

明治教育史研究会編『杉浦重剛全集 第一巻』杉浦重剛全集刊行会、一九八三年。

元吉光大『比律賓群島ニ於ケル日本商品ノ声価及ビ其将来』横浜正金銀行、一九一九年。

森治樹「［実録］太平洋戦争とダバオ在留邦人」ダバオ会編集部『ダバオ開拓移民実録史――戦禍に消えたダバオ開拓移民とマニラ麻』一九九三年、二四三―六九頁。

モリヤマ、アラン・T・『日米移民史学――日本・ハワイ・アメリカ』PMC出版、一九八八年。

『モロ族の歴史と王侯の系譜（一）（二）（三）』南方圏研究会研究資料二〇―二二輯、一九四三年、三三、三四、四四頁。

柳田泉『海洋文学と南進思想』日本放送出版協会、一九四二年。

柳田泉「政治小説の一般（二）」「解説」『明治文学全集6 明治政治小説集（二）』筑摩書房、一九六七年、四四五―五〇八頁。

矢野暢『「南進」の系譜』中公新書、一九七五年。

矢野暢『日本の南洋史観』中公新書、一九七九年。

矢野暢編『講座 東南アジア学十 東南アジアと日本』弘文堂、一九九一年。

山田才吉「ダバオ軍需部回顧」『会報 ダバオ』（ダバオを愛する会）一〇号、一九六八年一一月、二五―二七頁。

山室信一『思想課題としてのアジア――基軸、連鎖、投企』岩波書店、二〇〇一年。

山本恒男「比島における邦品の退勢」『南洋』第二五巻七号、一九三九年七月、一六―二四頁。

吉川利治編『近現代史のなかの日本と東南アジア』東京書籍、一九九二年。

吉川洋子「米領下マニラの初期日本人商業、１８９８―１９２０――田川森太郎の南方関与」『東南アジア研究』第一八巻三号、

一九八〇年一二月、三八七—四二二（三一—六五）頁。

吉川洋子「戦前フィリピンにおける邦人の「官民接近」の構造」矢野暢編『講座　東南アジア学十　東南アジアと日本』弘文堂、一九九一年a、一〇七—二八頁。

吉川洋子『日比賠償外交交渉の研究　1949—1956』勁草書房、一九九一年b。

吉久明宏「南洋関係諸団体刊行物目録（6）比律賓協会」『アジア資料通報』第二六巻三号、一九八八年三月、二七—四〇頁。

吉田美明『アバカは燃える』吉田美明、一九六一年。

若槻泰雄『戦後引揚げの記録　新版』時事通信社、一九九五年。

渡辺薫「比律賓に於ける華僑排日貨の影響と邦商の現況に就て」『南洋協会雑誌』第一八巻一〇号、一九三二年一〇月、一二—二三頁。

渡辺薫『比律賓在留邦人商業発達史』南洋協会、一九三六年（再版、一九三五年初版）。

渡辺薫『一九三八年度比島貿易状態』〔商工省〕貿易局、一九三九年。

渡辺薫『熱帯医学とフィリッピンの全貌——南方文化工作私見』拓南社、一九四二年a。

渡辺薫『フィリッピン図説』冨山房、一九四二年b。

渡辺薫・松屋太市編『比律賓華僑信用録』一九三二年。

②英文

Berry, William Emerson, "American Military Bases in the Philippines, Base Negotiations, and Philippine-American Relations: Past, Present, and Future," Ph.D. Dissertation, Cornell University, 1981, 529p.
Forbes, W. Cameron, *The Philippine Islands*. Boston & New York: Houghton Mifflin Company, 1928, 2 volumes.
Goodman, Grant K., "Japanese Pan-Asianism in the Philippines: The Hirippin Dai Ajia Kyōkai," *Studies on Asia*, Vol. VII, 1966, pp. 133-143.
Goodman, Grant K., "The Philippine Society of Japan," *Monumenta Nipponica: Studies in Japanese Culture*, Vol. XXII, Nos. 1-2, 1967a, pp. 131-146.
Goodman, Grant K., *Four Aspects of Philippine-Japanese Relations, 1930-1940*, Yale University Southeast Asia Studies, 1967b,

237p.

Goodman, Grant K., "Philippine-Japanese Student Exchanges, 1935–1940," in Grant K. Goodman, 1967b, pp. 62–132.

Goodman, Grant K., "Philippine-Japanese Professorial Exchanges in the 1930's," *Journal of Southeast Asian History*, Vol. IX, No. 2 (September 1968), pp. 229–240.

Hayase, Shinzo, "Tribes, Settlers, and Administrators on a Frontier: Economic Development and Social Change in Davao, Southeastern Mindanao, the Philippines, 1899–1941," Ph.D. Dissertation, Murdoch University, 1984, 426p.

Hayase, Shinzo, "Diplomats of Meiji Japan in the Philippines," *Philippine Quarterly of Culture & Society*, Vol. 17, No. 4 (December 1989), pp. 290–308, and also published in *Journal of the Japan-Netherlands Institute*, Vol. 2 (1990), pp. 115–130.

Ikehata, Setsuho & Lydia N. Yu Jose, eds., *Philippines-Japan Relations*, Quezon City: Ateneo de Manila University Press, 2003, 618p.

Ikehata, Setsuho & Ricardo Trota Jose, eds., *The Philippines under Japan: Occupation Policy and Reaction*, Quezon City: Ateneo de Manila University Press, 1999, 394p.

Mastrili, Cleto C., "Progress of Our Domestic Commerce," *The Philippine Journal of Commerce*, Vol. 16, No. 12 (December 1940), pp. 12–13, 17, 36.

Miller, Edward S., *War Plan Orange: The U.S. Strategy to Defeat Japan, 1897–1945*, Annapolis: Naval Institute Press, 1991, 509p.

Perez, Filemon. "A Symposium on the Philippine-Japanese Trade," in U.S. National Archives, Record Group 350, 6144–181.

Post, Peter. "Chinese Business Networks and Japanese Capital in South East Asia, 1880–1940: Some Preliminary Observation," in Rajeswary Ampalavanar Brown, ed., *Chinese Business Enterprise in Asia*. London and New York: Routledge, 1995, pp. 154–176.

Rosca, Ninotchka, "The Rise of the Labor Movement," *Filipino Heritage*, 9, 1978, pp. 2368–2373.

Saniel, Josefa M., *Japan and the Philippines 1868–1898*, Manila: De La Salle University Press, 1998 (Third edition; first book edition, 1969), 464p.

Terami-Wada, Motoe, "A Japanese Take over of the Philippines," *Bulletin of the American Historical Collection*, Vol. XIII, No.

1, January 1985, pp. 7–28.

Terami-Wada, Motoe, "The Manila Japanese (1888–1942)," *Bulletin of the American Historical Collection*, Vol. XVII, No. 1, January–March 1989, pp. 84–101.

Terami-Wada, Motoe, "The Philippine Revolution and the Japanese Community in Manila," in Bernardita Reyes Churchill, ed., *Revolution in the Provinces*, Quezon City: Philippine National Historical Society & Manila: National Commission for Culture and the Arts, 1999, pp. 44–55.

Terami-Wada, Motoe, *The Japanese in the Philippines 1880's–1980's*. Manila: National Historical Commission of the Philippines, 2010, 156p.

Wong Kwok-Chu. *The Chinese in the Philippine Economy 1898–1941*. Quezon City: Ateneo de Manila University Press, 1999, 279p.

Yu-Jose, Lydia N., *Japan Views the Philippines 1900–1944*, Quezon City: Ateneo de Manila University Press, 1999 (Rev. ed., first printing 1992), 209p.

Yu-Jose, Lydia N., "Organizations and Philippine-Japan Relations 1890s to 1941: Friends But Not Brothers," *Solidarity*, Nos. 141–142, Jan.–June 1994a, pp. 125–134.

Yu-Jose, Lydia N., "Japanese Organizations and the Philippines, 1930s–1941,"『国際学論集 *The Journal of International Studies*』(上智大学)(一九九四年b) pp. 83–110.

Yu-Jose, Lydia N., "Building Cultural Bridges: The Philippines and Japan in the 1930s," in the International Conference on Japanese Studies 1999, Proceedings, *Japan-Southeast Asia Relations*, Department of Japanese Studies, National University of Singapore, 2000, pp. 116–126 (Also published in *Philippine Studies*, Vol. 49, Third Quarter, 2001, pp. 399–416).

Yu-Jose, Lydia N. & Ricardo Trota Jose, *An Annotated Bibliography on Philippines-Japan Relations 1935 to 1956*, Manila: De La Salle University, Yuchengco Center for East Asia, 1998, 100p.

Zipper, Trudl Dubsky, *Manila 1944–45 As Trudl Saw It*, California: Crossroad School, 1994, 104p.

あとがき

本書は、「近代文献史学を超えるための現代の歴史学」をめざしながら、ずいぶん「時代遅れ」のものになってしまった。日本とフィリピンという二国間関係に、幕末の開国以来日本と密接な関係にあり、フィリピンの植民宗主国となったアメリカ合衆国を加えて論じたが、もはやこのような議論ではおさまりきらない時代になっている。近代に支配的だった国家の存在が相対的に希薄になり、グローバルに考えるだけでなく、国家を越えた地域や国家より小さい身近な地域社会を念頭におかなければならなくなった。それは、現代の問題を考えるときだけではない。歴史的にも、これまで文献史料がなかったり乏しかったりしたために無視したり軽視したりしてきた分野に、注目していかなければならない時代になった。わかることから考察した近代とは違い、現代はわからないことも含めて、全体像を把握したうえで、個別の事例研究をする必要がある。

本書では、とくにヒトとモノに焦点をあてた。フィリピンに「移民」としてやってきた日本人を、はじめからフィリピンをめざしてやってきたかのように扱ってきたが、なかにはブラジルに行くはずが、あるいは満洲に行こうとしていたのに、たまたまフィリピンに行くことになってしまったという人もいる。そう考えると、近現代日本から海外（北海道を含む）に渡航した人びと全体のなかで、議論をする必要があった。また、フィリピンに侵攻した日本軍のなかには、中国戦線から転戦してきた部隊がある。これらの部隊の中国での体験は、フィリピンでの戦闘や占領期の軍政にも影響を与えただろう。

また、東南アジアのほかの国ぐにと比べて、フィリピンの一般性と特殊性、世界性と現代性を考える必要があった。フィリピンという植民地国家・国民国家を取り巻く国際関係のなかで、相対化して語る必要があった。この点で、本書は、二つの世界大戦をめぐって東南アジア各国の歴史を概観した拙著『マンダラ国家から国民国家へ——東南アジア史のなかの第一次世界大戦』（人文書院、二〇一二年）および『戦争の記憶を歩く　東南アジアのいま』（岩波書店、二〇〇七年）の成果を充分にいかしていない。否、順序が逆で、本書に掲載した個々の論考があったからこそ、これら二冊を書くことができたといえる。

いっぽう、日本移民学会が創設二〇周年を記念して出版した論文集（日本移民学会編『移民研究と多文化共生』御茶の水書房、二〇一一年）を読むと、国家だけでなく個人や社会が重視されるようになってきていることがわかる。人びとが生活する場と人間関係に焦点があてられ、現在の問題を考え、これからの社会を思い描くような議論がされるようになってきている。これらの点にかんして、ダバオから引き揚げてきた民間人や軍人から、たくさんの有意義な話を聞いた。しかし、うまくまとめることができなかった。複数の人といっしょに会うと必ず話す人と話さない人がいて、なかなか話せない人が話そうとすると、リーダー格の人がその内容を否定したり、遮ったりした。自宅を訪ねて奥さんから話を聞こうとしても、奥さん自ら話そうとしないこともあれば、夫が遮ることもあった。積極的に話す人は、戦後発行された戦史資料や「戦記もの」をよく読んでいた。それらの人びとの話は、制度史を補う意味で参考になったが、個人の体験や心模様、社会との関係など文献史料とは別次元の「史料」として、わたしが期待したものとは違っていた。モノについては、本書第四—五章で扱ったが、充分とはいえない。モノについても、もっと個人や社会との関係に切りこんでいく必要があった。反省ばかりである。

本書のなかで、第一章がもっとも古く、二十数年前に書いたものを基にしている。そのときから、基礎研究として基本的な事実を明らかにしておかなければならない、という意識が強かった。アメリカの植民地となったフィリピンと日本とは正式な国交がなかったために、近代文献史学ではわからないことやはっきりしないことがあまりにも多かったからである。したがって、本書の成果は、いま、そしてこれからの時代に必要な議論の基本を明らかにしたということができるだろう。近代でわからなかったことを抜きに、近代の「常識」をもとに現代の問題を考えても、成果はかぎられたものになるどころか、解決の糸口さえが見つけられず、問題を拡大させてしまうかもしれない。これまでの成果をまとめた「時代遅れ」な本書は、現代の研究の出発点としての意義がある。

本書の各章の初出は、つぎのとおりである。本書用にタイトルを変え、一部を書き改めたものもある。また、図表は大幅に省いた。

第一章「アメリカ植民統治下初期（明治期）フィリピンの日本人労働」池端雪浦・寺見元恵・早瀬晋三『世紀転換期における日本・フィリピン関係』東京外国語大学アジア・アフリカ言語文化研究所、一九八九年三月、六七―九八頁。

第二章「明治期マニラ湾の日本人漁民」秋道智彌編『海人の世界』同文舘出版、一九九八年三月、三四三―六八頁。

第三章「南方「移民」と「南進」――フィリピンにおける「移民」、外交官、軍事工作」大江志乃夫ほか編『岩波講座　近代日本と植民地　第5巻　膨張する帝国の人流』岩波書店、一九九三年四月、五七―七六頁。

第四章「アメリカ・フィリピン自由貿易体制下の日本商品とその取扱商――予備的考察」池端雪浦、リディア・N・ユー-ホセ編『近現代日本・フィリピン関係史』岩波書店、二〇〇四年二月、一二一―五五頁。

第五章「近代大衆消費社会出現の一考察――アメリカ植民支配下のフィリピンと日本商店・商品」『人文学報』（京都大学人文科学研究所紀要）第九一号、二〇〇四年一二月、一四一―七〇頁。

第六章「解説」『復刻版　比律賓情報　解説・総目録・索引（人名・地名・国名・事項）』龍溪書舎、二〇〇三年五月、三―五三頁。

第七章「「ダバオ国」の在留邦人」池端雪浦編『日本占領下のフィリピン――「大東亜共栄圏」の虚構と傷跡』

岩波書店、一九九六年七月、二九一―三三二頁。
第八章「フィリピン元在留邦人の戦後の慰霊」江川溫・中村生雄編『死の文化誌――心性・習俗・社会』昭和堂、二〇〇二年一〇月、二〇七―三四頁。

本書が出版できたことで、ほっとしている。三〇年余にわたってフィリピン史研究をし、その成果を専門書、教養書、一般書に加えて、研究工具となる資料集、史料復刻、文献目録、学習案内と、これでひと通り刊行することができた。後身のためにわたしのもっているものを残すことができた。これまでフィリピン史研究でお世話になった人びとへの感謝を込めて、わたしなりに返礼をしたつもりでもある。ほっとしているのは、もうフィリピンにこだわらないでもいいという意味である。これからは、これまで培ってきたものを基盤に、フィリピンを相対化して、別の枠組みで研究したいと考えている。そうすることによって、フィリピン史研究だけでは解決できなかった問題やみえなかった新たな問題に取り組むことができそうな気がする。

本書は、東京大学出版会の佐藤一絵さんにお声をかけていただいたのが、まとめるきっかけだった。佐藤さんを最初の読者（編集者）として想定していたが、それは山本徹さん、笹形佑子さんに引き継がれた。このような本の出版事情が厳しいなか、出版することができたのは、みなさんのお蔭である。まず、感謝を申しあげたい。本書のための原稿整理は、二〇〇七年夏に大病をして、二ヶ月あまり入院していた母のベッド脇ではじめた。母は、入院中、ゆっくり読めるからといって、わたしの書いた本を病室に持ちこんでいた。その母・文子も、その大病がもとで、二月に帰らぬ人となった。本書を霊前に捧ぐ。

二〇一二年九月

早瀬晋三

岡 美穂子著	商人と宣教師 南蛮貿易の世界	A5	八六〇〇円
小泉順子著	歴史叙述とナショナリズム ――タイ近代史批判序説	A5	六二〇〇円
山本博之著	脱植民地化とナショナリズム ――英領北ボルネオにおける民族形成	A5	八二〇〇円
波多野澄雄著	太平洋戦争とアジア外交	A5	四八〇〇円
黒沢文貴 河合利修編	日本赤十字社と人道援助	A5	五八〇〇円
黒沢文貴 イアン・ニッシュ編	歴史と和解	A5	五七〇〇円
秦 郁彦編	日本陸海軍総合事典〈第2版〉	B5	三四〇〇〇円

ここに表示された価格は本体価格です．御購入の
際には消費税が加算されますので御了承下さい．

著者略歴

1955年生まれ．東京大学文学部卒業．マードック大学（西豪州）Ph.D.（歴史学）．専攻，東南アジア史．

現在，大阪市立大学大学院文学研究科教授．

主要著書

『海域イスラーム社会の歴史――ミンダナオ・エスノヒストリー』（岩波書店，2003，第20回大平正芳記念賞受賞）

『戦争の記憶を歩く 東南アジアのいま』（岩波書店，2007）

『未完のフィリピン革命と植民地化』（山川出版社，2009）

『マンダラ国家から国民国家へ――東南アジア史のなかの第一次世界大戦』（人文書院，2012）

フィリピン近現代史のなかの日本人

植民地社会の形成と移民・商品

2012年10月24日　初　版

［検印廃止］

著　者　早瀬晋三《はやせしんぞう》

発行所　一般財団法人　東京大学出版会

代表者　渡辺　浩

113-8654　東京都文京区本郷7-3-1 東大構内

http://www.utp.or.jp/

電話 03-3811-8814　Fax 03-3812-6958

振替 00160-6-59964

印刷所　新日本印刷株式会社

製本所　矢嶋製本株式会社

ISBN 978-4-13-021076-8　Printed in Japan

索　引

■人名

ア　行

赤塚正助(領事)　14, 21, 23–24, 250
赤間信義　157
赤松大吉　61–62
赤松常三郎　51, 54
アギナルド, エミリオ　180
アギナルド, レオポルド　177
安良田嘉弥治　47
有吉金吉　47
有吉関松　47
池端雪浦　ii, 180, 244
石川保政(ホセ・ラモス)　81, 253
石丸優三　157
伊藤敬一(書記生)　18
伊藤武雄　181
伊藤忠兵衛　222
稲田昌植　156
犬塚恵亮　195–96, 204, 217, 258
井上直太郎　60, 64
今村栄吉　217
入江寅次　19
イレート, レイナルド　244
岩谷譲吉(書記生, 副領事)　17, 19–22, 24, 28, 251
上原仁太郎　224, 232
浮田房太郎　62–63
ウースター, ディーン(内務長官)　65
内山清(総領事)　162, 174
宇都宮直賢　217
江野澤恒　162, 164, 174, 217
大形栄喜　29–30
大隈重信　9, 81
大島正徳　157, 160
太田恭三郎　22, 63–64, 189, 239
太田作太郎　60, 63
岡部長景(子爵)　157, 161, 170
小川山三郎　211
奥橋和三吉　48
オスメニャ, セルヒオ　162, 176
オボサ(委員長)　210

カ　行

戒能三郎　211
籠谷直人　107, 113, 256
笠井享三　55
カストロ　127
金ヶ江清太郎　161, 217
神谷忠雄　167
カラオ, マキシモ　162
カレーレ・イ・レニベイ, ペドロ　9
川口亀吉　47, 62
川端康成　236
河原崎三次　224
河村雅次郎　161
神原貞吉　62–63
岸信介　181, 234
岸本好太郎　47
北村謙太郎　60, 64
木原次太郎(副領事)　162, 225
木村惇　170
ギンゴナ　136
久高唯保　224
グッドマン, グラント　iv, 155, 161, 180, 257
熊谷保佐　210
黒田亀一　62
ケソン, マヌエル(大統領)　143, 162, 176
ケノン(少佐)　249
古城胤秀　157
小林次郎　156–57
小林節太郎　181
小宮山貞夫　227, 230–31
コンスタンティーノ, レナト　121

サ　行

西教外治　199
坂脇伊之吉　48
佐藤要　170
サニエル, ホセファ　iv, 180
サブロー　214
サントス, ロペ　7
菅沼貞風　9, 183–85, 218, 258
杉浦重剛　9, 184
杉村恒造(領事代理)　61
鈴木成章(書記生)　9
須田良輔　14
セイヤー, フランシス　176
世良田亮　78

タ　行

高碕達之助　181
高崎伝　205
高田彰　211
高橋昌三　162
高畑陽一　232
田川森太郎　52, 60, 63-64, 78-80, 108, 251-52
竹田常一(武田, 常市)　62-63
太宰正五　141, 161
多田京之助　61-62
田中麻里絵　108, 254
谷村新司　236
タフト, ウィリアム(総督)　7-8
デ・ロス・サントス, マリヤノ・ブイ　162
デ・ロス・レイエス, イサベロ　7
寺見元恵　iv, 3, 155, 180, 215, 259
徳川頼貞(侯爵)　157, 167, 170, 180

ナ　行

中井萬蔵　51, 252
中蔵九郎三郎　60, 64
中野聡　ii, 245
永野護　181
永野善子　ii, 90
中村儀平　62-63
成田五郎(領事)　17, 24
根本敬　v, 245

ハ　行

橋本音治　29
波多野勝　180
服部宗一朗　224-26, 230-31
原繁治　136, 256
原口初太郎　169
バルガス, ホルヘ(駐日フィリピン大使)　163
土方寧　156
フアロラン, モデスト　162
ブイショピール, キャッピタン　29
福島安正(中将)　81, 253
福田赳夫　181
福田雅太郎(陸軍大将)　53, 79
藤本彦三郎　61-62
フーバー(大統領)　139
ブリス, タスカー　24
古川義三　189, 222-25
ベルソサ, ポール　174
保科正昭　169
ホセ, リカルド　245
ボニファシオ, アンドレス　78
堀井源作　157
堀内謙介　157
本間雅晴(中将)　169-70

マ　行

前田正実　169
マクナット, ポール　176
マストリリ, クレト　125
松浦信太郎　62
マッカーサー, アーサー(将軍)　5
マッカーサー, ダグラス　80
松崎秀一　225
松波仁一郎　167
松本勝司　210, 214
マルコス, フェルディナンド　219, 233
右高剣一　211
溝口清吉　62-63
三井高公　163
宮本作之丞　62-63
三吉朋十　167
村上岩太郎　61-62
村上要賀　51, 54
村瀬茂　161
村田栄一　140
村田省蔵　117, 181
本川省三　212
元吉光大　105, 111
森誠之　161
森貞蔵　199
森治樹(帝国領事)　210
森電三　157
諸隈弥策　162

ヤ　行

柳沢健　157
山口百恵　236
山崎千里　211
山下奉文　239
山田藤栄(少佐)　201
山根與一郎・ササエ　52
山根與三兵衛　51-55, 63, 66, 79, 251-52
山村楳次郎　162, 167, 174
山本恒男　256
ユー‐ホセ, リディア　iv, 155, 161, 180
楊啓泰　114
横尾東作　9, 184
吉川洋子　iv, 108, 112, 253
吉田美明　223-26, 230-31
吉永廉太　62

吉久明宏　178
吉本浅次郎　62

ラ・ワ　行

ラモス, ベニグノ　82
ラモス, ホセ(石川保政)　81, 253
ランフォルド　60
リカルテ, アルテミオ　ii
リサール, ホセ　ii
リバース, カーロス　8
リーバール　17
ルクバン, ビセンテ　81
ローズベルト, セオドア(大統領)　79, 83
ローズベルト, セオドア, Jr.(総督)　139
ローゼンバーグ　8
ロハス, マヌエル　176
ロペス(ダバオ副市長)　228
渡辺薫　129, 141, 181, 256

■地名

ア　行

明石　102
アグサン州　128, 136
旭川　47
アパリ　106
アポ　223-24
廈門　105
アルバイ(州)　13, 22, 40, 49-51, 58, 128
イギリス(英, 英吉利)　viii, 57, 79, 89-90, 96-97, 105, 109, 112-15, 118, 121, 177, 185, 232
イギリス領植民地　71, 113
イスラーム地域(南部)　ii, 257
伊勢湾　47
イロイロ(市, 州)　40-43, 105-06, 110, 127-28, 133
イロイロ港　96
インド(印度)　72, 104-06, 109, 245-46, 253
印度支那　253
インドネシア　v
上田　102
魚島村　53
宇都宮　102
浦賀港　222
ウラジオストク　72
エクアドル　224
エスコルタ街(マニラ市)　26
江住(和歌山県西牟婁郡江住村大字江住)　45-46
愛媛県　54
大阪(市)　ii, viii, 100-02, 104, 108, 114-15, 164, 169, 225, 255
大阪港　91-95, 98, 178
大島郡　53
大津　102
大野村　53
岡山(県, 市)　46-48, 53-54, 56, 58, 61, 63, 102, 252
沖縄(県)　iv, 14, 29, 191-92, 215-16, 226, 232, 258-59
オーストラリア　46, 56, 177, 253
尾道(市)　46-47, 51
オランダ(和蘭)　77, 85, 109
オロンガポ(市)(ルソン島中部スービック湾)　40-43, 49, 51, 81, 251

カ　行

海域世界　iii, 242
海峡植民地　72
外地　84
鹿児島　230, 233
加治木港(鹿児島県)　233, 260
カタルナン(ダバオ市)　233
金沢　102
カビテ(市, 州)　38-41, 128
カランバ　43, 203
カリナン(ダバオ)　211
カルカッタ　72, 255
ガルフ方面　97
韓国　232, 246
関西　163-64
広東　105
北大西洋　66
北太平洋　66, 95
北ボルネオ　253
キバウエ(ダバオ)　201
岐阜　102
キヤビテ　42, 50, 202
「キャンガン」(北部ルソン)　192
キャンプ, ストッエンブルグ　43
キャンプケースレー　42-43, 50
キューバ　103
京都　100, 102, 104, 255
極東　177
グアム　253
熊本(県)　10-11, 14, 29-30, 169
久留米　102
呉　149
京阪神　102

甲府　102
神戸(市)　viii, 100-02, 104-05, 107, 115, 141, 179, 254-56
神戸港　91-95, 98, 178
コタバト(州)　106, 128, 137, 191-92
コルディリエラ地方　245
コレヒドール島　55

サ　行

サイパン(島)　206-07, 218
佐賀　102, 258
サマール島　81
サラワク　253
サン・ホセ(ミンドロ島)　73, 106
三ヶ根山(愛知県蒲郡)　233
三ヶ浜　53
サンパロック区(マニラ市)　26
サンフェルナンド　129
サンフランシスコ　8, 97
サンボアンガ(市, 州)　14, 23, 38-43, 49-50, 56, 73, 105-06, 128, 137, 202
地御前　53
静岡　102
シドニー　72, 255
下関　53
シャム　253
ジャワ　137
上海　114
重慶　259
首都マニラ・首都圏　119-20, 125
ジョホール海域　77
シリブ(ダバオ)　223
清　104-05
シンガポール　8, 47, 72, 137, 177, 253
真珠湾　81
スイス(瑞西)　104-06, 109
すさみ町　45
スペイン(西班牙)　i, iv, 3-5, 9, 52, 78, 104-05, 109, 117, 177, 184-85, 245
スリガオ州(スルガヲ州)　129, 136
スールー諸島(群島)　16, 26, 46, 51, 184
瀬戸(岡山県赤磐郡, 岡山市東区)　46-47
瀬戸内　47, 53, 63, 66
セブ(市, 州)　40-42, 105-06, 110, 127-28, 133, 137, 141, 202, 226, 236
セブ港　96
仙台　102
ソルソゴン州　129, 250
ソ連　177

タ　行

タイ　v, 253
大西洋(岸)　80, 98, 114
大東亜共栄圏　vii, 69, 216, 246
太平洋(方面)　80-81, 97-98, 114
大連　252, 255
台湾　47, 66, 102, 115, 162, 177
タウィタウィ　202
高松　102
ダグパン　106
タクロバン　106, 202, 259
田島(村)(福山市)　51, 53-54, 61, 63, 252-53
忠海(町)　51, 53-54, 63, 79
田辺市(和歌山県西牟婁郡田辺町)　56
「ダバオ国」　ix, 183, 189, 191, 219
ダバオ港　107
タバコ(アルバイ州)　58
タヒチ島　253
タモガン(ダバオ)　153, 191, 222, 233
ダリアオン(ダバオ)　192, 214, 222, 229, 233, 259
タール(バタンガス)　129
タルラク(州)　129
ダロン(ダバオ)　214
ダンサラン　43, 50
チチハル　72
中国東北地方　71
中南米　75, 84, 185
中部ルソン　199-200, 218
朝鮮(海峡, 半島)　47, 70, 79-80, 115, 185, 245-46, 252
青島　252
テニヤン　207
天津　252
ドイツ(独)　96, 104-06, 118, 121, 177, 185
東京(市, 府)　ii, viii, 73, 96, 100-02, 129, 156, 177, 179, 223, 225, 255
道頓堀　ii
ドゥマゲテ　106
徳島　47, 102
トクボク(ダバオ)　213
トリー(タモガン, ダバオ)　233
トリニダッド　133
トンド(区)　25, 52, 57, 60

ナ　行

内地　9, 18, 84, 194-95, 197, 202, 204, 215-17, 250, 259
長崎(県)　102, 252
長崎港　78

名古屋　102, 255
那覇　102
奈良(県)　101-02
南部大西洋方面　97
南洋群島　70, 84, 201, 253
新潟県　11
西ネグロス州　128, 133
西向村　53
仁保島(村)　53, 251
日本海　80
ニューカレドニア　253
ニュージーランド　253
ニューヨーク　97, 104
ネグロス　192

ハ 行

博多　102
バガーン(ミンダナオ島)　14
バギオ(市)　3, 14, 40-43, 72-73, 106, 110, 189, 241, 251
バコロド　106, 110, 202
バシャオ(ダバオ)　201
バシラン島　162
バタアン州　65, 128
バタビア　72
バタン(島)　15, 38, 250
バタンガス(州)　128-29
パナイ島　13
ハノイ(仏領)　72
浜松　102
パラオ島　199
パラワン島　184
パラン　42
バリワク　203
ハルビン　72
ハワイ(諸島)　8, 11, 16, 79-81
バンコク　72, 137
阪神　ix, 93-96, 101, 110, 115, 178, 255
パンパンガ州　9, 128, 133
東アジア　69, 77, 79-80, 85, 94, 112, 114, 179, 234
東インド(英領)　118
東インド(オランダ領, 蘭印)　85, 118, 177, 179, 253
東片岡(岡山県邑久郡朝日村)　61, 63
東村　53-54
ビガン　245
ビコール地方　189
ビサヤ諸島　125, 131-33, 189
日生(岡山県和気郡日生村大字日生)　46-48, 53, 58
日比谷公園　ii
姫路　102
兵庫県　46, 101
ビルマ(ミャンマー)　v, 72, 234, 245
広島(県, 市)　iv, 10-11, 16, 45, 48, 51, 53, 55-57, 61, 63, 79, 102, 226, 251-52
フィジー島　253
フィラデルフィア　97
フィリピン海域　65, 80
福井県　14, 53
福岡(県)　10-11, 15, 53, 55, 252
福島　229, 232-33
釜山(韓国)　232
二窓(竹原市忠海地区)　51, 79
ブツアン町(アグサン州)　136
福建　107
別府　169
ブラカン州　65, 128, 203
ブーラン　202
フランス(仏)　185
ベトナム　77
ベンゲット州(ベンゲー)　38
奉天　255
宝伝村　53
北部大西洋方面　97
北部ルソン　192, 199
北洋　65
星村　53
ホロ(市)　38, 42-43, 49-50, 106, 142, 202
ポロ(マニラ)　218
ホンコン(香港)　26, 72, 97-98, 142, 171, 235, 253
ボントック　106
ボンベイ　72

マ 行

マカオ(ポルトガル領)　72, 253
マスバテ島　15
マゼラン海峡　80
マッキンレー(ダバオ)　223-24
松前村　53
マニラ港　55, 96, 98
摩文仁丘(沖縄県)　191, 232
マラウエ(市)　40-42, 50
マラヤ(イギリス領)　5-6, 31, 99, 113, 179
丸亀　102
マレーシア　v
マレー世界　→ムラユ世界
マレー半島連邦州　72

マンガリン(ミンドロ島)　73
満洲　70, 84, 115, 189
三重県　54, 101
ミサミス　106
南アジア　234
南太平洋　200
ミャンマー　→ビルマ
ミンダナオ(島)　12, 14, 38-40, 49, 51, 72-73, 125, 131-33, 169, 177, 183-84, 192, 201, 217, 221, 223
ミンタル(地区)(ダバオ)　201, 238-39
ミンドロ島　15, 22, 42-43, 73
向島　53
ムラユ(マレー)世界　129, 243, 246, 253
木曜島(オーストラリア北部)　46
百島(町, 村)　46-47, 51, 53-54, 61, 63, 252
モロ州　24

ヤ　行
山口県　10-11
山下公園　ii
横島村　53-54
横浜　ii, viii, 17, 81, 100, 102, 104-05, 179, 255
横浜港　91-96, 98, 255
吉井川　47, 63
寄島(岡山県)　252

ラ　行
ラグナ州　128, 203
ラサン飛行場(ダバオ)　233
ラモン湾　80
蘭印　→東インド(オランダ領)
リアウ　77
リサール州　24, 128, 133
リマオン(ミンダナオ島)　14
リンガエン湾　80
ルソン・呂宋　185, 192
ルソン島　81, 131-32, 189, 199, 203, 226, 236, 245
ルソン島北部山岳地帯　3, 72, 189
レイテ(州)　128, 226, 236
レイテ・サマール地方　199
レガスピ(沖)　15, 58, 199, 202
レメリー(バタンガス)　129
ロサンゼルス　97
ロシア(露)　77, 79-80, 185
ロスバニオス　43
倫敦　255

ワ　行
和歌山(県)　10-11, 14, 45-47, 56
ワガン(ダバオ)　223
ワシントン　177

■事項

ア　行
アイスクリーム　149
亜鉛　102
赤松常三郎頌徳碑　51-54
揚繰網　251
麻(エクアドル)　224
麻網問屋　252
麻価　22
麻耕作農夫　12, 38-41
麻挽機　127
麻挽業　43
麻挽き労働　22, 29, 72, 242, 250
アジア間貿易論　90, 113, 253
アジア太平洋戦争(→「大東亜戦争」, 第二次世界大戦, 太平洋戦争)　vii
足繰網　57
アバカ(マニラ麻)　16, 30-31, 72-73, 75, 84, 148, 183, 185, 188-90, 201, 203-04, 210, 219, 224, 230, 242, 250
アバカ・ブーム　73
アマ(外人下婢)(→下婢)　40-41
アメの政策　83
アメリカ・スペイン戦争(米西戦争)　78, 117
アメリカ・フィリピン自由貿易体制　viii, 89, 114, 118
アメリカ化　ii, ix, 119-20, 124, 150
アメリカ海軍　80, 199
　アメリカ海軍将官会議　79
アメリカ議会　5
　アメリカ上院　7
アメリカ軍基地・駐屯地　12, 259
アメリカ軍事顧問団　80
アメリカ系企業　119
アメリカ商業会議所(在マニラ)　5
アメリカ人教師　5
アメリカ人雇用者　17, 26
アメリカ人資本(家)　23, 28, 30-31
アメリカ大統領　→大統領
アメリカ的価値観　117, 119, 124
アメリカ文化　→文化
アメリカ陸軍輜重部　24
アメリカ労働総同盟　7

アメリカン・ドリーム　246
「アルバトロス」(調査船)　65
アルバム　145-46
アルミニューム製品　102
アンコール・ワット　245
アンダーウッド=シモンズ関税法　89, 117
アンチモニー製品　102
按摩業　72
イギリス人　109
遺骨収集(→戦没者遺骨収集)　225-26, 231, 236
イゴロット　251
医師　15, 29-30, 189, 211, 247
石工　13, 17, 25, 73
イスラーム王国　iv, 77, 246
イスラーム教徒　200, 216
イタリア人労働者　→労働者
一本釣　57
伊藤商店　72, 189
移動商店　125
伊藤忠商事　72, 189
伊藤忠商店(マニラ)出張所　104-05
伊藤忠兵衛本店　104
井上商店　26
移民
　家族移民　11, 28, 190
　契約移民　6, 9, 11-12, 75, 188, 250
　国策移民　vii, 84
　自由移民　14
　自由渡航者　33-34, 45-48, 51, 61, 71
　中国人移民　5, 7-9, 90
　日本人移民制限　81, 83-84
　農業移民　vii, 9, 21-23, 73, 185
　夫婦移民　22
　ベンゲット移民　3, 10-13, 16-19, 22, 28-29, 72, 75-76, 249-50
　満洲移民　84
移民監督人　30
移民県　16
移民政策　19
移民地事情　9, 75
移民取り扱い会社　11, 14, 17-19, 22, 29-30, 33-34, 45-46, 71-72, 249-50
「移民取扱人ヲ経由セル海外渡航者名簿」　→海外渡航者名簿
移民法(アメリカ)　6, 18, 28, 75, 250
移民保護規則　10, 13, 249
移民保護法　3, 10, 13, 249
衣糧品　125, 202-03
慰霊　x, 191, 221, 227, 229, 231, 236-39, 260
慰霊祭　191, 222, 224-26, 229, 232
慰霊団　226, 228, 236
慰霊塔・慰霊碑　x, 191, 226, 228-29, 232-33
インク(インキ)　124, 146
インド商店　105-06
インド人　5, 109, 129, 255
印刷業者　250
印刷物(→出版物)　124, 176
インフラストラクチャー　4, 6, 8, 241
打瀬網漁　16, 46-47, 57
団扇(うちわ)　102
ウビ(紫ヤムイモ)　149-50
運賃　59, 98, 125, 127
運動靴　102
運搬・運輸　4, 135, 256
運輸大臣　181
映画(館)　119, 124-25
　アメリカ映画・フィリピン映画　124
営業鑑札・営業税　59-61
英語　iv, 8, 27, 119, 123-24, 132, 192, 246
英語教育　→教育
英語誌　123
衛生(保健衛生)　32, 124, 201, 213
エリート　vi
　日本人　120
　ビジネスマン　77
　フィリピン人　83, 119-21, 124, 166, 189, 211, 219
鉛匠　250
エンターテイナー　247
鉛筆　103, 145-46, 148
円安　138
押収文書　215
欧米商店　106
欧米文化　→文化
大賀商会　104
大蔵省為替局　167
大阪商工会議所　101
大阪商船　167, 181
大阪バザー　112
大阪万国博覧会　236
大阪貿易株式会社　112, 161-62, 211
大阪毎日新聞社　193
太田興業株式会社　22, 72, 161-62, 180, 189, 192, 203, 210-11, 222
太田商店　189
沖縄県人　→人口(日本人, 沖縄出身)
沖縄の塔　233, 239
オーケストラ　124

押網 57
オートグラフ 146
オーラッカ製菓会社 162
オレンジ・プラン 79-80

カ 行
海・陸軍(アメリカ) 79
海運 114-15, 235, 243, 254
海外慰霊碑建設要領 233
海外鉱業協会 167
海外植民(論) 9, 75, 183-85
海外渡航者名簿 v, vii, 9-12, 22, 25, 28-29, 33-34, 45, 47-51, 53-55, 61, 64, 71, 79
海軍(日本) 78, 201, 203, 213, 222, 233, 257
　軍需部 223, 233
　経理部・軍需部・運輸部 222
　第三二特別根拠地(ダバオ) 200
　第一〇三軍需部 202
　武官府研究部門 223
　元海軍三部戦病死者諸英霊供養塔 222
海軍基地(アメリカ) 80-81
海軍工廠(オロンガポ) 251
海軍省(日本) 158, 216
海軍大臣(日本) 157
戒厳令(マルコス政権) 219, 233
開港場 127
外交政策(アメリカ) 79
外国人使用制限 143
介護福祉士・看護師・医師 247
貝細工 140
海産物(→水産物) 56, 65
会社員・銀行員・商店員・事務員 131
外妾 72
外人耕地 22
回漕業 50
「外地ボケ」 192, 194
外務省(日本) 30, 75, 110, 112, 141, 157-58, 161-62, 204, 243, 255, 257
　亜米利加局 167
　情報部 176
　調査部 167
　通商局 56
　南洋一課 167
　南洋局 167
　文化事業部 163
外務大臣(日本) 9, 156-57, 256
下院議員(フィリピン) →国会議員
ガウン 147
鏡 124, 145, 150
かき氷屋 →氷水屋
華僑(→中国人) 90, 107, 109, 113-15, 136, 190, 214, 216, 254
　華僑学校 126-27, 135
　華僑抗敵会(在マニラ) 136
　華僑商店(→中国商店) 107
　華僑新聞 135
　華僑ネットワーク 114
　神戸 107, 254
　ダバオ 214
　ミンダナオ華僑協会 214
家具店 132
額縁 102, 149
革命(中国) 112-13
掛時計 102
傘(雨傘, 日傘) 102, 146
加治木港引揚者死没者慰霊祭実行委員会 233
餓死者 222
鍛冶職(工) 13, 15, 25, 250
菓子製造 130
華人(→中国人) 90
家族移民 →移民
楽器 102
脚気 18
学校 127, 132, 142, 209
　国民学校 223, 231
　　マニラ国民学校 199
　日本人学校教員 211
　日本人小学校 206
カップ 147-48
桂=タフト協定 80, 82
カティプナン 78
家庭労働 →労働
蚊取線香 102, 124
家内工業(日本) 30, 148
家内産業(比島) 139
ガナップ党 82, 217
金物 108, 148
金物商 114, 137
鞄 102
下婢(→アマ) 39-40
貨幣経済 56, 242
紙 124
紙ナプキン →ナプキン
上マヌエル農園 213
ガラス職工 25, 41, 250
ガラスビン 144
硝子類 105
からゆきさん 12, 19, 26, 71-72, 74-76, 99, 188

ガランティ・サイクル・サプライ　162
カリアオ慰霊碑　233
カルデロン　148
皮帯(男子用)　147
川口支隊　205
為替　104, 111, 137, 139
瓦職　17
環北太平洋貿易　95
乾魚　→干物
眼鏡　→メガネ
換金作物　148
玩具　102, 124, 139, 148
鑑札　60-61
甘蔗　→サトウキビ
関税　89, 113, 138-41, 148, 234
　関税法　96, 117, 139
　関税率引き上げ　134, 138, 140
缶詰　56, 65, 127, 147-48
　鰯(鰮)　102, 146-48, 150-51
　蟹　102
　鮭(サルモン)　65, 147-48
　鯖　147
関東大震災　93
カンドリ網　57
乾物　58
管理通貨制　114
官吏俸給比較(日比)　120
生糸　139
議会　→アメリカ議会, フィリピン議会
議会制　83
機械農法　6
機械類　102
寄港地　11, 202
技師　15
貴族院議員(日本)　120, 156
　南洋視察団　156
絹　103, 129, 139
絹製品　102-03
絹バンド・絹紐　102
棄民　iii
牛疫　22
義勇軍(ダバオ)　211
給仕(人)　4, 38-39
義勇隊(ダバオ)　193, 212
休漁　58
教育　5, 26, 78, 83, 117, 119-22, 124, 150, 175, 178, 219, 223
　英語教育　8, 117, 119, 241
　皇民化教育　84, 243-44, 246
　職業教育　8
　初等教育　5, 8, 122
　体育　8
　地方　120-22
　中間教育　122
　中等教育　122
　無償・義務制　5
教会群(マニラ, バロック様式)　245
教科書(日本, 国定)　193, 216
教科書問題　237
行商人　74, 80, 127, 130, 242
強制労働　→労働
共同組合　143
僑務専員　135
漁獲高　57-58, 60, 64-66
漁期　51, 58, 60-61
漁業
　沿岸漁業　46, 51, 59
　遠洋漁業　46-47, 54
　深海漁業　65
養殖漁業　65
漁業委員会(アメリカ)　65
漁業移民　→移民
漁業家　49, 55, 58, 64
漁業会社　25, 49, 56
漁業組合　252
漁業国策(比島)　139
漁業資源　65
漁業視察・調査　251
漁業法　47
漁具　25, 52, 54, 57, 102
漁船　16, 25, 47, 55-61, 63-64, 73-74, 79, 251-52
漁夫　12, 38-43, 48-51, 55-58
　使役漁夫　55
　補助漁夫　47, 55, 58
漁法　57
漁網　25, 56-57, 64, 130
魚類分類　65
キリスト教徒フィリピン人　189-90, 197, 216, 219, 242
妓楼主　72
金輸出禁止　137
金貨メリヤス会社　142, 162
緊急工事(陣地)総動員令(ダバオ)　201
金銀象嵌銅器　102
銀行　77, 104, 112, 131
金本位制　114
銀本位制　viii, 114, 255
金融(機関)　viii, 95, 111-12, 114-15, 127, 134,

138
勤労隊　201
勤労報国隊　201
勤労奉仕　199–201, 207, 212–13, 258
空襲(空爆)(ダバオ)　194, 201, 212, 214, 222
櫛　124, 147, 150
　セルロイド製女子用　146, 149
　男子用　146
　婦人用　145
靴下(沓下)　102, 118, 145, 147
クラヨン(クレヨン)　146
繰網　251
クリスマス　124–25, 150, 242
クーリー労働　→移民, 労働
軍事援助(支援)　77, 81–82
軍事工作　viii, 69–70, 77–78, 84
軍事大国　viii, 77
軍需物資　190, 205
軍政監部(日本)　→比島派遣軍
軍属　201, 203, 224
軍偵(→スパイ)
　アメリカ　83
　日本　79–81, 84
軍納蔬菜組合農場(ダバオ)　203
軍用機　199
軍令部　167
芸妓・料理店仲居　72
軽工業(日本)　103, 148, 227
経済工作　167, 178–79, 257
経済進出　ix, 75, 85, 161, 178–79, 185, 234, 254
経済大国　69, 107
経済団体(フィリピン)　165
警備(司令部)　193, 200
契約移民　→移民
契約期限　10–11, 14, 22, 29, 71
劇映画・劇場　124
激戦地追悼碑　233
化粧品　102
下駄(支那)　127
『ケーブルニュース』　7
ゲリラ　198, 200, 211–15
献金　137, 198–99, 207
建築　4, 132
建築請負業　130
建築工事　24, 73
建築材　25
現地人相談所　217
憲兵隊・分隊　196–97, 211–14, 225, 235
憲法(フィリピン)　156
黄禍　6
公害輸出　236
強姦　213–14
公官庁(フィリピン)　119
鉱業　3, 177
　鉱業技術者　15
工業化　30, 106, 121, 142
公共事業　8
工業製品　30, 143
工作義勇隊(ダバオ)　200
鉱山　4, 8, 135
公娼(制度)　71–72
厚生省　224, 231
厚生大臣　231
皇太子夫妻　81, 223
交通(網)　120, 125, 150, 156, 169, 193, 196, 254
抗敵会　114
紅灯街　26, 250
高等弁務官　177
抗日救国運動　135
工夫　38
坑夫(炭坑夫)　14–15, 38, 41–42, 250
鉱物資源　178, 243
皇民化教育　→教育
拷問　212
鉱油　102
公有地　203
　公有地払い下げ　7, 22, 189
小売業自主化　143
氷水屋(かき氷屋, 氷店)　16, 43, 74, 130, 133, 150, 242, 256
国営貿易会社　143
国際文化振興会　156
国産愛用週間　143
国産品愛護奨励運動　142
黒人アメリカ人労働者　→労働者
黒人労働者　→労働者
国粋運動　143
国勢調査(アメリカ)　246
国勢調査(フィリピン)　6, 56, 64–65, 110, 120, 122, 126, 128–29, 190, 239, 256
国民的英雄　ii, 119
国民党　126, 135, 179, 217
国立興業会社　177
国立公文書館(フィリピン)　208
ココナツ(→椰子)　148, 188
五・四運動　135
国会議員(フィリピン)　112, 120, 228
国旗・革命旗(フィリピン)　83

国旗法(フィリピン)　83
コック　43
国交正常化(→日比国交回復)　233, 235
木挽　11-12, 14, 16, 25, 31, 41-43, 71, 73, 80
コプラ　100, 127
小間物類　139
小丸居神社(忠海)　51, 79
ゴム沓(→ズック靴)　141
　ゴム沓工場(セブ)　141
米　65, 108, 127
『コモンウェルス』(月刊雑誌)　174
コモンウェルス(独立準備政府)　ix, 80, 116, 134, 142, 156-57, 223, 243
娯楽　124, 194
コレラ　57, 183
混血　→メスティーソ
金剛(練習艦)　78
コンデンスミルク　→練乳

サ　行

採貝業　50, 56
採貝船員･採貝船乗込人　50
最恵国待遇　219, 235
在郷軍人　193, 212
　在郷軍人会　200
　在郷軍人総会(マニラ)　195
　帝国在郷軍人会中部ルソン連合分会　200
採鉱者　250
サイゴン米　21
財政(比島)　142
財政拡張(日本)　107, 130
財政政策(日本)　115
財団法人寄付行為　157, 160
済南事件　108, 130, 135-36
在日比島留学生協会　175
サイパン島玉砕　206, 218
裁縫　4, 250
財務部長(在マニラ中華民国)　137
材木商　137
左官　24, 73
索引　vi, x, 100-01, 155, 177-78
　事項索引　100, 176-77
　人名索引　176-77
　地名索引　100, 176-77
作戦軍　178
サクダル党　82, 217
サクラ･バザー　162
刺網　57
鮭　65
酒類小売店　38-42
貞風顕彰会比島支部　→貞風(ただかぜ)顕彰会比島支部
雑貨(日用雑貨類)　iii, viii, x, 98, 100, 103-06, 113, 115, 147-48, 242, 254
　雑貨商(バザー)　16, 27, 31, 42, 74, 132-33
　雑貨店　74, 80, 108-09, 115
　雑貨店及店員　40-43
　美術雑貨　102
雑業(→娼婦, 売春婦)　12, 41-43
雑誌　119, 124, 143
砂糖　6, 96, 100, 108, 177
　砂糖貴族　119
　砂糖トラスト　6
サトウキビ(甘蔗)　8, 23, 30, 148, 185
サブロー農園　→南ミンダナオ興業株式会社
鰆流網　57
珊瑚首飾　102
山東問題　135
自営者(ダバオ)　242
ジエリ　139
自活確保(日本軍)　178, 205
糸瓜製品　102
地下足袋　102
敷網　57
識字率　122
敷布　102
資金難･資金不足　22, 84
自警団　193, 201, 211-12, 214
　ミンダナオ自警団　212
資源開発　205, 223
事件屋　138
視察旅行(日本人領事)　80
私娼　72
司政官(文官)　198, 216
下町　viii, 150-51, 242
自治(フィリピン)　83
漆器　102
実業界(フィリピン)　165
失業(者)　13, 15-16, 18, 22-24, 55
四手網　57
自転車　102, 147
　自転車商･自転車店　133, 147
児童･生徒数　122
自動車　102, 125
支那　→中国
支那事変　→盧溝橋事件
地主　21
　フィリピン人　119, 213, 242

ダミー地主　203, 242
地曳網(鰮地曳網)　57
紙幣入(皮製)　147
資本・資本金　viii, 6, 9, 16, 21, 23, 25, 28-29, 31-32, 60, 64-65, 74, 77, 99, 106-108, 111, 115, 141, 189, 254
市民兵(召集在住日本人)　200
ジャガイモ(馬鈴薯)　100, 136, 139, 146-47
錫匠　250
酌婦(→娼婦, 売春婦)　12, 38, 72
酒類小売店酌婦　38-41
ジャケット(木綿製)　147
シャツ　146
シャツ製造業　132
ジャパゆき　237
車輪製造職工　250
上海事変　135, 137
朱印船貿易　i
就学率　122
従価税　57, 61, 118, 139, 141
衆議院議員(日本)　120
醜業婦(→娼婦, 売春婦)　72
従軍慰安婦問題　237
銃工　250
囚人労働　→労働
収税法　59
終戦記念日　224
集団虐殺　214-15
州知事　24, 120, 136
修道士　4
重要国防資源　178, 195
従量税　98, 118
熟練職工(→職工)　9, 13, 15, 25, 30, 250
出版物(→印刷物)　123-24
樹皮樹根　139
巡覧船売店　125
上院議員(フィリピン)　→国会議員
商会　104, 126
奨学金(フィリピン政府)　119
蒸気船　55-56, 60, 63
商業　16, 31, 70, 74, 80, 85, 99, 107-08, 110, 112-13, 115, 125, 128-30, 143
商業界(マニラ日本人会)　64, 78
匠工　24
商工会議所(日本)　100, 102, 111, 161, 255
商工省(日本)　129, 141, 181
貿易局　167
貿易通信員　181
商工大臣　256
商社　vi, 77, 110, 132, 138, 235, 258
大商社・大手商社　99, 102, 105, 115, 179, 200, 204-05
醸酒業者　250
少数民族　216
消費組合商店　143
消費社会　viii-ix, 117, 119, 125, 150-51
消費生活　117, 119, 144, 151, 243
消費文化　148, 247
商品作物栽培　4, 30, 98, 210
娼婦(→雑業, 売春婦)　12, 40, 71, 99, 188
情報局　167, 257
商務局(フィリピン)　108, 125, 127
書記及計算方　250
職業別人口表(調査)　v, 10, 12, 15, 38-43, 48, 51, 71, 110, 130
食堂　132
職人　38, 139
殖民協会　9, 249
植民地開発　3, 6, 12, 27, 31, 70, 72, 75, 84, 125
食用獣類屠殺者　250
食糧　13, 29, 58, 65, 125, 193, 206-07, 209-10
食糧増産　192, 201-02
食糧不足　210, 222
食料品店　108-09, 115, 132-33
女性(女子)(→人口)
日本人　3, 11, 14-16, 26, 132, 190, 205, 238
フィリピン人　122, 190, 237, 245, 258
書生及傭人　38-39
女中　72
除虫粉　102
職工(→熟練職工)　15, 25, 30, 38-39, 250
ショベル　102
ジョリビー(ハンバーガー)　150
新学期　125, 150
人絹　129, 139, 148
人口　16, 48-51, 120, 122, 126, 258
アジア系(アメリカ)　246
アメリカ人人口　126
過剰人口　75, 185
スペイン人人口　126
中国人人口　6, 113, 126, 128-29
日本人人口　3, 28, 31-37, 70, 73-74, 126, 128-29, 183, 189-90
沖縄出身　190-92, 204, 215-17, 250-51, 258
家族　74
女性　26, 74, 190
ダバオ　35-37, 190, 258
マニラ　35-37, 48, 190

労働者　20
フィリピン人人口　126
マニラ市　56, 122, 126
真珠　51
模造(首飾り)　102, 149
真珠・海綿漁業　65
真珠採取業　16, 26, 42, 46, 49-51, 65
真珠湾基地　81
親族　127
親日派フィリピン人　80-82, 212, 217-18
新聞　119, 123-24, 143, 174, 199, 204, 206, 226
英字新聞　7, 176
新聞記者　81, 180
新聞社　81
新聞法　174
日本語新聞　176
親米・反日　209
親米派　211, 214
新平民　184
人力車　8, 250
森林　4, 8, 25, 73
水産物(→海産物)　202, 242
炊事　4, 29
水晶細工　102
水道施設　4
スイートコーン　149
水夫　49, 51
瑞隆興　114
スコップ　102
スターチ　140
ズック靴(→ゴム沓)　139, 147
ストライキ　7, 17, 135
スパイ(→軍偵)　66, 212
スペイン語　27, 123
スペイン公使　9
スペイン人　4, 32, 76, 109, 126, 137, 185, 188
炭焼き　25
スリッパ　150
製塩業　74
青果　58
製靴業　148
生活必需品　viii, 87, 127, 140
税関(長)(→フィリピン中央税関長)　59-61, 111
製材・木材輸出　108
政治工作　167, 178
政治団体　157
青銅美術品　102
青年団員(ダバオ)　193
精米業　108
製麻会社　183
政友会内閣　137
世界遺産　245
世界恐慌　93, 95
石炭　99-100, 103, 250
石碑　45, 51, 55, 63
石油発動機　102
赤痢(セキリ)　18, 229
セックス・ツアー　236
石鹸函(セルロイド製)　146
セメント　99
セルロイド製品・セル人形　102, 145
繊維製品輸出振興株式会社　167
鮮魚　56-58, 63, 65, 74, 147
選挙資格　83
戦後恐慌　73
全国戦没者追悼式　224, 236
扇子　144, 146
潜水夫及び採貝船員　43, 49-50
戦跡慰霊巡拝　233
戦争協力　ix, 184, 191-92, 196, 198, 203-04, 206, 217, 221
戦争裁判記録(日本人)　ix, 184, 208, 214
戦争犯罪　207-08, 215
戦争犯罪記録(日本人戦争犯罪記録)　208-09, 213-14
宣伝　142-43
船舶輸送　125-26
宣撫(工作)　193, 201
扇風機(電気)　144
せんべい屋　74
戦没者遺骨収集(比島方面)(→遺骨収集)　236
戦没者叙勲　236
洗面器　148
占領地統治・行政　195, 205
造靴匠　250
送金　24, 57-58
象牙　102
造船　61
造船匠　250
総督　7, 21, 139-40
総領事
在マニラ中華民国　137
在マニラ日本　141, 174, 225, 255
総領事館(在マニラ日本)　111-12
疎開　201
杣職　11, 16, 25, 31, 71, 73, 80
染物業者　139
「村落国家」　129

タ　行

大亜細亜協会　156
体育　→教育
第一次世界大戦　vii-viii, 31, 77, 93-95, 97, 99, 106-08, 130, 188-190
　第一次世界大戦後　ii, 74, 94, 106, 130, 148, 179
　第一次世界大戦中　85, 255
　第一次世界大戦特需　72, 74, 77
　第一次世界大戦前　130
退役軍人（アメリカ人）　188
大工　3, 11-17, 23-24, 31, 38-43, 71, 73, 80, 84, 188, 204, 242, 250-51
　アメリカ人大工・技術者　23
　素人大工・にわか大工・不熟練大工　14, 23
　中国人大工　23-24
　フィリピン人大工　24
　船大工　59
　補助大工　23
大工及指物師　250
大工道具　130
大使（在マニラ日本）　181
大衆小説（フィリピン語）　215, 218
大衆文化　→文化
大正バザー　140-41, 256
大信貿易商会　141, 256
大西洋貿易（アメリカ）　98, 114
大政翼賛会　168
代替輸入品　140
タイディングズ・マクダフィ法　156
大東亜省　157
「大東亜戦争」（→アジア太平洋戦争, 第二次世界大戦, 太平洋戦争）　ix, 69, 82, 84-85, 169, 194, 207, 217
大同貿易　101, 162
大統領
　アメリカ　65, 156
　フィリピン　162, 177, 180, 233
　副大統領（フィリピン）　162, 177
第二次世界大戦（→アジア太平洋戦争,「大東亜戦争」, 太平洋戦争）　vii, 96, 194, 221, 255
対日戦争観　ii
対日戦犯裁判　v
対日不信感　ix, 218
対日無賠償主義　218
大日本興亜同盟　168
対日本人観　20
対米協調路線　234
太平洋艦隊（アメリカ）　80-81
太平洋協会　167
太平洋戦争（→アジア太平洋戦争,「大東亜戦争」, 第二次世界大戦）　79, 183
太平洋貿易（アメリカ）　98, 114
大陸殖民合資会社　15, 250
台湾軍司令官　53
台湾総督府　53, 157-58, 163, 257
タオル　102, 139, 146
高橋商店　162
高平=ルート協定　81
タガログ語　iv, 244, 259
田川商店　26, 64, 104, 251
拓務省　157-58, 163, 257
　拓南企画課　167
　拓南局　167
拓務大臣　157
手繰網　57
貞風顕彰会比島支部　218
辰丸事件　135
建網　57
棚田群（コルディリエラ地方）　245
頼母子講　111
ダバオ会　191, 205, 221, 230-33, 236, 238, 260
　沖縄支部　232-33
　福島支部　232-33
ダバオ開港　107
ダバオ居留民団　193, 209, 211-12
ダバオ攻略（進攻）　193, 199, 209, 214
ダバオ誤報事件（水鳥事件）　201
ダバオ市政府　210
『ダバオ商工会報』　176
ダバオ上陸（アメリカ軍）　201, 209, 213
『ダバオ新聞』　184, 193-94, 198
『ダバオ日日』　176, 210
『ダバオ日本人会会報』　176
「ダバオの父」　63, 239
ダバオ之塔　191, 232, 258
ダバオ東本願寺　227
ダバオを愛する会　221, 223-24, 226, 230, 236
タバコ　30, 148, 185
煙草製造職工　250
煙草製品　102
玉突場　124
タマネギ　100, 136, 139, 146
多民族社会　31, 243
ダリアオン収容所死亡者名簿　192, 229
ダリアオン俘虜（捕虜）収容所（→捕虜収容所）　192, 222, 229, 233, 259
炭坑夫　→坑夫

単純肉体労働者･単純労働者(人夫)　→労働者
治安回復　178, 210
地勢調査(マニラ湾)　66
チフス　18, 29-30
地方語　123
地方自治　83, 228
地方商業　126
地方都市　106-07, 110, 112
地方入港　107
茶　102
中華総商会　135
中華料理店　136
中国系銀行　106
中国語新聞　102
中国商店(→華僑商店)　57, 104-08, 112, 130, 133-34, 137-38, 254
中国人移民　→移民
中国人入国禁止条例　6, 23, 113
中国人労働者　→労働者
中立国　210
朝貢貿易システム論　90
町長(フィリピン)　120
超非常措置令(ダバオ)　201
徴兵　201, 213, 243
　在外徴兵延期撤廃　201
　徴兵延期願い　192
諜報活動　212
豬花(中国人娼婦)　71
貯金･貯蓄　17, 24, 61, 148
賃金(給料)　viii, 4-5, 8, 13, 18, 23-26, 30-31, 58-59, 72, 97, 250
通貨切り下げ　107, 130
通貨レート　114
通商経済情報　85, 99
通敵行為　213
通弁･通訳　15, 78-79, 84, 192, 212
漬物　102, 139
壺網　46
爪楊枝(ツースピック)　145-46
ディアスポラ　246-47
泥工　13, 250
帝国臣民　197
帝国殖民合名会社　29
偵察　81, 193
挺身宣撫班(ダバオ)　211
「ディスカバー･ジャパン」キャンペーン　236
低地キリスト教徒フィリピン人移住者(ダバオ)(→キリスト教徒フィリピン人)　189-90
蹄鉄工職　13
敵産物資　195
鉄　102-03
鉄工(業)　133, 250
鉄製品　103, 147
鉄道　4, 125
　鉄道工夫(日本人)　13
　鉄道用枕木　25
手拭地及浴衣地　105
テブンコ木材　211
電気･通信　4
電気会社　23
電気職工　250
天然資源　177
天皇　185, 232, 243
砥石(金剛)　145
ドイツ人　109
トイレットペーパー　148
東亜経済懇親会　257
東亜研究所　167
同郷(人)　127, 134
東京オリンピック　236
東京商工会議所　256
東京地学協会　249
東京帝国大学農科大学林学科　222
東京日日新聞社　193
闘鶏場　124
統計史料･統計資料　ix, 9, 64
投資　52, 54, 108, 114, 126-29, 134, 234
　商業投資　108, 126, 129
陶磁器　102, 137, 144, 146
東福寺(浦賀港)　222
東邦協会　9, 249
東方公司　101
同盟通信社情報部　167
東洋移民合資会社　11, 14, 22
東洋経済研究所　167
道路　4, 125, 201
　道路工事　12-13
　道路工夫　71, 188
　道路法　13
特殊業者(→娼婦, 売春婦)　12, 42-43
特別沿岸貿易法　59
独立(フィリピン)　78, 81-83, 142, 157, 169, 174, 177, 185, 218, 243, 245, 257
独立記念日(アメリカ)　218
独立準備政府　→コモンウェルス
時計匠　250
時計店　132
塗工及玻璃工　250

土工業　29
渡航者名簿　→海外渡航者名簿
都市富裕層　144
渡船業　50
特権階級(フィリピン)　83, 119
隣組　200, 212
賭博　22, 24, 26, 47, 58, 76
土木　4, 201
　土木建築業者　73
　土木工事　12
　土木工夫　24, 38
トーマス号派遣教師　5
トラック(行商)　110, 125, 130
トランク(革製)　147
『トリビューン』　176
奴隷制廃止　70
トロール漁業　63
ドンズー(東遊)運動　77

ナ　行
内国民待遇　219
内地植民論　9
内地人　216
内地募集人　18, 250
内務長官　65
中井萬蔵報徳碑　51–54
仲買商人(フィリピン人)　58
流瀬網　46, 57
投網　57
ナタデココ　149–50
夏の首都　3, 72, 241–42
ナプキン　136, 145–46
南興農業会社　207
南進(論)　vii–viii, 53, 69–70, 184, 224
南方関与　108
南方挺身隊(ダバオ, カリナン)　211
南洋協会　129, 132, 136, 167, 257
南洋経済研究所　167
南洋公会　184
南洋スティーム=トローラー漁業株式会社　26
南洋団体連合会　168
肉体労働　→労働
鰊　65
二世(ダバオ現地)　204, 224–25, 227, 229–30, 235
日米開戦　28, 31–32, 205, 221
日米協議　81
日米経済摩擦　103
日米紳士協定　103
日米戦争　19, 82–83, 176
日米友好通商航海条約　219
日用雑貨類　→雑貨
日露戦争　79, 93, 252
　日露戦争後　47, 70, 82, 93–94
日貨排斥(→日本商品ボイコット)　114, 136–37
日韓基本条約　236
荷造業　25
日支事変　→盧溝橋事件
日支紛争　174
日清・日露戦争　viii, 27, 77, 85, 252, 255
日清戦争後　77
日中戦争　180
ニット製品　118
日比学生会議　164–66, 177
日比関係雑誌　162
日比協会　156, 257
日比交換書簡　234
日比合同慰霊祭(ダバオ)　229
日比合同資本　26
日比交流史研究フォーラム　iv
日比交流団体　157
日比国交回復(→国交正常化)　223
『日比新聞』　176
日比青年文化協会　164, 166
日比賠償協定・交渉　iv, 181, 218, 222, 235, 253
日比友好通商航海条約　219, 233, 235
日本依存機運　81
日本化　150
日本軍政三原則　178
日本語　iv, 169, 176, 193
日本語新聞　ix, 183
日本雑貨店　104
日本商品ボイコット(→日貨排斥)　99, 103, 108, 113–15, 130, 134–37, 146
日本人会　140, 162, 200, 204
　カリナン支部　211
　セブ日本人会　141
　大ミンダナオ日本人会　212
　ダバオ　193, 209, 211, 224–25, 258
　中部ルソン日本人会　199–200, 218
　マニラ　162
　ミンダナオ日本人会コタバト支所　199
日本人街(町)　26, 183
日本人人口　→人口
日本人信用組合　111
日本人戦争犯罪記録　→戦争犯罪記録
日本人墓地　218
　ダバオ市街地　229, 238–39
　マニラ　218, 258

ミンタル　229, 233, 238–39
日本人労働者　→労働者
日本拓殖協会　167
日本バザー　78, 130, 161–62
日本のフィリピン占領期に関する史料調査フォーラム　iv
日本比律賓莫大小輸出組合　101, 129
日本莫大小輸出組合　101
日本棉花　161
日本綿糸布東亜輸出組合　164, 256
入国禁止条例　→中国人入国禁止条例
人夫募集　79
縫針　102
布引丸　78
ネクタイ(人絹製)　148
熱病　25
ネパ運動　142–43
年中行事　150, 242
農義隊　203
農業　11–12, 15–16, 21–22, 43, 47, 50, 64, 132–33, 206, 227
　農業移民　→移民
　農業会社・農事会社(ダバオ日本人)　77, 189, 203, 242
　農業開発　23, 30
　農業国　121
　農業労働者　→労働者
　農産物・農作物　30, 119, 150
農夫　15, 38–40, 42–43, 71–72
農林省調査課　167
農林水産　133, 243
野村合名会社　167

ハ　行

売春婦(→雑業, 娼婦)
　廃娼(運動)　71, 74
賠償　234, 236
配縄　57
排日運動　28, 31, 113, 135–36, 138
排日思想　19
パイプ(セルロイド)　149
鋼　102–03
白人労働者　→労働者
爆薬・毒薬　59
刷毛(白粉)　145
バゴ農民道場　206
バゴボ　190–91, 228, 237, 242, 251, 258
バシラン島椰子園　162
バス　125
襯衣　145, 147
バタン炭鉱会社　15
伐採業者　219
花筵　102
バナナ　219
歯ブラシ(歯磨ブラシ)　103, 124, 145–46, 148
歯磨　102
刃物　139
玻璃器　102
パリ条約　117
バルチック艦隊　80
馬鈴薯　→ジャガイモ
ハロハロ　149–51
麺包製造職工　250
ハンカチ　144–45
　下級品　148
　絹製・人絹　144
　プリント物　146
　安物　146
反共極東戦略(アメリカ)　234
犯罪者　184
阪神二港　95–96, 178, 255
ハンドバッグ　147
反日感情　208, 219, 233–34
反米・親日グループ　79, 82
反米・独立希求派フィリピン人　83
反米勢力・反米闘争・反米派(フィリピン)　78, 82
引揚　x, 191, 221–24, 227, 230, 233, 238, 259
飛行機献納　199, 207
飛行場建設　201, 207
瓢製品　102
ビサヤ人労働者　→労働者
非常事態宣言(ダバオ)　201
比人　→フィリピン人
比人非常時委員会(ダバオ)　210
比島　→フィリピン
比島学生団　165
比島学生訪日視察団　174, 177, 179
比島観音　233
比島軍政監部(日本)　→比島派遣軍(軍政監部)
比島警官　207
比島調査委員会(日本)　117
『比島調査報告』　117
比島木材輸出会社　162
比島派遣軍(日本)
　軍政監部(日本)　117, 167, 194–96
　　総務部総務課長　195
　軍政部　167
　最高顧問　117

最高指揮官　169
参謀長　169
幕僚　169
避難命令(ダバオ集結命令)　191, 222
比日協会(日比協会)　162
比米軍事援助協定・比米軍事基地協定　218
比米戦争　→フィリピン・アメリカ戦争
干物(乾魚, 干魚)　25, 56, 58, 65, 147
病気・病魔　11, 19, 25, 29, 210, 213, 238
平手打ち　197
広島県水産試験場　251
広島県庁　52, 79
フィエスタ(祭り)　125, 150, 242
フイリツピンジヤパン社　167
フィリピン　→比島
フィリピン・アメリカ戦争(比米戦争)　vii, 5, 7, 22, 52, 78–79, 117
フィリピン委員会　5
フィリピン印刷職工同盟　7
比律賓沿岸貿易株式会社　60, 63
フィリピン解放軍　81
『フィリピン科学雑誌』　65
菲律賓華僑援助抗敵委員会　135
フィリピン革命　ii, 7, 52, 78, 81–82, 180, 244
フィリピン革命期　147, 180, 244
フィリピン革命百周年　118
フィリピン議会　82, 120, 177, 179, 219, 233
比律賓協会(フィリピン協会)　ix, 155–81, 243, 257
関西支部　158–59, 163–64, 166, 175, 178, 181, 257
九州支部　169
比律賓漁業会社　56
フィリピン警察軍　66, 81, 180, 213
フィリピン語　27, 123
フィリピン商業会議所　177
フィリピン人　→比人
フィリピン人学生・留学生　165–66, 168, 170, 177, 180, 257
フィリピン人従業員　200
フィリピン人有産階級　78
フィリピン人陸上選手　ii
フィリピン組織法　7
フィリピン中央税関長(→税関)　15, 25, 250
フィリピン独立教会(アグリパイ派教会)　81
フィリピン復興法　218
フィリピン文化　→文化
封筒(リネン紙)　148
夫婦移民　→移民
武器(弾薬)　78, 211
武器払い下げ交渉　78
復員庁第一復員局　204
福島の塔　233, 239
普通労働者　→労働者
福建系通商網　107
物産展覧会(マニラトレーディングセンター)　143
物質至上主義　216
物質文化　i, 117, 119, 241
物品販売業　110, 131
不平等条約撤廃　77
無頼の徒　26, 250
ブラス・バンド　124
プランテーション　8, 30, 188, 242
フリーメイソン　81, 83, 253
不良政治的分子　138
不良邦人　194, 210
不良邦人送還委員会　195
古川拓殖株式会社　72, 161, 177, 180, 189, 192, 210–11, 214, 222, 259
フロンティア社会　219
文化
アメリカ文化　117, 119, 123–24, 150
欧米文化　117
大衆文化　150–51, 241
日本文化　150, 193
フィリピン文化・固有文化　119, 151, 175, 177, 244, 246–47
文化遺産(世界遺産)　245
文化工作　ix, 166–67, 178–81, 257
文化使節派遣　168
文化親善(団体)　161, 165
ブンタル帽　→帽子
文房具　102–03, 124
兵役法改正　201
平価法　139
米作　21, 30
米作農民　76, 188, 190
兵舎　4, 24
兵站基地　206
「平定宣言」(1902 年)　78
米比軍　205–07
平和条約　234
平和の塔・平和之塔　231, 233
ペイン=オルドリッチ関税法　89, 117
鼈甲細工　102
『ヘラルド』紙　162
ベル通商法　218

ヘルミナル烟草会社農園　23
ペン(ガラス)　149
ペンキ職　73
ベンゲット移民　→移民
ベンゲット金鉱　15
ベンゲット道路工事　1, 3, 7, 11-12, 17-18, 22-23, 29, 55, 72, 76, 189, 241, 249-50
ペンショナド制度　119
ボーイ　16, 20, 26, 29, 40-43
貿易　viii, 9, 74-75, 89-98, 100, 102, 110-15, 117, 120, 150-51, 163, 177-78, 234-35, 255
　沿岸貿易(業)　49, 59-62
　自由貿易体制　89, 113, 117
　貿易金融協定(清算勘定制)　234
　貿易統計　v, viii, 90, 93, 96, 144, 260
　貿易摩擦　95, 103
　保護貿易主義　142
防衛庁防衛研修所戦史室　236
防空訓練　200
帽子　139, 150, 197
　紙帽子　139
　人絹製小児用　145
　ブンタル帽　140
　麦稈帽　140
奉仕隊(ダバオ)　201
邦人非違即決処分令　196
宝石業者　250
防長移民合資会社　14
膨張主義　184
膨張政策　84
膨張論者　185
報道班員　216, 259
訪日団体　164-65
琺瑯器・鉄器　102, 144
亡命者　170, 180
北進論　184
保健衛生　→衛生
保護国化(朝鮮)　80
保護貿易主義　→貿易
墓参団(ダバオ)　228-30, 232, 236
干魚　→干物
保証金　111
保証人　30, 111
ポストコロニアル　118
ボストンバッグ　147
ボタン・貝釦　102, 140
ホテル業　132
骨細工品　102
帆曳網　55
保母(保姆)　20, 26, 41-43
ポマード・ポマード用空瓶　144-45
捕虜・捕虜収容所(→ダリアオン俘虜収容所)　193, 208, 210
ボーリング場　124
ポロシヤツ大人用　145
ボロブドゥール　245

マ　行

毎日新聞　216, 257
マカピリ(愛国同志会)　217
枕木切り出し事業　14
マスメディア　117, 119, 121, 124
松井商会　104
マッキンレー兵舎　24
マッサージ業　132
マッチ　98, 105, 147
マナー　197
マニラ・カーニバル商工見本市　101
『マニラ・ブレティン』　176
マニラ麻　63, 100-01, 108, 127, 183, 206, 218
マニラ麻(植物)　→アバカ
マニラ麻産業　31, 130, 189
マニラ会(元比島在留邦人)　233
マニラ商工視察団　177
『マニラ商工新報』　176
『マニラ新聞』　176, 183, 193-94, 197-200, 206, 258
マニラ新聞社　193, 217
　ダバオ支社　193
マニラ帝国領事館　→領事館
マニラ鉄道会社　52, 79
マニラトレーディングセンター　143
『マニラ日日新聞』　176
マニラ日本商業会議所　112, 129, 134, 136, 141, 161-62, 256
『マニラ日本商業会議所通報』　176
マニラ防衛隊　200
魔法瓶　147
マヨン・バザー　162
マラリア　18, 29, 222, 229
『丸』　205, 207, 231
独木舟　57
丸紅　72, 161, 189
満洲移民　→移民
満洲事変　108, 130, 135, 137, 259
満鉄東亜経済調査会　167
万年筆　146-48
　学童用　145, 148

下級品　146
高級品　148
磨粉者　250
未晒綿布　→綿布
未熟練労働者・単純労働者　→労働者
水揚ポンプ　102
三井物産株式会社　101, 105, 161-62
マニラ支店・マニラ出張所　104, 161
密航　11, 48
三菱経済研究所　167
三菱商事　161-62
港　4, 11
南ミンダナオ興業株式会社　213
ミルク（アルプス印）　127
民主労働同盟　7
民心把握　195-96, 198
民族運動　77, 119
民族言語集団　129
ミンダナオ・フレンドシップ・ソサエティ（MFS）
230, 233
ミンタル東本願寺女学院　206
ミンドロ興業会社　22
麦粉　147
麦稈帽　→帽子
ムチの政策　83
村上要賀君紀恩碑　51-54
村田銃　78
銘酒小売店　38
メイド　247
「名簿」　→海外渡航者名簿
妾　72
眼鏡（メガネ）　102
色眼鏡　147
ロイド眼鏡（セルロイド枠）　149
メスティーソ（「混血」）　190, 211-12, 215-16,
219, 222, 225, 227-28, 237
莫大小（メリヤス）　101-02, 139
メリヤス肌着　136-38
綿織物　101-02, 113, 115
綿花　177
綿絹手布　102
綿業　140
綿糸　104
綿糸布　101-02, 166
綿シャツ肌着　144
綿製蚊帳　102
綿製品　99, 101-06, 118, 140-41
免税率　118, 140
綿布　99, 101, 103-04, 113, 115, 127, 140-41, 146
アメリカ製綿布業者　137
未晒綿布　136
綿毛布　102
木材　24, 59, 73, 100, 219, 238
木材商　251
木材輸出業　133
模造真珠　→真珠
木工業　133
木綿製ブランケット　139
モノカルチャー経済　98, 210
森自転車商会・森自転車店　162, 199
モール（経木製）　102
モロ州庁舎　24
文部省　157, 161
文部大臣　156-57

ヤ　行

野菜　105, 203, 207, 213, 242, 259
椰子（→ココナツ）　30, 162
靖国神社　224
梁・簗　25, 57, 59
山田部隊　201
元山田部隊ミンタル会　233
山根與三兵衛尚徳碑　51-54, 63, 79
郵便通信　143
ユダヤ人労働者　→労働者
輸送　115-16, 118
輸送費（コスト）　97, 103
輸入税　56, 59, 98
輸入統制　138
湯沸かし（エナメル製）　148
養鶏場　133
用紙　102, 174
洋妾　72
傭人　39
洋服　150
洋服仕立業・洋服店　132-33
ヨコハマ雑貨店　104
横浜正金銀行　111, 162
マニラ支店・出張所　102, 105, 141, 161
呼び寄せ家族　6, 23, 28

ラ　行

ラサン飛行場守備隊生存者　233
ラジオ（ラヂオ）　124, 143, 175
ラミー栽培　224
ラワン材　227
ランプ　144
ランプ笠　102

陸・海軍(日本)　157, 161-63, 199, 243, 259
陸軍(日本)　52-53, 66, 79, 169-70, 193, 201, 203, 213, 222, 259
　貨物廠　223
　最高司令官(ダバオ)　201
　参謀本部(日本)　78
　第一四方面軍　217
　第一〇〇師団参謀　225
陸軍記念日　195
陸軍省　158, 199
　軍務局南方班　169
陸軍製材会社(アメリカ)　23
陸軍大臣　157
リサール競技場　143
理髪店(理髪師, 理髪職, 理髪業)　13, 132-33, 250
略奪　208-10, 213-14
流通　viii, 95, 98, 101, 115, 118, 126
　国内流通網　178
領事(中国)　135
領事館(日本)　vi, 110
　ダバオ　209-10
　フィリピン　110-12
　マニラ　9, 30, 75, 80, 104, 130
　領事館員　17, 60, 64, 209
領事送状　110-11
領事(館)報告　vi, 55, 64, 75-76, 85, 99-100, 104-06, 108, 110, 165, 176, 188, 249, 257
良民証　210-11
料理人　38, 43
旅館業・旅館下宿業・下宿業　133
旅券　10-11, 18, 29, 63, 71, 253
ルソン人力車会社　8
冷戦体制下　234, 237
歴史都市(ビガン)　245
レシプロシティ　4
レースのカーテン　118
「劣等日本人」　191
煉化積　13
練乳(コンデンスミルク)　146, 149
楼主　72
労働
　家庭労働　20
　強制労働　4, 212
　クーリー労働　5-6, 8, 13
　囚人労働　13
　単純労働　4
　奴隷的労働　8, 75, 185
　肉体労働　4, 8, 10, 76, 188
労働組合　7-8, 30, 81
　フィリピン労働組合　7
労働者
　アジア人移民労働者　7
　イタリア人労働者　31
　契約移民労働者　6, 9, 188
　黒人アメリカ人労働者　31
　黒人労働者　17
　熟練労働者　31
　単純肉体労働者　viii, 72-73, 241
　単純労働者(人夫)　3, 12, 17
　単身男子労働者　12
　中国人労働者　5-8, 31
　低賃金労働者　5
　農業労働者　22-23, 30, 242
　白人労働者　17
　ビサヤ人労働者　13
　日雇い労働者　58
　普通労働者　12, 38-40
　不法外国人労働者　75
　プランテーション労働者　16, 188
　未熟練労働者　12-13, 15-16, 18, 23
　ユダヤ人労働者　31
労働力　5-6, 8, 18, 23, 29, 70, 243
　労働力(者)不足　4, 9, 22, 84, 189, 237
盧溝橋事件(日支事変)　108, 112, 130, 135-36, 174, 223

ワ　行

ワガン日本国民学校　223
渡集団　196
ワチ流網　57

NEPA (National Economic Protectionism Association)　→ネパ運動

近現代日本・フィリピン関係史略年表

年月日	フィリピン	日本	東南アジア・世界
1850	中国人移民奨励法		
1868.9.8		明治と改元	
1869.6.23			スエズ運河開通
1872.1.20	カビテ暴動. 2月17日3神父処刑		
1882.5.6			アメリカで中国移民排斥法成立
1884	強制労働が年40日間から15日間に		
1885.2.26			アメリカで外国契約労働者の輸入及び移住禁止法制定
1886.1.1			イギリス領ビルマ成立
1887.3.29	リサール著『ノリ・メ・タンヘレ』ベルリンで発行		
1887.10.17			フランス領インドシナ連邦成立
1888.12.29	マニラ日本領事館開設. 93年9月13日から96年10月25日まで閉鎖		
1889.4.9	菅沼貞風マニラに出発. 7月6日コレラで急死		
1891.7		東邦協会創立	
1891.9.18	リサール著『エル・フィリブステリスモ』ベルギーで発行		
1892.7.7	秘密結社カティプナン結成		
1893.3.11		殖民協会創立	
1894.4.12		移民保護規則公布	
1894.8.1		日清戦争勃発(～95)	
1896.6.1		移民保護法施行	
1896.7			イギリス, 連合マレー諸州成立
1896.8.30	フィリピン革命勃発		
1896.12.30	リサール処刑		
1897.3.22	革命政府組織. 大統領アギナルド. 11月1日ビアクナバト憲法採択		
1897.12.15	ビアクナバト和約調印. 27日アギナルドら指導部が香港に亡命		
1898.4.25			アメリカ・スペイン戦争勃発
1898.5.19	アギナルド, 香港からアメリカ船で帰国		
1898.6.12	アギナルド, 独立宣言. 23日革命政府樹立		
1898.12.10	アメリカ・スペインでパリ条約調印. アメリカ領フィリピンとなる		
1899.1.23	フィリピン共和国(第1共和制, 通称マロロス共和国)樹立. 大統領アギナルド		

年月日	フィリピン	日本	東南アジア・世界
1899.2.4	フィリピン・アメリカ戦争勃発(～1913)		
1899.7.21	日本からの武器を積んだ布引丸沈没		
1901.1.21	無償・義務制の初等教育制度制定. 8月23日アメリカ人教師と家族600人到着		
1902.7		漁業法施行	
1902.1.30		日英同盟締結	
1902.2.2	フィリピン民主労働同盟結成		
1902.4.29			アメリカで中国移民禁止法成立
1902.7.1	フィリピン組織法成立. アメリカの「中国人入国禁止条例」適用		
1902.7.4	フィリピン平定宣言		
1903.3.2	第1回国勢調査. 18年第2回. 39年第3回		
1903.3.3			アメリカで移民法発布. 07年2月20日改正
1903.4	ダバオに日本人労働者		
1903.6.26	アメリカ移民法がフィリピンで施行		
1903.8.26	アメリカ国費留学制度創設		
1903.10	日本から「ベンゲット移民」到着		
1903.10.7	公有地法制定		
1904.2.10		日露戦争勃発(～05)	
1905.7.29		桂=タフト協定調印	
1907.5.3	太田興業株式会社設立(ダバオ)		
1907.7.30	第1回フィリピン議会選挙. 10月16日第1回フィリピン議会開催		
1907.8.23	国旗法制定		
1908.11.30		高平=ルート協定調印	
1909.8.5	ペイン=オルドリッチ関税法制定. フィリピン・アメリカ自由貿易へ		
1910.8.22		韓国を併合	
1911.10.10			辛亥革命起こる
1912.1.1			中華民国成立
1913.10.3	アンダーウッド=シモンズ関税法制定		
1914.12.28	古川拓殖株式会社設立(ダバオ)		
1914.5		中井萬蔵報徳碑建立	
1914.7.28			第一次世界大戦勃発(～18)
1914.8.15			パナマ運河開通
1914.8.23		ドイツに宣戦布告	
1914.10		赤松常三郎頌徳碑建立	
1916.8.29	ジョーンズ法(フィリピン自治法)成立		

年月日	フィリピン	日本	東南アジア・世界
1917.4.6			アメリカ, ドイツに宣戦布告
1917.11.7			ロシア十月革命勃発
1918.7		村上要賀君紀恩碑建立	
1920.1.10			国際連盟成立
1923.9.1		関東大震災	
1923.12		山根與三兵衛尚徳碑建立	
1924.5.26			アメリカで移民割当法成立
1928.5.3		済南事件起こる	
1929.10.24			世界恐慌はじまる
1931.9.18		満洲事変起こる	
1932.1-3		第一次上海事変起こる	
1933.10.29	サクダル党結成		
1934.3.24	タイディングズ=マクダフィ法(フィリピン独立法)成立		
1934.11.19	NEPA 創設		
1935.2	国産愛用週間はじまる		
1935.5.2	サクダル党蜂起		
1935.8.6		比律賓協会設立	
1935.11.15	コモンウェルス(独立準備政府)発足. 大統領ケソン, 副大統領オスメニャ		
1937.7.7		盧溝橋事件起こる	
1937.8.13		第二次上海事変起こる	
1938.10.20		比律賓協会関西支部設置	
1939.9.1			第二次世界大戦勃発(~45)
1940.9.23		日本軍, 北部仏印進駐	
1940.9.27		日独伊三国同盟成立	
1941.7.28		日本軍, 南部仏印進駐	
1941.12.8		米英に宣戦布告	
1941.12.21		日タイ同盟成立	
1942.1.2	日本軍, マニラ占領. 翌日軍政開始		
1942.1.10	ダバオで比人非常時委員会結成		
1942.2.1	ダバオ市政府発足		
1942.2.15		日本軍, シンガポール占領	
1942.3.8		日本軍, ラングーン占領. 翌日, インドネシアのオランダ軍, 日本に降伏	
1942.3.29	フクバラパップ(抗日人民軍)結成		
1942.4.9	バタアン半島陥落		
1942.5.6	コレヒドール島陥落. 翌日アメリカ極東軍降伏		

年月日	フィリピン	日本	東南アジア・世界
1942.6.27		比律賓協会九州支部設置	
1942.8.28	大ミンダナオ日本人会に再編		
1942.12.18	軍政監部,「不良邦人の退去処分に当りて在留邦人に告ぐ」発表		
1943.5.10	軍政監部, 邦人非違即決処分令施行		
1943.8.1			ビルマ, 独立
1943.9.30		兵役法改正. 在外徴集延期の撤廃	
1943.10.14	フィリピン共和国(第2共和制)成立. 大統領ラウレル		
1943.11.5		東京で大東亜会議開催	
1943.3.10	中部ルソン日本人会改組. 翌日マニラ市第一次防空訓練実施		
1943.10.17	ダバオで勤労奉仕はじまる		
1944.3.30-31		パラオ大空襲	
1944.4.16	帝国在郷軍人会中部ルソン連合分会結成		
1944.6.29	ミンダナオ華僑協会結成		
1944.7.7		サイパン島玉砕	
1944.8.1	ダバオで超非常措置令. 一般在住日本人に市街地からの疎開を促す		
1944.9	ダバオ大空襲		
1944.9.10	白波をアメリカ艦隊と勘違いしたダバオ誤報事件(水鳥事件)起こる		
1944.10.1	ダバオで在住日本人1,734人が現地召集, 入隊		
1944.10.20	アメリカ軍, レイテ島上陸		
1945.2.3	アメリカ軍, マニラ占領. 27日コモンウェルス政府復帰		
1945.4.29	アメリカ軍, コタバト上陸. タモガンへ在住日本人に避難命令		
1945.5.7			ドイツ, 降伏
1945.8.14		ポツダム宣言受諾(無条件降伏)を決定. 翌日玉音放送で国民に通知	
1945.8.16			タイ, 対米英宣戦布告の無効を宣言
1945.8.17			インドネシア独立宣言
1945.9.2		日本, 降伏文書に署名	ベトナム民主共和国, 独立宣言
1945.9.3	日本軍降伏		
1945.10.24			国際連合発足
1946.7.4	フィリピン共和国(第3共和制)独立. 大統領ロハス. フィリピン復興法, フィリピン通商法(ベル通商法)調印		

年月日	フィリピン	日本	東南アジア・世界
1947.3.14	比米軍事基地協定締結. 21日比米軍事援助協定締結		
1948.1.4			ビルマ連邦成立
1950.5.19			インドネシア共和国発足
1951.8.30	比米相互防衛条約締結		
1951.9.8	サンフランシスコ講和条約締結. 議会が批准拒否	サンフランシスコ講和条約締結	
1953.4.2		日米友好通商航海条約調印	
1956.5.9	比日賠償協定調印. 比日国交回復		
1957.8.31			マラヤ連邦独立
1960.12.10	比日友好通商航海条約調印. 議会批准拒否		
1963.8.15		全国戦没者追悼式恒例化	
1963.9.16			マレーシア連邦成立
1964.9.1		ダバオを愛する会結成. 69年ダバオ会に改称	
1965.6.22		日韓基本条約調印	
1965.8.9			シンガポール, マレーシアから分離独立
1967.8.1		「引揚者等に対する特別交付金の支給に関する法律」施行	
1968.8.7	戦後初のダバオ墓参団(元在住日本人80人)		
1972.3.28		ダバオ之塔除幕(沖縄県摩文仁丘)	
1972.4.2		比島観音建立(愛知県三ヶ根山)	
1972.9.21	マルコス大統領戒厳令布告署名. 23日布告		
1973.12.27	比日友好通商航海条約, 大統領権限で批准		
1979.5.10	新比日友好通商航海条約調印		
1981.1.17	戒厳令解除		
1986.2.22	ピープル・パワー「2月政変」. 25日コラソン・アキノ大統領就任宣言		
1991.6.4	ピナトゥボ火山噴火. アメリカ軍, クラーク基地放棄. 92年12月までにアメリカ軍基地すべて撤収.		
2001.4		ダバオ会解散	